Juliane Jörissen
Reinhard Coenen

Sparsame und schonende Flächennutzung

Entwicklung und Steuerbarkeit des Flächenverbrauchs

edition sigma

Bibliografische Informationen Der Deutschen Nationalibliothek

Die Deutsche Nationalbibliothek verzeichnet diese
Publikation in der Deutschen Nationalbibliografie;
detaillierte bibliografische Daten sind im Internet
über http://dnb.d-nb.de abrufbar.

ISBN 978-3-89404-829-7

Umschlaggestaltung: Joost Bottema, Stuttgart.

Druck: Rosch-Buch, Scheßlitz

Printed in Germany

INHALT

ZUSAMMENFASSUNG

Der hohe Flächenverbrauch für Siedlungs- und Verkehrszwecke wird von Vielen als ein gravierendes Problem auf dem Weg zu einer nachhaltigen Entwicklung angesehen. Das Umweltmedium Boden gehört als nicht vermehrbare Ressource zum endlichen Naturkapital der Menschheit und erfüllt zahlreiche unentbehrliche Funktionen. Grund und Boden können zwar im eigentlichen Sinne nicht »verbraucht« werden; sie können aber in einer Art und Weise genutzt werden, die das Spektrum künftiger Nutzungsmöglichkeiten erheblich einschränkt. Da das Angebot an Fläche begrenzt und nicht vermehrbar ist, stehen die verschiedenen Nutzungsformen untereinander in Konkurrenz. Im Unterschied zu Luft und Wasser existieren im Hinblick auf Grund und Boden private Verfügungsrechte unterschiedlichster Art. Da sich der ökologische Wert des Bodens in der Regel nicht im Preis eines Grundstücks niederschlägt, wird Boden häufig am »ökologisch falschen Platz« verbraucht.

Gefordert wird daher eine räumlich differenzierende Betrachtungsweise, die der unterschiedlichen Qualität, Tragekapazität und Empfindlichkeit von Böden Rechnung trägt. Ziel einer nachhaltigen Entwicklung müsste es sein, die Multifunktionalität der Böden zu erhalten, den Freiraum zu schützen und eine Bodenvorratspolitik zu betreiben, die auch künftigen Generationen ein möglichst breites Spektrum an Nutzungsoptionen eröffnet.

FLÄCHENINANSPRUCHNAHME FÜR SIEDLUNGS- UND VERKEHRSZWECKE UND IHRE FOLGEN

Im längerfristigen Rückblick wird ein konstanter, von der Einwohner- und Arbeitsplatzentwicklung abgekoppelter Trend zur Ausweitung der Siedlungs- und Verkehrsfläche deutlich, der erst in den letzten Jahren eine Abschwächung erfahren hat. Während bis Mitte der 1980er Jahre insbesondere der Ausbau der Verkehrsinfrastruktur für den steigenden Flächenverbrauch verantwortlich war, dominieren seitdem die Gebäude- und Freiflächen. Am Zuwachs dieser Kategorie waren in den letzen Jahren die Wohnflächen überproportional stark beteiligt. Die Wohnfläche pro Einwohner hat sich in den letzen 50 Jahren fast verdreifacht und liegt heute bei über 40 m^2/Kopf. Gründe für den steigenden Wohnflächenkonsum sind in erster Linie zunehmender Wohlstand, steigende Wohnansprüche sowie die wachsende Zahl der Haushalte bei abnehmender Haushaltsgröße.

Generell gilt, dass die Wohnfläche pro Wohnung umso geringer ist, je mehr Wohnungen sich in einem Gebäude befinden. Auch zwischen der Art der baulichen

Nutzung und der Größe der beanspruchten Grundstücksfläche besteht ein unmittelbarer Zusammenhang. Bezogen auf einen Quadratmeter Wohnfläche benötigen freistehende Ein- und Zweifamilienhäuser ein Vielfaches an Grundstücksfläche gegenüber Mehrfamilienhäusern. In den letzten Jahren hat sich die Bautätigkeit zunehmend zugunsten der flächenkonsumierenden Bauformen verschoben.

Die Expansion der Siedlungs- und Verkehrsfläche erfolgt in erster Linie auf Kosten der Landwirtschaft. Dies bedeutet einen Verlust an fruchtbaren Kulturböden und bewirkt tief greifende Störungen der ökologischen Bodenfunktionen, die wiederum Rückwirkungen auf den gesamten Naturhaushalt haben. Beeinträchtigt werden die Filter- und Pufferkapazität des Bodens, der Wasserhaushalt, der Austausch der Erdoberfläche mit der Atmosphäre sowie die Lebensräume für Flora und Fauna. Von der insgesamt für Siedlungs- und Verkehrszwecke in Anspruch genommenen Fläche ist im Durchschnitt knapp die Hälfte versiegelt. Die Versiegelung verringert die natürliche Verdunstung und verhindert die Versickerung von Regenwasser, was zu einem schnellen Abfluss des Regenwassers in die Kanalisation führt. Die Folgen davon sind verstärkte Hochwasserereignisse, eine Verringerung der Grundwasserneubildungsrate und eine Verschlechterung des lokalen Klimas.

Die Baulandnachfrage konzentrierte sich in den letzten Jahren vorwiegend auf das Umland der Agglomerationsräume und die ländlichen Kreise. Die wesentlichste Ursache hierfür ist das zwischen Stadt und Umland bestehende erhebliche Bodenpreisgefälle. Mit der Siedlungsdispersion ist eine höhere spezifische Flächeninanspruchnahme je Einwohner verbunden. Die räumliche Ausdehnung der Siedlungsfläche führt zu einem Anwachsen der Verkehrsströme und hat für den Einzelnen zur Konsequenz, dass er immer weitere Wege in Kauf nehmen muss, um sich in der freien Natur zu erholen. Berücksichtigt man, dass der Wirkungsraum der Verkehrsflächen weit über die direkt beanspruchten Flächen hinausgeht, etwa durch Zerschneidungen und Verinselung ehemals zusammenhängender Freiräume, Verlärmung und Schadstoffbelastungen, so kann man feststellen, dass die Flächenverbrauchsstatistik das wahre Ausmaß der Inanspruchnahme nur unvollkommen wiedergibt.

Neben den ökologischen Auswirkungen werden zunehmend auch die negativen sozialen und ökonomischen Folgen der Suburbanisierung deutlich. Trotz des anhaltenden Siedlungsflächenwachstums nimmt die Bevölkerung regional, insbesondere in den Kernstädten, kontinuierlich ab. Da überwiegend junge, besser verdienende Familien mit Kindern abwandern, führt der Einwohnerschwund in den Kernstädten zu einer unausgewogenen Sozialstruktur (Überalterung, hoher Anteil an Singlehaushalten, hoher Anteil an Sozialhilfeempfängern), einer Unterauslastung der vorhandenen Infrastruktur sowie zu rückläufigen Einkommensteuereinnahmen.

DEMOGRAFISCHER WANDEL UND FLÄCHENVERBRAUCH

Nach den Vorausberechnungen des Statistischen Bundesamtes wird die Bevölkerungszahl bis 2020 noch etwa auf dem derzeitigen Niveau verharren, ab 2020 dann aber trotz Zuwanderung abnehmen. Die Altersstruktur der Bevölkerung wird sich schon in den nächsten Jahren zuungunsten der jüngeren Generationen verschieben, und die Zahl alter und sehr alter Menschen wird erheblich zunehmen. Diese Entwicklungen werden sich regional sehr unterschiedlich darstellen. Die ländlichen und verstädterten Räume Ostdeutschlands sind von den demografischen Veränderungen der Alterung und Schrumpfung am stärksten betroffen. Die Bevölkerung der Ballungs- bzw. Agglomerationsräume der neuen Länder bleibt bis 2020 stabil. Im Westen Deutschlands treten Bevölkerungsrückgänge und Alterungsprozesse langsamer ein und erreichen auch nicht dieselbe Dynamik wie in den neuen Bundesländern. Bevölkerungsgewinne werden noch die wirtschaftlich prosperierenden und deshalb für Zuwanderer aus dem In- und Ausland attraktiven Regionen Westdeutschlands haben, während die Bevölkerung in wirtschaftlich schwächeren Regionen bereits bis 2020 zurückgehen wird.

Die Zahl der Haushalte, die eine entscheidende Bestimmungsgröße für die Wohnflächennachfrage ist, wird bis 2020 wie in der Vergangenheit weiterhin zunehmen – bei gleichzeitiger Verkleinerung der Haushaltsgröße. Ab 2020 wird dann aber auch die Zahl der Haushalte abnehmen. Die Zunahme der Haushaltszahlen, die Abnahme ihrer Größe und der sog. Remanenzeffekt, der sich aus dem Verbleiben älterer Menschen nach Auszug ihrer Kinder in eigentlich zu großen Wohnungen ergibt, bewirken bis 2020 eine weitere Zunahme der Wohnfläche pro Kopf sowie ein Wachstum der Wohnflächennachfrage insgesamt. Diese wird erst nach 2030 zurückgehen und sich dann regional sehr unterschiedlich entwickeln. In wirtschaftlich schwachen Regionen, die noch weiterhin Abwanderung zu verzeichnen haben, wird es bis 2020 ein unterdurchschnittliches Wachstum, teilweise schon einen Rückgang geben, während die Wohnflächennachfrage in wirtschaftlich prosperierenden Regionen noch deutlich steigen wird. In diesen Gebieten wird es weiterhin einen angespannten Wohnungsmarkt geben, während in den anderen Gebieten Leerstände durch Rückbau reduziert werden müssen. Der Neubaubedarf an Wohnungen wird zunächst bis 2010 allmählich und danach stark abnehmen.

Obwohl die Wohnflächennachfrage in den nächsten 20 bis 30 Jahren noch steigen wird, wird sich die demografische Entwicklung bereits auf die Neuinanspruchnahme von Flächen für Siedlungs- und Verkehrszwecke auswirken, da die Generationen der 20- bis 35-Jährigen und der 35- bis 50-Jährigen, also jene Generationen, die in erster Linie als Nachfrage für Einfamilienhäuser in Betracht kommen, zahlenmäßig bereits ab 2001 zurückgehen. Diese potentiellen Nachfrager dürften sich zudem zu einem beträchtlichen Teil aus dem Bestand bedienen, zumal es sich um Generationen handelt, die in einem nicht gekannten Ausmaß Eigenheime und Wohnungen von ihren Eltern und Großeltern erben werden. Die im Rahmen des TAB-Projekts durchgeführten Simulationsrechnungen zur Flächeninanspruchnahme zeigen in einer Status-quo-Prognose schon einen vornehmlich demografisch bedingten Rückgang des Flächenverbrauchs auf 81,5 ha/Tag in 2020 und auf 74,5 ha/Tag im Jahr 2030. Der in den letzten Jahren zu beobachtende Rückgang des Flächenverbrauchs dürfte bereits demografisch mit verursacht sein.

TRENDWENDE IM LANDVERBRAUCH?

Der Verlauf der Neuinanspruchnahme von Flächen für Siedlungs- und Verkehrszwecke zeigt im Vergleich der drei bisher vorliegenden gesamtdeutschen Erhebungszyklen (1993–2004) einen stetigen Rückgang des Zuwachses bei der Gebäude- und Freifläche. Als Gründe dafür lassen sich in den letzen Jahren vor allem die konjunkturelle Entwicklung und der damit verbundene Einbruch bei den Bauinvestitionen anführen. Zwar ist anzunehmen, dass bei einer Erholung der Baukonjunktur auch der Flächenverbrauch wieder ansteigen wird. Aufgrund der demografischen Entwicklung und eines sich abzeichnenden, inzwischen durch mehrere empirische Studien belegten, Reurbanisierungstrends, ist jedoch langfristig mit einem Rückgang der zusätzlichen Flächennachfrage zu rechnen.

Nach den Ergebnissen der Wohneigentumsstudie von TNS Infratest hat gut die Hälfte (52%) der neuen Eigentümer in Westdeutschland zwischen 2001 und 2003 »gebrauchte« Immobilien erworben. Im Hinblick auf die räumliche Verteilung der Nachfrage ist eine zunehmende Verlagerung in die Ballungsräume festzustellen. Der sich für Westdeutschland abzeichnende Trend zum urbanen Wohnen wird laut TNS Infratest zeitverzögert auch im Osten erkennbar. Die Befunde von TNS Infratest werden durch die Difu-Studie »Wohnen in der Innenstadt als Lebensstil« und die aktuelle Trend Research Studie von DB Immobilien (2006) bestätigt.

Aufgrund der Entwicklung der Wohnungsnachfrage in den letzten Jahren lässt sich zum jetzigen Zeitpunkt eine Parallelität von Suburbanisierung und Reurbanisierung konstatieren. Welcher der beiden Trends in Zukunft die Oberhand gewinnen wird, hängt auch davon ab, inwieweit es Bund, Ländern und Kommunen gelingt, die Rahmenbedingungen für das Bauen und Wohnen in der Stadt zu verbessern. In Anbetracht der demografischen Entwicklung besteht insofern Handlungsbedarf, als eine ungebremste zusätzliche Flächeninanspruchnahme bei schrumpfender Bevölkerung zu erheblichen Fehlinvestitionen führen könnte.

DIE SITUATION DER KOMMUNEN

Der interkommunale Wettbewerb um Einwohner, Beschäftigte und Gewerbebetriebe wird als ein wesentlicher Motor für die großzügige Ausweisung von Bauland und damit für den hohen Flächenverbrauch angesehen. Gelingt es Kommunen, über die Bereitstellung attraktiver Baulandangebote neue Gewerbebetriebe und Einwohner anzuziehen, so hat dies positive Auswirkungen auf die wichtigsten Einnahmequellen der Kommunen. Das Gewerbe- und Grundsteueraufkommen steigt; durch die Erhöhung der Einwohnerzahl nehmen in der Regel auch die Einkünfte aus dem kommunalen Anteil an der Einkommensteuer zu, ebenso wie die Schlüsselzuweisungen der Länder, die teilweise von der Einwohnerzahl abhängen. In dem Bemühen, sich im interkommunalen Standortwettbewerb zu behaupten, werden in der heutigen Praxis meist Standorte »auf der grünen Wiese« entwickelt, selbst dann, wenn umfangreiche Baulandreserven und Brachflächenpotenziale im städtebaulichen Innenbereich vorhanden sind. Ursache dafür sind nicht zuletzt die Prioritäten der Bauträger, die ganz überwiegend Bauflächen im Außenbereich bevorzugen. Aus der Sicht der privaten Haushalte sprechen dafür vor allem die geringeren Bodenpreise, während bei den gewerblichen Nachfragern noch andere Vorteile wie bessere Verkehrsanbindung, ausreichende Betriebserweiterungsmöglichkeiten etc. hinzukommen.

Die für die einzelnen Gemeinden profitable Baulandstrategie verkehrt sich jedoch in ihr Gegenteil, je mehr Gemeinden Bauflächen im Außenbereich zur Verfügung stellen. In Anbetracht der eher stagnierenden oder sogar rückläufigen Bevölkerungs- und Beschäftigungsentwicklung auf nationaler Ebene bedeutet der Ansiedlungserfolg der einen Gemeinde in der Regel Wanderungsverluste für andere Gemeinden, ohne dass die wirtschaftliche Situation in der Region dadurch insgesamt verbessert würde. Je größer das Baulandangebot ist, umso höher wird das Risiko, dass sich die hohen Investitionskosten der Baulandbereitstellung mangels Nachfrage nicht amortisieren. Durch das Überangebot von preisgünstigem Bauland »auf der grünen Wiese« laufen insbesondere Kommunen, die auf eine konsequente Entwicklung innerstädtischer Standorte gesetzt haben, Gefahr, keine Abnehmer zu finden.

Der interkommunale Standortwettbewerb wird durch die schwierige finanzielle Lage, in der sich die deutschen Kommunen seit einigen Jahren befinden, noch verschärft. Die Finanzmisere zeigt sich an dem massiven Einbruch der kommunalen Investitionen von 33 Mrd. Euro im Jahr 1992 auf 18,6 Mrd. Euro im Jahr 2005 und an dem erheblichen Anstieg der zur Überbrückung kurzfristiger Liquiditätsengpässe dienenden Kassenkredite von 1 bis 2 Mrd. Euro im Jahr 1992 auf rund 24 Mrd. Euro im Jahr 2005. Die angespannte Finanzlage ist jedoch keineswegs auf ein großzügiges Ausgabegebaren zurückzuführen. Die Ursachen liegen vielmehr auf der Einnahmenseite, wobei alle wesentlichen Einnahmequellen der Kommunen betroffen sind, insbesondere die für die kommunale Finanzautonomie wichtigen Einkünfte aus den kommunalen Realsteuern (Gewerbe- und Grundsteuer) sowie der 15%ige kommunale Anteil an der Einkommensteuer.

Das reale Gewerbesteueraufkommen hat von 1972 bis 2002 zwar starken Schwankungen unterlegen, aber langfristig nicht zugenommen und ist damit deutlich hinter dem Wirtschaftswachstum zurückgeblieben. Dagegen ist das Grundsteueraufkommen real in den letzten 20 Jahren stetig gestiegen und hielt auch mit dem allgemeinen Wirtschaftswachstum Schritt. Dies ist nicht zuletzt auf das Wachstum der Bemessungsgrundlage, d.h. auf die Zunahme der Gewerbe- und Wohnbauflächen, zurückzuführen. Die Einnahmen aus dem kommunalen Einkommensteueranteil entwickelten sich hingegen in den letzten Jahren unbefriedigend. Hier wirkten sich neben der schwachen Konjunktur die Einkommensteuerreform sowie in den 1990er Jahren die massiven Steuervergünstigungen im Zusammenhang mit dem Aufbau Ost negativ auf das Aufkommen aus.

Vor diesem Hintergrund ist eine Reform der Kommunalfinanzen nach wie vor aktuell, die neben der *fiskalischen Nachhaltigkeit* auch der *ökologischen Nachhaltigkeit* dienen sollte, indem sie die bisher bestehenden Anreize zur Ausweitung des Baulandangebots abschwächt. Einiges spricht dafür, bei einem neuen Anlauf eine simultane Reform von Gewerbe- und Grundsteuer in den Blick zu nehmen.

ZIELE EINER NACHHALTIGEN FLÄCHENNUTZUNG

In Anbetracht der negativen Folgen der Siedlungsdispersion gilt eine Reduktion des Flächenverbrauchs seit Jahren als zentrales Ziel einer nachhaltigen Entwicklung. Bereits in der 1985 verabschiedeten Bodenschutzkonzeption der Bundesregierung wurde eine »Trendwende im Landverbrauch« gefordert. In dem 1998 erarbeiteten Entwurf eines »Umweltpolitischen Schwerpunktprogramms« der Bundesregierung wurde erstmals eine Begrenzung der zusätzlichen Flächeninanspruchnahme für Siedlungs- und Verkehrszwecke auf 30 ha/Tag bis 2020 postuliert. Dieses Handlungsziel hat die rot-grüne Bundesregierung 2002 in ihre Nachhaltigkeitsstrategie für Deutschland übernommen. Noch rigoroser fordern etwa der Rat für Nachhaltige Entwicklung, der Rat von Sachverständigen für Umweltfragen, die Naturschutzverbände und die Akademie für Raumforschung und Landeskunde wie schon die Enquete-Kommission »Schutz des Menschen und der Umwelt« (1998) ein Nullwachstum beim Flächenverbrauch. Langfristig sollte ihrer Auffassung nach die Umwandlung von unbebauten in bebaute Flächen durch die gleichzeitige Rekultivierung ehemals städtebaulich genutzter Flächen vollständig kompensiert werden.

Die Notwendigkeit einer drastischen Verringerung der Flächeninanspruchnahme ist jedoch in der aktuellen Debatte keineswegs unumstritten, wobei insbesondere die

Zweckmäßigkeit *quantitativer* Reduktionsziele infrage gestellt wird. Gegen die politische Festlegung solcher Ziele sprechen sich neben dem Deutschen Städte- und Gemeindebund insbesondere die Verbände der Bau- und Wohnungswirtschaft aus. Aus ihrer Sicht würde eine Drosselung des Siedlungsflächenangebots zu knappheitsbedingten Bodenpreissteigerungen führen, den Neubau verteuern, weitere Arbeitsplätze in der Bauwirtschaft gefährden, einen negativen Standortfaktor für die wirtschaftliche Wettbewerbsfähigkeit darstellen und zunehmende Verteilungskonflikte verursachen. Außerdem halten sie es für unstatthaft, einen linearen Zusammenhang zwischen Wachstum der Siedlungsfläche und ökologischer Verschlechterung herzustellen.

Die Auseinandersetzung um das Für und Wider einer Reduktion der Flächeninanspruchnahme macht deutlich, dass die Ziele einer nachhaltigen Siedlungsflächenentwicklung differenziert werden müssen. Dabei ist zu berücksichtigen, dass die Flächennachfrage künftig große regionale Unterschiede aufweisen wird. Während in einigen Regionen schon heute erhebliche Leerstände bei Wohn- und Gewerbegebäuden zu verzeichnen sind, besteht in anderen ein ungebrochen hoher Bedarf. Vor diesem Hintergrund bedarf die Gestaltung der Siedlungsentwicklung in Deutschland nach Ansicht vieler Experten einer Doppelstrategie von quantitativer und qualitativer Steuerung, die zudem regional differenziert sein müsste. Eine solche Strategie sollte u.a. folgende Zielkomponenten umfassen:

› *Förderung der Innenentwicklung* durch Umlenkung der Flächennachfrage in bereits besiedelte Gebiete (Mobilisierung vorhandener Flächenreserven, Wiedernutzung von Brachflächen, Schließung von Baulücken, Nachverdichtung, Nutzungsmischung, qualitative Aufwertung der bestehenden Bausubstanz und Anpassung an sich wandelnde Nutzerbedürfnisse).
› *Flächensparende Siedlungsentwicklung* durch interkommunale Abstimmung der Baulandausweisungen, Konzentration auf geeignete Standorte in Einklang mit den Zielen der Raumordnung und Landesplanung, Bevorzugung flächen- und kostensparender Bauweisen, höherer Bebauungsdichten und anderer effizienter Nutzungsformen (z.B. mehrgeschossige Gewerbebauten).
› *Erhaltung bzw. Wiederherstellung der natürlichen Bodenfunktionen* durch Umlenkung der unvermeidbaren Flächeninanspruchnahme auf Böden, die wegen ihrer Vornutzung oder naturbedingt über eine geringere Leistungsfähigkeit verfügen, Nutzung vorhandener Entsiegelungspotenziale, Reduktion von Neuversiegelungen auf das erforderliche Mindestmaß, Sanierung kontaminierter Flächen.
› *Sicherung von Freiräumen* durch Vermeidung weiterer Landschaftszerschneidungen, deutliche Reduktion der Neuinanspruchnahme von Flächen für Verkehrszwecke, quantitative Sicherung der verbliebenen größeren unzersiedelten Landschaftsräume.

Die Komplexität dieser Aufgabe macht deutlich, dass Erfolge nur mit einem Bündel von Maßnahmen erreichbar sein dürften, wobei das Steuerrecht, das Bauplanungs- und Raumordnungsrecht, die Wohnungs- und Städtebauförderung sowie die Verkehrspolitik einzubeziehen wären. Die Kombination der Instrumente sowie deren Eingriffsintensität müssten so angelegt sein, dass insgesamt eine gerechte Nutzen- und Lastenverteilung entsteht sowie negative wirtschaftliche und soziale Auswirkungen möglichst vermieden werden.

DAS PLANUNGSRECHTLICHE INSTRUMENTARIUM

Zur Steuerung der Flächennutzung steht ein breit gefächertes planerisches Instrumentarium zur Verfügung, das durch die in den letzten Jahren erfolgten grundlegenden Novellierungen des Raumordnungsgesetzes (ROG) und des Baugesetzbuches (BauGB) erheblich erweitert und verbessert wurde. Viele der in die Debatte um die Reduktion des Flächenverbrauchs für Siedlungs- und Verkehrszwecke eingebrachten Reformvorschläge sind durch das Europarechtsanpassungsgesetz (EAG Bau), das am 20. Juli 2004 in Kraft trat, bereits in geltendes Recht umgesetzt worden.

Dazu gehören z.B. die seit langem geforderte Revisionspflicht für Flächennutzungspläne, die Flexibilisierung der planerischen Festsetzungen (»Baurecht auf Zeit«), die inhaltliche Konkretisierung der Bodenschutzklausel und die erweiterten Möglichkeiten der Gemeinden, sich gegen die Ansiedlung großflächiger Einzelhandelsbetriebe zu wehren. Im Hinblick auf die angestrebte Innenentwicklung und die Aufwertung der Innenstädte als Wohn- und Lebensorte kommt auch den neu eingeführten Regelungen zum Stadtumbau und zur »Sozialen Stadt« erhebliche Bedeutung zu. Es bleibt nun zunächst abzuwarten, wie sich diese Reformen in der Praxis auswirken.

Nach allgemeiner Auffassung, die durch die Verbändebefragung des TAB bestätigt wird, ist die bisher unzureichende Umsetzung der flächenpolitischen Ziele nicht auf das Fehlen effizienter planerischer Instrumente zurückzuführen, sondern auf den mangelnden politischen Willen der Akteure, diese anzuwenden. Um *standortbezogene* Ziele, wie z.B. den Schutz sensibler Landschaftsräume oder wertvoller Biotope durchzusetzen, hat sich das vorwiegend ordnungsrechtlich geprägte Instrumentarium der Raum- und Landschaftsplanung nach herrschender Meinung bewährt und bleibt auch in Zukunft unverzichtbar. Um *mengenspezifische* Ziele wie eine quantitative Reduktion der Flächeninanspruchnahme zu erreichen, wird seine Wirksamkeit jedoch von Vielen bezweifelt und eine Flankierung durch marktkonforme Instrumente gefordert. Im Rahmen einer solchen Strategie sollen flächenkonsumierende und versiegelungsintensive Bodennutzungsformen verteuert und damit wirtschaftlich unattraktiver gemacht werden. Den Befürwortern dieses Ansatzes geht es sowohl darum, gegenläufig wirkende Anreize (Entfernungspauschale, Grundsteuer, Grunderwerbsteuer) zu beseitigen als auch neue flächenpolitische Lenkungsinstrumente einzuführen.

Einige, wie etwa der Rat für Nachhaltige Entwicklung, die Akademie für Raumforschung und Landesplanung und die Naturschutzverbände plädieren darüber hinaus für eine gezielte Ergänzung und Verschärfung des Planungsrechts. Vorgeschlagen werden u.a. eine erweiterte Begründungspflicht für das Bauen im Außenbereich, die Umwandlung des Abbruchduldungsgebots (§ 179 BauGB) in ein aktives Abrissgebot auf Kosten des Eigentümers und eine Modifizierung der Baunutzungsverordnung.

POTENZIALE REGIONALER KOOPERATION

Neben den traditionellen Kooperationsformen wie Gemeindeverbände, Regionalverbände, Zweckverbände und den in §§ 203 bis 205 BauGB vorgesehenen Möglichkeiten der interkommunalen Zusammenarbeit im Rahmen der Bauleitplanung sind durch das BauROG 1998 neue Instrumente freiwilliger Kooperation institutionalisiert worden. Dazu gehören städtebauliche Verträge nach § 11 BauGB, Städtenetze, regionale Entwicklungskonzepte und vertragliche Vereinbarungen zur Vorbereitung und Verwirklichung von Raumordnungsplänen (§ 13 ROG) sowie die Möglichkeit zur Erstellung regionaler Flächennutzungspläne gemäß § 9 Abs. 6 ROG. Den Kommunen stehen somit zahlreiche Formen der Zusammenarbeit zur Verfügung, die sich im Hinblick auf ihren räumlichen Zuschnitt, den Gegenstandsbereich, die Akteurskonstellation, den Institutionalisierungsgrad sowie ihre rechtliche Bindungswirkung unterscheiden.

Um einen sparsamen Umgang mit der Ressource Boden und gleichzeitig einen effizienten Einsatz knapper Haushaltsmittel sicherzustellen, wird von verschiedenen Seiten eine Intensivierung der interkommunalen Zusammenarbeit im Bereich der Baulandausweisung gefordert. Aufgrund der engen funktionalen Verflechtungen, der Flächenknappheit in den Kernstädten und des Bodenpreisgefälles zum Umland scheint dies vor allem in Stadtregionen geboten. Wie die Praxis zeigt, gestaltet sich jedoch ein regional abgestimmtes Flächenmanagement gerade dort schwierig, da die prosperierenden Umlandgemeinden häufig keinen Kooperationsbedarf sehen.

Die Ergebnisse der im Rahmen des Projekts vergebenen Gutachten sowie anderer vorliegender Studien zeigen, dass in Deutschland eine große Vielfalt von Kooperationsformen existiert, die aus dem Blickwinkel ihrer jeweiligen Zielsetzungen (Verbesserung der regionalen Wettbewerbsfähigkeit, Erhöhung der Standortqualität, Steigerung der Wirtschaftlichkeit, Beseitigung von Flächenengpässen etc.) durchaus als erfolgreich einzustufen sind. Wie die Analyse weiter zeigt, gehört jedoch die Realisierung einer flächensparenden Siedlungsentwicklung in der Regel nicht zu den originären Zielen der verschiedenen Kooperationsansätze. Dennoch bieten sie zumindest indirekte Steuerungsmöglichkeiten, die sich positiv auf die Flächeninanspruchnahme auswirken können.

So kann z.B. eine *interkommunal abgestimmte Gewerbeflächenentwicklung* dazu beitragen, überdimensionierte Baulandausweisungen einzelner Kommunen zu verhindern, den flächenmäßigen Erschließungsaufwand zu reduzieren, Standortpotenziale zu bündeln und damit eine bessere Auslastung der bereitgestellten Gewerbeflächen zu gewährleisten. *Interkommunale Kompensationsflächenpools* ermöglichen einerseits effizientere Maßnahmen zur ökologischen Aufwertung und andererseits die Realisierung kompakterer Stadtstrukturen, welche die Ausweitung des Siedlungsraums in die Landschaft eindämmen.

Die größten Erfolgsaussichten werden derzeit Kooperationsbeziehungen im Bereich der *Informationsbereitstellung* eingeräumt. Sie schaffen einen gemeinsamen Datenpool im Hinblick auf die regionale Situation, fördern die Kommunikation sowie die Entwicklung einer regionalen Perspektive, erleichtern den Gemeinden die Einordnung der eigenen Entwicklungsziele und -chancen in einen größeren räumlichen Kontext und führen zu einer Sensibilisierung für die Interessen der anderen. Außerdem sind langwierige Auseinandersetzungen über den Vorteils- und Lastenausgleich bei dieser Form der Kooperation nicht zu erwarten. Insgesamt lehrt die Erfahrung, dass es den Kommunen am ehesten gelingt, sich auf einen kooperativen Weg zu einigen, wenn dies für alle Beteiligten mit Vorteilen verbunden ist.

Als herausragende Beispiele gelungener interkommunaler Kooperation werden in den vom TAB vergebenen Gutachten die beiden Verbandsmodelle *Region Stuttgart* und *Region Hannover* betrachtet, da sie bereits Ansätze einer regionalen Flächenhaushaltspolitik erkennen lassen. Positive Auswirkungen sind auch von der *gemeinsamen Flächennutzungsplanung benachbarter Gemeinden* zu erwarten, da sie eine koordinierte Baulandausweisung ermöglicht, mit deren Hilfe die Siedlungstätigkeit auf die aus objektiven Gründen geeigneten Flächen gelenkt und die Flächeninanspruchnahme in der Summe reduziert werden kann. Voraussetzung für die Erfüllung der in dieses Instrument gesetzten Erwartungen ist allerdings, dass im interkommunalen Planungsprozess nicht nur eine Addition der von den beteiligten Gemeinden geäußerten Flächenansprüche stattfindet.

Als gravierende Hemmnisse für die Intensivierung der interkommunalen Zusammenarbeit sehen die Gutachter des TAB und andere einschlägige Studien das »Kirchturmdenken« der Gemeinden und ihre Befürchtung, im Rahmen einer Kooperation Einschränkungen der kommunalen Selbstverwaltungshoheit hinnehmen zu müssen, sowie vor allem fiskalische Zwänge und Unklarheiten über finanzielle Ausgleichsregelungen.

Um diese Hemmnisse zu beseitigen, wird von verschiedenen Seiten eine grundlegende *kommunale Finanzreform* gefordert, die eine solide kommunale Finanzausstattung gewährleisten und die Konkurrenzsituation mildern sollte. Im Hinblick auf einen gerechten Ausgleich zwischen Kernstadt und Umlandgemeinden wird die Einführung einer »*Regionalen Infrastrukturpauschale*« angeregt, mit der die Umlandgemeinden an den Kosten für die Bereitstellung übergeordneter Infrastruktureinrichtungen (Kliniken, Theater, Museen, weiterführende Schulen etc.) beteiligt werden sollten. Zur Förderung der Kooperationsbereitschaft werden außerdem gezielte *finanzielle Anreizsysteme* auf Landesebene für notwendig gehalten. Einige der befragten Akteure wie etwa der Bund Deutscher Architekten, die Akademie für Raumforschung und Landesplanung und die Naturschutzverbände halten dies jedoch für nicht ausreichend und plädieren für eine verstärkte Kompetenzausweitung zugunsten der regionalen Ebene.

INFORMATORISCHE INSTRUMENTE

Fehlendes Wissen über die Folgen des hohen Flächenverbrauchs und die Bodendegradierung dürfte mit ein Grund sowohl für die mangelnde Ausschöpfung der rechtlichen Möglichkeiten durch die Planungsträger als auch für den Umstand sein, dass eine flächensparende und -schonende Siedlungspolitik bisher kaum Unterstützung in der Bevölkerung findet. Als notwendig werden daher einerseits *Informations- und Aufklärungsmaßnahmen*, die sich an die breite Öffentlichkeit wenden, und andererseits Maßnahmen zur *Förderung des Problembewusstseins wichtiger Akteure*, wie Fortbildung, Dokumentation von Best-Practice-Beispielen, Leitfäden zum Flächenmanagement u.Ä. angesehen.

Die Informationsgrundlagen für kommunale flächenbezogene Entscheidungen sind häufig unvollständig, da die mit einer Neuerschließung verbundenen Folgekosten, wie Aufwendungen für den Unterhalt der Verkehrsinfrastruktur, sowie für den Bau und Betrieb sozialer Einrichtungen (Kindergärten, Schulen etc.) nicht oder nur teilweise in die Entscheidungskalküle der kommunalen Akteure eingehen. *Umfassende Kostenbetrachtungen bei Neuerschließungen* und ihr Vergleich mit den Kosten der Nutzung von Innenentwicklungspotenzialen müssten deshalb Instrumente eines rationalen Flächenmanagements sein.

Flächenstatistische Daten als Grundlage für die Bodenschutzpolitik und das Monitoring ihrer Ergebnisse werden von verschiedenen Seiten als nicht ausreichend betrachtet. Der in der flächenpolitischen Debatte im Mittelpunkt stehende Indikator »Zunahme der Siedlungs- und Verkehrsfläche in ha/Tag« wird als zu grob angesehen, da er Flächen mit stark bodenschädigenden Nutzungen, z.B. hochversiegelte Böden, und Flächen mit umweltgerechten Nutzungen unter einer Kategorie subsumiert. Als notwendig wird deshalb eine *Ergänzung der Flächenstatistik* durch Indikatoren erachtet, die die qualitative Veränderung von Flächen genauer abbilden, z.B. Indikatoren zum Versiegelungsgrad, zur Wiedernutzung von Brachflächen etc.

FISKALISCHE INSTRUMENTE

Die zusätzliche Flächeninanspruchnahme ist das Resultat der Entscheidungen verschiedener Akteure, welche in einem Geflecht bestehender fiskalischer Rahmenbedingungen handeln, die keineswegs »flächenneutral« sind, sondern zum Teil kontraproduktive Anreize setzen. Vielfach gefordert wird daher, bei den fiskalischen Rahmenbedingungen anzusetzen oder sogar, sie für flächenpolitische Lenkungszwecke fortzuentwickeln, was allerdings bei anderen auf entschiedene Ablehnung stößt.

GRUNDERWERBSTEUER

Die Grunderwerbsteuer wird nicht nur aus flächenpolitischer, sondern auch aus ökonomischer und sozialer Sicht als reformbedürftig erachtet, da sie den Neubau begünstigt und den Bestandserwerb benachteiligt, die dringend erforderliche berufliche Mobilität behindert sowie die Wohneigentumsbildung von Schwellenhaushalten erschwert. Die von verschiedenen Seiten unterbreiteten Reformvorschläge reichen von der Abschaffung oder Reduzierung des Steuersatzes über die Spreizung von Steuersätzen nach Lage der Grundstücke (unterschiedliche Steuersätze für den Erwerb im Bestand und in Neuerschließungsgebieten) oder Befreiungen von der Steuerpflicht (z.B. beim Erwerb von Bestandsimmobilien) bis zur Umwandlung der Grunderwerbsteuer in eine Neuerschließungsabgabe. In der Tendenz laufen alle Reformvorschläge darauf hinaus, den Bodenerwerb in Neuerschließungsgebieten zu verteuern und den Erwerb von Bestandsimmobilien durch geringere oder keine Besteuerung zu begünstigen und damit die Innenentwicklung zu fördern.

GRUNDSTEUER

Die Grundsteuer steht hauptsächlich deshalb in der Kritik, weil sie auf einer veralteten Bemessungsgrundlage basiert, die inzwischen eingetretenen Wertveränderungen nicht berücksichtigt und damit gegen den Grundsatz einer gleichmäßigen Besteuerung verstößt. Unter flächenpolitischen Gesichtspunkten wird moniert, dass sie Ein- und Zweifamilienhäuser bei der Bestimmung der Bemessungsgrundlage sowie durch niedrigere Steuermesszahlen begünstigt und wegen ihrer geringen Höhe Anreize zum spekulativen Horten von unbebauten Grundstücken im Siedlungsbestand setzt.

Vorschläge zur Reform der Grundsteuer reichen von einer Aktualisierung der Bemessungsgrundlage bis zu Reformmodellen mit bodenpolitischer Lenkungswirkung. Entweder setzen sie beim Bodenwert oder bei der Bodenfläche an oder sie kombinieren diese beiden Bemessungsgrundlagen. Weiterhin unterscheiden sich die Vorschläge dadurch, ob Gebäude (wert- oder flächenmäßig) ebenfalls besteuert werden. Während wertbezogene Reformmodelle bei Annahme stabiler Bodenwerte dauerhafte fiskalische Ergiebigkeit versprechen, haben flächenbezogene Steuermodelle den Nachteil, dass das reale Aufkommen bei Annahme konstanter kommunaler Hebesätze inflationsbedingt ständig sinkt. Bezüglich der bodenpolitischen Lenkungswirkung versprechen flächenbezogene Steuermodelle dagegen leichte Vorteile.

Diese Überlegungen haben zu Reformvorschlägen geführt, die beide Bemessungsgrundlagen kombinieren, um die jeweiligen Schwächen zu kompensieren. Zu nennen sind hier die kombinierte Bodenwert- und Flächensteuer mit *additiver Verknüpfung* der beiden Komponenten und die kombinierte Flächennutzung- und Bodenwertsteuer mit *multiplikativer Verknüpfung* der Komponenten. Dabei verspricht Letztere die jeweiligen spezifischen Stärken der Reinformen, nämlich die ökologischen Lenkungseffekte der Flächennutzungskomponente und die fiskalische Ergiebigkeit der Bodenwertkomponente, zu erhalten.

Alle bisherigen quantitativen Abschätzungen, auch die im TAB-Projekt durchgeführten Simulationsrechnungen, zeigen allerdings, dass eine aufkommensneutrale Ausgestaltung der Grundsteuer unabhängig vom Modell kaum Effekte auf den Flächenverbrauch haben würde. Deshalb, aber auch vor dem Hintergrund der chronischen kommunalen Unterfinanzierung, wird empfohlen, die Forderung nach Aufkommensneutralität aufzugeben und die *Grundsteuer zu einer stärkeren Säule der kommunalen Finanzierung* auszubauen. Eine Erhöhung der Grundsteuer lässt sich auch damit begründen, dass in Deutschland die Besteuerung des Faktors Grund und Boden im internationalen Vergleich eher moderat ist.

Diese Überlegungen legen es nahe, im Rahmen einer Reform des kommunalen Finanzsystems der Grundsteuer gegenüber der Gewerbesteuer ein höheres Gewicht als gegenwärtig einzuräumen. Es ist zu vermuten, dass bei einer simultanen gesamtaufkommensneutralen Reform mit einer Neugewichtung der Aufkommensanteile zugunsten einer reformierten Grundsteuer ein Gesamtreformpaket eher Akzeptanz finden könnte. Zudem dürften auch die potenziellen flächenpolitischen Lenkungseffekte stärker sein, da eine steuerliche Entlastung bei der Gewerbesteuer eine Milderung des kommunalen Wettbewerbs um die Ansiedlung von Unternehmen verspricht.

»ÖKOLOGISIERUNG« DES KOMMUNALEN FINANZAUSGLEICHS

Verschiedentlich wird vorgeschlagen, den von den Ländern primär zur Abmilderung von Einnahmekraftunterschieden durchgeführten kommunalen Finanzausgleich (KFA) stärker in den Dienst des Flächenschutzes zu stellen. Dabei soll die Freihaltung von Flächen für ökologische Funktionen honoriert und somit Einnahmeverluste der

Kommunen, die durch den Verzicht auf die Ausweisung neuer Wohn- und Gewerbegebiete entstehen, kompensiert werden. Da durch das Vorhalten von Freiflächen den Gemeinden im Wesentlichen nur Opportunitätskosten, aber kaum direkte Kosten entstehen, die zu einem ausgabenwirksamen Finanzbedarf führen, wird eine solche Kompensation allerdings von verschiedenen Autoren als systemfremd im bedarfs- und ausgabenorientierten Ansatz des KFA betrachtet.

Begrenzte Möglichkeiten zur Ökologisierung des kommunalen Finanzausgleichs bestehen allenfalls in der Einführung von Zweckzuweisungen für besondere Ausgaben verursachende, flächenschonende und -sparende Maßnahmen, wie z.B. für Flächenrecyclings- und Entsiegelungsprojekte.

ÖKONOMISCHE ANREIZINSTRUMENTE

Gegenüber den zuvor behandelten fiskalischen Instrumenten werden seit längerem schon Instrumente diskutiert, die ausschließlich darauf abzielen, ökonomische Anreize für einen sparsamen und schonenden Umgang mit Grund und Boden zu schaffen. Dabei geht es einerseits um Instrumente, die auf die Kommunen als Akteure zielen, z.B. handelbare Flächenausweisungskontingente oder die Baulandausweisungsumlage, und andererseits um Instrumente, die das Verhalten der privaten Akteure (Bauherren, Investoren) beeinflussen sollen, z.B. eine Neuerschließungsabgabe oder eine Neuversiegelungsabgabe.

HANDELBARE FLÄCHENAUSWEISUNGSKONTINGENTE

Die Grundidee dieses Konzepts besteht darin, für eine bestimmte räumliche Ebene (Bund, Länder, Regionen) die maximal zulässige Flächenausweisung quantitativ festzulegen und diese in Form von handelbaren Flächenausweisungskontingenten an die Kommunen kostenlos oder durch Versteigerung zu verteilen. Will eine Gemeinde über dieses Kontingent hinausgehende Baulandausweisungen vornehmen, muss sie zusätzliche Ausweisungskontingente an einer Bodenbörse kaufen. Gemeinden, die die zugeteilten Kontingente nicht verwenden, können diese veräußern und damit Einnahmen erzielen.

Vor der Implementation eines solchen Systems sind allerdings schwierige gestalterische Fragen zu klären, die zu hohen Hürden für die Akzeptanz des Instruments werden können. Diese betreffen z.B. die Verteilungsmodi der Flächenausweisungskontingente und die hierbei anzuwendenden Schlüssel, die Mengensteuerung im Zeitablauf, die Befristung der Zertifikate und regionale und/oder nutzungsspezifische Differenzierungen von Märkten.

Vor allem die Erstverteilung der Flächenausweisungskontingente zunächst auf die Länder und von diesen auf die Kommunen wird als besonders konfliktträchtig eingeschätzt, da sich, wie Untersuchungen zeigen, in Abhängigkeit vom verwendeten Zuteilungsschlüssel sehr unterschiedliche Verteilungen ergeben würden. Allein wegen der Suche nach konsensfähigen Schlüsseln ist deshalb mit langwierigen Aushandlungsprozessen zu rechnen, die zu flächenpolitisch fragwürdigen Kompromissen und Ausnahmeregelungen führen können. Da zudem noch andere schwierige Gestaltungsfragen zu klären wären, ist zu vermuten, dass viel Zeit vergehen würde, ehe dieses Instrument seine flächenpolitischen Wirkungen entfalten könnte.

BAULANDAUSWEISUNGSUMLAGE

Die Baulandausweisungsumlage stellt ein alternatives Konzept zu handelbaren Flächenausweisungskontingenten dar. Die Kommunen müssten dabei für die Neuausweisung von Bauland einen am Flächenumfang des neuen Baugebiets bemessenen Umlagebetrag an das jeweilige Bundesland abführen. Die Umlage ist ein über den Preis steuerndes Instrument, das zumindest aus ökologischer Sicht – gegenüber den handelbaren Flächenausweisungskontingenten mit ihrer Mengensteuerung – eine Second-best-Lösung wäre, da die punktgenaue Erfüllung eines quantitativen Flächenziels nicht sichergestellt werden kann. Das Aufkommen aus der Umlage soll an die Gemeinden unter Nutzung eines geeigneten Verteilungsschlüssels zurück verteilt werden. Denkbar wäre auch, einen Teil des Aufkommens ebenfalls in den Dienst der ökologischen Lenkungsaufgabe zu stellen, indem damit bodenpolitisch erwünschte Maßnahmen gefördert werden könnten.

Im Vergleich zu handelbaren Flächenausweisungskontingenten ist die Baulandausweisungsumlage das einfachere Instrument, ein Vorteil, dem die Nachteile einer geringeren ökologischen Treffsicherheit und ökonomischen Effizienz gegenüberstehen. Wie Untersuchungen zeigen, würden beide Instrumente auf wenig Gegenliebe bei den Kommunen stoßen.

NEUERSCHLIEßUNGSABGABE

Mit einer Neuerschließungsabgabe, die von Bauherren und Investoren zu entrichten wäre, soll die Erschließung neuer Bauflächen im Außenbereich verteuert und indirekt die Innenentwicklung gefördert werden. Sie wäre, sofern ihr auch die Kommunen bei der Neuausweisung von Verkehrsflächen unterworfen würden, als Alternative zu handelbaren Flächenausweisungskontingenten und zur Baulandausweisungsumlage zu betrachten. Gelingt z.B. bei der Baulandausweisungsumlage den Gemeinden die Überwälzung an die Endnutzer, so dürften sich bei gleichem Abgabe- bzw. Umlagesatz quantitativ ähnliche flächenpolitische Lenkungseffekte für beide Instrumente ergeben. Die Neuerschließungsabgabe dürfte im Vergleich zu handelbaren Flächenausweisungskontingenten und zur Baulandausweisungsumlage politisch eher durchsetzbar sein, da die Gemeinden in ihrem Ausweisungsverhalten unmittelbar nicht so stark betroffen wären.

BODENVERSIEGELUNGSABGABEN

Durch *Bodenversiegelungsabgaben* sollen verstärkte Anreize einerseits zur Verringerung der Neuversiegelung und andererseits zur Entsiegelung bereits baulich genutzter Flächen geschaffen werden. Bei den meisten diskutierten Vorschlägen geht es um eine einmalige Abgabe, die bei einer Neuversiegelung fällig würde. Sie soll in erster Linie Anreize zur Eindämmung der Neuversiegelung setzen. Daneben gibt es auch Vorschläge für eine gespaltene Abgabe, bei der Neuversiegelungen mit einer einmal zu zahlenden Abgabe belegt und bereits versiegelte Grundstücke einer jährlich vom Versiegelungsgrad abhängigen Abgabe unterworfen werden. Kritisiert werden ein höherer bürokratischer Aufwand gegenüber einer Neuerschließungsabgabe und eine zu erwartende Erhöhung der bereits hohen Wohnkosten in Deutschland im Falle einer Bestandsabgabe.

Ein in vielen Gemeinden bereits eingeführtes Instrument ist die *versiegelungsabhängige Abwassergebühr*. Für deren Höhe ist nicht nur das Volumen des Frischwasserbezugs ausschlaggebend, sondern auch die Regenwassermengen, die von einem Grundstück in die öffentliche Kanalisation abfließen und die umso größer sind, je höher der Versiegelungsgrad ist. Da die Ableitung von Regenwasser in die öffentliche Kanalisation Kosten verursacht, nehmen Grundstückseigentümer mit großen versiegelten Flächen kommunale Leistungen vergleichsweise stärker in Anspruch als Eigentümer mit geringen Anteilen an versiegelter Fläche. Versiegelungsabhängige Abwassergebühren führen deshalb zu einer höheren Gebührengerechtigkeit. Die durch die Gebührenpflicht entstehenden Anreize, beim Neubau auf umfangreiche Versiegelung zu verzichten und bereits versiegelte Flächen zu entsiegeln, sind eher ein willkommener Zusatzeffekt. Das dem Gebührenrecht zugrunde liegende Äquivalenzprinzip setzt aber einer über die entstehenden Kosten hinausgehenden flächenpolitischen motivierten Bemessung enge Grenzen.

FINANZIELLE FÖRDERINSTRUMENTE

Durch Steuervergünstigungen, Direktsubventionen und Förderprogramme hat der Staat in der Vergangenheit zahlreiche Impulse zur Erweiterung des Wohnungsbestandes gegeben. In Anbetracht der Situation auf den Wohnungsmärkten und den voraussichtlichen Auswirkungen der demografischen Entwicklung werden heute von verschiedenen Seiten ein Umbau der Fördersysteme und eine Neuorientierung der Wohnungsbaupolitik gefordert.

SOZIALER WOHNUNGSBAU

Die staatliche Wohnungsbauförderung hat in Deutschland eine lange Tradition, die bis in die Weimarer Republik zurückreicht. Gefördert wurden nach dem II. Wohnbaugesetz von 1956 der Bau von Mietwohnungen, die Modernisierung des Wohnungsbestandes und die Schaffung von Wohneigentum. Mit der Novelle des Wohnbaugesetzes im Jahre 2001 wurde ein Paradigmenwechsel vollzogen: von der Wohnraumversorgung »breiter Schichten der Bevölkerung« zur Basisversorgung Bedürftiger.

Die Neuregelung soll der Tatsache Rechnung tragen, dass heute nicht mehr die Schaffung von Wohnraum im Vordergrund steht, sondern die zielgenaue, flexible und bedarfsgerechte Förderung von Haushalten, »die sich am Markt nicht angemessen mit Wohnraum versorgen können«. In Anbetracht der demografischen Entwicklung soll sich die Förderung künftig auf eine sozialorientierte Nutzung des vorhandenen Wohnungsbestandes konzentrieren, anstatt den Neubau teurer Sozialwohnungen zu subventionieren. Dies soll über den Erwerb bestehenden Wohnraums, die Modernisierung von Wohnraum, den Erwerb von Belegungsrechten in bestehenden Gebäuden sowie die Fortführung oder Begründung von Mietbindungen erfolgen.

Durch die bestandsorientierte Ausgestaltung des Wohnraumförderungsgesetzes sind von der neuen Regelung im Hinblick auf den Flächenschutz positive Effekte zu erwarten. Unter stadtsoziologischen Aspekten sind jedoch Zweifel angebracht. Da die Zahl der Haushalte, die sich am Wohnungsmarkt nicht adäquat versorgen können, steigt und das Angebot an preiswertem Wohnraum infolge der Deregulierung der Wohnungsmärkte und des Rückzugs des Staates aus der Wohnungsbauförderung kontinuierlich schrumpft, kommt es zwangsläufig zu einer Konzentration sozial benachteiligter Gruppen in bestimmten Quartieren. Damit wächst die Gefahr sozialer Segregation.

FÖRDERUNG DER WOHNEIGENTUMSBILDUNG

Obwohl mit der Modifikation der Eigenheimzulage zu Beginn 2004 einigen der Hauptkritikpunkte an der alten Regelung Rechnung getragen wurde, blieb sie das umstrittenste Instrument der Wohnbauförderung. Kritisiert wurden vor allem die allokativen Verzerrungen und die negative flächenpolitische Lenkungswirkung, die diese Subvention auslöst. Auch nach der erfolgten Gleichstellung von Neu- und Altbau in der Förderung wurde bezweifelt, dass dies ausreichen würde, um die gewünschte Umlenkung der Investitionen vom Neubau in den Bestand zu bewirken. Von verschiedenen Seiten wurde daher eine *Fokussierung und/oder regionale Differenzierung der Wohneigentumsförderung* befürwortet. Vorgeschlagen wurde u.a.

eine Konzentration der Förderung auf Familien mit mehreren Kindern, auf Schwellenhaushalte in Hochpreisregionen, auf den Erwerb von Bestandsimmobilien oder den Neubau auf innerstädtischen Brachflächen.

Andere plädierten dagegen für eine ersatzlose Streichung der Eigenheimzulage mit dem Argument, dass eine Subventionierung des Wohneigentums angesichts einer inzwischen mehr als gut bezeichnenden Wohnungsversorgung in den meisten Regionen, wachsender Leerstände und einer insgesamt veränderten Situation auf den Immobilienmärkten nicht mehr zeitgemäß sei. Befürchtet wurde das Risiko von Fehlinvestitionen, wenn die Förderung wie bisher fortgesetzt würde, da insbesondere in städtischen Randlagen mit einem Wertverfall der Immobilien zu rechnen sei.

Die Eigenheimzulage wurde mit Wirkung zum 01. Januar 2006 abgeschafft. Laufende Förderungen werden davon jedoch nicht tangiert, d.h. Bauherren, die vor dem 01. Januar 2006 mit der Herstellung eines Eigenheims begonnen, sowie Erwerber, die vor dem 01. Januar 2006 den notariellen Kauvertrag abgeschlossen haben oder einer Genossenschaft beigetreten sind, haben weiterhin Anspruch auf Förderung nach den Regelungen des Eigenheimzulagegesetzes. Erst mit Beendigung des achtjährigen Förderzeitraums im Jahre 2013 werden die letzten Zahlungen eingestellt werden. Begründet wurde die Abschaffung damit, dass eine flächendeckende Förderung in Anbetracht entspannter Wohnungsmärkte und deutlich gesunkener Finanzierung- und Baukosten nunmehr entbehrlich sei. Mit der Streichung der Eigenheimzulage werde der Abbau nicht mehr gerechtfertigter Subventionen umgesetzt. Gleichzeitig kündigte die Bundesregierung die Absicht an, das selbst genutzte Wohneigentum entsprechend der Koalitionsvereinbarung zum 01. Januar 2007 besser in die geförderte Altersvorsorge zu integrieren.

Die Verbände sowie die Gewerkschaft der Bau- und Wohnungswirtschaft haben einen Vorschlag zur Einbeziehung des Wohneigentums in die Riester-Förderung erarbeitet, der auch genossenschaftliches Wohnen, Wohnrechte und vermietetes Wohneigentum umfasst. Das vorgestellte Bau-Riester-Modell vergrößert die Wahlfreiheit zwischen verschiedenen Altersvorsorgeformen und überlässt dem Förderberechtigten auch die Entscheidung zwischen Neubau und Erwerb von Bestandsimmobilien. Eine Bindung der Förderung an städtebauliche und ökologische Kriterien, wie sie im Rahmen der Debatte um die Eigenheimzulage angeregt wurden, sieht das Modell nicht vor.

STÄDTEBAUFÖRDERUNG

Nach übereinstimmender Auffassung hat sich die Städtebauförderung in den letzten Jahren als ein wichtiges Instrument zur Realisierung der Innenentwicklung, zur Aufwertung der vorhandenen Bausubstanz, zur Sanierung und Wiedernutzung städtischer Brachen, zur Umsetzung einer funktionalen Nutzungsmischung und zur Revitalisierung der Kernstädte erwiesen. Trotz ihres im Vergleich zu anderen Förderprogrammen relativ begrenzten Finanzvolumens konnten infolge hoher Multiplikatoreffekte mit den eingesetzten Mittel positive Flächenwirkungen in größerem Umfang erzielt werden.

Wie die Verbändebefragung des TAB zeigt, wird diese positive Einschätzung von der Mehrheit der befragten Verbände geteilt und eine finanzielle Aufstockung, vor allem der Stadterneuerungsprogramme »Soziale Stadt«, »Stadtumbau Ost« und »Stadtumbau West«, gefordert. Vonseiten der Verbände der Bau- und Wohnungswirtschaft wird dabei insbesondere die Notwendigkeit betont, mithilfe öffentlicher Mittel an innerstädtischen Standorten preiswertes Bauland für Private und Wohnungsunternehmen zur Verfügung zu stellen. Nur wenn es den Kommunen gelingt, auch für Schwellenhaushalte die Möglichkeit zur Bildung von Wohneigentum in der Stadt zu schaffen, könne eine hinreichende Attraktivität urbanen Wohnens gewährleistet und der Trend zur Suburbanisierung gestoppt werden. Um vorhandene Flächenreserven zu mobilisieren, müssten in erster Linie zusätzliche Mittel für die *Aufbereitung von Brachflächen* aller Art bereitgestellt werden. Außerdem sollten die vorhandenen Mittel zielgerichteter eingesetzt werden.

ENTFERNUNGSPAUSCHALE

Neben den Wohnungsbauförderungsprogrammen, die unmittelbaren Einfluss auf die Nachfrage nach Bauland haben, gibt es noch andere staatliche Subventionen wie die Entfernungspauschale, die sich indirekt auf die Flächeninanspruchnahme auswirken. Kritisiert wird, dass die Entfernungspauschale in erster Linie Fernpendler begünstigt und dadurch den Anreiz zur Abwanderung in periphere Räume mit günstigen Bodenpreisen verstärkt. Auch unter sozialen Gesichtspunkten wird die Förderung als fragwürdig angesehen, da die Bezieher hoher Einkommen überproportional profitieren. Von verschiedenen Seiten, wie etwa dem Deutschen Institut für Urbanistik, dem Deutsche Städtetag und den Naturschutzverbänden, wird daher eine ersatzlose Streichung dieser »Zersiedelungsprämie« gefordert. Andere wie etwa das DIW plädieren für einen schrittweisen Abbau über einen längeren Zeitraum, um den Steuerpflichtigen Zeit zur Anpassung zu geben.

Nicht aus flächenpolitischen, sondern aus fiskalischen Gründen hat die Bundesregierung inzwischen die Entfernungspauschale eingeschränkt; sie soll ab 2007 nur noch ab dem 21. Entfernungskilometer zur Arbeitsstätte abgesetzt werden können. Eine Begünstigung von Fernpendlern besteht damit weiterhin; sie wird von der Bundesregierung ausdrücklich als Härtefallregelung für diese Arbeitnehmergruppe betrachtet.

AUSWIRKUNGEN VON MAßNAHMEN ZUR REDUZIERUNG DER FLÄCHENINANSPRUCHNAHME FÜR SIEDLUNGS- UND VERKEHRSZWECKE

Die Diskussion der Auswirkungen des Einsatzes von Instrumenten zur Reduktion der zusätzlichen Flächeninanspruchnahme auf 30 ha/Tag bis 2020 im TAB-Bericht konzentriert sich auf die Berechnung von Flächeneffekten sowie der wirtschaftlichen Effekte (z.B. bei Steueraufkommen, Bruttoinlandsprodukt, Beschäftigung, Kosten des Wohnens). Weitere gesellschaftliche und ökonomische Folgen werden aufgrund dieses Analyseansatzes nicht thematisiert. Auch erfolgen weder eine Empfehlung für bestimmte Maßnahmen noch eine abschließende Bewertung des 30-ha-Zieles oder alternativer Raumnutzungskonzepte.

Die Gesellschaft für wirtschaftliche Strukturforschung (GWS) hat für das TAB Simulationsrechnungen zum zukünftigen Flächenverbrauch mit dem umweltökonomischen Simulationsmodell PANTA RHEI durchgeführt. Nach der *Basisprognose* der GWS, die von einer Fortschreibung von Status-quo-Bedingungen ausgeht und eine mögliche zukünftige Entwicklung ohne neue (flächen)politische Eingriffe beschreibt, wird die tägliche Zunahme der Siedlungs- und Verkehrsfläche im Jahr 2020 noch bei 81 ha liegen und dann bis 2030 weiter auf 74,5 ha zurückgehen. Das Ziel der deutschen Nachhaltigkeitsstrategie von 30 ha/Tag wird damit weit verfehlt und selbst 2030 noch nicht erreicht.

Der zu prognostizierte Rückgang ist im Wesentlichen demografisch zu erklären. Die demografische Entwicklung, die in der Basisprognose der mittleren Variante der 10. koordinierten Bevölkerungsvorausberechnung des Statistischen Bundesamtes folgt, führt zu einem drastischen Rückgang des Neubaus von 365.000 jährlich erstellten Wohnungen im Jahr 2000 über ca. 270.000 im Jahr 2010 und ca. 203.000 im Jahr 2020 auf ca. 115.000 im Jahr 2030. Die Bedeutung der privaten Haushalte als Verursacher der zusätzlichen Flächeninanspruchnahme für Siedlungs- und Verkehrszwecke wird damit deutlich abnehmen, obwohl die Wohnfläche pro Kopf noch weiter von gegenwärtig ca. 40 m^2 auf über 48 m^2 bis 2030 ansteigen wird.

Die Analysen zeigen, dass mit Einzelmaßnahmen bzw. Einzelinstrumenten mit geringer Eingriffsintensität keine nennenswerten Flächeneffekte erreicht werden. Dies gilt, wie oben schon erwähnt, auch für eine aufkommensneutrale Reform der Grundsteuer. Rechnungen für eine reine Flächensteuer, eine reine Bodenwertsteuer sowie eine kombinierte Bodenwert- und Bodenflächensteuer ergeben für 2020 nur Abweichungen von etwas mehr als 1 ha/Tag gegenüber der Basisprognose. Effekte in ähnlichen Größenordnungen ergeben sich für die Abschaffung der Grunderwerbsteuer für den Bestandserwerb.

Die Abschaffung bzw. Rückführung der als flächenpolitisch kontraproduktiv betrachteten Subventionen in Form der *Eigenheimzulage* und der *Entfernungspauschale* hätte auf den zukünftigen Flächenverbrauch ebenfalls nur geringe Auswirkungen, während die fiskalischen Effekte beträchtlich wären. Unter der Annahme, dass die eingesparten Mittel keiner anderen Verwendung zugeführt werden, würde sich die Staatsverschuldung erheblich verringern; die gesamtwirtschaftlichen Effekte, z.B. auf das Bruttoinlandsprodukt und die Beschäftigung, wären dagegen gering.

Zur Erreichung eines so anspruchsvollen Ziels wie des 30-ha-Ziels sind voraussichtlich nur *Kombinationen verschiedener Instrumente* geeignet. Erfolgversprechend wäre z.B. ein Instrumentenbündel, das eine *nicht aufkommensneutrale Bodenwert- und Bodenflächensteuer*, die in der Summe zu einer 1%igen Belastung des Bodenwertes führt, und eine bis zum Jahr 2020 linear auf 40 Euro/m^2 nominal ansteigende *Neuerschließungsabgabe* kombinieren würde. Der Abgabesatz der Neuerschließungsabgabe könnte 2020 nur halb so hoch sein, wenn man von der Perspektive ausgeht, dass mit dem Bündel nur eine Senkung der täglichen Neuinanspruchnahme von Flächen auf 50 ha/Tag herbeigeführt werden soll und der Rest bis zur Schließung der Lücke zum 30-ha-Ziel durch planungsrechtliche, informatorische und kooperative Instrumente bewirkt werden könnte.

Insgesamt lässt sich feststellen, dass es sich um Maßnahmen mit relativ moderaten und nicht von vornherein unvertretbaren Eingriffsintensitäten handelt, die zur Erreichung des 30-ha-Ziels führen würden. Auswirkungen auf wirtschaftliche Indikatoren wie Bruttoinlandsprodukt, Beschäftigung und Mietkosten dürften, wie die Simulationsanalysen zeigen, sehr gering sein.

VORWORT

Auf Anregung des Ausschusses für Umwelt, Naturschutz und Reaktorsicherheit wurde das Büro für Technikfolgen-Abschätzung beim Deutschen Bundestag (TAB) im Juni 2003 vom Ausschuss für Bildung, Forschung und Technikfolgenabschätzung mit der Durchführung eines TA-Projekts zum Thema *»Reduzierung der Flächeninanspruchnahme – Ziele, Maßnahmen, Wirkungen«* beauftragt. Dem Auftrag entsprechend beschäftigt sich das TAB-Projekt schwerpunktmäßig mit den Instrumenten und Maßnahmen zur Reduktion der Flächeninanspruchnahme für Siedlungs- und Verkehrszwecke. Diese sollten vergleichend dargestellt und hinsichtlich ihrer Wirkungen und Umsetzungschancen analysiert und beurteilt werden. Ausgangspunkt war das von der Bundesregierung aufgestellte Ziel einer Rückführung der zusätzlichen Flächeninanspruchnahme auf 30 ha/Tag bis 2020.

Im Rahmen des Projekts hat das TAB eine schriftliche Befragung von ausgewählten interessierten und betroffenen Verbänden durchgeführt. Zweck der Befragung war es, die Vor- und Nachteile der verschiedenen Reformvorschläge aus Sicht unterschiedlicher Interessenstandpunkte zu beleuchten und wichtige Konfliktlinien bei der Beurteilung von Zielen und Instrumenten zur Reduktion der Flächeninanspruchnahme aufzuzeigen. Die Auswertung von Stellungnahmen und Positionspapieren wurde in einem TAB-Hintergrundpapier (TAB 2004) dokumentiert. Es spiegelt ein aktuelles Meinungsbild der zentralen Akteure zu den Zielen und Instrumenten einer nachhaltigen Flächennutzungspolitik in Deutschland wider. Zugleich diente die Dokumentation als Hintergrundinformation für ein TAB-Fachgespräch am 06. Mai 2004 im Paul-Löbe-Haus des Deutschen Bundestages. Das Fachgespräch hatte zum Ziel, über den Stand des Projekts und erste Ergebnisse zu informieren. Hierzu waren Abgeordnete aller Fraktionen, die Gutachter des TAB sowie Experten der Fraktionen, aus Wissenschaft und Interessengruppen eingeladen.

Die im Rahmen der Veranstaltung gewonnenen Einsichten und Anregungen gingen in die weitere Arbeit des Projekts ein.

Mit dem Ziel einer breiten wissenschaftlichen Fundierung arbeitete das TAB zu ausgewählten Fragestellungen mit externen Experten zusammen. Folgende Gutachten wurden dazu vergeben:

› Gemeindefinanzreform – Hintergründe, Defizite, Alternativen (FiFo – Finanzwissenschaftliches Forschungsinstitut an der Universität zu Köln [C. Fuest, M. Thöne]);
› Möglichkeiten zur Verbesserung der interkommunalen Kooperation: – Beispiele aus der Praxis, Erfahrungen, Handlungsbedarf (IBoMa – Institut für Boden-

management, Dortmund [E. Dransfeld, G. Boele-Keimer, P. Pfeiffer] und UFZ – Umweltforschungszentrum Leipzig-Halle GmbH, Leipzig [T. Gawron])

› Der demografische Wandel und seine Konsequenzen für Wohnungsnachfrage, Städtebau und Flächennutzung (IRS – Institut für Regionalentwicklung und Strukturplanung, Erkner [H.-J. Bürkner, O. Berger, C. Luchmann, E. Tenz]);
› Instrumente zur Förderung der Wiedernutzung von Industrie-, Gewerbe- und Verkehrsbrachen (Flächenrecycling) (IÖW – Institut für ökologische Wirtschaftsforschung GmbH, Berlin [R. Haum, U. Petschow unter Mitarbeit von F. Buchholz, T. Schmitt, B. Seeger]);
› Abschätzung der Auswirkungen alternativer Bündel ökonomischer Anreizinstrumente zur Reduzierung der Flächeninanspruchnahme – Ziele, Maßnahmen, Wirkungen (GWS – Gesellschaft für Wirtschaftliche Strukturforschung mbH, Osnabrück [G. Ahlert, U. Klann, C. Lutz, B. Meyer, M.I. Wolter]);

Die Resultate der Gutachten bildeten eine wesentliche Basis des Berichts. Allen Gutachtern sei für ihre Arbeit und Kooperationsbereitschaft gedankt. Die Verantwortung für die Auswahl, Strukturierung und Verdichtung des Materials sowie dessen Zusammenführung mit weiteren Quellen und eigenen Analysen liegt selbstverständlich bei den Verfassern des vorliegenden Berichts. Redaktionsschluss war im April 2005. Aufgrund der vorgezogenen Bundestagswahlen verzögerte sich die Abnahme durch den Ausschuss bis zum September 2006. Der Bericht wurde deshalb in einigen Teilen ergänzt und aktualisiert, um zumindest einigen der in diesem Zeitraum eingetretenen Entwicklungen Rechnung zu tragen.

AUSGANGSLAGE TEIL I

FLÄCHENNUTZUNG IN DEUTSCHLAND 1.

Der hohe Flächenverbrauch[1] für Siedlungs- und Verkehrszwecke wird als ein gravierendes Problem auf dem Weg zu einer nachhaltigen Entwicklung angesehen (u.a. Bundesregierung 2004a; SRU 2004; RNE 2004). Dieses Kapitel gibt einen Überblick über die Struktur der Flächennutzung in Deutschland und ihre quantitativen Veränderungen im Zeitraum 1997–2004. Es geht auf die unentbehrlichen Funktionen des Bodens für die Erfüllung menschlicher Bedürfnisse ein und stellt die negativen Folgen der Umwandlung von naturnahen oder landwirtschaftlichen genutzten Böden in Siedlungsfläche dar. Im letzen Abschnitt wird der Frage nachgegangen, inwieweit die sich für den letzten Erhebungszyklus (2001–2004) abzeichnende Verlangsamung der Flächeninanspruchnahme auf eine Trendwende schließen lässt.

ZUR BEDEUTUNG DER RESSOURCE BODEN 1.1

Boden gehört als nicht vermehrbare Ressource zum endlichen Naturkapital der Menschheit. Bei kaum einer anderen Ressource ist so evident, dass eine stetig wachsende Inanspruchnahme auf Dauer nicht möglich und im Interesse künftiger Generationen nicht vertretbar ist (Wissenschaftlicher Beirat Bodenschutz 2000, S. 23 ff.). Boden ist die Basis für die Produktion von Biomasse und die Bereitstellung von Lebensmitteln, Lebensraum für Flora und Fauna, Standort für Wohnungen, Industrie und Gewerbe, Freizeiteinrichtungen und Transportwege, Erholungsraum für den Menschen, Quelle für fossile Energieträger und mineralische Rohstoffe, Archiv der Natur und Kulturgeschichte. Daneben erfüllt der Boden zahlreiche ökologische Funktionen wie die Bindung von Kohlenstoff, die Aufrechterhaltung des Wasserhaushalts, den Abbau von Schadstoffen und die Bewahrung von Genreserven.

Im Bundes-Bodenschutzgesetz (§ 2 Abs. 2) werden diese aus der Sicht des Menschen unentbehrlichen Funktionen des Bodens drei verschiedenen Kategorien zugeordnet:

---

1 Mit dem Begriff »Flächenverbrauch« wird in der aktuellen Debatte die Umwandlung von naturnahen Freiräumen oder landwirtschaftlich genutzten Böden in Siedlungs- und Verkehrsfläche bezeichnet. Diese Begriffsbildung ist zwar in gewisser Weise irreführend, weil die Erdoberfläche durch eine solche Nutzungsänderung nicht verkleinert wird; gleichwohl hat sich der Begriff in den Fachdiskussion durchgesetzt und wird daher auch hier verwendet.

TAB. 1 FUNKTIONEN DES BODENS

natürliche Funktion	Archivfunktion	Nutzungsfunktion
Lebensraum für Menschen, Tiere, Pflanzen und Bodenorganismen (Genreserve) Bestandteil des Naturhaushalts, insbesondere mit seinen Wasser- und Nährstoffkreisläufen Abbau-, Ausgleichs- und Aufbaumedium für stoffliche Einwirkungen aufgrund der Filter-, Puffer- und Stoffumwandlungseigenschaften, insbesondere auch zum Schutz des Grundwassers	Dokumentation der Naturgeschichte Dokumentation der Kulturgeschichte	Rohstofflagerstätte Fläche für Siedlung und Erholung Standort für land- und forstwirtschaftliche Nutzung Standort für sonstige wirtschaftliche und öffentliche Nutzungen, Verkehr, Ver- und Entsorgung

Quelle: Bundes-Bodenschutzgesetz

Grund und Boden können zwar im eigentlichen Sinne nicht »verbraucht«, aber in einer Weise genutzt werden, die das Spektrum künftiger Nutzungsoptionen erheblich einschränkt. Da das Angebot an Fläche begrenzt und nicht vermehrbar ist, stehen die verschiedenen Nutzungsformen untereinander in Konkurrenz. Zwar lassen sich bestimmte Nutzungen miteinander kombinieren, so kann z.B. eine Waldfläche gleichzeitig der Produktion von Holz dienen, den Lebensraum für Tiere und Pflanzen bilden und eine Erholungsfunktion für den Menschen erfüllen; der überwiegende Teil der Nutzungsformen schließt sich jedoch gegenseitig ganz oder teilweise aus. Außerdem tragen viele Arten der Flächennutzung dazu bei, die ökologischen Funktionen des Bodens (Puffer-/Filterkapazität, Regulierung des Wasserhaushalts etc.) schwerwiegend zu beeinträchtigen oder ganz zu zerstören (BVB 2001). Böden können sich zwar im Prinzip erneuern; da Neubildung und Regeneration aber äußerst lange Zeiträume beanspruchen, sind viele Schädigungen praktisch irreversibel (Wissenschaftlicher Beirat Bodenschutz 2000).

Die Bewirtschaftung durch den Menschen ist eine der wesentlichen Ursachen für die Degradation von Böden und den Verlust ihrer natürlichen Funktionen. Entwaldung, Überweidung, landwirtschaftliches Missmanagement, Industrialisierung und Urbanisierung führen zu Wind- und Wassererosion, Nährstoffverlusten, Schadstoffanreicherungen, Versalzung, Versauerung, Versiegelung sowie zum Rückgang der organischen Substanz und zu Grundwasserabsenkungen. Das Ausmaß der globalen Bodendegradierung ist alarmierend: Bereits 15 % der eisfreien Landfläche der Erde sind durch den Menschen degradiert; 100.000 km^2 gelten als nicht mehr renaturierbar, sind also für jede Art der Bewirtschaftung verloren. Innerhalb der EU weisen ca. 16 % der Fläche in den ursprünglichen Mitgliedstaaten (über 50 Mio. ha) eine Bodenverschlechterung auf, bezogen auf die östlichen Beitrittsländer liegt der Anteil bei ca. 35 % (Töpfer 2002).

Im Unterschied zu Luft und Wasser bestehen an Grund und Boden private Verfügungsrechte unterschiedlichster Art. Böden sind Anlage- und Spekulationsobjekt, sie dienen der Altersvorsorge und der Eigentumsbildung und stellen einen erhebliche ökonomischen Wert dar (NBBW 2004). Das Interesse des Eigentümers an einer möglichst lukrativen Nutzung seines Grundstücks steht nicht unbedingt in Einklang mit dem Interesse der Allgemeinheit an der Erhaltung des Schutzguts Boden. Da sich der ökologische Wert des Bodens in der Regel nicht im Preis eines Grundstücks niederschlägt, spielt er für die Entscheidung über alternative Nutzungsmöglichkeiten keine ausschlaggebende Rolle. Dies hat zur Konsequenz, dass Boden häufig am »ökologisch falschen Platz« verbraucht wird (Schenkel 2002).

Gefordert wird daher eine regional differenzierte Betrachtungsweise, die der unterschiedlichen Qualität, Tragefähigkeit und Empfindlichkeit von Böden Rechnung trägt. Ziel einer nachhaltigen Flächennutzung müsste es sein, die Multifunktionalität der Böden zu erhalten, den Freiraum zu schützen und eine Bodenvorratspolitik zu betreiben, die auch künftigen Generation ein möglichst breites Spektrum an Nutzungsmöglichkeiten eröffnet. Gleichzeitig nimmt jeder Versuch einer hoheitlichen Steuerung der Flächeninanspruchnahme unmittelbar Einfluss auf die Realisierbarkeit der verschiedenen Nutzungsansprüche und sieht sich daher mit erheblichen gesellschaftlichen Widerständen konfrontiert (NBBW 2004, S. 25).

FLÄCHENINANSPRUCHNAHME FÜR SIEDLUNGS- UND VERKEHRSZWECKE 1.2

Daten zur Flächennutzung ergeben sich in erster Linie aus der vom Statistischen Bundesamt durchgeführten »Erhebung der Bodenfläche nach der Art der tatsächlichen Nutzung«. Diese alle vier Jahre vorgenommene Totalerhebung wird seit 2001 durch eine jährliche Zusatzerfassung ergänzt, die sich ausschließlich auf die Siedlungs- und Verkehrsfläche bezieht.

Die Kategorie »Siedlungs- und Verkehrsfläche« stellt die Summe verschiedener sehr heterogener Flächennutzungsarten dar, deren gemeinsames Kennzeichen darin besteht, dass sie überwiegend siedlungswirtschaftlichen Zwecken dienen bzw. eine siedlungswirtschaftliche Ergänzungsfunktion haben (StaBa 2005a). Sie setzt sich aus den Rubriken »Gebäude- und Freifläche«, »Betriebsfläche (ohne Abbauland)«, »Erholungsfläche« sowie der Fläche für »Friedhöfe« zusammen. Siedlungs- und Verkehrsfläche kann somit nicht gleichgesetzt werden mit überbauter oder »versiegelter« Fläche, da sie einen nicht genauer quantifizierten Anteil von nicht bebauten Frei- und Grünflächen umfasst. Selbst ökologisch verträgliche Arten der Nutzung im Rahmen von Ausgleichs- und Ersatzmaßnahmen, die aufgrund der naturschutzrechtlichen Eingriffsregelung bei jeder neuen Flächeninanspruchnahme vorzunehmen sind, zählen statistisch zur Siedlungs- und Verkehrsfläche, sofern der Ausgleich innerhalb der so ausgewiesenen Flächen erfolgt.

Tabelle 2 gibt einen Überblick über die Bodennutzung in Deutschland und ihre Veränderungen (1997–2004) auf Basis der aktuellen Flächenerhebung 2005 (Stichtag 31.12.2004).

TAB. 2 FLÄCHENNUTZUNG IN DEUTSCHLAND

Nutzungsart	1996 in km^2	2000 in km^2	2004 in km^2	2001–2004 Veränderung in %	2004 Anteil in %
Landwirtschaftsfläche	193.075	191.028	189.324	-0,9	53,0
Waldfläche	104.908	105.314	106.488	1,1	29,8
Wasserfläche	7.940	8.085	8.279	2,4	2,3
Siedlungs- und Verkehrsfläche	42.052	43.939	45.621	3,8	12,8
› *Gebäude- und Freifläche*	*21.937*	*23.081*	*23.938*	*3,7*	*6,7*
› *Betriebsfläche ohne Abbauland*	*620*	*732*	*754*	*3,0*	*0,2*
› *Erholungsfläche*	*2.374*	*2.659*	*3.131*	*17,8*	*0,9*
› *Verkehrsfläche*	*16.786*	*17.118*	*17.446*	*1,9*	*4,9*
› *Friedhöfe*	*335*	*350*	*352*	*0,6*	*0,1*
Abbauland	1.894	1.796	1.764	-1,8	0,5
Flächen anderer Nutzung	7.162	6.869	5.573	-18,9	1,6
Bodenfläche insgesamt	357.030	357.031	357.050	–	100,0

Quelle: StaBa 2005b

Wie die Tabelle zeigt, nimmt die Landwirtschaftsfläche (einschließlich Moor und Heide) mit 189.324 km^2 nach wie vor mehr als die Hälfte (53,0 %) der Bodenfläche Deutschlands ein, gefolgt von der Waldfläche mit 106.488 km^2, die ca. ein Drittel (29,8 %) des Bundesgebiets bedeckt. Die Siedlungs- und Verkehrsfläche nimmt

45.621 km^2 oder 12,8 % der Gesamtfläche in Anspruch und wuchs zwischen 2001 und 2004 um 1.682 km^2 oder 3,8 %. Von Wasser sind 8.279 km^2 (2,3 %) bedeckt und die sonstigen Flächen (Restkategorie aus den Rubriken »Flächen anderer Nutzung« und »Abbauland«) nehmen 7 .337 km^2 (2,1 %) ein.

Die Siedlungs- und Verkehrsfläche hat sich in den letzten 50 Jahren fast verdoppelt, obwohl die Bevölkerung nur um rund 30 % und die Zahl der Erwerbstätigen lediglich um 10 % zunahmen. Mit der räumlichen Ausdehnung der Siedlungs- und Verkehrsfläche geht eine Abnahme der *Siedlungsdichte* einher, d.h. die spezifische Flächeninanspruchnahme je Einwohner steigt (Deurbanisierung). Während 1950 auf jeden Bundesbürger ca. 350 m^2 Siedlungsfläche entfielen, sind es heute im Durchschnitt 534 m^2, wobei die Werte sowohl zwischen den Bundesländern als auch in Abhängigkeit von dem jeweiligen Verstädterungsgrad stark schwanken. Eine besonders hohe Siedlungsflächeninanspruchnahme von über 800 m^2 je Einwohner weisen die ländlichen, geringer verdichteten Kreistypen auf. Vor allem in den neuen Bundesländern ist der Rückgang der Siedlungsdichte in Anbetracht umfangreicher Neuausweisungen von Bauland bei schrumpfender Bevölkerung erheblich. Die höchste Pro-Kopf-Ausstattung mit Siedlungs- und Verkehrsfläche hat das Land Brandenburg mit 929 m^2 (dazu ausf. Dosch/Beckmann 2003; Herfert 2004).

Im längerfristigen Rückblick wird trotz gewisser Schwankungen und unterschiedlicher Zuwachsraten in Ost und West ein konstanter, von der Einwohner- und Arbeitsplatzentwicklung abgekoppelter Trend zur Ausweitung der Siedlungs- und Verkehrsfläche deutlich, der erst in den letzten Jahren eine Abschwächung erfahren hat. Gegenüber dem Erhebungszeitraum 1997–2000, in dem die Zunahme noch 129 ha/Tag betrug, hat sich das Flächenwachstum mit 115 ha/Tag im Zeitraum 2001–2004 zwar verlangsamt, ist aber nach wie vor weit von dem in der nationalen Nachhaltigkeitsstrategie angestrebten Ziel entfernt, die zusätzliche Flächeninanspruchnahme bis 2020 auf 30 ha/Tag zu reduzieren.

Von der insgesamt für Siedlungs- und Verkehrszwecke beanspruchten Fläche entfallen die größten Anteile auf die Gebäude- und Freifläche (52,5 %) sowie die Verkehrsfläche (38,2 %). Ihnen folgen mit abnehmendem Flächenumfang die Erholungsfläche (6,9 %), die Betriebsfläche (1,7 %) und die Friedhofsfläche (0,8 %) (Tab. 2). Neben einer Aufschlüsselung der *bestehenden* Siedlungs- und Verkehrsfläche nach Nutzungsarten ist die Verteilung des täglichen *Zuwachses* auf die verschiedenen Nutzungskategorien von Interesse, die zum Teil ein anderes Bild ergibt (Abb. 1). Beides soll im Folgenden ausführlicher dargestellt werden.

ABB. 1 TÄGLICHE VERÄNDERUNG DER SIEDLUNGS- UND VERKEHRSFLÄCHE NACH NUTZUNGSARTEN (1993–2004)

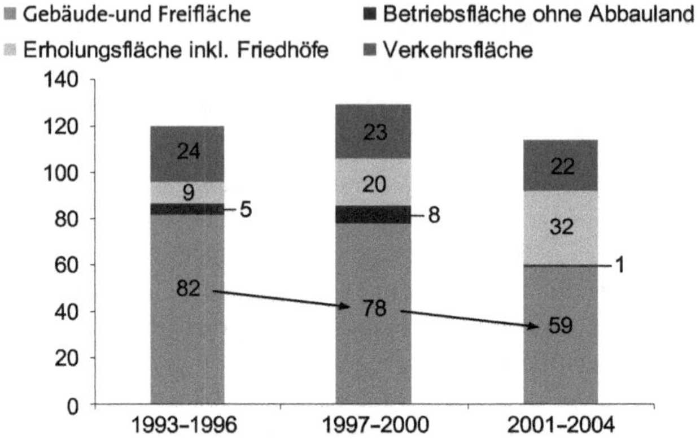

Anmerkung: jeweils Beginn bis Ende des Jahres

Quelle: BBR 2006

GEBÄUDE- UND FREIFLÄCHE

Die Gebäude- und Freifläche nimmt mehr als die Hälfte (52,5 %) der bestehenden Siedlungs- und Verkehrsfläche in Anspruch. Wie Abbildung 1 zeigt, ist jedoch der tägliche Zuwachs dieser Flächenkategorie seit 1993 deutlich rückläufig. Er fiel von 82 ha/Tag im Zeitraum 1993–1996, auf 78 ha/Tag im Zeitraum 1997–2000 und liegt für die letzte Vierjahresperiode (2001–2004) nur noch bei 59 ha/Tag.

Nach einer Hochrechnung des Bundesamtes für Bauwesen und Raumordnung (BBR) auf der Basis der verfügbaren Länderdaten wird die vorhandene Gebäude- und Freifläche derzeit zu 46 % für Wohnzwecke und zu 54 % für Wirtschaftszwecke genutzt. Am Zuwachs dieser Flächenkategorie waren jedoch die Wohnbauflächen mit 64 % gegenüber den Wirtschaftsflächen mit 36 % überproportional stark beteiligt (Dosch/Beckmann 2003).

Betrachtet man die genauere Aufschlüsselung nach Produktionsbereichen, wie sie das Statistische Bundesamt im Rahmen der Umweltökonomischen Gesamtrechnung vornimmt, ergibt sich für den Zeitraum 1997–2001 folgendes Bild: Fast die Hälfte des Zuwachses an Siedlungs- und Verkehrsfläche (60,0 ha/Tag) ist auf den Konsum der privaten Haushalte zurückzuführen; dieser ist zwar nicht identisch mit der Flächeninanspruchnahme für Wohnzwecke, kommt ihr aber sehr nahe. Knapp ein Drittel des Zuwachses (40,9 ha/Tag) entfällt auf den Dienstleistungsbereich (Handel und Verkehr, sonstige Dienstleistungen). 10,2 % der Neuinanspruchnahme

(12,7 ha/Tag) bleiben ungenutzt und damit mehr, als der zusätzliche Flächenbedarf des produzierenden Gewerbes (9,1 ha/Tag) ausmacht (StaBa 2004a, S. 66).

WOHNFLÄCHENBEDARF

Wie Abbildung 2 zeigt, hat sich die Wohnfläche pro Einwohner in den letzen 50 Jahren fast verdreifacht. Gründe für den steigenden Wohnflächenkonsum sind in erster Linie gesellschaftliche Veränderungen wie zunehmender Wohlstand, steigende Wohnansprüche, Individualisierung, wachsende Anzahl der Haushalte bei abnehmender Haushaltsgröße, Zunahme von Zweitwohnungen und Wochenendhäusern. Während 1950 jedem Einwohner im Durchschnitt 14 m^2 Wohnfläche zur Verfügung standen, ist die Wohnfläche 2002 auf 41,7 m^2/Einwohner angewachsen. Deutlich zu erkennen ist in der Abbildung der vereinigungsbedingte Knick in der Aufwärtsentwicklung (1989), als die Wohnflächeninanspruchnahme pro Kopf durch die Einbeziehung der neuen Länder vorübergehend deutlich zurückging. Auch 15 Jahre nach der Wiedervereinigung sind die Wohnverhältnisse zwischen dem früheren Bundesgebiet und den neuen Ländern trotz einer gewissen Annäherung noch unterschiedlich. So verfügten die Einwohner der alten Länder 2002 im Durchschnitt über 42,8 m^2 Wohnfläche gegenüber 36,2 m^2 in den neuen Ländern (StaBa 2004b, S. 146).

ABB. 2 ENTWICKLUNG DER WOHNFLÄCHE PRO KOPF

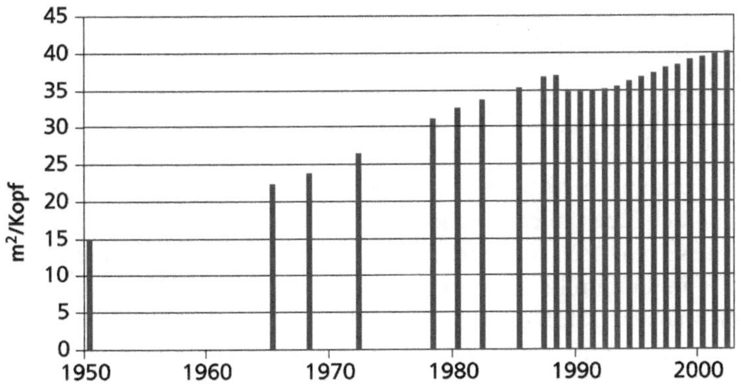

Quelle: IfS 2003

Im Durchschnitt verfügten die bewohnten Wohnungen im April 2002 über eine Fläche von 89,6 m^2, und damit über 2,7 m^2 mehr als vor vier Jahren. Die durchschnittliche Fläche westdeutscher Wohnungen ist mit 92,5 m^2 um 15,7 m^2 größer als die ostdeutscher Wohnungen (StaBa 2004b, S. 149). Mehr als die Hälfte der bewohnten Wohnungen im Westen hat über 80 m² Fläche, während im Osten (einschließlich Ostberlin) nur etwas mehr als ein Drittel der Wohnungen in diese Größenkategorie fällt (Vorndran 2003). Langfristig ist allerdings davon auszugehen, dass sich die Wohnverhältnisse in Ost und West weitgehend angleichen werden.

Die Unterschiede in der Wohnflächenversorgung zwischen neuen und alten Bundesländern sind auch Ausdruck der unterschiedlichen Eigentumsstrukturen. Obwohl die Eigentümerquote in den neuen Ländern und Ostberlin im Zeitraum 1998–2002 sehr viel stärker gestiegen ist als im früheren Bundesgebiet (9,6 % gegenüber 3,5 %), liegt der Anteil der von ihren Eigentümern selbst bewohnten Wohnungen im Westen (44,6 %) immer noch um 10 % über dem im Osten (34,2 %). Eigentümerwohnungen sind mit 115,7 m² im Durchschnitt wesentlich größer als Mietwohnungen mit durchschnittlich 70,1 m² Wohnfläche (StaBa 2004b, S. 147 f.). Die beiden Bundesländer mit der höchsten Eigentümerquote (Rheinland-Pfalz und Saarland) weisen mit über 100 m² auch die größte durchschnittliche Wohnfläche je Wohnung auf.

Generell gilt, dass die Wohnfläche pro Wohnung umso geringer ist, je mehr Wohnungen sich in einem Gebäude befinden. Während die durchschnittliche Wohnfläche für ein Einfamilienhaus in Deutschland 125 m² beträgt, reduziert sie sich bei einem Zweifamilienhaus auf 93,8 m²/Wohnung und auf 69,2 m² in einem Gebäude mit drei und mehr Wohnungen (Vorndran 2003). Auch zwischen der Art der baulichen Nutzung und der Größe des beanspruchten Grundstücks besteht ein unmittelbarer Zusammenhang. Bezogen auf 1 m² Wohnfläche benötigen freistehende Ein- und Zweifamilienhäuser ein Vielfaches an Grundstücksfläche gegenüber Mehrfamilienhäusern (Abb. 3).

In den letzen Jahren hat sich die Bautätigkeit zunehmend zugunsten der flächenkonsumierenden Bauformen verschoben. 1993 befanden sich von den fertig gestellten Neubauwohnungen 29 % in Einfamilienhäusern, 14 % in Zweifamilienhäusern und 57 % in Gebäuden mit drei und mehr Wohnungen. Im Jahre 2002 haben sich die Verhältnisse praktisch umgekehrt: von den fertig gestellten Neubauwohnungen waren 54 % in Einfamilienhäusern, 15 % in Zweifamilienhäusern und 31 % in Mehrfamilienhäusern (StaBa 2004b, S. 158).

Die Baulandnachfrage konzentrierte sich vorwiegend auf das Umland der Agglomerationsräume und die ländlichen Kreise. Die wesentlichste Ursache hierfür ist das zwischen Stadt und Umland bestehende erhebliche Bodenpreisgefälle. Mit rund 300 Euro/m² Bauland war 2001 in den großen Kernstädten der alten Länder rund das Dreifache des Vergleichswertes in Umlandgemeinden und sogar das über Sechsfache des Wertes in den ländlichen Kreisen zu entrichten (Rach/Müller-Kleißler 2003) Der anhaltende Siedlungsdruck auf das Umland der Ballungsräume führt im

Ergebnis dort zu einer Erhöhung des Bodenpreisniveaus, wodurch die Baulandnachfrage in noch peripherere Räume abgedrängt wird. Abbildung 3 demonstriert anschaulich, dass die durchschnittliche Grundstücksgröße mit dem Abstand zur Kernstadt zunimmt, d.h. niedrigere Baulandpreise begünstigen eine erhöhte individuelle Flächeninanspruchnahme. Die verfügbaren Daten belegen für die ländlichen Kreise einen um 50 % höheren Grundstücksflächenaufwand/m² errichtete Wohnfläche als in den Kernstädten der Agglomerationsräume (BBR 2001a).

ABB. 3 VERBRAUCH AN GRUNDSTÜCKSFLÄCHE JE M² WOHNFLÄCHE (1994–1996)

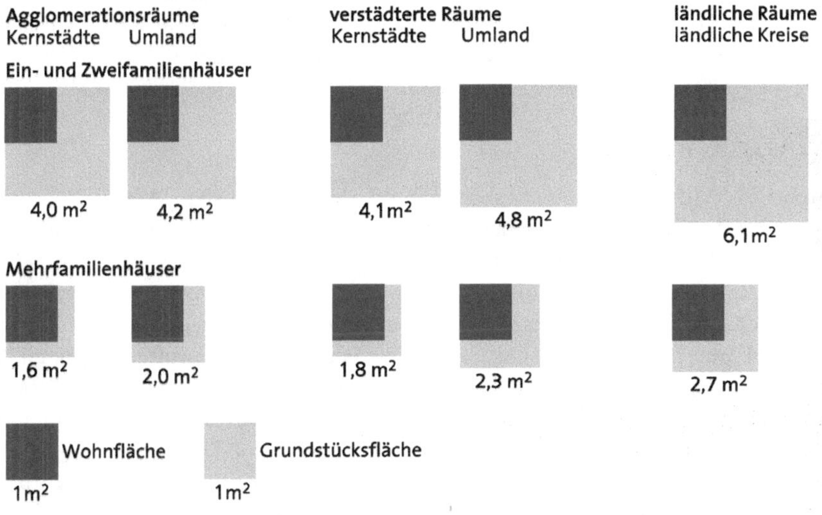

Quelle: ARL 1999

GEWERBEFLÄCHEN

In besonders starkem Maße hat sich in den letzten Jahren die Beschäftigung an die nicht zentralen Standorte verlagert. In Deutschland, wie in allen anderen Ländern der EU, sind die ländlichen Räume die relativen Gewinner und die Verdichtungsräume die relativen Verlierer der Beschäftigungsentwicklung.[2] Im Hinblick auf die

2 Gründe dafür, dass die ländlichen Räume in der Einschätzung der Unternehmen besser abschneiden als die Verdichtungsräume, sind insbesondere das weitaus größere Flächenangebot bei niedrigeren Bodenpreisen, gute Verkehrsanbindungen sowie die in kleineren Gemeinden häufig kooperativeren und flexibleren Verwaltungen. Daneben spielen aber auch niedrigere Arbeitslöhne, eine altersmäßig günstigere Bevölkerungsstruktur sowie höhere Lebensqualität aufgrund einer sehr guten Wohnsituation in landschaftlich reizvoller Umgebung eine wichtige Rolle (Hennings 2001).

Errichtung von Gewerbebauten bestehen kaum Anreize, sparsam mit Grund und Boden umzugehen. Wegen des Wettbewerbs der Kommunen um die Ansiedlung von Unternehmen sind die Bodenpreise für Gewerbebauland häufig subventioniert[3], mit der Folge, dass vorwiegend großflächige, eingeschossige Gewerbebauten mit einem großen Parkplatzangebot und erheblichem verkehrlichem Erschließungsaufwand entstehen (UBA 2002, S. 198). Der Flächenverbrauch ist bei der Nutzung, die speziell auf das Auto ausgerichtet ist und die sich in der Regel in der Nähe von Autobahnanschlüssen, aber fernab der Zentren befindet (großflächige Einzelhandelsprojekte, Gewerbeparks, Factory-Outlet-Center, Freizeitparks, Drive-in-Betriebe etc.), besonders hoch (Apel et al. 1995, S. 23 f.). Bei der Neuinanspruchnahme von Wirtschaftsflächen ist der Bereich »Handel und Dienstleistung« führend, während im Bestand die gewerblich-industriell genutzten Flächen dominieren (Dosch/Beckmann 2003).

VERKEHRSFLÄCHEN

Während bis Mitte der 1980er Jahre insbesondere der Ausbau der Verkehrsinfrastruktur für den steigenden Flächenverbrauch verantwortlich war, dominieren seit knapp zwei Jahrzehnten die Gebäude- und Freiflächen. Die Verkehrsflächen nehmen derzeit 38,2 % der insgesamt für Siedlungs- und Verkehrszwecke genutzten Fläche in Anspruch, am Zuwachs dieser Flächenkategorie waren sie jedoch im Zeitraum 2001–2004 nur mit 19,5 % oder 22 ha/Tag beteiligt. Eine Aufteilung nach Verkehrsmitteln zeigt die Dominanz des Straßenverkehrs. Nahezu 86 % der Verkehrsfläche nehmen Straßen, Wege und Plätze in Anspruch, der Schienenverkehr knapp 10 %, der Rest verteilt sich auf die übrigen Verkehrsmittel. Die zusätzliche Flächeninanspruchnahme durch den Verkehr ist damit, wie schon in den beiden vorausgegangen Erhebungszyklen, weiterhin leicht rückläufig (BBR 2006).

ERHOLUNGSFLÄCHEN

Die Erholungsflächen nehmen bundesweit zwar nur 6,9 % der Siedlungs- und Verkehrsfläche in Anspruch, weisen jedoch in den letzten Jahren die höchsten Zuwachsraten auf. Die Bodennutzungsstatistik fasst in der Rubrik »Erholungsflächen« alle überwiegend unbebauten Flächen zusammen, »die vorherrschend dem Sport und der Erholung« dienen. Darunter fallen intensiv genutzte Flächen (Reit-, Tennis- u. Spielplätze, Eis- und Rollschuhbahnen) ebenso wie Flächen, die sich durch eine naturnahe Nutzung auszeichnen (öffentliche Grünanlagen, Parks, Golfplätze, Kleingärten, Wildparks, botanische Gärten etc.). Der Anteil der Erholungsflächen stieg

3 Die Preise für Gewerbebauland spiegeln häufig nicht einmal die Kosten der Gewerbeflächenentwicklung wider.

im Erhebungszeitraum 2001–2004 um 17,8 % oder 32 ha/Tag und trug somit mit mehr als einem Viertel zum Wachstum der Siedlungs- und Verkehrsfläche bei.

Die überproportionale Zunahme der Erholungsflächen wird, wie schon in den vergangenen Jahren, in erster Linie auf statistische Effekte zurückgeführt (BBR 2006; Deggau 2006; StaBa 2005a). Die im Zuge der Automatisierung des Liegenschaftskatasters vorgenommene Umschlüsselung der Nutzungsartenzuweisungen führt im statistischen Nachweis zu scheinbaren Nutzungsänderungen von erheblichem Umfang, denen keine realen Veränderungen gegenüber stehen (Teil I, Kap. 1.4). Als weitere Begründung wird die tatsächliche Umwidmung ehemaliger Abbauflächen (diese gehören statistisch nicht zur Siedlungs- und Verkehrsfläche) in Erholungsflächen vor allem in den neuen Ländern genannt. Demgegenüber ist der steigende Bedarf an Sport- und Freizeiteinrichtungen als Ursache für die Erhöhung des Erholungsflächenanteils von untergeordneter Bedeutung.

Wie schon erwähnt, spielt auch die vermehrte Ausweisung von Flächen für naturschutzrechtliche Ausgleichs- und Ersatzmaßnahmen und ihre Realisierung in Form von Erholungsflächen eine Rolle. Sofern der flächenbezogene Ausgleich innerhalb der Siedlungs- und Verkehrsfläche erfolgt, z.B. durch Rekultivierung von Brachflächen oder Anlage von Parks, nimmt statistisch der Anteil der Erholungsflächen zu. Findet der Ausgleich dagegen entkoppelt vom Eingriffsort auf landwirtschaftlich genutzten Flächen statt, ändert sich dadurch an der statistischen Einstufung der betreffenden Fläche nichts (Bundesregierung 2004b, S. 10).

Die relativ starke Zunahme der Erholungsflächen ist zwar auch eine Ursache für das Wachstum der Siedlungs- und Verkehrsfläche, lässt sich aber kaum als »Flächenverbrauch« klassifizieren. Durch die Ausweitung, vor allem des Grünflächenangebots, werden zwar anderen Formen der Nutzung Flächen entzogen, die aber nicht überbaut und versiegelt werden. Die Zunahme des Grünflächenanteils trägt vielmehr dazu bei, das Stadtklima zu verbessern, Witterungsextreme auszugleichen, Schadstoffe zu filtern, Lärmbelastungen abzuschirmen sowie insgesamt die Attraktivität des Wohnumfeldes zu erhöhen und dadurch die Abwanderungstendenz der Bewohner an die Peripherie zu bremsen (Jedicke 2002). Zu den statistisch erfassten Erholungsflächen kommen noch Freiflächen um die Gebäude sowie Hausgärten hinzu, die statistisch zur »Gebäude- und Freifläche« zählen. Ingesamt kann man feststellen, dass die Durchgrünung der Siedlungsfläche in den letzten Jahren stetig zugenommen hat (Dosch/Beckmann 2003).

FOLGEN DER FLÄCHENINANSPRUCHNAHME FÜR SIEDLUNGS- UND VERKEHRSZWECKE 1.3

Die Anteile der Siedlungs- und Verkehrsfläche an der Katasterfläche der Gemeinden sind regional sehr unterschiedlich und schwanken zwischen 7 und 70 %. Hohe Anteile an Siedlungs- und Verkehrsfläche weisen insbesondere die Ballungsräume und die Stadtstaaten auf: Berlin (69,4 %), Hamburg (58,6 %), Bremen (56,5 %). In den anderen Bundesländern reicht die Spanne des Siedlungs- und Verkehrsflächenanteils von 7,2 % in Mecklenburg-Vorpommern bis 21,6 % in Nordrhein-Westfalen (StaBa 2005a). Bei der Neuinanspruchnahme von Fläche liegen allerdings die Werte in den Ballungsgebieten am niedrigsten und in den ländlichen Räumen am höchsten, wobei sich die Nachfrage, den abnehmenden Bodenpreisen folgend, immer weiter in den Freiraum hinein verlagert (s.o.). Dieser Nutzungswandel geht vor allem zulasten der Landwirtschaft.

VERLUST AN LANDWIRTSCHAFTSFLÄCHE

Wie Abbildung 4 zeigt, ist der tägliche Verlust an landwirtschaftlich genutzten Böden in den letzen vier Jahren zurückgegangen, von 140 ha/Tag (1997–2000) auf 117 ha/Tag im Zeitraum 2001–2004. Dagegen hat die Waldfläche im gleichen Zeitraum deutlich zugenommen von 28 ha/Tag (1997–2000) auf 80 ha/Tag (2001–2004). Die Erhöhung des Waldflächenanteils folgt vorwiegend aus der Umwidmung landwirtschaftlicher Anbauflächen, die nicht mehr rentabel zu bewirtschaften waren sowie aus der Umwidmung ehemaliger »Flächen anderer Nutzung« (z.B. militärisches Übungsgelände, »Unland«).

Die höchste Zuwachsrate weist nach wie vor die Siedlungs- und Verkehrsfläche auf, auch wenn sich ihr Wachstum im Zeitraum 2001–2004 gegenüber der Vorperiode abgeschwächt hat. Neuausweisungen von Bauland finden überwiegend »auf der grünen Wiese« statt, d.h. auf Kosten der landwirtschaftlichen Nutzung. Leistungsfähige Böden sind von diesem Verdrängungswettbewerb weitaus häufiger betroffen als Grenzertragsstandorte, da sich Siedlungsschwerpunkte historisch meist in Gebieten mit hoher natürlicher Bodenfruchtbarkeit entwickelt haben. So zeigt eine Auswertung der Bodennutzung nach ihrer Eignung für den Ackerbau in Baden-Württemberg, dass gerade Böden mit guter bzw. sehr guter Ackereignung überproportional stark für Siedlungszwecke in Anspruch genommen werden (NBBW 2004, S. 11). Die Verdrängung der Landwirtschaft von siedlungsnahen Standorten schränkt die Möglichkeiten einer direkten, regional basierten Versorgung der Bevölkerung mit Lebensmitteln ein und erhöht den Transportaufwand.

Zudem sind landwirtschaftlich nutzbare Flächen eine sehr begrenzte Ressource. Der Anteil der fruchtbaren Böden an der gesamten Landfläche ist global gesehen relativ gering und bereits heute weitgehend ausgeschöpft. Eine Erweiterung der kultivierbaren Flächen ist kaum noch möglich (Töpfer 2002). Vielmehr ist damit zu rechnen, dass auch weiterhin wertvolle Ackerböden durch Umwandlung in andere Nutzungsformen, durch Wassermangel, Überweidung, Erosion und Versalzung weltweit und mit hohem Tempo verloren gehen. Eine Extensivierung der Landwirtschaft unter verstärkter Verwendung ökologisch ausgerichteter Anbaumethoden, wie sie unter Nachhaltigkeitsaspekten von Vielen gefordert wird, würde außerdem mehr Fläche erfordern. Berechnungen zeigen, dass die zur Nahrungsmittelproduktion in Deutschland genutzte Fläche bei einer Umstellung auf ökologischen Landbau und unter Beibehaltung der heutigen Ernährungsgewohnheiten (hoher Konsum von Fleisch- und Milchprodukten) schon jetzt nicht mehr ausreichen würde, die Nachfrage zu befriedigen (Seemüller 2000). Hinzu kommen steigende Flächenansprüche durch den Anbau nachwachsender Rohstoffe zur Energiebereitstellung. Aus Vorsorgegründen, sowohl im Hinblick auf die Ernährungssicherung einer wachsenden Weltbevölkerung als auch im Hinblick auf die Sicherstellung einer regional basierten Versorgung der einheimischen Bevölkerung mit landwirtschaftlichen Produkten, hält der Nachhaltigkeitsbeirat der Landesregierung Baden-Württemberg daher einen verstärkten Schutz besonders fruchtbarer Böden für dringend geboten (NBBW 2004, S. 49 f.).

ABB. 4 TÄGLICHE VERÄNDERUNG DER BODENNUTZUNG IN HA

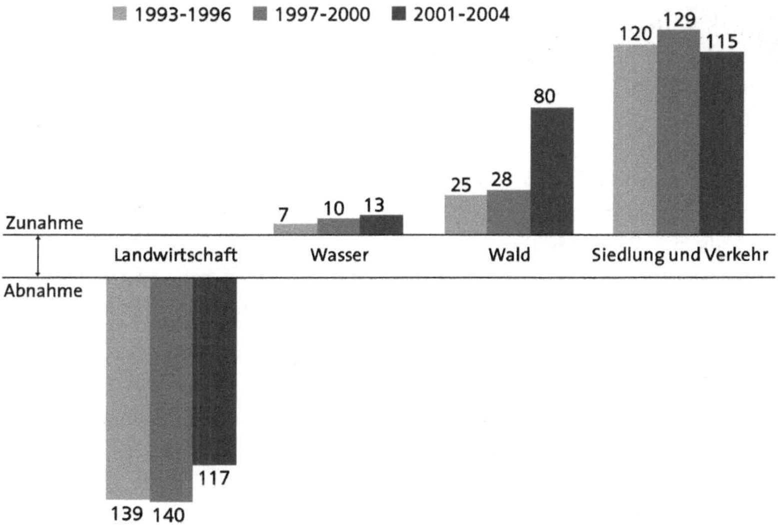

Quelle: BBR 2006

VERSIEGELUNG

Von der insgesamt für Siedlungs- und Verkehrszwecke in Anspruch genommenen Fläche ist im Durchschnitt knapp die Hälfte versiegelt.[4] Die Versiegelung bewirkt tief greifende Störungen der ökologischen Bodenfunktionen, die wiederum Rückwirkungen auf den gesamten Naturhaushalt haben. Beeinträchtigt werden die Filter-, Puffer- und Speicherfunktionen des Bodens, die Bodenbiologie, der Wasserhaushalt, der Austausch der Erdoberfläche mit der Atmosphäre sowie die Lebensräume von Flora und Fauna. Auch nach Entfernung der Versiegelung und Renaturierung der Flächen lassen sich die natürlichen Bodenfunktionen meist nicht in ihrer vollen Leistungsfähigkeit wieder herstellen. Die Versiegelung verringert die natürliche Verdunstung und verhindert die Versickerung von Niederschlägen, was zu einem schnellen Abfluss des Regenwassers in die Kanalisation führt. Die Folge davon sind eine Verstärkung von Hochwasserereignissen und eine Verringerung der Grundwasserneubildungsrate. Insbesondere in den Ballungsräumen führt die Versiegelung in Kombination mit einer dichten Bebauung zu einer negativen Veränderung des lokalen Klimas (Aufheizung, Verringerung der Luftfeuchtigkeit, verstärkte Staubentwicklung). Außerdem gehen von versiegelten Flächen oftmals schädliche Immissionen aus, welche die Bodengüte auch von der stofflichen Seite her beeinträchtigen (u.a. BLAK 2003; Droß 2004, S. 41 ff.; SRU 2004, S. 169 ff.; UBA 2004, S. 72 f.)

Der Versiegelungsgrad ist in den städtischen Ballungsräumen in der Regel höher als in den ländlichen Wohngebieten. Generell kann davon ausgegangen werden, dass eine kompakte und damit auch flächensparende Bauweise mit einem höheren Versiegelungsgrad verbunden ist als eine aufgelockerte und damit flächenkonsumierende Siedlungsform. Die negativen Auswirkungen der Bodenversiegelung summieren sich und sind – bezogen auf die Region – in dicht besiedelten Regionen höher als in dünn besiedelten. Auf der anderen Seite ist jedoch die *versiegelte Fläche pro Einwohner* oder *pro Arbeitsplatz* in dicht besiedelten Gebieten geringer als in dünn besiedelten, sodass eine maßvolle Verdichtung, trotz der damit u.U. verbundenen Nachteile, als ein wichtiges Instrument zur Umsetzung einer nachhaltigen Flächennutzung betrachtet werden kann (Bundesregierung 2004b, S. 15). Dieser Zielkonflikt kann nur durch eine sorgfältige Abwägung im Einzelfall gelöst werden.

SOZIALRÄUMLICHE DISPARITÄTEN

Die fortschreitende Suburbanisierung bewirkt einen anhaltenden Bevölkerungsschwund in den städtischen Innenbereichen. Zwischen 1995 und 1999 sanken die

4 Neue Untersuchungen zeigen, dass die Versieglungsgrade in den einzelnen Regionen sehr unterschiedlich sind, teils deutlich darüber liegen (etwa die Region Chemnitz mit 68 %), teils deutlich darunter liegen, z.B. Leipzig mit 32 % oder München mit 42 % (Dosch/Beckmann 2003 mit weiteren Nachweisen).

Einwohnerzahlen in den Kernstädten der alten Länder um 1,5 %, während sie in den Umlandkreisen um 1,9 % und in den ländlichen Kreisen um 2,0 % zunahmen (BBR 2001a, S. 31). Es wohnen inzwischen mehr Menschen im Umland der Kernstädte als in den Kernstädten selbst. Der Rückgang der Bevölkerungsdichte in den Städten hat negative soziale und ökonomische Auswirkungen. Er führt, da überwiegend junge, besser verdienende Familien mit Kindern abwandern, zu einer unausgewogenen Sozialstruktur in den Kernstädten (Überalterung, hoher Anteil an Singlehaushalten, hoher Anteil an Empfängern von Sozialtransfers) und rückläufigen Einkommensteuereinnahmen. Eine weitere Konsequenz ist die Unterauslastung der bereits vorhandenen Infrastruktur bei gleichzeitiger Notwendigkeit, die soziale und technische Infrastruktur in den Wachstumsgebieten auszubauen, was erhöhte Kosten und zusätzlichen Flächenverbrauch zur Folge hat.

LANDSCHAFTSVERBRAUCH DURCH VERKEHR

Aufgrund der Verlagerung des Wohnens an periphere Standorte nehmen die Wegelängen im Berufs- und Versorgungsverkehr zu. Dadurch steigt das Verkehrsaufkommen einschließlich der verkehrsbedingten Umweltbelastungen (Lärm, Energieverbrauch, Ausstoß von Luftschadstoffen) und somit die Notwendigkeit zum Ausbau der Verkehrsinfrastruktur. Eine disperse, autoorientierte Siedlungsstruktur beansprucht wesentlich mehr Fläche als eine Siedlungsstruktur, die durch einen Verbund kleinerer, mittlerer und großer Zentren in der Stadtregion (*dezentrale Konzentration*) gekennzeichnet ist. So entfallen auf einen Einwohner in den Agglomerationsräumen 391 m^2 Siedlungs- und Verkehrsfläche, in den verstädterten Räumen 632 m^2 und in den ländlichen Räumen 848 m^2 (IRS 2004, S. 38). Je großräumiger die Siedlungsdispersion ist, umso weniger lassen sich zudem kostendeckende öffentliche Nahverkehrssysteme organisieren, wodurch wiederum der motorisierte Individualverkehr und damit der Flächenbedarf steigen.

Autoverkehr benötigt pro beförderte Person im Durchschnitt etwa zehnmal so viel Verkehrsfläche wie der Transport von Fahrgästen per Bus und Bahn (Apel et al. 1995, S. 34; UBA 2002, S. 198). Mengenmäßig noch bedeutsamer als der direkte Flächenverbrauch für den Verkehrswegebau ist die indirekte Flächeninanspruchnahme durch Lärm- und Schadstoffbelastung, Landschaftszerschneidung, Flächenentwertungen durch gebaute Barrieren, Lärmschutzwände und Sickergräben. Der engere Belastungsbereich der Straßen (»Seitenstreifen-Altlast«) ist abhängig von der Intensität der Belastungsquelle und hat eine Reichweite von 20 bis 300 m. Zu diesen Belastungsflächen kommen die gesetzlich vorgeschriebenen Bauverbote für Hochbauten bis zu 40 m an Autobahnen und bis zu 20 m an Bundesstraßen hinzu sowie Anbaubeschränkungen für Gartenbau und Landwirtschaft. Bau und Betrieb von Straßen erfordern zudem entwässerungstechnische Maßnahmen, die negative

Auswirkungen auf den Wasserhaushalt im Abflussgebiet haben können. Legt man eine mittlere Belastungszone von 100 m entlang von öffentlichen Straßen zugrunde, würde sich der Anteil der Verkehrsfläche an der Gesamtfläche fast verdreifachen (ARL 1999, S. 65 ff.). Diese indirekte Flächeninanspruchnahme des Verkehrs taucht in keiner Flächenstatistik auf.

Die mit dem Ausbau der Verkehrsinfrastruktur einhergehende Zerschneidung, Fragmentierung und Verinselung von Lebensräumen ist eine der wesentlichen Ursachen für den Rückgang der Artenvielfalt (SRU 2002, Tz. 5). Die Zahl der verkehrsarmen noch unzerschnittenen Räume von mehr als 100 km^2 Größe sinkt dramatisch und macht nur noch einen Anteil von unter 15 % an der Gesamtfläche der Bundesrepublik Deutschland aus (Jaeger 2001). In den immer weiter reduzierten Lebensräumen können manche Tier- und Pflanzenarten auf Dauer nicht überleben, da ihre Populationen zu klein werden und der notwendige genetische Austausch zwischen verschiedenen Populationen verhindert wird. Für viele Arten ist die kritische Populationsgröße schon erreicht oder sogar unterschritten, so dass in naher Zukunft mit ihrem Aussterben zu rechnen ist (Akademie für Technikfolgenabschätzung Baden-Württemberg 2002).

Die zunehmende Zersiedelung, Zerschneidung und Verlärmung der Landschaft und der dadurch bedingte Rückgang der Biodiversität führen zu einer Beeinträchtigung des Landschaftsbildes und zu einer Minderung des Erholungs- und Erlebniswertes der Landschaft. Insbesondere Möglichkeiten einer wohnungsnahen Erholung in der freien Natur sind in vielen Gebieten kaum noch vorhanden. Die für die Erholung attraktiven Gebiete werden zudem immer kleiner, sodass es zu einer Konzentration unterschiedlicher Freizeit- und Erholungsfunktionen auf den verbleibenden Flächen kommt. Dies führt zu Konflikten sowohl zwischen den einzelnen Formen der Erholungsnutzung als auch zwischen der Erholungsfunktion und den Anforderungen des Biotop- und Landschaftsschutzes (SRU 2002, Tz. 8).

TRENDWENDE IM FLÄCHENVERBRAUCH? 1.4

Wenn man die für den Zeitraum 2001–2004 ermittelte durchschnittliche Zuwachsrate der Siedlungs- und Verkehrsfläche von 115 ha/Tag mit Blick auf die Zwischenjahre aufschlüsselt, ergibt sich folgendes Bild: Nach einem Rückgang in den ersten drei Jahren von 121 ha/Tag im Jahr 2001 auf 110 ha/Tag im Jahr 2002 und 99 ha/Tag im Jahr 2003 erfolgte 2004 wieder ein erheblicher Anstieg auf 131 ha/Tag (StaBa 2005c). Die tägliche Neuinanspruchnahme von Freifläche für Siedlungs- und Verkehrszwecke erreichte damit statistisch gesehen im Jahr 2004 erneut den Spitzenwert von 2000. Das Statistische Bundesamt weist jedoch mit Nachdruck darauf hin, dass diese Ergebnisse mit Vorsicht zu interpretieren sind, da sich die der Flächenstatistik zugrunde liegenden Liegenschaftskataster derzeit in einer Umbruchphase befinden. Die Aussagekraft der auf ein einzelnes Jahr bezogenen Ergebnisse wird dadurch relativiert.

Während Schleswig-Holstein gerade als letztes westliches Bundesland von einem manuell geführten Kataster zu dem in den alten Ländern gebräuchlichen Automatisierten Liegenschaftsbuch (ALB) übergegangen ist und in den neuen Bundesländern noch die schrittweise Umstellung der Computergestützten Liegenschaftsdokumentation (COLIDO) der ehemaligen DDR auf ALB läuft, ist in anderen Länden bereits die generelle Ablösung von ALB durch das Liegenschaftskataster-Informationssystem (ALKIS®) im Gange, die im Laufe der kommenden zehn Jahre abgeschlossen werden soll. Dieser Umbruch geht mit einer Änderung der jeweiligen Nutzungskategoriensystematik einher, die Umwidmungen und Neuzuordnung in beträchtlichem Umfang erforderlich macht, denen jedoch keine realen Veränderungen entsprechen. Tatsächliche Nutzungsänderungen werden durch Sekundäreffekte überlagert (StaBa 2005c). So hat die Umstellung von COLIDO auf ALB z.B. zu einem relativ großen Zuwachs bei den Betriebsflächen (ohne Abbauland) und einer überproportionalen Zunahme der Erholungsflächen geführt, die den Umfang der tatsächlich erfolgten Nutzungsänderungen bei Weitem überschreiten (StaBa 2005a).

Ein anderes Beispiel ist die Auflösung der Kategorie »Flächen anderer Nutzung«, zu der u.a. auch die Rubrik »Militärisches Übungsgelände« gehört, im Rahmen der Einführung von ALKIS®. Diese Flächen, deren Anteil an der Bodenfläche insgesamt bei der letzten Totalerhebung (1997–2000) immerhin noch 2 % betrug, nahmen zwischen 2001 und 2004 um 18,9 % ab, während die Reduktion in den beiden vorangegangenen Erhebungszyklen lediglich bei 3,7 % (1997–2000) und 1,7 % (1993–1996) lag. Damit in Zusammenhang steht eine überproportionale Zunahme der Waldfläche um 1,1 % zwischen 2001 und 2004 gegenüber 0,4 % in den beiden vorausgehenden Erhebungszyklen. So wurden z.B. in Rheinland-Pfalz zwei Drittel der aufgelösten Militärflächen dem Bereich Wald zugeordnet, wobei es sich lediglich um eine Neuzuordnung ansonsten unveränderter Flächen handelte. Ebenso kann die Überführung militärischer Liegenschaften in die zivile Nutzung, wiederum ohne Änderung der tatsächlichen Verhältnisse, zu einer erheblichen Zunahme der Siedlungs- und Verkehrsfläche führen (Deggau 2006).

Zusammenfassend lässt sich feststellen, dass die Aussagekraft und zeitliche Vergleichbarkeit der Daten derzeit durch eine Vielzahl von Sekundäreffekten eingeschränkt wird. Dies gilt insbesondere für die auf ein einzelnes Jahr bezogenen Ergebnisse der jährlichen Zusatzerhebung zur Siedlungs- und Verkehrsfläche. Trendaussagen, zumal auf einem hohen Abstraktionsniveau, sind jedoch möglich (BBR 2006).

Der Verlauf der Neuinanspruchnahme von Flächen für Siedlungs- und Verkehrszwecke zeigt im Vergleich der drei bisher vorliegenden gesamtdeutschen Erhebungszyklen (1993–2004) einen stetigen Rückgang des Zuwachses bei der Gebäude- und Freifläche. Als Gründe dafür lassen sich in den letzen Jahren vor allem die konjunkturelle Entwicklung und der damit verbundene Einbruch bei den Bauinvestitionen anführen. Zwar ist anzunehmen, dass bei einer Erholung der Baukonjunktur auch der Flächenverbrauch wieder ansteigen wird. Aufgrund der demografischen Entwicklung und eines sich abzeichnenden, inzwischen durch mehrere empirische Studien belegten, Reurbanisierungstrends, ist jedoch langfristig mit einem Rückgang der zusätzlichen Flächennachfrage zu rechnen.

Nach den Ergebnisse der Wohneigentumsstudie von TNS Infratest im Auftrag des Ministeriums für Verkehr, Bau- und Wohnungswesen sowie verschiedener Finanzdienstleistungsinstitute hat gut die Hälfte (52 %) der neuen Eigentümer in Westdeutschland zwischen 2001 und 2003 »gebrauchte« Einfamilienhäuser oder Eigentumswohnungen erworben. Entgegen der landläufigen Meinung, dass der Erwerb von Wohneigentum gleichzusetzen sei mit dem Bau eines Einfamilienhauses »auf der grünen Wiese«, hat der Erwerb von Bestandsimmobilien mittlerweile den Neubau überflügelt. Der Anteil der Neubauten, der im Zeitraum von 1998 bis 2000 noch 57 % betragen hatte, fiel auf 48 % zurück.

Im Hinblick auf die räumliche Verteilung der Nachfrage ist nach den Ergebnissen von TNS Infratest eine zunehmende Verlagerung in die Ballungsräume einschließlich der Ballungskerne festzustellen. Während Mitte der 1990er Jahre noch ebenso viele Eigentumskäufe in Ballungsgebieten wie im ländlichen Raum zu verzeichnen waren, fanden zwischen 1998 und 2000 bereits 61 % der Käufe und zwischen 2001 und 2004 sogar 64 % der Käufe in verdichteten Regionen statt. Der sich für Westdeutschland abzeichnende Trend zum urbanen Wohnen wird laut TNS Infratest zeitverzögert auch im Osten erkennbar. Aufgrund des Nachholbedarfs an Einfamilienhäusern konzentriert sich zwar hier noch immer mehr als die Hälfte der Nachfrage (56 %) auf den Neubau, sie ist jedoch im Vergleich zum Zeitraum 1998 bis 2000 (damals lag der Neubauanteil bei fast 70 %) bereits deutlich gesunken. Bei der räumlichen Verteilung der Nachfrage spielen die verdichteten Regionen mit 39 % zwar noch keine Führungsrolle, ihre Bedeutung nimmt aber stetig zu (LBS-Research 2004).

Die Befunde von TNS Infratest werden durch die Difu-Studie »Wohnen in der Innenstadt als Lebensstil«, die auf einer exemplarischen Untersuchung der Städte München und Leipzig beruht, bestätigt. Ihre Ergebnisse belegen, dass die Innenstädte gerade von der Gruppe der einkommensstarken Erwerbstätigen wieder zunehmend als Wohnstandorte geschätzt werden und das Umland an Attraktivität verliert. Die Orientierung zurück in die Zentren ist nach den vorläufigen Ergebnissen der Studie auch auf einen Imagewandel der Wohnformen zurückzuführen. Immer mehr Haushalte, vor allem aus der jungen Generation, ziehen eine gut ausgestattete Wohnung einem Reihenhaus vor. Allerdings werden nur solche Wohnungen als attraktiv empfunden, die mindestens drei bis vier Zimmer haben. Solche Wohnungen werden selbst von Einpersonenhaushalten bevorzugt; kleinere Objekte lassen sich zunehmend schlechter vermarkten. Durch die Wiederaneignung der Innenstädte durch die wohlhabende Mittelschicht werden einkommensschwächere Schichten aus den citynahen Lagen verdrängt und auf die randstädtischen Siedlungen verwiesen (Brühl et al. 2005).

Auch die aktuelle Trend Research Studie der Deutsche Bank Tochter DB Immobilien belegt, dass sich die Wohnwünsche der Deutschen in den letzten Jahren deutlich gewandelt haben. Zwar ist das Einfamilienhaus nach wie vor die beliebteste Bauform; zentrumsnahe Eigentumswohnungen, vorzugsweise im klassischen Altbau oder in neuen nach 1985 errichteten Gebäuden, haben jedoch in der Käufergunst kontinuierlich aufgeholt (DB Immobilien 2006).

Aufgrund der Entwicklung der Wohnungsnachfrage in den letzten Jahren lässt sich zum jetzigen Zeitpunkt eine Parallelität von Suburbanisierung und Reurbanisierung konstatieren. Welcher der beiden Trends in Zukunft die Oberhand gewinnen wird, hängt auch davon ab, inwieweit es Bund, Ländern und Kommunen gelingt, die Rahmenbedingungen für das Bauen und Wohnen in der Stadt, insbesondere für Familien mit Kindern, zu verbessern.[5] Das Szenario eines langfristigen Rückgangs der Flächennachfrage macht den Einsatz effizienter und kurzfristig wirksamer Instrumente zur Reduktion der zusätzlichen Flächeninanspruchnahme jedoch keineswegs überflüssig. Vielmehr besteht in Anbetracht des zu erwartenden Bevölkerungsrückgangs und der demografisch bedingten Alterung der Nachfrager bei einer ungebremsten Ausdehnung der Siedlungsfläche die Gefahr von erheblichen Fehlinvestitionen.

5 Ansätze dazu sind etwa die Förderung von Baugemeinschaften, wie sie die Stadt Hamburg praktiziert. Das nordrhein-westfälische Städtebauministerium hat zu Beginn des letzten Jahres mit dem Kongress »Stadt(t)räume« eine Debatte über eine kinderfreundliche Stadtgestaltung eingeleitet. Seit Anfang 2004 läuft die Initiative des Bundesfamilienministeriums »Lokale Bündnisse für Familie«, die das Ziel verfolgt, die Lebensbedingungen in Städten durch eine Kooperation von Bürgern, Verbänden und Kommunen familiengerechter zu gestalten. Auch die Bau- und Immobilienwirtschaft denkt zunehmend über Möglichkeiten nach, die Attraktivität städtischen Wohnens zu erhöhen und die Stadtflucht zu stoppen. Mit dem Projekt »LBS Zukunftswerkstatt« haben die Landesbausparkassen ein Forum geschaffen, das Trends im Bereich Bauen und Wohnen untersuchen und Wohnformen entwickeln soll, die den gewandelten gesellschaftlichen Anforderungen wie Mobilität und Flexibilität entsprechen. Im Mittelpunkt der Initiative stehen generationsübergreifende Wohnmodelle und die Entwicklung von verschiedenen Stadthauskonzepten, die den Wunsch des Nutzers nach Individualität und Privatsphäre mit den politischen Zielen des Stadtumbaus und der städtebaulichen Verdichtung in Einklang bringen sollen.

ZIELE EINER NACHHALTIGEN FLÄCHENNUTZUNG 2.

In einem dicht besiedelten Land wie der Bundesrepublik Deutschland ist das Umweltmedium Boden zwangsläufig Gegenstand zahlreicher Nutzungskonflikte und unterliegt vielfältigen Beeinträchtigungen. Gleichwohl stand das Thema Boden- und Freiraumschutz bis Mitte der 1980er Jahre eher am Rande der umweltpolitischen Debatte und gewinnt erst in jüngster Zeit zunehmend an Bedeutung.

PRO UND KONTRA QUANTITATIVE REDUKTIONSZIELE 2.1

Auf Bundesebene wurden erstmals mit der *Bodenschutzkonzeption der Bundesregierung* von 1985 konkrete Ziele für den Umgang mit der Ressource Boden formuliert. Als zentrale Handlungsansätze einer nationalen Bodenpolitik wurden die Minimierung problematischer Stoffeinträge sowie eine »Trendwende im Landverbrauch« postuliert (Bundesregierung 1985).

Der 1998 noch unter der Ägide von Angela Merkel als Umweltministerin erarbeiteten Entwurf eines *umweltpolitischen Schwerpunktprogramms der Bundesregierung* forderte eine »dauerhafte Entkopplung von Flächeninanspruchnahme und Wirtschaftswachstum« und legte erstmals quantitative Handlungsziele zur Flächennutzung fest. Zum einen sollte die Zunahme der Siedlungs- und Verkehrsfläche bis 2020 auf 30 ha/Tag reduziert werden und zum anderen sollten 10–15 % der nicht besiedelten Fläche des Jahres 1998 als ökologische Vorrangfläche zum Ausbau eines Biotopverbundsystems bis 2020 gesichert werden (BMU 1998, S. 29 ff.). Explizit verwies der Bericht auf die Notwendigkeit der Aufstellung von Indikatoren und ihrer Verknüpfung mit umweltpolitischen Handlungszielen, um die Fortschritte in Richtung auf eine nachhaltige Entwicklung messbar zu machen.[6]

Das Handlungsziel des BMU von 1998: Reduktion der zusätzlichen Flächeninanspruchnahme für Siedlungs- und Verkehrszwecke auf 30 ha/Tag bis 2020 hat die rot-grüne Bundesregierung in ihre *Nachhaltigkeitsstrategie für Deutschland* (2002b) übernommen. Gegenüber dem Flächenverbrauch von 131 ha/Tag im Jahr 2000

6 Im Programm wurde ein Satz von Schlüsselindikatoren zu sechs verschiedenen Umweltbereichen aufgestellt und im »Umwelt-Barometer Deutschland« zusammengefasst (BMU 1998, S. 33 ff.). Auf der Basis dieses Umwelt-Barometers errechnet das Umweltbundesamt seit 1999 den Deutschen Umweltindex (DUX). Indikator für den Bereich Boden ist die Zunahme der Siedlungs- und Verkehrsfläche pro Tag, Handlungsziel ist die Reduktion auf 30 ha/Tag bis 2020. Wie die Beobachtung des DUX zeigt, ist der Boden der einzige Umweltbereich, der seit Jahren eine negative Zielerreichung aufweist, während in allen anderen Bereichen Fortschritte zu verzeichnen waren. Erstmals bei der Aktualisierung des DUX im September 2003 lag der Indikator Boden im Positivbereich (UBA 2003).

würde dies eine Verringerung auf weniger als ein Viertel bedeuten. Obwohl es sich somit um eine durchaus ambitionierte Zielsetzung handelt, sieht der *Rat von Sachverständigen für Umweltfragen* darin eher ein Etappenziel und plädiert langfristig für ein Nullwachstum bei der Flächeninanspruchnahme (SRU 2000, Tz. 532). Eine ähnliche Position vertritt der *Rat für Nachhaltige Entwicklung* in seinem Dialogpapier vom November 2001 (S. 23). Er fordert eine Reduktion der Flächeninanspruchnahme auf 30 ha/Tag bis 2020 und auf Null bis zum Jahre 2050.

Auch die *Enquete-Kommission »Schutz des Menschen und der Umwelt«* des 13. Deutschen Bundestages sprach sich für eine sukzessive Verringerung des Flächenverbrauchs bis auf Null aus. Langfristig sollte ihrer Auffassung nach die Umwandlung von unbebauten in bebaute Flächen durch die gleichzeitige Rekultivierung ehemals städtebaulich genutzter Flächen vollständig kompensiert werden. Als Zwischenziel strebte sie eine Verringerung der Umwandlungsrate bis 2010 auf 10 % der Rate, die für die Jahre 1993–1995 festgestellt wurde an (Enquete-Kommission 1998, S. 129). Im Ergebnis bedeutet dies eine Reduktion von 120 ha/Tag (Durchschnitt 1993–1997) auf 12 ha/Tag bis 2010. Sowohl was den Reduktionsumfang als auch was den für die Zielerreichung vorgesehenen Zeithorizont anbetrifft, war das Ziel der Enquete-Kommission somit deutlich ehrgeiziger als das Ziel der nationalen Nachhaltigkeitsstrategie.

Noch rigorosere Zielvorstellungen als die Enquete-Kommission vertreten die *Umwelt- und Naturschutzverbände in Deutschland.* In Anlehnung an das schon 1995 vom Wuppertal-Institut für Klima, Energie und Umwelt formulierte Ziel fordern sie eine schrittweise Rückführung der jährlich zusätzlich für Siedlungszwecke in Anspruch genommenen Fläche auf Null bis zum Jahre 2010 (NABU 2002). Der BUND weist in seinem Positionspapier allerdings zu Recht darauf hin, dass sich ein quantitatives Reduktionsziel weder wissenschaftlich noch politisch hinreichend begründen lasse. Wichtiger als über das richtige Ziel zu streiten, sei es daher, dass Bund, Länder und Gemeinden möglichst rasch ein Instrumentarium entwickeln und anwenden, mit dem erfolgreiche Schritte zur Realisierung einer »Flächenkreislaufwirtschaft« eingeleitet werden können. Die Maxime müsse lauten, dass für jede unvermeidbare Flächeninanspruchnahme ein funktionaler Ausgleich geleistet, also an anderer Stelle »Boden wieder gut gemacht« werden müsse (BUND 2004, S. 22). Einen ähnlichen Standpunkt vertritt die Arbeitsgruppe »Flächenhaushaltspolitik« der *Akademie für Raumordnung und Landesplanung* (ARL 2004) sowie der unter der Federführung der *Stiftung Europäisches Naturerbe* (Euronatur) gemeinsam mit zahlreichen Umwelt- und Naturschutzverbänden erarbeitete kommunale Handlungsleitfaden für eine nachhaltige Siedlungsentwicklung »Aktiv für Landschaft und Gemeinde« (2006).

Auch auf Länderebene wurde der Flächenverbrauch als Problem erkannt und Maßnahmen zu seiner Eindämmung eingeleitet. So wurde z.B. in Bayern das Ziel des Flächensparens im neuen *bayerischen Landesentwicklungsprogramm* vom April 2003 verankert. Außerdem wurde zwischen der Landesregierung und den Kommunalen Spitzenverbänden sowie zahlreichen weiteren Partnern ein landesweites »Bündnis für Flächensparen« geschlossen, das darauf ausgerichtet ist, »wirtschaftliches Wachstum und die Zunahme der Eigenheimquote bei gleichzeitiger Verringerung des Flächenverbrauchs zu erreichen« (Bayerisches Staatsministerium des Inneren 2003).

Ebenso wie Bayern misst auch die Landesregierung Baden-Württemberg der Sicherung von Freiräumen und dem Schutz landwirtschaftlich wertvoller Böden große Bedeutung zu. Gemäß dem *Umweltplan Baden-Württemberg* soll die Inanspruchnahme bislang unbebauter Flächen für Siedlungs- und Verkehrszwecke bis 2010 deutlich zurückgeführt werden (ein präzises quantitatives Ziel wird dabei nicht fixiert). Soweit Eingriffe unvermeidbar sind, soll die Flächeninanspruchnahme auf Flächen gelenkt werden, die infolge ihrer Vornutzung oder naturbedingt eine geringere Leistungsfähigkeit im Naturhaushalt aufweisen (Ministerium für Umwelt und Verkehr Baden-Württemberg 2001). Im Juli 2002 wurde ein Interministerieller Arbeitskreis eingerichtet, der Empfehlungen für eine Strategie der Landesregierung erarbeiten soll. Der Wirtschaftsminister hat im Juli 2003 einen »Flächen-Spar-Appell« an die Planungsträger und Genehmigungsbehörden des Landes herausgegeben (NBBW 2004, S. 14). Zu erwähnen ist schließlich das »Modellprojekt Eindämmung des Landschaftsverbrauchs durch Aktivierung des innerörtlichen Potentials« (MELAP), das darauf zielt, durch eine verstärkte Nutzung leerstehender Gebäude und vorhandener Baulandreserven in den Dörfern einer weiteren Zersiedlung des ländlichen Raums entgegen zu wirken (http://www.melap-bw.de).

Im Gegensatz zur Landesregierung spricht sich der *Nachhaltigkeitsbeirat der Landesregierung Baden-Württemberg* explizit für ein quantitativ fixiertes Reduktionsziel auf Landesebene aus. Auch wenn es keine wissenschaftlich begründbare »Obergrenze« für eine ökologische Verträglichkeit der Flächeninanspruchnahme gebe, sei die Festschreibung eines konkreten Handlungsziels in Anbetracht der geringen Wirksamkeit programmatischer Erklärungen und der weiterhin hohen Zuwachsraten der Siedlungs- und Verkehrsfläche wichtig (NBBW 2004, S. 15). Dieses Ziel sollte sich an das nationale Flächensparziel anlehnen, also eine Reduktion auf ein Viertel des heutigen Verbrauchs bis 2020 anstreben, wobei der Rat eine stufenweise Umsetzung durch die Festlegung von Zwischenzielen empfiehlt.

Bisher wurden die Positionen derjenigen Akteure dargestellt, die für eine drastische Verringerung des Flächenverbrauchs plädieren. Dieser Standpunkt ist jedoch in der aktuellen Debatte keineswegs unwidersprochen. Zwar wird von niemand bestritten, dass der Schutz des Bodens als natürliche Lebensgrundlage, die Erhaltung seiner ökologischen Funktionen und der Schutz von Freiräumen wichtige Ziele einer nachhaltigen Raumentwicklung sind. Infrage gestellt wird aber sowohl die Notwendigkeit einer Beschränkung der Flächeninanspruchnahme für Siedlungszwecke als auch insbesondere die Zweckmäßigkeit quantitativer Reduktionsziele.

Aus der Sicht des *Deutschen Städte- und Gemeindebundes (DStGB)* ist das Reduktionsziel der Bundesregierung »unrealistisch und sachfremd«. Eine Einschränkung der Baulandbereitstellung in der vorgegebenen Größenordnung würde in den Städten und Gemeinden eine erhebliche Steigerung der Bodenpreise zur Folge haben. Damit wäre eine nachhaltige Entwicklung, die auch die sozialen und ökonomischen Folgen für die Bürger berücksichtigt, nicht mehr gewährleistet. Außerdem sei es bereits heute Ziel der Kommunen, im Rahmen ihrer Möglichkeiten Bodenversiegelungen zu verringern und Freiräume, z.B. durch die Konzentration der siedlungsstrukturellen Entwicklung auf den Innenbereich und die Wiedernutzung von Brachflächen, zu schonen (Stellungnahme des DStGB zum Fragenkatalog des TAB [2004]). Mit der beabsichtigten Rückführung des Flächenverbrauchs auf 30 ha/Tag werde jedoch die Entwicklung künftig noch stärker als bisher in die Oberzentren gelenkt, die in Form von Industrie- und Gewerbebrachen über erhebliche, meist in attraktiven zentralen Lagen situierte Flächenpotenziale verfügten und somit Alternativen zum Bauen »auf der grünen Wiese« bieten könnten. Solche endogenen Flächenpotenziale seien in der Regel in Ballungsrandzonen und ländlichen Räumen nicht in größerem Umfang vorhanden. Das Reduktionsziel der Bundesregierung wird daher als »Absage der Siedlungstätigkeit außerhalb der großen Städte und Verweigerung von Zukunft für den ländlichen Raum« gewertet (Haak 2003).

Der *Bundesverband Deutscher Wohnungsunternehmen (GdW)* unterstützt zwar die politischen Bemühungen um einen sparsamen und effizienten Umgang mit Grund und Boden durch die Mobilisierung von Flächenreserven und die Aufwertung der vorhandenen Bausubstanz, steht aber dem quantitativen Reduktionsziel der Bundesregierung ebenfalls skeptisch gegenüber. Durch eine noch stärkere gesetzliche Regulierung des Siedlungsflächenangebots würde es zu knappheitsbedingten Bodenpreissteigerungen kommen, die erhebliche soziale und ökonomische Verwerfungen zur Folge hätten. Hohe Bodenkosten würden den Neubau verteuern und dadurch alle Bemühungen um kostensparendes Bauen konterkarieren, einen negativen Standortfaktor für die wirtschaftliche Wettbewerbsfähigkeit darstellen und zunehmende Verteilungskonflikte verursachen. Zudem trage die politische Festschreibung eines quantitativen Reduktionsziels dazu bei, die schon heute geführte Auseinandersetzung zwischen einer ökologisch motivierten Flächensparpolitik und einer sozial und wirtschaftlich motivierten Flächenangebotspolitik zu verschärfen. Dadurch würden die Bedingungen für die Formulierung einer konsensfähigen Strategie für einen sparsamen und effizienten Umgang mit der Ressource Fläche und die Einigung auf dazu taugliche Instrumente erschwert (Stellungnahme des GdW zum Fragenkatalog des TAB [2004]).

In den Stellungnahmen beider Verbände wird außerdem auf die aus ihrer Sicht bestehenden schwerwiegenden Mängel der Flächennutzungsstatistik verwiesen. In der aktuellen Debatte werde häufig Siedlungsfläche gleichgesetzt mit »versiegelter Fläche« und verkannt, dass die statistische »Siedlungs- und Verkehrsfläche« auch Freiflächen, Parks, Golfplätze und Friedhöfe sowie Grünflächen und Ausgleichsflächen im Rahmen der naturschutzrechtlichen Eingriffsregelung umfasst. Die Herstellung eines einfachen linearen Zusammenhangs zwischen Wachstum der Siedlungsfläche und ökologischer Verschlechterung sei deshalb nicht zulässig.

Auch der *Verband der privaten Bausparkassen*, die *Bundesgeschäftsstelle Landesbausparkassen (LBS)* und der *Deutsche Siedlerbund (DSB)* halten die Bezeichnung »Landschaftsverbrauch« im Hinblick auf eine aufgelockerte Einfamilienhaussiedlung mit Gärten für unstatthaft. Der Begriff suggeriere, dass damit ökologisch wertvolle Böden auf Dauer verloren gingen, während im Gegenteil Hausgärten unter dem Aspekt der biologischen Vielfalt um ein Mehrfaches höher zu bewerten seien als intensiv genutzte, ökologisch verarmte Ackerflächen. Dies komme beispielsweise in der Typenliste zur Hessischen Ausgleichsverordnung zum Ausdruck, nach der 1 m^2 Rasenfläche auf Sportanlagen mit 10 Ökopunkten, 1 m^2 Ackerfläche mit 13 Ökopunkten und 1 m^2 Hausgarten mit 15 Ökopunkten bewertet werde (Stellungnahme des DSB und der LBS zum Fragenkatalog des TAB [2004]). Es gebe daher aus naturschutzrechtlicher Sicht kein nachvollziehbares Argument, das gegen eine Reduktion der Landwirtschaftsfläche zugunsten der Wohnnutzung spräche (Jokl 1998). Gefordert wird in diesem Zusammenhang, dass Gartenflächen als Ausgleichsflächen anerkannt werden und bei Einfamilienhausgebieten auf die zusätzliche Ausweisung von naturschutzrechtlichen Ausgleichsflächen verzichtet wird (Haak 2003).

Dieser Auffassung wird allerdings vonseiten der Naturschutzverbände widersprochen. Es sei zwar zutreffend, dass bestimmte Arten (insbesondere Vögel) in Siedlungen ihren Lebensraum finden, der Großteil vor allem der bedrohten Arten sei aber an Freifläche gebunden. Für die Sicherung der Lebensbedingungen wild lebender Arten in den Städten sei das Nahrungs- und Lebensumfeld der angrenzenden ländlichen Gebiete bedeutsam. Immer deutlicher werde erkannt, dass auch intensiv bewirtschaftete, landwirtschaftlich ertragreiche Böden und Landschaften für den Arten- und Biotopschutz unverzichtbar seien (BUND 2004, S. 19 ff.; ähnlich NABU 2004a). Auch der Rat für Nachhaltige Entwicklung der Bundesregierung (2004, S. 25) spricht sich gegen eine Aufwertung der Hausgärten in der naturschutzrechtlichen Beurteilung aus. Die biologische Vielfalt bemesse sich nicht nach der »Baumarkt-Vegetation« im Vorgarten. Von daher dürfe ein Hausgarten nicht höher bewertet werden als dasselbe Stück Boden vor seiner Umwandlung in Siedlungsfläche.

ZUR NOTWENDIGKEIT EINER DIFFERENZIERUNG DER ZIELSETZUNG 2.2

Die Auseinandersetzung um das Für und Wider einer Reduktion der Flächeninanspruchnahme macht deutlich, dass die Ziele einer nachhaltigen Siedlungsflächenentwicklung zu differenzieren sind.

Aufgabe einer nachhaltigen Siedlungspolitik müsste es sein, Freiräume zu schützen, Vorsorge für ausreichenden Wohnraum zu treffen und eine Flächenvorratspolitik zu betreiben, die auch kommenden Generationen eine positive industrielle und gewerbliche Entwicklung ermöglicht (Bundesregierung 2002b, S. 241). Dabei ist zu berücksichtigen, dass die Flächennachfrage künftig große regionale Unterschiede aufweisen wird. Während in einigen Regionen schon heute erhebliche Leerstände bei Wohn- und Gewerbegebäuden zu verzeichnen sind, besteht in anderen ein ungebrochen hoher Bedarf, der sich in steigenden Bauland-, Immobilien und Mietpreisen niederschlägt. Zudem wird sich der zu erwartende Bevölkerungsrückgang dämpfend auf die Flächennachfrage auswirken (s.a. Teil I, Kap. 3). Die Perspektive einer in vielen Regionen sinkenden Bevölkerungsdichte wirft einerseits Probleme auf (Abwanderung von Unternehmen, Verlust an Arbeitsplätzen, sinkende kommunale Einnahmen, hohe Leerstände, Unterauslastung der vorhandenen Infrastruktur), bietet andererseits aber auch Chancen für eine städtebauliche Aufwertung der vorhandenen Siedlungsstruktur. Vor diesem Hintergrund stellt sich eine nachhaltige Siedlungsentwicklung als komplexe Managementaufgabe dar, die regionalen Unterschieden Rechnung tragen muss und auf allen staatlichen Ebenen eine Abwägung der verschiedenen Belange erfordert (Bundesregierung 2004a, S. 197 ff.)

Um die Siedlungsentwicklung in Deutschland in nachhaltiger Weise zu gestalten, bedarf es nach Auffassung vieler Experten einer Doppelstrategie von quantitativer und qualitativer Steuerung, die zudem regional differenziert sein müsste (ARL 2004; BLAK 2003; Bundesregierung 2004a; Dosch/Einig 2005; NBBW 2004; RNE 2004; UBA 2004). Eine solche Strategie müsste folgende Zielkomponenten enthalten:

Vorrang der Innenentwicklung: Um die weitere Inanspruchnahme des Freiraums für Siedlungszwecke zu vermeiden, soll die Flächennachfrage nach Möglichkeit in bereits besiedelte Gebiete umgelenkt werden. Dies kann erreicht werden durch

Mobilisierung vorhandener Flächenreserven, Wiedernutzung von Brachflächen[7], Ausschöpfung von Nutzungspotenzialen im Bestand (Ausbau von Dachgeschossen, Aufstockung von Gebäuden, Überbauung von Verkehrsflächen, Schließung von Baulücken, maßvolle Nachverdichtung[8]), Umbau flächenbeanspruchender Monostrukturen zugunsten einer flächensparenden Mischung von Nutzungen.

Revitalisierung der Kernstädte: Um die Abwanderungstendenz der Bewohner an die Peripherie zu bremsen, soll die Erlebnisqualität der Kernstädte und ihre Attraktivität als Wohnstandort erhöht werden. Dies erfordert eine qualitative Aufwertung der bestehenden Bausubstanz und ihre Anpassung an sich wandelnde Nutzerbedürfnisse, Maßnahmen zur Wohnumfeldverbesserung, eine Ausweitung und Aufwertung des innerstädtischen Grün- und Freiflächenangebots, die Schaffung von Frischluftschneisen und die klimawirksame Vernetzung von Freiflächen.

Flächensparende Siedlungsentwicklung: Soweit Siedlungserweiterungen dennoch unumgänglich sind, soll sichergestellt sein, dass die Kommunen Baulandausweisungen in wechselseitiger Abstimmung an geeigneten Standorten und in Einklang mit den Zielen der Raumordnung und Landesplanung vornehmen. Die großräumige Entwicklung der Siedlungsstruktur soll sich am Leitbild der »dezentralen Konzentration« orientieren.

Erhöhung der Flächenproduktivität: Bei neuen Baugebieten sollen flächensparende Bauweisen, höhere Bebauungsdichten und andere effiziente Nutzungsformen (z.B. mehrgeschossige Gewerbebauten) bevorzugt werden.

Berücksichtigung von Bodenqualitäten bei der Standortwahl: Die unvermeidbare Flächeninanspruchnahme soll möglichst auf Böden gelenkt werden, die wegen ihrer Vornutzung oder naturbedingt über eine geringere Leistungsfähigkeit im Naturhaushalt verfügen. Besonders empfindliche, besonders fruchtbare und besonders seltene Böden sollen von jeder Bebauung freigehalten werden.

---

7 Nach Berechnungen der BBR (2001a) verfügen knapp zwei Drittel aller Städte und Gemeinden über erhebliche Wiedernutzungspotenziale (Gewerbe- und Industriebrachen, stillgelegte Bahn- und Postanlagen, Konversionsflächen), die rein rechnerisch ausreichen würden, den mittelfristigen Wohnbaulandbedarf zu decken. Voraussetzung dafür wäre allerdings die Freigabe solcher Flächen durch die jeweiligen Eigentümer sowie eine Sanierung aller belasteten Flächen.

8 Dabei ist allerdings zu berücksichtigen, dass Nachverdichtung in der Praxis häufig mit zahlreichen Nachbarschaftskonflikten verbunden ist und auch in Fachkreisen teilweise auf erhebliche Bedenken stößt (Siedentop 2002). Eine Erhöhung der städtebaulichen Dichte bedarf letztlich immer einer einzelfallbezogenen Abwägung, die den bereits erreichten Grad der Verdichtung im Quartier, die Immissionsbelastung, die ökologische und klimatische Situation sowie die Versorgung mit Freiräumen in Rechnung stellt. In baulich bereits stark verdichteten Stadtteilen sollte der Erhaltung der Natur Vorrang vor der Nutzung der letzten Baulücke eingeräumt werden (NABU 2004a).

Wiederherstellung der natürlichen Bodenfunktionen: Die Neuversiegelung von Böden soll auf das erforderliche Mindestmaß reduziert werden. Vorhandene Entsiegelungspotenziale sollen genutzt, kontaminierte Flächen saniert und Altlasten auf umweltschonende Weise beseitigt werden.

Schaffung verkehrsarmer Raumstrukturen: Weitere Landschaftszerschneidungen sollen vermieden und die Flächeninanspruchnahme für Verkehrszwecke deutlich reduziert werden. Erreicht werden soll dies durch eine Bündelung von Verkehrswegen und eine Siedlungsentwicklung, die auf den Prinzipien »Dichte«, »Nutzungsmischung« und »dezentrale Konzentration« beruht und sich am Netz des schienengebundenen Personennahverkehrs orientiert.

Sicherung von Freiräumen: Die noch verbliebenen größeren unzersiedelten Landschaftsräume sind quantitativ zu sichern und in ihrer Lebensraumqualität zu schützen. Unterbrochene Lebensraumverbünde für wild lebende Tierarten sollen möglichst wiederhergestellt werden. Eine Vernetzung der Freiräume ist Voraussetzung für die Schaffung eines bundesweiten Biotopverbunds, der mindestens 10 % der Landesfläche ausmachen soll.

Die Komplexität dieser Zielsetzung macht deutlich, dass eine nachhaltige Siedlungsentwicklung nur mit einem Bündel von Maßnahmen erreichbar sein dürfte, wobei das Steuerrecht, das Bauplanungs- und Raumordnungsrecht, die Wohnungs- und Städtebauförderung sowie die Verkehrspolitik einzubeziehen sind. Es geht nicht nur um verschiedene teils quantitative, teils qualitative Zielkomponenten, sondern auch um unterschiedliche Akteure, die zu einem zielkonformen Verhalten angeregt werden sollen. Die Auswahl und Kombination von Instrumenten muss außerdem den veränderten gesellschaftlichen Rahmenbedingungen, wie Bevölkerungsrückgang, Alterung der Gesellschaft, regionalen Disparitäten sowie der zum Teil problematischen Situation der kommunalen Haushalte Rechnung tragen. Ein quantitatives Handlungsziel wie das der nationalen Nachhaltigkeitsstrategie dient dabei in erster Linie als Leitorientierung, um die Fortschritte in Richtung auf eine nachhaltige Entwicklung messbar zu machen.

DEMOGRAFISCHER WANDEL IN DEUTSCHLAND ALS RANDBEDINGUNG DER KÜNFTIGEN FLÄCHENNUTZUNG 3.

Deutschland steht vor einem dramatischen demografischen Wandel, der sich in einem Rückgang der Bevölkerungszahl bis 2050 und einer Alterung der Gesellschaft manifestieren und mit erheblichen ökonomischen und sozialen Auswirkungen (z.B. für die sozialen Sicherungssysteme) und entsprechendem Handlungsbedarf zur Minderung dieser Herausforderungen verbunden sein wird. Entsprechend der

Zielsetzung des TAB-Projekts steht im Folgenden die Frage im Vordergrund, ob, wie und wann sich der demografische Wandel auf die Flächeninanspruchnahme auswirken wird und welche Konsequenzen sich daraus für den politischen Handlungsbedarf zur Reduzierung der Flächeninanspruchnahme ergeben könnten.[9]

ENTWICKLUNG VON BEVÖLKERUNG UND ALTERSSTRUKTUR 3.1

Das Statistische Bundesamt hat im Jahr 2003 im Rahmen der 10. Koordinierten Bevölkerungsvorausberechnung (StaBa 2003a) neun Varianten der möglichen Bevölkerungsentwicklung in Deutschland bis 2050 vorgelegt. Den folgenden Ausführungen sollen hier die Varianten 1 und 9, die die Bandbreite der möglichen Bevölkerungsentwicklung abbilden, sowie die Variante 5 als mittleres Szenario mit der vermutlich höchsten Wahrscheinlichkeit zugrunde gelegt werden.

Prognosen der Bevölkerungsentwicklung fußen in der Regel auf Annahmen zur zukünftigen Geburtenhäufigkeit und zur Lebenserwartung sowie zu Zu- und Abwanderungsprozessen. Wesentliche gemeinsame Annahme aller Varianten ist eine konstante Geburtenrate über den gesamten Betrachtungszeitraum von 1,4 Kindern pro Frau. Dies entspricht der gegenwärtigen Rate in Westdeutschland. In den neuen Bundesländern liegt sie zwar gegenwärtig niedriger, sie nähert sich aber der westdeutschen Rate an.

Die drei Varianten unterscheiden sich dagegen in ihren Annahmen zur zukünftigen Lebenserwartung und zu den Zu- und Abwanderungssalden. Im Vergleich zur vorhergehenden Koordinierten Bevölkerungsvorausberechnung von 1998 (StaBa 2000) geht die aktuelle Berechnung von einer deutlichen Erhöhung der Lebenserwartung aus, bedingt u.a. durch medizinisch-technischen Fortschritt. Für die hier betrachteten Varianten wurden folgende Annahmen getroffen:

› Variante 1: Lebenserwartung Männer 78,9 Jahre, Frauen 85,7 Jahre
› Variante 5: Lebenserwartung Männer 81,1 Jahre, Frauen 86,6 Jahre
› Variante 9: Lebenserwartung Männer 82,6 Jahre, Frauen 88,1 Jahre

Bei Zu- und Abwanderung wurde für Variante 1 ein positiver Zuwanderungssaldo von mindestens 100.000 Personen/Jahr, für Variante 5 von mindestens 200.000 Personen/Jahr und für Variante 9 von mindestens 300.000 Personen/Jahr (ab 2011) angenommen, wobei die Annahme zur Variante 5 in etwa dem langjährigen Durchschnitt der letzten 40 Jahre entspricht.

---

9 Zur Klärung dieser Fragen wurde an das Institut für Regionalentwicklung und Strukturplanung (IRS) ein Gutachten vergeben (IRS 2004), auf dessen Ergebnisse sich die folgenden Ausführungen neben anderen Quellen maßgeblich stützen.

Durch die deutlich höheren Annahmen zur Lebenserwartung gegenüber der 9. Koordinierten Bevölkerungsvorausberechnung kommt die aktuelle Vorausberechnung zwar zu höheren Bevölkerungszahlen, alle drei Varianten weisen aber einen Bevölkerungsrückgang bezogen auf das Jahr 2050 aus, bei Variante 9 allerdings nur um ca. 1 Mio. Personen. Gegenüber dem Bezugsjahr 2001 mit einer Bevölkerung von 82,4 Mio. Personen führen die Varianten 1 und 5 zu signifikanten Verringerungen auf 67 bzw. 75 Mio. Personen. Allerdings steigt die Bevölkerungszahl in dem im TAB-Projekt im Vordergrund stehenden Betrachtungszeitraum bis 2020 bei den Varianten 5 und 9 noch an, da die steigenden Sterbeüberschüsse durch die angenommene höhere Lebenserwartung und positive Zuwanderungssalden überkompensiert werden (Abb. 5). Als erstes Fazit kann daraus gezogen werden, dass der demografische Wandel bis 2020 voraussichtlich keine Entlastung bei der Wohnflächennachfrage auf Bundesebene mit sich bringen wird (s.a. Teil I, Kap. 3.3).

ABB. 5 BEVÖLKERUNGSVORAUSBERECHNUNGEN FÜR DIE BUNDESREPUBLIK DEUTSCHLAND

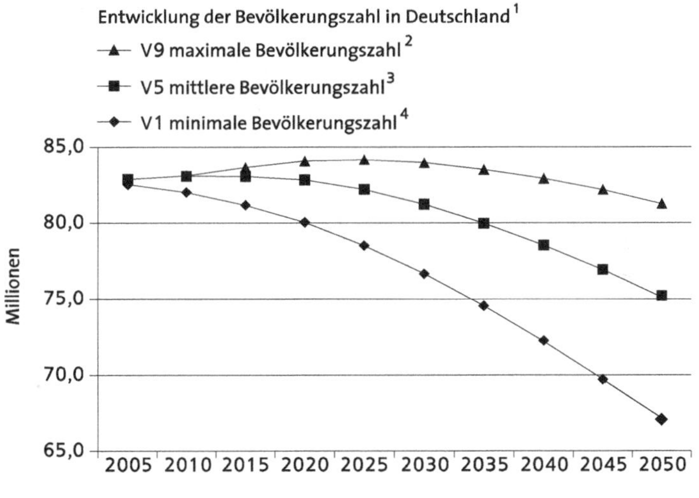

1 ab 2002 Schätzwerte der 10. koordinierten Bevölkerungsvorausberechnung (absolute Werte sind im Anhang A, Tabelle 11 aufgeführt)
2 hohe Wanderungsannahme W3 (jährlicher Saldo von mindestens 300.000) und hohe Lebenserwartungsannahme L2 (durchschnittliche Lebenserwartung 2050 bei 83 bzw. 88 Jahren)
3 mittlere Wanderungsannahme W2 (jährlicher Saldo von mindestens 200.000) und mittlere Lebenserwartungsannahme L2 (durchschnittliche Lebenserwartung 2050 bei 81 bzw. 87 Jahren)
4 niedrige Wanderungsannahme W1 (jährlicher Saldo von mindestens 100.000) und niedrigere Lebenserwartungsannahme L1 (durchschnittliche Lebenserwartung 2050 bei 79 bzw. 86 Jahren)

Quelle: StaBa 2003a

Neben dem zu erwartenden Bevölkerungsrückgang ist der zweite höchst bedeutsame demografische Trend die Veränderung der Altersstruktur. Aufgrund der zu erwartenden stabilen Geburtenraten auf niedrigem Niveau und der zunehmenden Lebenserwartung altert die deutsche Gesellschaft.

ABB. 6 ALTERSAUFBAU DER BEVÖLKERUNG DER BUNDESREPUBLIK DEUTSCHLAND AM 31.12.2001 UND AM 31.12.2050

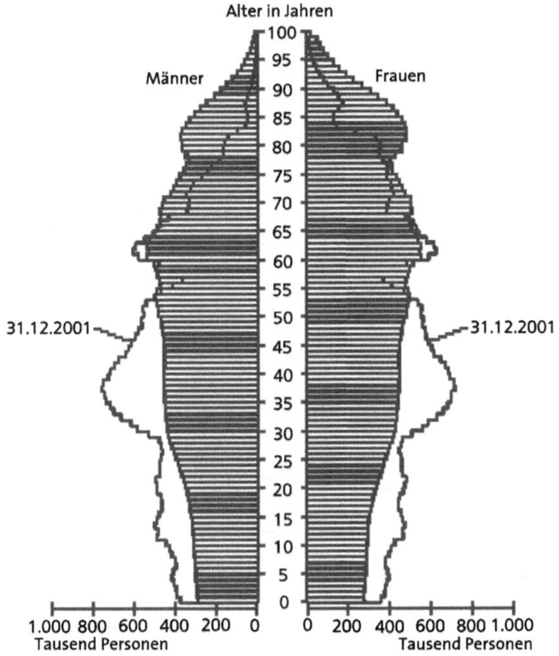

Quelle: StaBa 2003a, S. 30; Variante 5 der 10. Koordinierten Bevölkerungsvorausberechnung

Die Alterspyramide für Variante 5 der 10. Koordinierten Bevölkerungsvorausberechnung ist, wie Abbildung 6 zeigt, weit von einer Idealform entfernt, bei der die Gruppe der Kinder die stärkste Altersgruppe sein sollte (StaBa 2003a, S. 28). Vielmehr ist die Gruppe der Kinder 2050 die kleinste Altersgruppe der Bevölkerung. Der Anteil junger Menschen wird deutlich abnehmen und der Anteil der Bevölkerung im Rentenalter erheblich steigen, da in den nächsten 10 bis 30 Jahren die geburtenstarken Nachkriegsjahrgänge (Baby Boomer) in das Rentenalter kommen und zahlenmäßig durch die folgenden Jahrgänge zunehmend weniger ersetzt werden. Entsprechend der Variante 5 des Statistischen Bundesamtes wird die Zahl der unter 15-Jährigen von 12,8 Mio. im Jahre 2000 auf 8,9 Mio. im Jahre 2050 zurückgehen, während die Zahl der über 65-Jährigen von 13,7 Mio. auf 22,2 Mio. steigen wird. Die Zahl der Menschen im erwerbsfähigen Alter (15- bis 65-Jährige) reduziert sich deutlich von 55,8 Mio. auf 44 Mio. (DB Research 2003). Eine besondere Dynamik wird sich weiter bei der Gruppe hochbetagter Menschen zeigen, der Anteil der 80-Jährigen und Älteren wird von 3,9 % im Jahre 2001 auf 12,1 % im Jahre 2050 steigen.

Die dargestellten demografischen Entwicklungen in Form einer Abnahme der Bevölkerungszahl und einer beschleunigten Alterung der Gesellschaft werden erheblichen politischen und gesellschaftlichen Handlungsbedarf erzeugen; das Statistische Bundesamt spricht in diesem Zusammenhang von einer großen Herausforderung für Wirtschaft und Gesellschaft (StaBa 2003b). Im Folgenden stehen die siedlungsstrukturellen Auswirkungen im Mittelpunkt.

DER DEMOGRAFISCHE WANDEL IN REGIONALER UND SIEDLUNGSSTRUKTURELLER AUSPRÄGUNG 3.2

Die zuvor dargestellten auf Gesamtdeutschland bezogenen Trends des demografischen Wandels werden sich regional und in Bezug auf verschiedene siedlungsstrukturelle Gebietstypen sehr unterschiedlich vollziehen.

LÄNDEREBENE

Betrachtet man zunächst die Ebene der Bundesländer, so wird es bereits bis 2020 – trotz einer noch erwarteten geringen Zunahme der Gesamtbevölkerung – Gewinner und Verlierer geben. Verlierer werden insbesondere die wirtschaftlich schwachen Bundesländer sein, wie z.B. die neuen Bundesländer Mecklenburg-Vorpommern, Sachsen, Sachsen-Anhalt und Thüringen, vor allem bedingt durch Abwanderung und fehlende wirtschaftliche Attraktivität. Aber auch mit wirtschaftsstrukturellen Umwälzungen kämpfende alte Bundesländer, wie Bremen, Nordrhein-Westfalen und das Saarland, werden Bevölkerungsverluste hinnehmen müssen (Tab. 3). In den wachstumsstarken Bundesländern, vor allem in Baden-Württemberg, Bayern und Hessen, sind dagegen noch Bevölkerungsgewinne zu verzeichnen. Eine Besonderheit bilden Brandenburg und Berlin, wo sich die Ausdehnung des Speckgürtels um die deutsche Hauptstadt in hohen Wachstumsraten auswirken wird. Bis zum Jahre 2050 werden dann aber alle Bundesländer wegen der deutlich zurückgehenden Gesamtbevölkerung Bevölkerungsverluste aufweisen. Dabei sind die Verluste in den o.g. Ländern, die bereits bis 2020 Einwohnerverluste verzeichnen werden, wiederum deutlich höher – einige dieser Länder verlieren mehr als 20 % an Einwohnern.

TAB. 3 REGIONALE BEVÖLKERUNGSENTWICKLUNG IN DEUTSCHLAND

	Bevölkerungswachstum		Anteil 65+	Anteil 65+
	2000–2020	2000–2050	2020	2050
Baden-Württemberg	2,8	-3,4	20,7	28,5
Bayern	4,6	-3,3	21,1	29,2
Berlin	5,0	-2,7	20,3	30,6
Brandenburg	9,6	-8,4	23,9	33,6
Bremen	-9,2	-17,1	22,4	28,6
Hamburg	0,1	-6,4	19,9	30,2
Hessen	1,6	-7,2	21,3	30,0
Mecklenburg-Vorpommern	-2,5	-18,5	24,6	31,9
Niedersachsen	1,3	-7,5	22,2	28,9
Nordrhein-Westfalen	-2,0	-10,0	21,6	28,9
Rheinland-Pfalz	4,2	-5,0	21,7	29,3
Saarland	-7,7	-20,8	24,6	29,9
Sachsen	-0,6	-15,0	24,9	31,2
Sachsen-Anhalt	-7,0	-21,6	25,2	31,2
Schleswig-Holstein	1,0	-10,7	23,1	30,4
Thüringen	-10,8	-26,8	26,3	31,9
Deutschland gesamt	0,7	-8,6	22,0	29,6

Anmerkungen: Den Berechnungen lagen die Bevölkerungsprognosen des Bundesamtes für Bauwesen und Raumordnung (BBR) bis 2020 und die 10. Bevölkerungsvorausberechnung des Statistischen Bundesamtes zugrunde. Dabei wurde der Länderschlüssel der BBR-Rechnung auf die Zahlen des Statistischen Bundesamtes angewandt. Somit erhält man eine Annäherung für eine regionalisierte Bevölkerungsprognose auf der Basis der aktuellen Schätzung des Statistischen Bundesamtes. Für die Berechnung der Daten von 2020 bis 2050 wurden die regionalen Kohortenanteile fortgeschrieben. Das impliziert die Annahme von allmählich ausgeglichenen Binnenmigrationssalden in dieser Zeit. In den letzten Jahren hat sich der Umzug von Ost nach West allerdings wieder deutlich verstärkt. Gerade für Ostdeutschland sollten die Risiken betont werden.

Quellen: DB Research 2003

EBENE DER GEBIETSTYPEN

Die zukünftige Bevölkerungsentwicklung in den Gebietstypen Agglomerationsräume, verstädterte und ländliche Räume wird sich regional unterschiedlich darstellen.[10] Als Basis der folgenden Aussagen zur siedlungsstrukturellen Entwicklung dient die Raumordnungsprognose des BBR für den Zeitraum bis 2020, die von einer leichten Bevölkerungsabnahme um 622.000 Personen ausgeht (BBR 2003), mit einem stärkeren Rückgang in den neuen Bundesländern.

Betrachtet man die einzelnen siedlungsstrukturellen Gebietstypen, so sind entgegengesetzte Entwicklungen in West- und Ostdeutschland zu erkennen:

› In den Agglomerationsräumen der neuen Bundesländer sind Bevölkerungsgewinne von 6% vor allem durch Außen- und Binnenzuwanderung zu erwarten. Allerdings wird dieses Wachstum vor allem durch Bevölkerungsgewinne in Berlin und seinem nahen Umland bestimmt. In den alten Bundesländern verzeichnen die Agglomerationsräume tendenziell leichte Bevölkerungsverluste.
› Die Entwicklung in den anderen Gebietstypen ist entgegengesetzt. In den verstädterten und ländlichen Regionen der neuen Bundesländer sind erhebliche Bevölkerungsabnahmen von 9 % bzw. 10,6 % zu erwarten; die bisherige Entleerung dieser Räume wird sich also fortsetzen. In den entsprechenden Gebietstypen der alten Bundesländer sind dagegen leichte Zugewinne zu erwarten.

Beim Zustandekommen dieser Prognoseergebnisse wirken die Entwicklung der natürlichen Saldorate (Differenz Geburten-Sterbefälle) und der Wanderungssalden (Binnen- und Außenwanderung) zusammen. Durch Sterbeüberschüsse sinkt die natürliche Saldorate in allen Gebietstypen, besonders stark in den verstädterten und ländlichen Räumen der neuen Bundesländer. In allen Gebietstypen der alten Bundesländer und besonders stark in den Agglomerationsräumen der neuen Bundesländer sind die Zuwanderungssalden über den gesamten Zeitraum bis 2020 positiv, während in den verstädterten und ländlichen Regionen der neuen Bundesländer bis 2008 bzw. 2012 neben den hohen Sterbeüberschüssen noch negative Zuwanderungssalden zu erwarten sind, ehe sich gemäß der Prognose bis 2020 die positiven Zuwanderungssalden denen im Westen annähern. Nach neueren Untersuchungen wird jedoch bezweifelt, dass ein ausgeglichener Wanderungssaldo zwischen West und Ost bis 2020 eintreten wird, da die Abwanderung noch anhält.

---

10 Diese von der BBR definierten Gebietstypen unterscheiden sich im Wesentlichen durch die Bevölkerungsdichte und die Größe der Oberzentren. Agglomerationsräume sind Räume mit großen Oberzentren und hoher Bevölkerungsdichte, verstädterte Räume sind Regionen mittlerer und höherer Dichte und ländliche umfassen Regionen geringer Dichte, die in der Regel über keine größeren Oberzentren verfügen.

Betrachtet man die Binnenwanderung, so sind Suburbanisierungsprozesse an den Rändern der Kernstädte in Agglomerationsräumen, insbesondere in den neuen Bundesländern, erkennbar, während die Kernstädte selbst mehrheitlich an Bewohnern verlieren (Bucher/Schlömer 2003b, S. 23 f.). Weitere Wanderungsverluste sind für die verstädterten und ländlichen Räume der neuen Bundesländer zu erwarten. Tendenzen der Suburbanisierung wirken in den alten Bundesländern im Umland der Kernstädte stärker als in den neuen Bundesländern. Während in den alten Bundesländern das suburbane Bevölkerungswachstum bis weit in das Hinterland der Agglomerationsräume ausstrahlt, ist es in den neuen Bundesländern auf einen schmalen Ring um die Kernstädte beschränkt (Siedentop/Kausch 2003, S. 26).

Die Wanderungsgewinne durch Außenwanderung konzentrieren sich vor allem auf Agglomerationsräume und verstädterte Regionen. Die Bevölkerung in diesen Gebietstypen wird also heterogener, und diese Entwicklung wird erhebliche Integrationsleistungen erfordern.

ALTERSSTRUKTUR UND GEBIETSTYPEN

Die oben bereits beschriebene Alterung der Gesellschaft wird bis 2020 die neuen Bundesländer relativ stärker treffen.

- Dabei zeigen sich dort ab 2010 stark zurückgehende Zahlen der 20- bis 25-Jährigen, insbesondere in den verstädterten und ländlichen Regionen, aber auch in den Agglomerationsräumen in Relation zu den entsprechenden Zahlen für diese Altersgruppe im Jahre 2000. Im Jahre 2020 werden dann ca. 40 % weniger 20- bis 25-Jährige in den verstädterten und ländlichen Regionen leben als 2000 und ca. 20 % weniger in den Agglomerationsräumen der neuen Bundesländer. In den alten Bundesländern wird die Zahl dieser Altersgruppe auch 2020 noch über dem Wert von 2000 liegen wird. Der dramatische Rückgang in den neuen Bundesländern erklärt sich vor allem durch den starken Rückgang der Geburtenrate in den neuen Bundesländern nach der Wiedervereinigung (Einigungsknick).
- Die Zahl der Altersgruppe der 26- bis 39-Jährigen sinkt in allen Gebietstypen West und Ost, besonders stark wieder in den ländlichen Räumen der neuen Bundesländer, während in den Agglomerationsräumen der neuen Bundesländer die Abnahme am geringsten ist.
- In allen Gebietstypen West und Ost steigt die Zahl der Gruppe der 60- bis 74-Jährigen insbesondere ab 2016 stark an und die Zahlen für 2020 liegen um 4 % bzw. 5 % für die verstädterten bzw. ländlichen Räume der neuen Bundesländer und um 16 % für die ländlichen Regionen der alten Bundesländer über dem Niveau von 2000.
- Es zeigt sich ein dramatisches Bild bei der Altersgruppe der über 75-Jährigen: Im Jahre 2020 werden in den neuen Bundesländern im Durchschnitt 70 % mehr

Personen dieser Altersgruppe leben als 2000, in den ländlichen Regionen sogar 77 % mehr, während in den alten Bundesländern eine Steigerung der Zahl dieser Altersgruppe von knapp über 40 % gegenüber 2000 zu erwarten ist (IRS 2004, S. 27 ff.)

Insgesamt lässt sich somit feststellen, dass die stärksten Effekte demografischer Veränderungen in den verstädterten und ländlichen Regionen der neuen Bundesländer in Form von Vergreisungseffekten und hohen Verlusten bei den jüngeren Bevölkerungsgruppen auftreten werden.

ZUKÜNFTIGE ENTWICKLUNG DER WOHNFLÄCHENNACHFRAGE 3.3

Die Nachfrage nach Wohnfläche hängt natürlich mit der Entwicklung der Bevölkerungszahl zusammen, aber es gibt auch andere wichtige Bestimmungsfaktoren, z.B. die Entwicklung der Zahl der Haushalte, die Haushaltsgröße (Personen pro Haushalt) und die Wohnfläche pro Kopf. Diese wiederum sind durch die Wohlstandsentwicklung, den Wandel von Lebensstilen und die Altersstruktur der Bevölkerung beeinflusst.

HAUSHALTSZAHL UND -GRÖßE

Da nicht Individuen, sondern Haushalte Wohnraum nachfragen, ist die Entwicklung der Haushaltszahlen ein wichtiger Bestimmungsfaktor für die zukünftige Entwicklung der Wohnflächennachfrage. Die Haushaltszahl stieg zwischen 1990 und 2000 in Deutschland von 35,2 Mio. auf 38,1 Mio. und damit deutlich stärker als die Einwohnerzahl. Während die Bevölkerungszahl seit der Vereinigung um gut 3 % stieg, wuchs die Zahl der Haushalte in diesem Zeitraum um 9 % (DB Research 2003, S. 6). Grund für diese Entwicklung sind Haushaltsverkleinerungen, d.h. die heutigen Haushalte verfügen über immer weniger Personen. Lebten Anfang der 1970er Jahre rund 2,7 Personen in einem Haushalt und 1991 noch durchschnittlich 2,27 Personen, so waren es 2003 nur 2,13 Personen (DB Research 2003, S. 6; GdW 2003, S. 53; StaBa 2004c, S. 11). Bedingt ist dies durch die lebensstilbedingte Zunahme von Singlehaushalten generell, die Zunahme von Singlehaushalten in älteren Altersgruppen wegen des Todes der Lebenspartner sowie die zurückgehende Zahl der Kinder in Haushalten. So lag im Mai 2003 der Anteil der Einpersonenhaushalte an der Gesamtzahl von 38,9 Mio. Haushalten bei 37 %. Die entsprechenden Anteile der Haushalte mit zwei Personen und mit drei und mehr Personen lagen bei 34 % bzw. 29 %. Damit waren die Einpersonenhaushalte der häufigste Haushaltstyp (StaBa 2004c, S. 13).

Der Anstieg der Haushaltszahl wird bis 2020 andauern, allerdings verlangsamt, von derzeit ca. 38,7 Mio. auf 39 bis 40 Mio. (Bucher/Schlömer 2003a, S. 124; GdW 2003, S. 56). Ab 2020 wird sich dann aber der Rückgang der Bevölkerungszahlen auch in einem Rückgang der Haushaltszahlen niederschlagen, wobei der prognostizierte Rückgang vor allem von Annahmen über die Zuwanderung abhängt. Bei einer Bevölkerungsentwicklung gemäß der Varianten 5 und 9 der Bevölkerungsvorausberechnung des Statistischen Bundesamtes (StaBa 2003a) würde sich die Zahl der Haushalte bis 2050 auf ca. 38 Mio. reduzieren, was in etwa der heutigen Zahl der Haushalte entspricht. Davon werden aber über 40 % Rentnerhaushalte sein, die 2002 25 % der Haushalte ausmachten (DB Research 2003, S. 7). Der Rückgang der Haushaltszahlen wird begleitet sein von einer Verkleinerung der Haushaltsgröße; die durchschnittliche Zahl von Personen pro Haushalt wird sich weiter bis 2030 auf ca. 2 Personen und bis 2050 auf 1,9 Personen verringern (GdW 2003, S. 53 ff.; vgl. BBR 2003, S. 58), bedingt durch die Zunahme von Singlehaushalten und die Vereinzelung im Alter. Circa 40 % der Haushalte im Jahre 2050 dürften Einpersonenhaushalte sein gegenüber ca. 36 % im Jahre 2000 (BBR 2003, S. 58; Bucher/Schlömer 2003a, S. 126).

DIE WOHNFLÄCHENENTWICKLUNG PRO KOPF

Die Wohnflächenentwicklung pro Kopf hat sich in Deutschland in den letzten 50 Jahren fast verdreifacht. Während 1950 jedem Einwohner weniger als 15 m^2 Wohnfläche zur Verfügung standen, ist die Wohnfläche pro Kopf bis 2002 auf fast 41 m^2 gestiegen (Teil I, Kap. 1.2). Seit 1990 beträgt der Zuwachs der Wohnfläche pro Kopf nur noch 5 m^2 und ist damit weniger hoch als in den vergangenen Jahrzehnten.

Wesentliche Einflussfaktoren für die bisherige Wohnflächenentwicklung pro Kopf waren die Einkommensentwicklung, die Entwicklung der Eigentumsbildung, die Zahl der Haushalte und die Haushaltsgröße sowie Altersstruktureffekte.

Bis Ende der 1980er Jahre war der steigende *Wohlstand* ein wesentlicher Antriebsmotor für den raschen Anstieg der Wohnfläche pro Kopf. So zeigen Kohorteneffekte, die Unterschiede zwischen verschiedenen Geburtsjahrgangsgruppen kennzeichnen, dass 60-jährige Westdeutsche 1998 rund 7,5 % mehr Wohnraum als 60-jährige Westdeutsche zehn Jahre früher und sogar fast 20 % mehr Fläche als dieselbe Altersgruppe 1978 bewohnten. Mit dem Rückgang des Anstiegs der realen Pro-Kopf-Einkommen in den 1990er Jahren auf 1,3 %/Jahr dürften aber die Einkommenseffekte geringer geworden sein. Da alle gegenwärtigen Trends darauf hindeuten, dass in Zukunft nicht mit höheren, sondern mit eher noch niedrigeren Anstiegen der realen Einkommen pro Kopf als in den 1990er Jahren zu rechnen ist, dürften die Einkommenseffekte in Zukunft nur sehr gering ausfallen (DB Research 2003, S. 8).

Die *Eigentumsbildung* hat insofern Einfluss auf die Wohnflächennachfrage, als Eigentümerhaushalte mit 49 m^2 über deutlich mehr Wohnfläche pro Kopf verfügen als Mieterhaushalte mit 38 m^2 (Teil I, Kap. 1.2). Inwieweit dieser Eigentumseffekt in Zukunft eine treibende Funktion für die Wohnflächennachfrage haben wird, ist schwer zu beurteilen. Ob bei dem mäßigen Ansteigen der realen Pro-Kopf-Einkommen und dem Abschmelzen der staatlichen Wohneigentumsförderung eine signifikante Erhöhung der Eigentumsquote, die gegenwärtig bei 42,6 %[11] liegt, zu erwarten ist, ist fraglich.

Eher sind deutliche Effekte auf die Wohnflächennachfrage durch den weiteren *Anstieg der Zahl der Haushalte* und die gleichzeitige Verringerung der Haushaltsgröße zu erwarten. Wie oben ausgeführt, wird sich die Zahl der Haushalte bis 2020 noch erhöhen. Zusammen mit diesem Effekt wird durch die Verkleinerung der Haushalte ein weiterer Effekt auf die Wohnflächennachfrage ausgelöst, da die Wohnfläche pro Kopf bei kleinen Haushalten deutlich höher liegt als bei großen Haushalten. Einpersonenhaushalte verfügten Anfang der 1990er Jahre über 64 m^2/Kopf, während Haushalte mit fünf und mehr Personen weniger als 24 m^2/Kopf beanspruchten (Ulrich 1998). Auch im Vergleich zu Zweipersonenhaushalten weisen Einpersonenhaushalte eine deutlich höhere Wohnfläche pro Kopf auf; nach Waltersbacher (2003, S. 7) verfügten Einpersonenhaushalte zu Beginn dieses Jahrzehnts über 68 m^2/Kopf gegenüber 47 m^2 bei Zweipersonenhaushalten. Da, wie oben dargestellt, bis 2020 insbesondere die Zahl kleiner Haushalte steigen wird, ist also aus dem kombinierten Effekt der Erhöhung der Haushaltszahlen und der Verkleinerung von Haushalten bis 2020 weiter mit einer Zunahme der Wohnflächennachfrage zu rechnen.

Hierzu trägt auch der sogenannte *Remanenzeffekt* bei, der den Wohnflächenzuwachs pro Kopf infolge der Beharrungstendenzen älterer Menschen in ihren angestammten großen Wohnungen nach dem Auszug der Kinder und oft auch nach dem Tod des Ehepartners betrifft. Dies liegt nicht nur daran, dass ältere Personen das bekannte und lieb gewonnene Wohnumfeld nicht verlassen wollen, sondern auch an ökonomischen Gründen. Viele werden durch die anfallenden Umzugskosten, die Transaktionskosten beim Kauf einer kleineren Immobilie (Grunderwerbsteuer, Makler-, Notar- und Grundbuchgebühren) oder durch die in einer neuen Wohnung zu erwartenden höheren Mietkosten von einem Wohnungswechsel abgehalten, obwohl er eigentlich ihren Bedürfnissen entsprechen würde (DB Research 2003, S. 9; IRS 2004, S. 45 f.). Aufgrund des Remanenzeffekts blockieren ältere Haushalte große Wohnungen und Einfamilienhäuser im Bestand. Jüngere Haushalte in der Familiengründungsphase als potenzielle Nachfrager für diesen Bestand müssen sich dann im Neubaubereich bedienen.

11 Die Eigentümerquote drückt den Anteil der von den Eigentümern selbst genutzten Wohnungen an allen bewohnten Wohnungen aus (StaBa 2004b, S. 147).

ABB. 7 REMANENZNACHFRAGE PRO JAHR IN 1.000 M² WOHNFLÄCHE BIS 2030

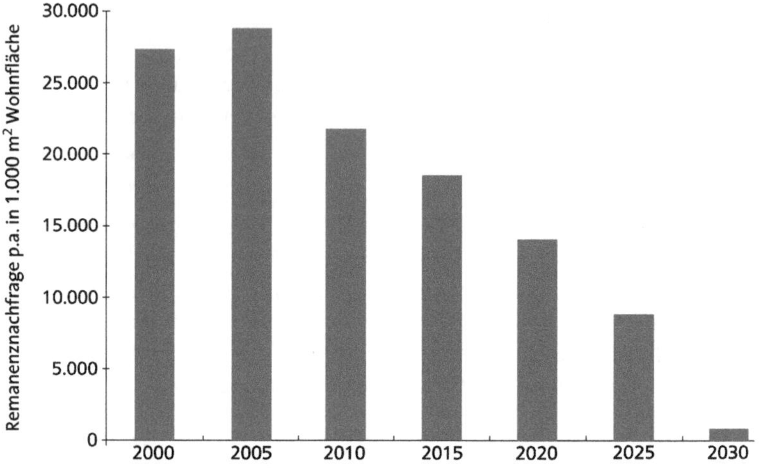

Quelle: Pfeifer 2002, S. 93

Gegenwärtig ist zwar die durchschnittliche Wohnflächennachfrage der Rentnerhaushalte geringer als die der Haushalte in der Lebensmitte. Da die heutigen Mittvierziger und -fünfziger aufgrund von Kohorteneffekten auf mehr Fläche wohnen als frühere Generationen, dürfte die Veränderung der Altersstruktur weiter einen Zuwachs an Wohnflächennachfrage bedeuten, wenn man annimmt, dass die bisherigen empirischen Befunde zum Remanenzeffekt in Zukunft Bestand haben (DB Research 2003, S. 9). Der Remanenzeffekt wird voraussichtlich noch bis 2030 wirken, sich aber ab 2010 abschwächen, da zum einen die geburtenstarken Jahrgänge der Baby-Boomer-Generation zunehmend die Sterbegrenze erreichen und zum anderen die Haushalte der nachfolgenden geburtenschwachen Jahrgänge im Durchschnitt kleiner sein werden. Die Remanenzfälle schwinden also progressiv (IRS 2004, S. 46).

Ob der Remanenzeffekt in Zukunft so sein wird wie beschrieben, hängt natürlich von der Annahme ab, dass zukünftige Seniorengenerationen sich wie die gegenwärtige verhalten. Alternative Entwicklungen sind durchaus denkbar, wenn ältere Menschen z.B. wegen besserer medizinischer Versorgung oder wegen kultureller Angebote in Stadtwohnungen ziehen, neue Wohnformen, z.B. Alten-Wohngemeinschaften, an Gewicht gewinnen würden oder der Anteil der Senioren sich erhöhen würde, die ihren Lebensabschnitt im »sonnigen Süden« oder in landschaftlich attraktiven, aber wirtschaftlich schwachen Gebieten mit niedrigen Immobilienpreisen verbringen wollen. Solche neuen Kohorteneffekte müssten aber größere Teile der zukünftigen

Seniorengenerationen erfassen, um den Remanenzeffekt in den nächsten 20 Jahren signifikant abzuschwächen (DB Research 2003, S. 17 ff.).

Die Auswirkungen der oben beschriebenen Einflussfaktoren – vor allem der steigenden Haushaltszahl, der Verkleinerung von Haushalten und des Remanenzeffekts – dürften bewirken, dass die Wohnflächennachfrage in Deutschland noch bis 2030 zunehmen und erst danach abnehmen wird; aber auch im Jahre 2050 wird noch immer 9 % mehr Wohnfläche nachgefragt als 2000. Dabei steigt die Wohnflächennachfrage in Ostdeutschland stärker an, und der Anstieg um etwa 20 % hält auch noch bis 2040 an, weil sich erst bis dahin die Wohnverhältnisse in Bezug auf die Wohnfläche pro Kopf im West- und Ostdeutschland angeglichen haben werden (DB Research 2003, S. 11).

REGIONALE BETRACHTUNG VON WOHNFLÄCHENNACHFRAGE UND -ANGEBOT

Wie in Teil I, Kap. 3.2 ausgeführt, wird sich der demografische Wandel regional und in Bezug auf verschiedene siedlungsstrukturelle Gebietstypen sehr unterschiedlich vollziehen; dies gilt auch für die Wohnflächennachfrage, d.h. es werden sich regionale und siedlungsstrukturelle Differenzierungen ergeben.

Betrachtet man zunächst die Ebene der alten und neuen Bundesländer, so wird gemäß der Wohnungsprognose des BBR in den alten Bundesländern der Wohnflächenzuwachs pro Kopf bis 2015 um 11,7 % zunehmen, für die neuen Bundesländer ergibt sich durch den Prozess der Angleichung der Wohnverhältnisse sogar noch ein höherer Zuwachs zwischen 12,5 % und 16,4 % (BBR 2001b, S. 124, 131; IRS 2004, S. 47).

Auf der Länderebene werden für die westdeutschen Bundesländer Baden-Württemberg, Bayern und Rheinland-Pfalz noch überdurchschnittliche Nachfragezuwächse bis 2030 erwartet, und zwar von 15 % gegenüber 2000, während in den wirtschaftlich schwächeren westlichen Bundesländern, wie z.B. Bremen, Nordrhein-Westfalen, dem Saarland und Schleswig-Holstein, ein unterdurchschnittliches Wachstum zu erwarten ist und die Wohnflächennachfrage teilweise schon vor 2020 abnehmen wird (DB Research 2003, S. 12). In den neuen Bundesländern wird es in Brandenburg wegen der Ausdehnung des Speckgürtels der Hauptstadt bis 2020 noch sehr deutliche Zunahmen der Wohnflächennachfrage geben, während Sachsen-Anhalt und Thüringen ein deutlich unterdurchschnittliches Wachstum haben werden. Eine drastische Entwicklung könnte sich ergeben, wenn die Abwanderung anhält. Bei einer Abwanderung von 50.000 Personen/Jahr, proportional über die Altersgruppen verteilt, würde die Wohnflächennachfrage ab 2020 sehr rapide abnehmen und auf das Ausgangsniveau von 2000 zurückgehen. Im Saldo für das Bundesgebiet würden sich dadurch natürlich kaum Änderungen ergeben, da entsprechende Nachfrage in den Zielgebieten der Abwanderer unter der Annahme einer Binnenwanderung erzeugt wird (DB Research 2003, S. 13).

Damit stellt sich die Frage, wie sich die bis 2030 noch zunehmende Wohnflächennachfrage auf das Neubauvolumen auswirken wird. Dabei ist das Wohnungsangebot zu berücksichtigen, das z.B. in den neuen Bundesländern durch einen Angebotsüberhang in Form von 1,3 Mio. leerstehenden Wohnungen gekennzeichnet ist. Größere Leerstände könnten sich auch in Zukunft aufgrund von Bevölkerungsrückgängen in strukturschwachen Gebieten in den alten Bundesländern abzeichnen.

Der Neubaubedarf hängt letztlich auch davon ab, inwieweit leerstehende Wohnungen zur Deckung des zu erwartenden Zusatzbedarfs genutzt werden. Dabei ist zu berücksichtigen, dass ein Teil der leerstehenden Wohnungen aufgrund ihres baulichen Zustands nicht unmittelbar bezugsfähig ist, dass Wohnflächennachfrage und Leerstände regional sehr unterschiedlich verteilt sind (*regionaler Mismatch*) und dass schließlich Wohnraumbedarf und verfügbares Wohnraumangebot qualitativ und in Bezug auf spezifische Wohnbedürfnisse nicht in Einklang stehen (*qualitativer Mismatch*). Wohnungsüberhänge bestehen in der Regel im Geschosswohnungsbau, mit denen Wohnwünsche nach dem Eigenheim im Grünen nicht gedeckt werden können. In den wirtschaftlich prosperierenden Gebieten der alten Bundesländer bestehen nach wie vor Wohnungsengpässe, eine Situation, die auch in der näheren Zukunft Bestand haben dürfte.

Unter Berücksichtigung des Ersatzbedarfs müssten nach der Wohnflächenprognose der DB Research (2003, S. 14) in den alten Bundesländern bis zum Jahre 2010 noch gut 275.000 Wohnungen à 110 m^2/Jahr fertig gestellt werden, von denen zwei Drittel auf die Deckung zusätzlicher Nachfrage zurückzuführen sind. Zu ähnlichen Größenordnungen kommen Metzmacher/Waltersbacher (2001, S. 56 ff.), die von einem jährlichen Zubaubedarf von 290.000 neuen Wohnungen ausgehen. In den folgenden 20 Jahren dürfte dann die Zusatznachfrage immer mehr abnehmen, nach 2030 dürfte nur noch das Erfordernis bestehen, die Abgänge zu ersetzen (DB Research 2003, S. 14).

In den neuen Bundesländern sieht die Situation anders aus. Bei derzeit dort leerstehenden 1,3 Mio. Wohnungen könnte rein rechnerisch die gesamte zusätzliche Nachfrage aus dem bezugsfähigen Bestand gedeckt werden (DB Research 2003, S. 15).[12] Die Leerstände bei nicht unmittelbar bezugsfähigen Wohnungen von ca. 700.000 Wohnungen hätten weiter Bestand. Aufgrund des qualitativen Mismatchs, der sich insbesondere in einem Nachholbedarf im Eigenheimsegment manifestiert, rechnet DB Research (2003, S. 15) bis 2020 für die neuen Bundesländer noch mit

---

12 Von den 1,3 Mio. leerstehenden Wohnungen kann die Hälfte als sofort bezugsfähig betrachtet werden.

einem jährlichen Neubaubedarf von rund 40.000 Wohnungen, der deutlich unter den Fertigstellungen im Jahre 2002 liegt. Nimmt man an, dass eine höhere Nutzungsrate der Leerstände erreicht wird als bisher, so könnten sich auch niedrigere jährliche Fertigstellungszahlen ergeben. So kommt das BBR (2001b) bis 2005 zu Wohnungsneubauzahlen zwischen jährlich 67.000 und 51.300, und für die Periode 2010 bis 2015 zwischen 52.000 und 16.300 Wohnungen. Die jeweils niedrigeren Zahlen sind u.a. auf die Annahme höherer Wiedernutzungsquoten der Leerstände zurückzuführen.

In einem vom BMVBW geförderten Forschungsvorhaben des Forschungsinstituts empirica zu den wohnungspolitischen Konsequenzen der langfristigen demografischen Entwicklung wird für den Zeitraum 2005 bis 2020 von einem jährlichen Bedarf von 165.000 Wohnungen in Ein- und Zweifamilienhäusern und von 114.000 Wohnungen im Geschosswohnungsbau ausgegangen, d.h. von insgesamt 280.000 Wohnungen jährlich. Der jährliche Neubaubedarf von 336.000 Wohnungen in den Jahren 2005 bis 2010 geht nach empirica auf 227.000 Wohnungen in den Jahren 2015 bis 2020 zurück (Bundesregierung 2004b, S. 17). Die im Rahmen des an die Gesellschaft für wirtschaftliche Strukturforschung vergebenen Gutachtens erstellte Basisprognose mit dem Modell PANTA RHEI ergibt allerdings noch etwas niedrigere Werte; demnach sinkt der jährliche Neubaubedarf von 365.000 neu erstellten Wohnungen im Jahre 2000 auf 270.000 Wohnungen im Jahre 2010, auf ca. 203.000 in 2020 und auf ca. 115.000 Wohnungen im Jahre 2030 (ausf. Teil II, Kap. 7.1). Die Bauwirtschaft wird vom demografischen Wandel also stark getroffen werden.

AUSWIRKUNGEN AUF DIE IMMOBILIENMÄRKTE

Die hier dargestellten regionalen Disparitäten in der Bevölkerungsentwicklung und der damit verbundenen Wohnflächennachfrage werden Auswirkungen auf die Immobilienpreise bzw. -wertentwicklung haben. Für die Regionen Ostdeutschlands, die weiter an Bevölkerung verlieren, rechnet man mit Wertverlusten bei Immobilien, auch bei Eigenheimen. Solche Entwicklungen zeichnen sich bereits heute in der Immobilienpreisentwicklung ab. Wertverluste bei Immobilien sind auch in den wachstumsschwachen Regionen Westdeutschlands zu erwarten, während in den wachstumsstarken Gebieten Westdeutschlands (Großraum München, Rhein-Main-Region, verschiedene Gebiete in Baden-Württemberg, Hamburger Umland) noch eine gewisse Wertsteigerung prognostiziert wird (Münz 2003). Immobilien dürften langfristig nur noch in wachsenden oder demografisch stabilen Regionen eine sichere Kapitalanlage sein, und dies auch nur unter der Voraussetzung, dass Lage (Nähe zu den Stadtzentren) und Wohnumfeld stimmen. Der Neubau »auf der grünen Wiese« könnte sich so in manchen Fällen als eine risikoreiche Investition herausstellen.

ZUKÜNFTIGE ENTWICKLUNG DER NACHFRAGE NACH BÜRO- UND GEWERBEFLÄCHEN 3.4

Die Büroflächenentwicklung wird durch die Faktoren Zahl der Personen im erwerbsfähigen Alter, Zahl der Erwerbstätigen, Anteil der Bürobeschäftigten an den Erwerbstätigen und Bürofläche pro Beschäftigtem determiniert. Nur der erste Faktor – die Zahl der Personen im erwerbsfähigen Alter – wird durch den demografischen Wandel unmittelbar beeinflusst; die anderen Faktoren werden durch Entwicklungen auf dem Arbeitsmarkt, wirtschaftsstrukturelle Entwicklungen, den technischen Fortschritt und/oder Veränderungen von Arbeitsformen (z.B. Telearbeit) bestimmt.

Die Zahl der Personen im erwerbsfähigen Alter umfasst nach statistischer Abgrenzung die Altersgruppe zwischen 15 und 65 Jahren. Sie beträgt derzeit rund 55,5 Mio. Personen. Diese wird in den ersten 20 Jahren dieses Jahrhunderts moderat um 4 %, danach aber bis 2050 rapide um 20 % abnehmen (DB Research 2003, S. 20 ff.). Zur Abschätzung der Büroflächenentwicklung ist zu berücksichtigen, dass nicht alle Personen im erwerbsfähigen Alter auch erwerbstätig sind bzw. dem Arbeitsmarkt zur Verfügung stehen, sei es wegen Studiums, Erwerbsunfähigkeit, Kindererziehung, Frühverrentung oder anderweitiger wirtschaftlicher Absicherung. Die Erwerbspersonenquote – als Anteil der Erwerbspersonen an der Zahl der Erwerbsfähigen insgesamt – beträgt derzeit 72,6 % (DB Research 2003, S. 21). Andererseits übt nur ein Teil der Erwerbspersonen Bürotätigkeiten aus. Die DB Research (2003, S. 21) hat mithilfe von vier Szenarien den Versuch unternommen, die zukünftige Büroflächennachfrage abzuschätzen bzw. einzugrenzen. Die Bandbreite liegt dabei, bezogen auf das Jahr 2050, bei einem Zuwachs von 15 bis 20 % und einer Abnahme um 30 %: Der Zuwachs gilt für ein Szenario »Mehr Bürojobs«, bei dem durch wirtschaftsstrukturelle Veränderungen der Anteil der Bürobeschäftigten zunimmt, die Erwerbspersonenquote ebenfalls steigt und die Arbeitslosigkeit auf 4 % (alte Bundesländer) bzw. 6 % (neue Bundesländer) sinkt. Die Abnahme um ca. 30 % ergibt sich für ein Szenario »Technische Revolution«, bei dem von einem Zuwachs von Telearbeitsplätzen und teilweise von einer Substitution von Büroarbeitsplätzen durch Technik ausgegangen wird.

Bei einem weiteren Szenario »Status quo«, bei dem alle relevanten Parameter (Arbeitslosenquote, Erwerbspersonenquote, Bürobeschäftigtenquote, Bürofläche pro Bürobeschäftigten) den heutigen Werten entsprechen und über den Betrachtungszeitraum konstant gehalten werden, sinkt die Büroflächennachfrage bis 2050 um 20 %. Das vierte Szenario »Arbeitsmarktderegulierung«, bei dem gegenüber dem Status-quo-Szenario eine Rückführung der Arbeitslosenquote auf 4 % (alte Bundesländer) und 6 % (neue Bundesländer) und eine Zunahme der Erwerbspersonenquote angenommen werden, führt zu einem Rückgang der Büroflächen um ca. 10 % bis 2050.[13]

In der mittelfristigen Perspektive bis 2020 allerdings ergibt sich beim Szenario »Mehr Bürojobs« noch eine starke Zunahme der Büroflächennachfrage und beim Szenario »Arbeitsmarktderegulierung« noch eine moderate, während für die beiden anderen Szenarien die Nachfrage entweder stagniert oder leicht abnimmt. Ab 2020 bzw. 2030 ist dann aber bei allen Szenarien mit einer deutlichen Abnahme zu rechnen. Beim Szenario »Mehr Bürojobs« tritt die Abschwächung erst ab 2030 ein. Der demografische Wandel wird spätestens dann durch den Rückgang der erwerbsfähigen Bevölkerung negativ auf die Büroflächennachfrage durchschlagen. Generell wird jedoch die Entwicklung regional sehr unterschiedlich ausfallen. In den wirtschaftsstarken Regionen ist zumindest bis 2020 noch ein expansiver Effekt auf die Büroflächennachfrage zu erwarten.

Insgesamt rechnet die DB Research damit, dass die Nachfrage nach Büroraum demografisch bedingt früher und schneller als die Wohnflächennachfrage zurückgeht. Da bereits gegenwärtig auf den deutschen Büromärkten erhebliche Leerstände bestehen, könnten Bürohalden nur dann vermieden werden, wenn das Angebot deutlich langsamer ausgeweitet wird als in der Vergangenheit.

Bezüglich der Bauflächennachfrage für andere gewerbliche Zwecke liegen keine belastbaren Untersuchungen vor; letztlich ist aber auch hier längerfristig eine Abschwächung zu erwarten, da sich auch hier der demografisch bedingte Rückgang der erwerbsfähigen Bevölkerung niederschlagen dürfte.

AUSWIRKUNGEN DES DEMOGRAFISCHEN WANDELS AUF STADTENTWICKLUNG, INFRASTRUKTUR UND KOMMUNALFINANZEN 3.5

Der demografische Wandel wird durch den Rückgang der Bevölkerung tendenziell Rückgänge der Nachfrage und durch die Alterung der Gesellschaft Nachfrageverschiebungen im infrastrukturellen Bereich mit sich bringen. *Altenspezifische Einrichtungen*, z.B. stationäre Pflegeeinrichtungen, werden wegen der Zunahme der Zahl hochbetagter Menschen Nachfragezuwächse zu verzeichnen haben. *Kinder-, jugend- und schülerspezifische Einrichtungen* werden aufgrund der Abnahme der Gruppe der Kinder und Jugendlichen einen erheblichen Nachfragerückgang zu er-

13 Die Annahmen zu den Arbeitslosenquoten – Sinken auf 4 % (alte Bundesländer) und 6 % (neue Bundesländer) – und zur Erwerbspersonenquote (Zunahme von 72,6 % auf 79 %, u.a. durch Erhöhung des faktischen Rentenalters) waren für die Szenarien »Arbeitsmarktderegulierung«, »Mehr Bürojobs« und »Technische Effizienzrevolution« identisch (DB Research 2003, S. 25).

warten haben; mit der Schließung von Kindergärten und Schulen ist zu rechnen, wobei hiervon zunächst eher die Kernstädte betroffen sein werden als suburbane Räume, in denen sich gegenwärtig noch Engpässe zeigen (Gemeindetag BaWü 2002, S. 201 ff.; Müller 2004; Strohmeyer 2001, S. 35). Aufgrund der Alterung und des Bevölkerungsrückgangs wird auch eine Reduzierung kommerziell betriebener Dienstleistungs- und Handelseinrichtungen und auch von gastronomischen und Unterhaltungsbetrieben (Kinos, Bädern, Sportstätten) erwartet (Mäding 2003, S. 68). In der Summe ist aufgrund des demografischen Wandels in diesen Bereichen der sozialen Infrastruktur eher nicht mit expansiven Effekten auf die Flächeninanspruchnahme zu rechnen, es geht vielmehr um eine Anpassung an die sich verändernde Nachfrage (IRS 2004, S. 49).

Bei der städtischen *Verkehrsinfrastruktur* ist mit einem Nachfragerückgang bzw. mit einem geringeren Auslastungsgrad beim ÖPNV durch Verlust von Fahrgästen zu rechnen, insbesondere durch die Abnahme der Zahl der Schüler, die bisher einen beträchtlichen Teil der Fahrgäste ausmachen (IRS 2004, S. 51). Die verringerte ÖPNV-Nachfrage könnte Angebotsverschlechterungen in Bezug auf zeitliche Dichte und Preisniveau verursachen (Gemeindetag BaWü 2000, S. 206) und tendenziell eine weitere Zunahme des motorisierten Individualverkehrs (MIV) begünstigen (Mäding 2003, S. 68). Aufgrund sinkender Bevölkerungszahlen ist jedoch langfristig mit einer Entlastung beim MIV zu rechnen. Wesentlich drastischer könnte sich die Situation in Regionen entwickeln, die hohe Bevölkerungsverluste aufweisen werden, z.B. in den verstädterten und ländlichen Räumen der neuen Bundesländer. Dort droht dem öffentlichen Nahverkehr ein Wegbrechen der Nachfrage, und er könnte zur Disposition stehen, da der steigende Zuschussbedarf die ohnehin durch den Bevölkerungsrückgang finanziell gebeutelten Kommunen überfordern könnte (DB Research 2004, S. 15; Koziol 2004).

Weitere Probleme für Kommunen, die mit starkem Bevölkerungsrückgang zu rechnen haben, sind zunehmend *Leerstände* und das Entstehen von *Wohnbrachen* sowie in Zukunft *überdimensionierte Versorgungs- und Entsorgungsinfrastrukturen*, insbesondere bei der Wasserversorgung und -entsorgung sowie bei der Fernwärmeversorgung. Die hohen Fixkosten dieser Infrastrukturen führen bei zurückgehenden Bevölkerungs- und Haushaltszahlen zu höheren Kosten pro Haushalt (Koziol 2004). Anpassungen an die zurückgehende Nachfrage sind wegen der hohen Lebensdauer kurz- und mittelfristig kaum möglich bzw. sehr kostenintensiv. Zudem kann die Unterauslastung von Wasserversorgungs- und -entsorgungssystemen zu unerwünschten Auswirkungen führen. Hohe Leitungsdurchmesser bei rückläufiger Siedlungsdichte senken die Durchflussgeschwindigkeit. Bei Trinkwasser droht die Gefahr der Wiederverkeimung. In Abwassernetzen können sich Ablagerungen bilden, und die Korrosion wird beschleunigt. Natürlich ließe sich die Fließgeschwindigkeit erhöhen, um so die hygienischen Probleme zu vermindern. Das verursacht aber zusätzliche Kosten (DB Research 2004).

Der durch die Schrumpfungsprozesse notwendig werdende Stadtumbau muss den Rückbau des Wohnungsbestandes und die Anpassung der Netzinfrastruktur integriert berücksichtigen. Die ostdeutschen Kommunen werden dabei bereits durch die Städtebauförderung im Rahmen des Programms »Stadtumbau Ost« unterstützt. Vor solchen Herausforderungen werden zunehmend auch Kommunen Westdeutschlands stehen, vor allem solche in relativ wachstumsschwachen Regionen. Die Politik hat darauf bereits mit einem Programm »Stadtumbau West« reagiert. In beiden Umbauprogrammen ist sowohl der Rückbau bzw. Abriss von Wohnungen wie auch die Anpassung der öffentlichen Ver- und Entsorgungsinfrastrukturen förderfähig (Bundesregierung 2004b, S. 21 ff.).

Gemeinden, die mit Schrumpfungsprozessen zu kämpfen haben, werden gleichzeitig durch den Bevölkerungsrückgang finanziell getroffen, da die Steuereinnahmen (Anteil an der Einkommensteuer) und die an die Einwohnerzahl geknüpften Finanzzuweisungen der Länder zurückgehen (Mäding 2004). Schon jetzt hängt in Ostdeutschland ein großer Teil der Gemeinden »am Tropf« der Länder, da die eigenen Steuereinnahmen sehr gering sind (dazu im Einzelnen Teil I, Kap. 4).

SCHLUSSFOLGERUNGEN IN BEZUG AUF DIE ZUKÜNFTIGE ENTWICKLUNG DER SIEDLUNGS- UND VERKEHRSFLÄCHE 3.6

Da mittelfristig bis 2020 noch ein Bevölkerungswachstum zu erwarten ist und zudem die Wohnflächennachfrage noch zunehmen wird, ist weiterhin mit einer deutlichen zusätzlichen Flächeninanspruchnahme zu rechnen. Es stellt sich aber die Frage, ob sich der tägliche Zuwachs wie in den letzten Jahren verringern oder wieder ansteigen wird (dazu auch Teil I, Kap. 1.4). Zwar werden die Bevölkerung und die Wohnflächennachfrage bis 2020 noch steigen, ihre Wachstumsdynamik dürfte aber in Zukunft deutlich schwächer sein als in den 1990er Jahren. So stieg die Bevölkerung von 1992 bis 2001 noch um 2 Mio. Einwohner, für die mittlere Variante der 10. Koordinierten Bevölkerungsvorausberechnung des Statistischen Bundesamtes ergibt sich von 2001 bis 2010 nur noch ein Anstieg von 600.000 Einwohnern. Dies legt die Schlussfolgerung nahe, dass sich die Abschwächung der Dynamik dämpfend auf den Flächenverbrauch auswirken könnte. Zudem könnten Veränderungen in der Altersstruktur der Bevölkerung sowie regionale und siedlungsstrukturelle Disparitäten in der Wohnflächennachfrage entlastende Effekte bezüglich des Flächenverbrauchs haben.

- So geht nach der mittleren Variante der Bevölkerungsprognose des Statistischen Bundesamtes die Zahl der 20- bis 35-jährigen Personen bereits ab 2001 zurück, und zwar bis 2010 um 3 % und bis 2020 um 6,7 %. Dies ist aber gerade die Altersgruppe, deren Mitglieder Familien gründen und in erster Linie als Nachfrager für Einfamilienhäuser »auf der grünen Wiese« in Betracht kommen. Die potenziellen Nachfrager dürften sich zudem zu einem nicht geringen Teil im Bestand bedienen, da es sich, zumindest in Westdeutschland, um eine Generation handelt, die in bisher nicht gekanntem Ausmaß von ihren Eltern und Großeltern Eigenheime und Wohnungen erben wird (Münz 2003).
- Auch die Altersgruppe der 35- bis 50-Jährigen, die noch mögliche Nachfrager für Einfamilienhäuser »auf der grünen Wiese« sind, geht zahlenmäßig bereits ab 2001 in ähnlichem Umfang zurück. Diese demografischen Veränderungen dürften bereits in vielen Regionen den Prozess der Suburbanisierung bremsen.
- Auch die wachsende Zahl von Haushalten dürfte sich in der näheren Zukunft wenig expansiv auf den Flächenverbrauch auswirken, da der Anstieg vor allem auf die Zunahme kleinerer Single- und/oder älterer Haushalte (Remanenzeffekt) zurückzuführen sein wird, d.h. auf Haushalte, die ihre Wohnflächennachfrage bisher im Bestand gedeckt haben und dies voraussichtlich auch in Zukunft tun werden.
- Ein dämpfender Effekt auf den Flächenverbrauch könnte weiterhin von regionalen und siedlungsstrukturellen Disparitäten in der demografischen Entwicklung und der damit verbundenen Wohnflächennachfrage ausgehen. Die ländlichen und verstädterten Räume in den neuen Bundesländern werden die Hauptverlierer bei den Binnenwanderungsprozessen sein. Hier dürfte die zusätzliche Flächeninanspruchnahme auf mittlere Sicht gering sein im Gegensatz zu den 1990er Jahren, in denen der Nachholbedarf bei Einfamilienhäusern hoch war und wegen relativ niedriger Baulandpreise zudem besonders flächenintensiv gebaut wurde. Dagegen dürfte die zusätzliche Flächeninanspruchnahme in den wirtschaftsstarken Gebieten der alten Bundesländer wegen eines weiteren Bevölkerungswachstums durch Wanderungsgewinne weiterhin hoch sein, wobei allerdings die in diesen noch boomenden Gebieten hohen Baulandpreise zu flächensparenderem Bauen führen dürften.

Da von der Büro- und Gewerbeflächennachfrage zumindest keine stärkeren Impulse für den Flächenverbrauch als in den 1990er Jahren zu erwarten sind, insbesondere, weil es bei den Büroflächen bundesweit Leerstände gibt, kann man aufgrund der vorangehenden Überlegungen zu dem Schluss kommen, dass bis 2020 bereits mit demografisch bedingten Entlastungen bei der zusätzlichen Flächeninanspruchnahme zu rechnen ist. Solche Entlastungseffekte werden in erster Linie von der Flächeninanspruchnahme der Haushalte ausgehen. Demografische Effekte dürften aber auch indirekt Auswirkungen auf andere Flächenkategorien haben, z.B. auf Verkehrsflächen, da mittelfristig der Personenverkehr zurückgehen wird, oder auf Erholungs- bzw. Sportflächen, da wegen des Rückgangs der jüngeren Bevölkerung hier kein Bedarf für einen weiteren Ausbau besteht.

Die neuesten statistischen Daten (Teil I, Kap. 1.4) könnten ein Beleg für die hier angestellten Überlegungen zu einer möglichen Umkehr beim Flächenverbrauch sein. Sie werden gestützt durch die quantitativen Analysen, die für das TAB-Projekt von der Gesellschaft für wirtschaftliche Strukturforschung (GWS 2004) mit dem umweltökonomischen Simulationsmodell PANTA RHEI durchgeführt wurden (Teil II, Kap. 7). In der Basisprognose, die eine Status-quo-Fortschreibung ist und keine besonderen Maßnahmen zum Flächensparen unterstellt, sinkt die zusätzliche Flächeninanspruchnahme von 129 ha/Tag über 93,5 ha/Tag im Jahre 2010 und 81,5 ha/Tag in 2020 auf 74,5 ha/Tag im Jahr 2030. Wesentliche Gründe für die Abschwächung sind demografische Effekte.

DIE SITUATION DER KOMMUNEN 4.

INTERKOMMUNALER WETTBEWERB UND BAULANDANGEBOT 4.1

Wettbewerb findet nicht nur zwischen Unternehmen statt, sondern auch zwischen Gemeinden. Sie konkurrieren miteinander um Einwohner, Beschäftigte und Gewerbebetriebe, die als Steuerzahler und Kunden den finanziellen Handlungsrahmen der Kommunen wesentlich bestimmen. Die in Art. 106 Grundgesetz (GG) geregelte Verteilung des Steueraufkommens zwischen Bund, Ländern und Gemeinen überträgt den Gemeinden einen Anteil von 15 % an dem Aufkommen der Einkommensteuer ihrer Bürger sowie einen 2%igen Anteil an der Umsatzsteuer. Daneben stehen ihnen die Grundsteuer und die Gewerbesteuer abzüglich der Gewerbesteuerumlage als Realsteuern zu. Je differenzierter die Gewerbestruktur ist, umso attraktiver und vielfältiger ist das örtliche Arbeitsplatzangebot, was wiederum Einfluss auf die kommunalen Ausgaben für die Sozial- und Arbeitslosenhilfe hat. Schließlich hängt der Umfang der Zuweisungen aus dem kommunalen Finanzausgleich u.a. von der Anzahl der Einwohner ab.

Um in dem interkommunalen Wettbewerb um Einwohner, Beschäftigte und Unternehmen bestehen zu können, kommt der Ausweisung von Bauland große Bedeutung zu. Durch die Bereitstellung attraktiver Baulandangebote sollen Anreize für die Ansiedlung neuer Betriebe und Einwohner geschaffen werden. In der heutigen Praxis werden dabei meist Standorte »auf der grünen Wiese« entwickelt, selbst dann, wenn umfangreiche Baulandreserven und Brachflächenpotenziale im städtebaulichen Innenbereich vorhanden sind. Ursache dafür sind nicht zuletzt die Prioritäten der Bauträger, die ganz überwiegend Bauflächen im Außenbereich bevorzugen. Aus der Sicht der privaten Haushalte sprechen dafür vor allem die geringeren Bodenpreise, während bei den gewerblichen Nachfragern noch andere Vorteile wie bessere Verkehrsanbindung, ausreichende Betriebserweiterungsmöglichkeiten, keine Probleme mit der Einhaltung von Abstandsregeln etc. hinzukommen (Einig 2003).

Folge des interkommunalen Standortwettbewerbs ist eine massive Ausweitung des Baulandangebots, die nicht nur in Widerspruch zu den Zielen einer nachhaltigen Flächennutzung steht, sondern sich auch für die beteiligten Gemeinden ökonomisch nachteilig auswirken kann. In Anbetracht der eher stagnierenden oder sogar rückläufigen Bevölkerungs- und Beschäftigungsentwicklung auf nationaler Ebene bedeutet der Ansiedlungserfolg der einen Gemeinde in der Regel Wanderungsverluste für andere Gemeinden, ohne dass die wirtschaftliche Situation in der Region dadurch insgesamt verbessert würde. Je mehr Gemeinden ihre Baulandangebote im Außenbereich ausweiten, umso größer wird das Risiko, dass sich die hohen Investitionskosten der Baulandbereitstellung mangels Nachfrage nicht amortisieren. Manches voll und qualitativ hochwertig erschlossene Wohn- und Gewerbegebiet wartet heute vergeblich auf Investoren, weil zu viele Alternativangebote bestehen (ARL 2004). Durch das Überangebot von preisgünstigem Bauland »auf der grünen Wiese« laufen insbesondere Kommunen, die auf eine konsequente Entwicklung innerstädtischer Standorte gesetzt haben, Gefahr, keine Abnehmer zu finden. Die Kommunen werden sich daher nur dann auf eine Strategie der Innenentwicklung einlassen, wenn sichergestellt ist, dass andere Gemeinden in der Region ebenfalls auf umfangreiche Baulandausweisungen im Außenbereich verzichten (Einig 2003). Die Frage, inwieweit dieses Dilemma durch eine verstärkte interkommunale Kooperation auf regionaler Ebene gelöst werden könnte, wird in Teil II, Kap. 1 ausführlich behandelt.

Der ruinöse Wettbewerb um Gewerbe und Einwohner wird durch die prekäre Finanzsituation, in der sich die Gemeinden seit einigen Jahren befinden, noch verschärft.

DIE FINANZIELLE MISERE DER KOMMUNEN 4.2

Die finanzielle Situation der Kommunen wurde 2003 von den kommunalen Spitzenverbänden als katastrophal eingestuft und als schlimmste finanzielle Krise seit Gründung der Bundesrepublik bezeichnet (DST/DStGB 2003). Auch wenn sich die Situation 2004 und 2005 durch wieder kräftiger sprudelnde Einnahmen aus der Gewerbesteuer verbessert hat, kann keine Rede davon sein, dass die Städte finanziell über dem Berg sind (Kuban 2005). Betrachtet man zunächst den Schuldenstand der Gemeinden insgesamt, so pendelte dieser im Zeitraum 1995–2002 zwischen 82,5 und 85,5 Mrd. Euro[14], 2005 lag er bei 84 Mrd. Euro. Er hat sich damit nicht wesentlich verändert (StaBa 2004d, S. 529 u. 2006), ein Befund, der im Widerspruch zu den Äußerungen der kommunalen Spitzenverbände zu stehen scheint. Dieser Wert ist auch absolut im Vergleich zu den Schuldenständen des Bundes (2005: 872,5 Mrd. Euro) und der Länder (2005: 468,2 Mrd. Euro) vergleichsweise moderat (StaBa 2006).

Ein anderer Indikator, der schon eher die Aussage der kommunalen Spitzenverbände stützt, sind die Finanzierungssalden, d.h. die Differenz zwischen Einnahmen und Ausgaben der Kommunen. Diese waren von 1992 bis 1997 negativ, von 1998 bis 2000 dagegen positiv. Ab 2001 waren sie mit steigender Tendenz wieder negativ. 2001 betrug das Finanzierungsdefizit 3,9 Mrd. Euro, 2003 sogar 8,5 Mrd. Euro. Für 2004 und 2005 ist das Defizit jedoch vor allem durch deutliche höhere Gewerbesteuereinnahmen auf 3,8 bzw. 2,3 Mrd. Euro zurückgegangen (DIW 2002; StaBa 2004e, 2004f u. 2006). Entwarnung kann aber nicht gegeben werden, da sich seit 1992 die sog. Kassenkredite der Kommunen, die der Überbrückung kurzfristiger Liquiditätsengpässe dienen, kontinuierlich auf über 11 Mrd. Euro im Jahr 2002 erhöht haben; sie waren damit rund zehnmal so hoch als 1992. Inzwischen sind sie 2003 auf 16,3, 2004 auf 20,2 und 2005 sogar auf 23,9 Mrd. Euro gestiegen (StaBa 2005d u. 2006). Darin wird vom Deutschen Städtetag ein dramatisches Alarmzeichen für die Finanzsituation der Kommunen gesehen. Fazit ist, dass die Kassenkredite damit entgegen ihrer ursprünglichen Zweckbestimmung als dauerhaftes Finanzierungsinstrument zur Stopfung von Haushaltslöchern der Kommunen verwendet werden (Berth 2005; DST 2003).

RÜCKGANG DER KOMMUNALEN INVESTITIONEN ALS FOLGE DER FINANZKRISE 4.2.1

Der Schuldenstand und die Entwicklung der Finanzierungssalden spiegeln aber nur unzureichend das Ausmaß der Finanzkrise der Gemeinden wider, da das kommunale Haushaltsrecht sehr enge Grenzen für die Verschuldung und Kreditaufnahme setzt. Die Haftung der Länder für die Schulden der Gemeinden führt dazu, dass die Verschuldungsspielräume im Rahmen der Kommunalaufsicht begrenzt werden (FiFo 2004, S. 82). Bei sinkenden Einnahmen und/oder steigenden Ausgabenverpflichtungen im Verwaltungshaushalt muss so die Kreditaufnahme – und damit auch die Investitionstätigkeit – zwangsläufig zurückgeführt werden (BMF 2002, S. 57). Das wahre Ausmaß der Finanzmisere wird deshalb erst bei einem Blick auf die Entwicklung der kommunalen Investitionsausgaben deutlich. Die scheinbare Verbesserung

14 Kreditmarktschulden im weiteren Sinne (ohne Kassenkredite zur kurzfristigen Überbrückung von Finanzierungsengpässen).

des finanziellen Status der Gemeinden bis zum Jahre 2000 ging nämlich einher mit einem dramatischen Rückgang der Investitionsausgaben; so verringerte sich das jährliche Investitionsvolumen im Zeitraum von 1992 bis 2001 um 9 Mrd. Euro, d.h. von ca. 33 Mrd. Euro im Jahre 1992 auf 24 Mrd. Euro im Jahre 2001 (DIW 2002). Diese Entwicklung hat sich bis heute unverändert fortgesetzt; 2003 beliefen sich die Investitionsausgaben nur noch auf 21,5 Mrd. Euro (StaBa 2004d). Für 2004 und 2005 ergaben sich weitere Rückgänge auf 19,7 Mrd. Euro bzw. 18,6 Mrd. Euro (StaBa 2004e u. 2006). Bei weitgehend stagnierenden Einnahmen seit 1995 werden so die kommunalen Investitionen als Puffer genutzt, um unvermeidbare Ausgabenerhöhungen bei Pflichtaufgaben auszugleichen.[15] Hierzu bieten sich die Investitionsausgaben deshalb an, weil sie von allen Ausgaben am flexibelsten zu handhaben sind.

Dieses Sparen bei den kommunalen Investitionen, die zu ca. drei Viertel auf Baumaßnahmen entfallen, hat negative Auswirkungen auf die Bauwirtschaft und den Zustand der städtischen Infrastrukturen. So werden Sanierungen oder Verbesserungen städtischer Infrastrukturen zurückgestellt, z.B. von Straßen, Schulen- und Verwaltungsgebäuden. Die finanzielle Misere der Kommunen geht weiterhin auch zulasten anderer disponibler Ausgaben der Kommunen, z.B. für kulturelle, soziale und sportliche Zwecke.

URSACHEN DER FINANZKRISE 4.2.2

Die gegenwärtige Finanzmisere der Gemeinden hat verschiedene Gründe; sie ist aber keineswegs auf ein großzügiges Ausgabengebaren zurückzuführen. Neben der als problematisch zu erachtenden Reduzierung der Investitionsausgaben haben die Kommunen seit 1995 auch bei den anderen Ausgabenarten einen harten Konsolidierungskurs gefahren. So sind die Personalausgaben trotz Tariferhöhungen kaum gestiegen, bedingt insbesondere durch den Personalabbau in den neuen Bundesländern. Nach Aussagen der kommunalen Spitzenverbände bestehen nach diesem Konsolidierungskurs keine Möglichkeiten der Einsparung mehr, ohne dass zentrale Aufgabenfelder der kommunalen Selbstverwaltung darunter leiden müssten.

Die Ursachen der Finanzmisere der Kommunen sind vielmehr auf der Einnahmenseite zu suchen, wobei alle wesentlichen Einnahmequellen der Kommunen betroffen sind. Zu diesen zählen:

- das Aufkommen aus der Gewerbesteuer,
- das Aufkommen aus der Grundsteuer,
- der 15%ige kommunale Anteil an der Einkommensteuer,
- die Finanzzuweisungen vor allem der Länder,

15 Neben der Reduzierung der Investitionen wurden vielfach die Finanzierungsdefizite auch durch außergewöhnliche Einnahmen, wie Vermögensverkäufe, in Grenzen gehalten.

- Gebühren und ähnliche Entgelte sowie
- die Einnahmen aus wirtschaftlicher Tätigkeit.

Zwischen den vier zuerst genannten Einnahmequellen und der Flächeninanspruchnahme bestehen enge Zusammenhänge. So lassen sich das Aufkommen aus Gewerbe- und Grundsteuer, die Einnahmen aus dem kommunalen Anteil an der Einkommensteuer sowie die Finanzzuweisungen der Länder über neue Flächenausweisungen für Wohn- und Gewerbezwecke prinzipiell steigern. Wenn es gelingt, neue Unternehmen anzusiedeln, nimmt normalerweise das Aufkommen aus der Gewerbesteuer bei konstanten Hebesätzen zu. Die Erhöhung der Einwohnerzahlen wirkt sich in der Regel positiv auf die Einkünfte aus dem 15%igen kommunalen Anteil an der Einkommensteuer aus, ebenso wie auf die Schlüsselzuweisungen der Länder. Schließlich steigt das Grundsteueraufkommen bei konstanten Hebesätzen mit dem Wachstum der ausgewiesenen Wohn- und Gewerbegebiete, die höher besteuert werden als landwirtschaftlich genutzte Flächen.

Gewerbe- und Grundsteuer sind die beiden wichtigsten Stützen der kommunalen Finanzautonomie, selbst wenn sich dies in ihren Beiträgen zur Finanzierung der Gemeinden nur unzureichend widerspiegeln mag. Aktuell machen sie nur 23 % der kommunalen Gesamtausgaben von rund 145 Mrd. Euro aus (FiFo 2004, S. 7). Durch das Hebesatzrecht stellen sie aber die Einnahmequellen dar, deren Aufkommen die Gemeinden in gewissem Umfang selbst steuern können. Die Einnahmenentwicklung bei der Gewerbe- und Grundsteuer soll deshalb hier etwas detaillierter behandelt werden, wobei sich die Ausführungen im Wesentlichen auf ein im Rahmen des TAB-Projekts an das Finanzwissenschaftliche Forschungsinstitut an der Universität Köln vergebene Gutachten (FiFo 2004) stützen.

ENTWICKLUNG DES GEWERBESTEUERAUFKOMMENS 4.2.3

Bei der Gewerbesteuer hatten die Kommunen bis 2003 erhebliche Einbrüche beim Steueraufkommen zu verzeichnen. Diese waren teilweise konjunkturbedingt, da das Aufkommen der Gewerbesteuer seit Abschaffung der Gewerbekapitalsteuer Mitte der 1990er Jahre fast ausschließlich von der Erzielung von Unternehmensgewinnen abhängig ist. Teilweise haben aber auch die im Rahmen der Unternehmersteuerreform eingeführten Möglichkeiten von Konzernen, Gewinne und Verluste unter den Konzernunternehmen zu verrechnen, zu diesen Einbrüchen beigetragen (DIW 2002). Seit 2004 sind die kommunalen Einnahmen aus der Gewerbesteuer wieder gestiegen, teilweise konjunkturbedingt, teilweise auch durch die im Rahmen der Reform der Kommunalfinanzen von 2003 erfolgte Reduzierung der Gewerbesteuerumlage, die die Kommunen an Bund und Länder abzuführen haben.

Betrachtet man die langfristige Entwicklung des Gewerbesteueraufkommens von 1972 bis 2002 (Abb. 8), so hat es zwar starken Schwankungen unterlegen, aber langfristig nicht zugenommen. Das reale Aufkommen lag in den alten Bundesländern im Jahre 2002 nur knapp über dem des Jahres 1972. Aus der Sicht der kommunalen Einnahmesicherung ist jedoch nicht das inflationsbereinigte Aufkommen, sondern das wachstumsbereinigte Realaufkommen die entscheidende Größe. Dieses um Wachstumsraten des Bruttoinlandsproduktes (BIP) bereinigte Aufkommen machte 2002 für das frühere Bundesgebiet nur noch 50,2 % des Wertes von 1972 aus (Abb. 8).[16] Das Aufkommen dieser wichtigsten kommunalen Steuer konnte nicht mit dem Wirtschaftswachstum Schritt halten. Die sog. Aufkommenselastizität der Gewerbesteuer – als Verhältnis zwischen der relativen Veränderung der Steuereinnahmen und der relativen Veränderung des BIP – lag in der Periode 1972 bis 2002 immer deutlich unter 1, im Durchschnitt bei 0,66, während die Aufkommenselastizität des gesamten Steuersystems in dieser Periode bei 0,97 lag (FiFo 2004).[17] Die Dauerergiebigkeit der Gewerbesteuer war also in der betrachteten Periode sehr unbefriedigend.

Dies zeigt sich auch an dem noch aussagekräftigeren Indikator der Bemessungsgrundlageelastizität, die das Verhältnis von relativer Änderung der Steuerbemessungsgrundlage und relativer Änderung des BIP darstellt und damit hebesatzbedingte Veränderungen des Steueraufkommens nicht berücksichtigt. Deren Werte lagen in der jüngeren Vergangenheit unter 0,5 und zeigen, dass die Gewerbesteuer inhärent sehr wenig dauerergiebig ist, weil sie an eine Bemessungsgrundlage anknüpft, die allenfalls halb so schnell wächst wie das allgemeine Wirtschaftswachstum. Dass das Steueraufkommen nicht ganz so deutlich hinterherhinkt, kann nur auf Erhöhungen der Hebesätze zurückgehen, d.h. die sog. Steueranspannung durch Erhöhung der Hebesätze wurde nach und nach vergrößert. Dies verdeutlicht die Notwendigkeit einer tiefer greifenden Reform dieser wichtigsten Kommunalsteuer.

ENTWICKLUNG DES GRUNDSTEUERAUFKOMMENS 4.2.4

Im Gegensatz zur Gewerbesteuer hat die zweite Realsteuer in den letzten Jahrzehnten eine – zumindest vonseiten des Gesetzgebers – wenig bewegte Geschichte hinter sich. Seit mehr als 30 Jahren, seit dem Gesetz zur Reform des Grundsteuerrechts vom 07. August 1973, hat sich an dieser Gemeindesteuer strukturell und formal nichts Nennenswertes geändert.

16 Dieser merkliche Bedeutungsverlust ist u.a. dadurch zu erklären, dass unter Ceteris-paribus-Betrachtungen alle sieben der ab 1972 durchgeführten Änderungen des Gewerbesteuergesetzes zu einer Abnahme der Gewerbesteuereinnahmen gegenüber den nach der vorausgegangenen Rechtslage zu erwartenden Einnahmen geführt haben, wobei diese Entwicklung, wie Abbildung 8 zeigt, teilweise durch konjunkturelle Einflüsse überlagert wurde.

17 Ein Wert von 1 für die Aufkommenselastizität würde bedeuten, dass Gewerbesteueraufkommen und BIP mit gleicher Rate gewachsen wären.

ABB. 8 GEWERBESTEUER – REALES BRUTTOAUFKOMMEN 1972–2002

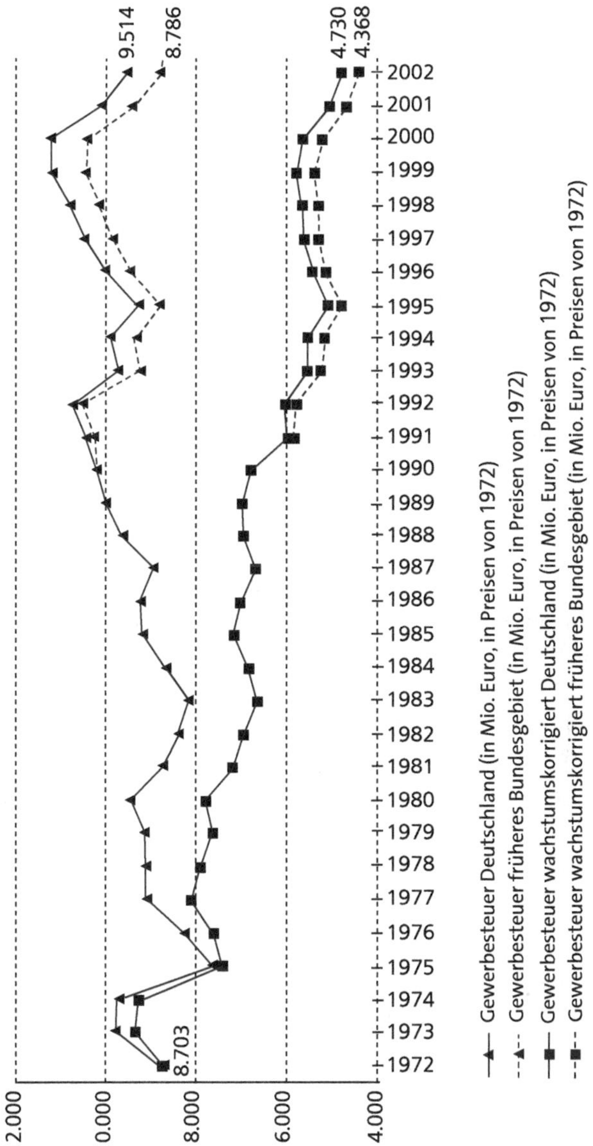

Quelle: FiFo 2004, S. 12

Diese Feststellung sollte jedoch nicht darüber hinweg täuschen, dass sich auf der Aufkommensseite der Grundsteuer bemerkenswerte und auch wenig erwartete Dinge abgespielt haben. Lange Zeit galt die Grundsteuer als Einnahmequelle, die hinsichtlich ihrer Dauerergiebigkeit ebenso kritisch zu bewerten ist wie die aktuelle Gewerbesteuer. Seit rund zehn Jahren kann davon jedoch nicht mehr die Rede sein. Die Grundsteuer zeigt in der jüngeren Vergangenheit eine bemerkenswerte Aufkommensdynamik, welche in erster Linie die Frage aufwirft, ob dieser Wandel von Dauer ist oder nur auf temporäre Sonderfaktoren zurückzuführen ist.

Das inflationsbereinigte Aufkommen der Grundsteuer in Preisen von 1972 ist – abgesehen von einer »Schwächephase« zwischen 1976 und 1981 – bis zum Jahr 2000 stetig gewachsen (Abb. 9). In Gesamtdeutschland trifft dieser Befund auch bis einschließlich 2002 zu, während das Realaufkommen in den alten Ländern allein betrachtet ab 2001 leicht gesunken ist.

Betrachtet man das wachstumsbereinigte Aufkommen, so hat es ab 1977 bis 1991 kontinuierlich abgenommen (Abb. 9). Bis dahin war die Ergiebigkeit der Grundsteuer also keineswegs zufriedenstellend. Seitdem aber zeigt das wachstumskorrigierte Realaufkommen eine unerwartete Dynamik und erreicht, bezogen auf das frühere Bundesgebiet, wieder das Ausgangsniveau von 1972. Dies spiegelt sich auch bei der Betrachtung der Aufkommenselastizität (relative Veränderung des Grundsteueraufkommens zur relativen Veränderung des BIP) wider, die in den 1990er Jahren Werte um die 2 für Gesamtdeutschland erreicht; auch die Bemessungsgrundlagenelastizität (relative Veränderung der Bemessungsgrundlage zur relativen Veränderung des BIP) lag in den 1990er Jahren bei 1,20 im Durchschnitt.

Grundsätzlich ist die dynamische Aufkommensentwicklung der Grundsteuer in jüngerer Zeit auf zwei Faktoren zurückzuführen: auf eine überdurchschnittliche *Steigerung der Hebesätze* und ein verstärktes *Wachstum der Bemessungsgrundlage*. Die Bemessungsgrundlage ist seit 1990 merklich stärker gewachsen als in den Jahren zuvor und auch deutlich stärker als das BIP, was der o.g. Wert für die Bemessungsgrundlagenelastizität belegt. Grund für diese aus fiskalischer Sicht positive Entwicklung dürfte in erster Linie der durch die geburtenstarken Jahrgänge ausgelöste Bauboom im Wohnungsmarkt sein. Zwischen 1992 und 2001 ist der Wohnungsbestand in den alten Ländern (gemessen in m^2) jedes Jahr durchschnittlich um 1,5 % gewachsen. In den neuen Ländern lag die jährliche Wachstumsrate zur selben Zeit wegen des in diesen Jahren realisierten Nachholbedarfs sogar bei knapp 2 %. Im Grundsteueraufkommen schlägt sich das dann am stärksten nieder, wenn »auf der grünen Wiese« gebaut wird, d.h. auf bisher nach Grundsteuer A besteuerten Flächen, die nun unter die höhere Grundsteuer B fallen. Der aus ökologischer Sicht negativ zu bewertende hohe Flächenverbrauch war also eine der Ursachen für die dynamische positive Aufkommensentwicklung in den 1990er Jahren.

ABB. 9 GRUNDSTEUER – REALES AUFKOMMEN 1972–2002

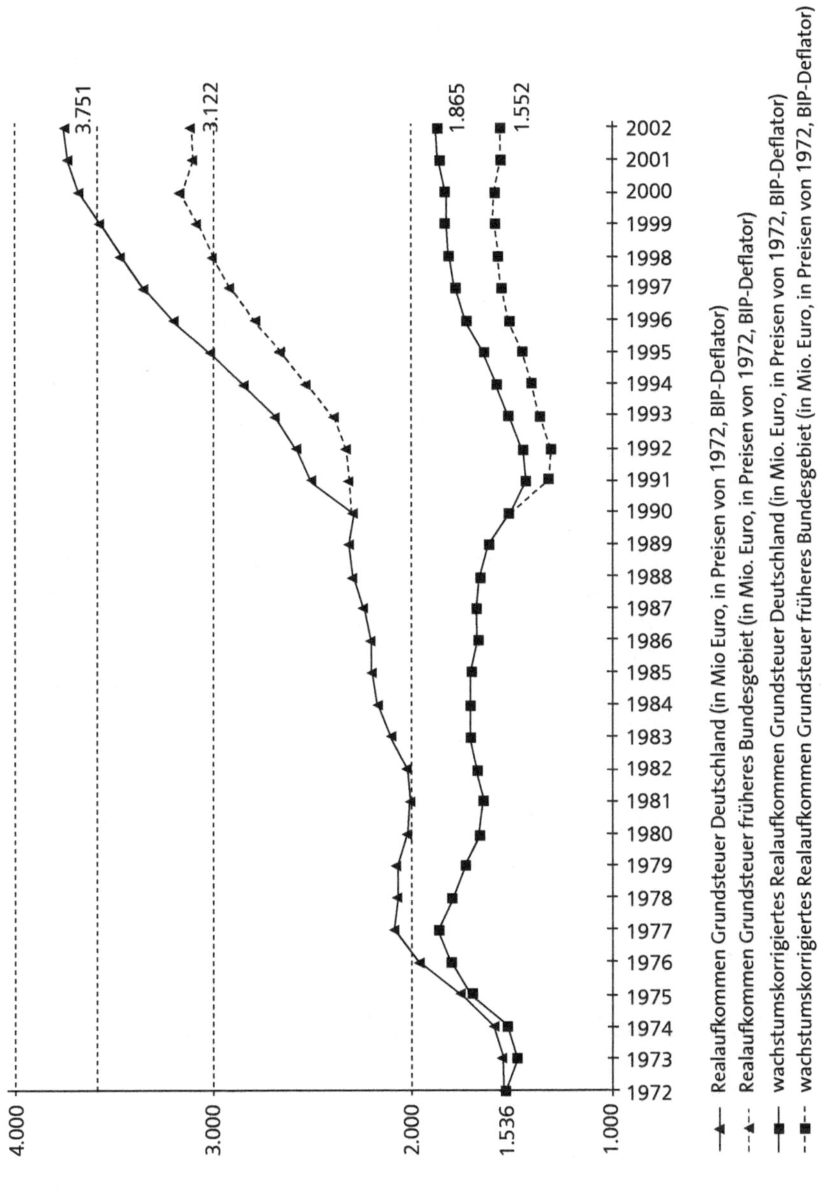

Quelle: FiFo 2004, S. 19

Ein weiterer Grund war die ständige und erhebliche Erhöhung der Hebesätze, die zu einer zunehmenden Steueranspannung bei der Grundsteuer führte und möglicherweise auf die kommunale Finanzkrise der jüngeren Vergangenheit zurückzuführen ist. Dies steht im Gegensatz zur Entwicklung der Gewerbesteuer, bei der Steueranspannung und Hebesätze in der jüngsten Vergangenheit wieder leicht zurückgingen. Die Immobilität der Bemessungsgrundlage bei der Grundsteuer ermöglicht es offensichtlich, Hebesatzerhöhungen leichter durchzusetzen, da Steuererhöhungen nicht ausgewichen werden kann.

Zusammenfassend fällt das Urteil zur mittel- und langfristigen Ergiebigkeit der hergebrachten Grundsteuer derzeit also notwendigerweise zwiespältig aus. Die ungewöhnliche Dynamik der Bemessungsgrundlage des vergangenen Jahrzehnts, hervorgerufen vorrangig durch Nachholbedarf in den neuen Ländern und Eigenheimerwerb der Baby-Boomer-Generation in den alten Ländern, dürfte sich so nicht fortsetzen. Früher lagen die Bemessungsgrundlagenelastizitäten deutlich unter 1; aktuell beginnen sie langsam wieder zu sinken. Ob und in welchem Ausmaß auf der anderen Seite die Steueranspannung über die Hebesätze noch weiter angehoben werden kann, ist ungewiss.

Beim Vergleich der Aufkommensentwicklungen von Grundsteuer und Gewerbesteuer wird unzweideutig klar, warum sich die aktuellen Gemeindefinanzreformbemühungen auf die Gewerbesteuer konzentriert haben. Für die weitere Reformdiskussion hieße es dennoch, sich in falscher Sicherheit zu wiegen, wollte man die Grundsteuer weiterhin unbeachtet lassen. Die gegenwärtige Grundsteuer kann durchaus wieder auf ihre früheren unergiebigen Strukturen zurückfallen. Außerdem ist sie auch noch aus anderen nicht aufkommensseitigen Gründen reformbedürftig (Teil II, Kap. 4.2).

ENTWICKLUNG ANDERER KOMMUNALER EINKOMMENSQUELLEN 4.2.5

Zur jüngeren Entwicklung der anderen kommunalen Einnahmequellen lässt sich in Kürze Folgendes sagen:

› Die Einnahmen aus dem 15%igen kommunalen *Einkommensteueranteil* entwickelten sich in den letzten Jahren unbefriedigend. Hier wirkten sich neben der schwachen Konjunktur die Einkommensteuerreform sowie in den 1990er Jahren die massiven Steuervergünstigungen im Zusammenhang mit dem Aufbau Ost negativ auf das Aufkommen aus.
› Die *Finanzzuweisungen* aus anderen öffentlichen Haushalten sind eine weitere wichtige kommunale Einnahmequelle. Von besonderer Bedeutung sind dabei die laufenden Finanzzuweisungen der Länder und die Länderzuweisungen für Investitionen. Diese haben seit Mitte der 1990er Jahre stagniert, obwohl die Einnah-

men der Länder von 1995 bis 2001 um 8 % gestiegen sind, was darauf hindeutet, dass sich die Länder auf Kosten der Kommunen konsolidiert haben (DIW 2002).

› Auch die *Gebühreneinnahmen* sind rückläufig und haben für die Gemeinden relativ an Bedeutung verloren, da gebührenfinanzierte kommunale Betriebe, wie z.B. Abwasser- und Abfallentsorgung, vielfach ausgegliedert wurden (DIW 2002).

Die bisherigen Ausführungen haben sich auf die kommunale Ebene als Ganzes bezogen. Es bestehen jedoch erhebliche Unterschiede in der Finanzlage einzelner Städte und Gemeinden je nach wirtschaftlicher Lage. Wirtschaftlich prosperierenden Gemeinden mit entsprechenden Steuereinnahmen und relativ geringen Aufwendungen für soziale Aufgaben stehen Gemeinden mit strukturbedingten Einkommensschwächen bei gleichzeitig hohen Ausgaben für soziale Aufwendungen gegenüber (BMF 2002). Deutliche Unterschiede ergeben sich auch zwischen den Kommunen in den alten und neuen Bundesländern. Ein Strukturvergleich zeigt, dass die ostdeutschen Kommunen in hohem Maße von öffentlichen Zuweisungen abhängig sind; etwa 76 % der Einnahmen resultierten 2003 allein aus dieser Quelle, während dieser Wert für die westdeutschen Kommunen bei 52 % lag. Dafür belief sich der Anteil der Steuereinnahmen in den ostdeutschen Kommunen, bedingt durch die dortige wirtschaftliche Schwäche, nur auf 16,7 %, während in den westdeutschen Kommunen der Steueranteil bei 36,5 % lag (StaBa 2004c).

STRUKTURELLE DEFIZITE DER KOMMUNALFINANZIERUNG 4.2.6

Insgesamt dürften die vorangehenden Ausführungen deutlich zeigen, dass die derzeitige Finanzsituation der Kommunen nicht nur durch die schlechte Konjunktur bedingt ist. Vielmehr liegen wesentliche Ursachen in der Struktur der kommunalen Finanzierung insgesamt, in der mangelnden Ergiebigkeit der kommunalen Steuern und der Verteilung der Zuständigkeiten und Aufgaben zwischen Bund, Länder und Gemeinden, die zu einer chronischen Unterfinanzierung der Gemeinden führen (DIW 2002). Wesentliche Aspekte sind u.a. die folgenden:

› *Verletzung des sog. Konnexitätsprinzips*: In der Kooperation zwischen Bund, Ländern und Gemeinden besteht eine starke Vermischung von Aufgaben- und Finanzierungskompetenzen; die Kommunen haben in diesem Geflecht die schwächste Stellung. So wurden und werden ihnen von Bund und Ländern immer mehr Aufgaben auferlegt, mit der Folge, dass der Umfang fremdbestimmter Pflichtaufgaben groß ist. Damit besteht auch immer die Gefahr, dass das Konnexitätsprinzip verletzt wird, indem Bund und Länder durch entsprechende Beschlüsse ihrer Parlamente den Kommunen Aufgaben zuweisen, ohne die hierfür notwendige

Finanzausstattung bereitzustellen, und damit die finanziellen Konsequenzen ihrer Entscheidungen auf die Gemeinden abwälzen (DIW 2002; Kuban 2003).

- *Zu geringe Finanzautonomie*: Die Kommunen decken im Durchschnitt nur etwa ein Drittel ihrer Haushalte durch Steuereinnahmen (Gewerbesteuer, Grundsteuer, 15%iger Anteil an der Einkommensteuer, 2,2%iger Anteil an der Umsatzsteuer). Dabei haben die Gemeinden nur bei Gewerbe- und Grundsteuer durch ihr Hebesatzrecht die Möglichkeit, die Höhe des Steueraufkommens aktiv zu beeinflussen. Ein Hebesatzrecht beim kommunalen Anteil der Einkommensteuer sieht das Grundgesetz (GG) zwar vor, es wird jedoch nicht wahrgenommen (DIW 2002). Die Finanzautonomie könnte zudem durch die unbefriedigende Dauerergiebigkeit der Gewerbesteuer noch weiter geschwächt werden.
- *Zu hohe Konjunkturabhängigkeit* bei der Gewerbesteuer und beim kommunalen Anteil der Einkommensteuer: Insbesondere bei der Gewerbesteuer in der jetzigen Form, d.h. nach Abschaffung der Gewerbekapitalsteuer ab 1998, ist ihr Aufkommen an die Erzielung und Höhe von Unternehmensgewinnen gebunden mit der Folge, dass starke konjunkturbedingte Schwankungen im Aufkommen auftreten. Dies gilt in abgeschwächter Form auch für den kommunalen Anteil an der Einkommensteuer. Zudem werden die Kommunen auch durch Maßnahmen, z.B. Einkommensteuersenkungen, getroffen, die aus gesamtwirtschaftlichen oder anderen »gemeindefernen« Erwägungen ergriffen werden, ohne dass in der Regel eine Kompensation erfolgt (DIW 2002).
- *Zu starke finanzielle Abhängigkeit* von den Ländern: Die laufenden Zuweisungen und die Investitionszuweisungen der Länder machen zusammen im Bundesdurchschnitt etwa ein Drittel der kommunalen Einnahmen aus; bei den Kommunen in den neuen Bundesländern ist der Anteil der Landeszuweisungen mit 57 % (Werte für 2003, vgl. StaBa 2004b) weit höher und deshalb die Abhängigkeit von den Ländern noch größer. In Zeiten knapper Finanzen ist es dann oft so, dass die Länder ihre Haushaltsprobleme durch Zuweisungskürzungen zulasten der Gemeinden lösen (DST 2003).
- *Fehlende Mitwirkungsmöglichkeiten der Kommunen* an sie tangierenden Gesetzgebungsverfahren: Die Kommunen als dritte Säule im Staatsgefüge haben bei sie betreffenden Gesetzen kein echtes Mitspracherecht, mit der Folge, dass sich Bund und Länder oft auf Kosten der Kommunen einigen. Als treffendes Beispiel wird die letztjährige Reform der Gewerbesteuer angeführt (Roth 2003a).

ZUR NOTWENDIGKEIT EINER UMFASSENDEN KOMMUNALEN FINANZREFORM 4.3

Vor dem Hintergrund der im vorigen Kapitel dargestellten Probleme der Kommunalfinanzen wird von verschiedenen Seiten eine grundlegende Gemeindefinanzreform gefordert. Mit der Reform der Kommunalfinanzen von 2003, die im Wesentlichen in einer Reduzierung der an Bund und Länder abzuführenden Gewerbesteuerumlage bestand, um die aktuelle Finanznot der Gemeinden zu lindern, hat sich an der Notwendigkeit einer umfassenden Gemeindefinanzreform nichts geändert; sie muss nach Ansicht der kommunalen Spitzenverbände weiter auf der Tagesordnung bleiben (Roth 2003b).

Nach Meinung vieler, so auch der kommunalen Spitzenverbände, muss diese alle wesentlichen Steuereinnahmequellen der Gemeinden (Gewerbesteuer, Grundsteuer, kommunale Anteile an Einkommen- und Umsatzsteuer) sowie die Finanzzuweisungen einbeziehen (DIW 2002; TAB 2004). Ziel der Reform müsste es sein, einerseits die Finanzautonomie der Gemeinden zu stärken, indem ihr Anteil am Steueraufkommen erhöht wird und ihre Gestaltungsmöglichkeiten bezüglich des Aufkommens erweitert werden. Andererseits sollte eine solche Reform neben der *fiskalischen Nachhaltigkeit* auch der *ökologischen Nachhaltigkeit* dienen, indem sie dazu beiträgt, lokales Wirtschafts- und Einwohnerwachstum vom Flächenverbrauch abzukoppeln und bisherige Anreize für die Ausweisung von Bauland zu beseitigen. Im Vordergrund muss dabei eine Reform der kommunalen Steuern unter Einschluss der kommunalen Anteile an der Einkommen- und Umsatzsteuer stehen, d.h. eine Reform, die an den originären Einnahmequellen der Kommunen ansetzt. Erst nach einer solchen Reform, die die Finanzautonomie deutlich vergrößern sollte, würde sich die Frage stellen, ob bei den Systemen der Finanzzuweisungen bzw. beim kommunalen Finanzausgleich noch zusätzlicher Reformbedarf besteht (Teil II, Kap. 4.4).

In den Debatten um die kommunale Finanzreform wurden in jüngerer Zeit zwei separate Reformdiskussionen auf der politischen Ebene geführt. Zum einen war dies die u.a. in der Kommission zur Reform der Gemeindefinanzen kontrovers diskutierte Gewerbesteuerreform, die mit dem wenig Veränderung bringenden Gesetz zur Änderung der Gewerbesteuer und anderer Gesetze vom 23. Dezember 2003 vorerst allenfalls aufgeschoben worden ist. Zum anderen wurde zwei Jahre zuvor auch eine Diskussion zur Reform der Grundsteuer geführt, die aber zunächst ergebnislos endete.

Bei der Diskussion zur Gewerbesteuerreform im Rahmen der Kommission zur Reform der Kommunalfinanzen standen zwei Modelle im Vordergrund:

> Eine Reform der Gewerbesteuer, die einerseits zu einer Erweiterung des Kreises der Steuerpflichtigen (Einbeziehung der Selbstständigen/Freiberufler) und andererseits zu einer Verbreiterung der Bemessungsgrundlage durch Einbeziehung gewinnunabhängiger Bestandteile der Wertschöpfung (Mieten, Pachten, Zinsen, Leasingraten) führen sollte. Hierbei handelte es sich um einen Vorschlag, der

von den kommunalen Spitzenverbänden in die vom Bund eingesetzte Kommission zur Reform der Gemeindefinanzen eingebracht wurde;

› als Gegenmodell die Abschaffung der Gewerbesteuer und des kommunalen Einkommensteueranteils und deren Ersatz durch ein kommunales Zuschlagsrecht bei der Einkommen- und Körperschaftssteuer, ein Vorschlag, der vom BDI und VCI in die Kommission zur Reform der Gemeindefinanzreform eingebracht wurde.

Bei der Diskussion zur Grundsteuerreform, die Ende 1997/1998 von der Finanzministerkonferenz angestoßen wurde, ging es einerseits um die Aktualisierung der Bemessungsgrundlage mit dem Ziel, mehr Steuergerechtigkeit herbeizuführen, und andererseits um die Frage, ob durch eine Reform gezielt die Flächeninanspruchnahme beeinflusst werden sollte. Es wurden verschiedene Reformmodelle diskutiert, so die wertmäßige Aktualisierung der gegenwärtigen Grundsteuer, die Umwandlung in eine Bodenwertsteuer, in eine Flächensteuer, in eine kombinierte Bodenwert- und Bodenflächensteuer oder eine Flächennutzungsteuer (im Einzelnen Teil II, Kap. 4.2).

Es liegen aber auch Reformkonzepte für die Kommunalfinanzen vor, die umfassender, d.h. über die Gewerbe- und Grundsteuer hinausgehend, auch die kommunalen Anteile an der Einkommen- und Umsatzsteuer in die Reformüberlegungen einbeziehen. Es ist dies einerseits das Konzept der Bertelsmann Stiftung (2003 u. 2006), das auf drei Säulen beruht: einer Bürgersteuer, einer lokalen Wirtschaftssteuer und einer neu konzipierten Grundsteuer. Andererseits hat die Stiftung Marktwirtschaft (2005 u. 2006) jüngst ein Vier-Säulen-Konzept vorgeschlagen, das eine reformierte Grundsteuer, eine Bürgersteuer, eine kommunale Unternehmensteuer und eine Beteiligung der Kommunen am Lohnsteueraufkommen umfasst. Beide Konzepte sehen eine Abschaffung der Gewerbesteuer in der jetzigen Form und den Ersatz des 15%igen kommunalen Anteils an der Einkommensteuer durch eine Bürgersteuer vor (zu Einzelheiten und vielfältigen Unterschieden der Vorschläge, siehe die aufgeführten Quellen).

Auf jeden Fall spricht einiges dafür, bei einem neuen Anlauf zu einer Reform der kommunalen Steuern eine simultane Reform von Gewerbe- und Grundsteuer in den Blick zu nehmen. Hierbei würde sich ein größeres Handlungsfeld eröffnen, auf dem sich möglicherweise Kompromisse leichter finden und Neugewichtungen der Aufkommensanteile leichter umsetzen ließen als bei separaten und nacheinander durchgeführten Reformen (FiFo 2004). Möglicherweise könnten sich dabei auch Synergieeffekte in Bezug auf fiskalische und ökologische Aspekte ergeben (hierzu ausf. Teil II, Kap. 4.3).

DAS PLANUNGSRECHTLICHE INSTRUMENTARIUM ZUR STEUERUNG DER FLÄCHENNUTZUNG 1.

Eine nachhaltige Flächennutzung ist nach Meinung Vieler nur mithilfe einer Doppelstrategie zu erreichen, die gleichzeitig eine quantitative Verringerung des Flächenverbrauchs für Siedlungs- und Verkehrszwecke und eine qualitative Aufwertung von Flächen in ökologischer Hinsicht anstrebt (Teil I, Kap. 2). Die Wirksamkeit einer solchen Strategie hängt im Wesentlichen von einem optimalen Einsatz der vorhandenen Instrumente in den verschiedenen Handlungsfeldern, ihrer gezielten Ergänzung sowie einer besseren Koordination von räumlicher Gesamtplanung und Fachplanungen ab (SRU 2002, Tz. 257 ff.). Zur Steuerung der Flächennutzung steht ein breit gefächertes planerisches Instrumentarium zur Verfügung, das durch die in den letzten Jahren erfolgten grundlegenden Novellierungen des Raumordnungsgesetzes (ROG) und des Baugesetzbuches (BauGB) erheblich erweitert und verbessert wurde.

DAS BAU- UND RAUMORDNUNGSGESETZ 1998 UND DIE UVPG-NOVELLE 2001 1.1

Mit dem »Gesetz zur Änderung des Baugesetzbuches und zur Neuregelung des Rechts der Raumordnung« (BauROG 1998) vom 18. August 1997 (BGBl. I, S. 2081), das am 01. Januar 1998 in Kraft trat, wurde eine Vereinheitlichung und Fortentwicklung des Städtebaurechts vorgenommen, ohne jedoch Aufbau, Systematik und wesentliche Regelungsbereiche des Baugesetzbuches zu verändern. Die im Zusammenhang mit einer flächensparenden Siedlungsentwicklung relevanten Reformen sollen im Folgenden kurz dargestellt werden.

GRUNDSÄTZE UND ZIELE DER RAUMORDNUNG

Als oberste Leitvorstellung nennt § 1 Abs. 2 Satz 1 ROG »eine nachhaltige Raumentwicklung, die die sozialen und wirtschaftlichen Ansprüche an den Raum mit seinen ökologischen Funktionen in Einklang bringt und zu einer dauerhaften, großräumig ausgewogenen Ordnung führt«. Die in § 2 Abs. 2 ROG angeführten Grundsätze der Raumordnung verpflichten u.a. dazu, die Funktionsfähigkeit des Naturhaushalts im besiedelten und unbesiedelten Bereich zu sichern, die Siedlungstätigkeit räumlich zu konzentrieren und auf ein System leistungsfähiger zentraler Orte auszurichten sowie der Wiedernutzbarmachung brachgefallener Siedlungsflächen Vorrang vor der Inanspruchnahme von Freiflächen zu geben (Nr. 1 u. 2). Die großräumige und übergreifende Freiraumstruktur soll erhalten und entwickelt werden. »Die Freiräume sind in ihrer Bedeutung für funktionsfähige Böden, für den Wasserhaushalt, die Tier- und Pflanzenwelt sowie das Klima zu sichern oder in ihrer Funktion wieder herzustellen« (Nr. 3). Die Naturgüter, insbesondere Wasser und Boden, sind sparsam und schonend in Anspruch zu nehmen. Beeinträchtigungen des Naturhaushalts sind auszugleichen (Nr. 8). Die Siedlungsentwicklung ist durch Zuordnung und Mischung der unterschiedlichen Raumnutzungen so zu gestalten, dass die Verkehrsbelastung verringert und zusätzlicher Verkehr vermieden wird (Nr. 12). »Die Attraktivität des öffentlichen Personennahverkehrs ist durch Ausgestaltung von Verkehrsverbünden und die Schaffung leistungsfähiger Schnittstellen zu erhöhen. Grünbereiche sind als Elemente eines Freiraumverbundes zu sichern und zusammenzuführen« (Nr. 5).

Diese Forderungen beanspruchen allerdings bei der Aufstellung von Raumordnungsplänen keine absolute Gültigkeit, sondern sind mit anderen in den Grundsätzen verankerten Erfordernissen der Raumordnung abzuwägen. Dabei können die ökologischen Belange gegenüber anderen öffentlichen Belangen, etwa einer Verbesserung der Standortbedingungen für die Wirtschaft (§ 2 Abs. 2 Nr. 9 ROG) oder der Befriedigung des Wohnraumbedarfs der Bevölkerung (Nr. 11), zurückgestellt, wenn auch nicht völlig außer Acht gelassen werden (Schmalholz 2005, S. 87). Gemäß § 1 Abs. 4 BauGB haben sich die Bauleitpläne der Kommunen den *Zielen* der Raumordnung anzupassen. Übergeordnete Anforderungen zum Schutz der Böden und des Freiraums entfalten demnach erst dann eine bindende Wirkung für die Bauleitplanung, wenn sie als »Ziele« der Raumordnung im Sinne von § 3 Nr. 2 ROG formuliert sind, d.h. als verbindliche Vorgaben in räumlich und sachlich bestimmter, vom Träger der Landes- und Regionalplanung abschließend abgewogener, textlich oder zeichnerischer Form in Raumordnungsplänen festgelegt sind. Voraussetzung für die Verbindlichkeit ist also, dass aus der Zielfestsetzung eine konkrete für den Adressaten verwertbare Aussage ableitbar ist (UBA 2003, S. 156).

Das novellierte Raumordnungsgesetz bietet dazu weitreichende Ansatzpunkte. So räumt § 7 Abs. 2 Nr. 2 ausdrücklich die Möglichkeit ein, im Rahmen der anzustrebenden Raumstruktur großräumig Freiräume sowie den übergreifenden Freiraumschutz im Raumordnungsplan festzusetzen. Dabei können insbesondere *Vorranggebiete* festgelegt werden, in denen bestimmte raumbedeutsame Nutzungen vorgesehen und andere ausgeschlossen werden (§ 7 Abs. 4 Nr. 1 ROG), sowie *Vorbehaltsgebiete*, in denen bestimmten raumbedeutsamen Nutzungsarten in der Abwägung mit konkurrierenden Nutzungsarten besonderes Gewicht beigemessen werden soll (Abs. 4 Nr. 2). Durch die Ausweisung von Vorrang- und Vorbehaltsgebieten mit freiraumschützender Funktion können die Länder eine relative Umwidmungssperre einführen. Ebenso können sie durch Festlegung von Vorranggebieten für den Siedlungsflächenzuwachs die kommunale Ausweisung von Bauland auf erwünschte Standorte lenken, wie dies zum Teil in Hessen, Nordrhein-Westfalen und der Region Stuttgart praktiziert wird. In Hessen und Nordrhein-Westfalen wurde darüber hinaus der Versuch unternommen, Vorranggebiete auch als *mengensteuerndes* Instrument einzusetzen, d.h. Gemeinden dürfen in der Regel nicht mehr Fläche als Bauland ausweisen als ihnen im Rahmen der Vorranggebietsfestsetzung zusteht (dazu ausf. Einig/Spiecker 2002). Insgesamt zeigt die Praxis jedoch, dass die Planungsträger von den rechtlich gegebenen Möglichkeiten bisher relativ wenig Gebrauch gemacht haben. Die Aufstellung von Raumordnungs- und Regionalplänen hat sich daher bisher nicht als ein besonders wirksames Instrument zur Begrenzung der Flächeninanspruchnahme erwiesen (UBA 2003, S. 156 f.; SRU 2002, Tz. 259).

VERANKERUNG DES NACHHALTIGKEITSPRINZIPS IM BAUGESETZBUCH

Was die Bauleitplanung anbetrifft, so wurde das Nachhaltigkeitsprinzip explizit in der Aufgabenbestimmung des § 1 Abs. 5 BauGB verankert, indem der bisher verwendete Begriff der *geordneten* städtebaulichen Entwicklung durch den Begriff der *nachhaltigen* städtebaulichen Entwicklung ersetzt wurde: »Die Bauleitpläne sollen eine nachhaltige städtebauliche Entwicklung und eine dem Wohl der Allgemeinheit entsprechende sozial gerechte Bodennutzung gewährleisten und dazu beitragen, eine menschenwürdige Umwelt zu sichern und die natürlichen Lebensgrundlagen zu schützen und zu entwickeln«. Eine Erweiterung der Aufgabenbereiche der Bauleitplanung ist mit dieser Neuregelung nach allgemeiner Auffassung nicht verbunden. Sie verpflichtet allerdings die Gemeinden dazu, im Rahmen der instrumentellen Möglichkeiten der Bauleitplanung dem Prinzip der Nachhaltigkeit im Sinne der Habitat-Agenda der 2. Konferenz der Vereinten Nationen über menschliche Siedlungen (HABITAT II) vom Juni 1996 Rechnung zu tragen (Krautzberger/Söfker 2001, S. 329).

INTEGRATION VON BAULEITPLANUNG UND UMWELTSCHUTZ

Die bei der Aufstellung von Bauleitplänen zu berücksichtigenden zentralen umweltschutzbezogenen Belange wurden in einem neu eingefügten Paragrafen (§ 1a BauGB) zusammenfassend geregelt. Damit sollte der Beitrag der Bauleitplanung zum Umweltschutz rechtlich verdeutlicht und verankert werden (Söfker 2004). Der stärkeren Integration von Bauleitplanung und Umweltschutz korrespondieren die im Rahmen der Novelle neu eingeführten bzw. erweiterten Darstellungs- und Festsetzungsmöglichkeiten in den Bauleitplänen nach §§ 5 und 9 BauGB. Die Gemeinden werden ermächtigt, im Bebauungsplan »Flächen oder Maßnahmen zum Schutz, zur

Pflege und zur Entwicklung von Boden, Natur und Landschaft« festzusetzen (§ 9 Abs. 1 Nr. 20 BauGB). Sie können zudem von jeder Bebauung freizuhaltende Schutzflächen, Flächen für besondere Anlagen und Vorkehrungen zum Schutz vor schädlichen Umwelteinwirkungen (Abs. 1 Nr. 24) sowie Flächen für die Rückhaltung und Versickerung von Niederschlagswasser (Abs. 1 Nr. 14) ausweisen und schließlich Gebiete festlegen, in denen bestimmte luftverunreinigende Stoffe nicht oder nur beschränkt verwendet werden dürfen (Abs. 1 Nr. 23).

Auch im Hinblick auf den Flächennutzungsplan, also auf der Ebene der vorbereitenden Bauleitplanung, ist ausdrücklich die Möglichkeit vorgesehen, Flächen zum Schutz von Boden, Natur und Landschaft (§ 5 Abs. 2 Nr. 10) sowie Flächen für Nutzungsbeschränkungen oder für Vorkehrungen zum Schutz vor schädlichen Umwelteinwirkungen (Abs. 2 Nr. 6) darzustellen. Allerdings werden die Voraussetzungen, unter denen diese Instrumente einzusetzen sind, nicht näher normiert. Kennzeichnend für das geltende Recht ist generell, dass es die Dimensionierung von Umweltschutzmaßnahmen in der räumlichen Gesamtplanung weitgehend den planenden Instanzen überlässt (Hendler/Heimlich 2000).

BODENSCHUTZKLAUSEL

Die bereits 1987 eingeführte »Bodenschutzklausel«, wonach mit Grund und Boden sparsam und schonend umzugehen ist, wurde um die Verpflichtung ergänzt, »Flächenversiegelungen auf das notwendige Maß zu begrenzen« (§ 1a Abs. 1 BauGB). Mit dieser Neuregelung sollten die Anliegen des vorsorgenden Bodenschutzes – das Bundes-Bodenschutzgesetz befand sich damals zeitgleich in der parlamentarischen Beratung – unmittelbar in das BauGB integriert werden, um sicherzustellen, dass den Belangen des Bodenschutzes im Rahmen der Abwägung das notwendige Gewicht zugemessen wird (Krautzberger 2002a).

Mit den beiden Begriffen des »sparsamen« und des »schonenden« Umgangs mit Grund und Boden stellt das Baugesetzbuch sowohl einen quantitativen als auch einen qualitativen Maßstab im Hinblick auf das Schutzgut Boden zur Verfügung. Der *quantitative* Maßstab verpflichtet die Gemeinden, vor der Neuausweisung von Bauland die Möglichkeiten zur Nutzung innerörtlicher Entwicklungspotenziale (Baulücken, Brachflächen, Nachverdichtungsmöglichkeiten) zu prüfen und bei der Inanspruchnahme bisher agrarisch genutzter Böden flächensparende Bauformen zu bevorzugen. Der *qualitative* Maßstab verlangt vor allem eine bodenschonende Ausführungsplanung von Bauvorhaben sowie die Umsetzung von Ausgleichsmaßnahmen im Falle der Neuinanspruchnahme von Flächen (Hutter et al. 2004, S. 27 f.; Krautzberger 2002a).

Die Bodenschutzklausel begründet jedoch keinen strikten gesetzlichen Vorrang, sondern unterliegt der planerischen Abwägung. Sie ist nach herrschender Meinung als ein »Optimierungsgebot« aufzufassen, das einen sparsamen und schonenden Umgang mit Grund und Boden im Rahmen des »Möglichen« nach den jeweils gegeben Verhältnissen verlangt. Sie hindert die Gemeinden nicht an der Neuausweisung von Bauland, auch wenn dadurch erstmals Natur und Landschaft in Anspruch genommen werden, erfordert aber eine entsprechende Rechtfertigung, die dem besonderen »gesetzgeberischen Gewicht« des Bodenschutzes geschuldet ist. Die Bodenschutzklausel beinhaltet somit kein »Versiegelungsverbot« und auch keine »Baulandsperre«, fördert aber tendenziell die prioritäre Ausschöpfung innerörtlicher Entwicklungspotenziale und die Bevorzugung flächensparender Bauweisen, indem sie den Begründungsaufwand für die Inanspruchnahme von Flächen im Außenbereich erhöht (Krautzberger 2002a; Schmalholz 2005, S. 107; Troge et al. 2003).

NATURSCHUTZRECHTLICHE EINGRIFFSREGELUNG

Die schon 1993 mit dem Investitionserleichterungs- und Wohnbaulandgesetz eingeführte naturschutzrechtliche Eingriffsregelung wurde vor allem aus Gründen der Praktikabilität weiterentwickelt (Söfker 2004). Die bis dahin in den §§ 8a bis 8c BNatschG enthaltenen Regelungen zur Berücksichtigung von Eingriffen in Natur und Landschaft in der Bauleitplanung wurden in das BauGB überführt und inhaltlich erweitert. Auf eine Differenzierung zwischen Ausgleich und Ersatz wurde im neuen Gesetzestext verzichtet.

Wesentliches Element der Neuregelung ist, dass ein unmittelbarer räumlicher Zusammenhang zwischen Eingriff und Ausgleich nicht mehr erforderlich ist (§ 1a Abs. 3 und 200a Satz 2 BauGB), d.h. der Ausgleich kann nunmehr auch außerhalb des Bebauungsplangebiets stattfinden. Damit wird den Gemeinden die Möglichkeit eröffnet, in den Baugebieten dichter und flächensparender zu bauen und zugleich gesamtstädtisch relevante Freiraumverbundsysteme zu sichern bzw. zu entwickeln (Troge et al. 2003). Neben der räumlichen ist auch eine zeitliche Entkopplung von Eingriff und Ausgleich zulässig, d.h. Ausgleichsmaßnahmen können bereits vor den Baumaßnahmen und der Zuordnung durchgeführt werden (§ 135a Abs. 2 BauGB). Dies macht die Umsetzung flexibler und erleichtert die Einrichtung von »Ökokonten«[18] (Apel et al. 2001, S. 229 ff.). Die neugefasste Eingriffsregelung wird flankiert durch entsprechend erweiterte Darstellungs- und Festsetzungsmöglichkeiten in den Bauleitplänen (§ 5 Abs. 2a und § 9 Abs. 1a) sowie durch Regelungen zur Kostenerstattung (§§ 135 a bis 135 c).

---

18 Das »Ökokonto« umfasst Konzepte zur Bevorratung von Flächen (Flächenpool) und zur Durchsetzung von Maßnahmen, mit denen künftige Beeinträchtigungen von Natur und Landschaft ausgeglichen werden können.

WIEDERNUTZUNG VON BRACHFLÄCHEN

In den Regelungen zur städtebaulichen Entwicklungsmaßnahme wurde klargestellt, dass diese neben anderen Zielsetzungen auch der Wiedernutzung brachliegender Flächen dienen kann (§ 165 Abs. 3 Nr. 2 BauGB).

Das planungsrechtliche Rückbaugebot wurde zu einem »Rückbau- und Entsiegelungsgebot« erweitert (§ 179 BauGB) und bietet damit einen Ansatzpunkt, dauerhaft nicht mehr genutzte Flächen, bei denen die ökologischen Funktionen des Bodens durch Bebauung oder Versiegelung beeinträchtigt sind, in ihrer vollen Leistungsfähigkeit wieder herzustellen. Allerdings begründet das Rückbau- und Entsiegelungsgebot des BauGB keine aktive Handlungspflicht für den Eigentümer, sondern verpflichtet ihn lediglich dazu, Maßnahmen zur Beseitigung von Anlagen und Entsiegelung von Böden zu *dulden*. Sofern dem Eigentümer, Mieter, Pächter oder sonstigen Nutzungsberechtigten durch die Beseitigung Vermögensnachteile entstehen, hat die Gemeinde gemäß § 179 Abs. 3 BauGB eine angemessene Entschädigung in Geld zu leisten. Der Umstand, dass die u.U. erheblichen Kosten der Rückbau- und Entsiegelungsmaßnahmen von den Kommunen zu tragen sind, ist die wesentlichste Ursache dafür, dass diese Regelung in der Praxis bisher kaum eine Rolle gespielt hat (Schmalholz 2005, S. 96 f.).

BAULANDKATASTER

Mit § 200 Abs. 3 BauGB wurde eine Ermächtigungsnorm für die Kommunen zur Erstellung von Baulandkatastern aufgenommen, wodurch die gängige Praxis datenschutzrechtlich abgesichert wurde (Hutter et al. 2004, S. 120). Gegenstand von Baulandkatastern können laut Gesetz Karten oder Listen sein, in denen die sofort oder in absehbarer Zeit bebaubaren Flächen unter Angabe der Flur- oder Flurstücksnummer, der Straßennamen und der Grundstücksgrößen verzeichnet sind. Weiterhin können Informationen zur planungsrechtlichen Situation der relevanten Flächen, zur derzeitigen Nutzung, zu den Eigentumsverhältnissen, zu den in Bebauungs- und Flächennutzungsplänen angegebenen Nutzungsvorstellungen sowie zum Zeitraum der Bebaubarkeit enthalten sein. Die Kommune hat ihre Absicht zur Publikation des Baulandregisters einen Monat vorher öffentlich bekannt zu geben und dabei auf das Widerspruchsrecht der Grundeigentümer hinzuweisen. Das Baulandkataster wird insofern als ein wichtiges Instrument zur Förderung der Innenentwicklung betrachtet, als es den Kommunen einen umfassenden Überblick über die vorhandenen Baulandreserven verschafft und eine sichere Informationsbasis für die künftige Bauleitplanung bietet (dazu ausf. und mit zahlreichen Beispielen aus der Praxis Hutter et al. 2004, S. 120 ff.).

VERBESSERUNG DER INTERKOMMUNALEN KOOPERATION IN VERDICHTUNGSRÄUMEN

Durch § 204 Abs. 2 BauGB wurde benachbarten Gemeinden unter bestimmten Voraussetzungen immer schon die Möglichkeit eingeräumt, einen gemeinsamen Flächennutzungsplan aufzustellen. In verdichteten Räumen oder bei sonstigen raumstrukturellen Verflechtungen können solche Pläne gemäß § 9 Abs. 6 ROG nunmehr zugleich die Funktion eines Regionalplans übernehmen (»Regionaler Flächennutzungsplan«). Damit wurde ein neues Instrument geschaffen, um die überörtliche Zusammenarbeit der Kommunen zu verbessern, Freiräume zu schonen und konkurrierende Baulandausweisungen zu vermeiden. Ein weiteres Instrument, das in die gleiche Richtung zielt, hat der Gesetzgeber in Form der regionalen Verträge gemäß § 13 ROG zur Verfügung gestellt (dazu ausf. Teil II, Kap. 2).

STÄDTEBAULICHE VERTRÄGE

Der Einsatz städtebaulicher Verträge als Kooperationsmöglichkeit mit Privaten kommt sowohl zur Entwicklung neuer Baugebiete als auch zur konsensualen Bewältigung großflächiger Rückbaumaßnahmen im Rahmen der Stadtumbaus in Betracht (Thiel 2004, S. 67). Als besonderer Vorteil solcher Public-Private-Partnerships wird die hohe Akzeptanz der Ergebnisse, die Entlastung der Gemeinden von den Kosten für die Entwicklung neuer oder die Umstrukturierung vorhandener Baugebiete, der hohe Erreichungsgrad der mit der Planung verfolgten Ziele, die Möglichkeit zur Mobilisierung vorhandenen Baulandpotenziale sowie die Zeit- und Kostenersparnis für die privaten Investoren betrachtet (DV 1999, S. 44 ff.). Aufgrund der positiven Erfahrungen mit vertraglichen Lösungen wurden die schon bestehenden Regelungen über städtebauliche Verträge im Rahmen der Novelle als § 11 in das BauGB übernommen.

UVP-PFLICHT FÜR VORHABENBEZOGENE BEBAUUNGSPLÄNE

Zum Zweck der weitergehenden Einbeziehung der Umweltverträglichkeitsprüfung (UVP) in das Bauplanungsrecht wurden im Jahre 2001 weitere umfangreiche Änderungen des Baugesetzbuches vorgenommen. Anlass war die Umsetzung der UVP-Änderungsrichtlinie der EG in deutsches Recht, die mit dem »Gesetz zur Umsetzung der UVP-Änderungsrichtlinie, der IVU-Richtlinie und weiterer EG-Umweltrichtlinien zum Umweltschutz« (BGBl. I vom 02.08.2001, S. 1950), dem sogenannten »Artikelgesetz«, vollzogen wurde. Dadurch werden die Bebauungspläne für bestimmte in der Anlage 1 zum UVP-Gesetz angeführte Vorhaben UVP-pflichtig. Dies impliziert gemäß § 2a BauGB die Verpflichtung, in die Planbegründung einen Umweltbericht aufzunehmen, der Angaben über den Bedarf an Grund und Boden, die zu erwartenden negativen Umweltauswirkungen, die vorgesehenen Schutzmaßnahmen sowie die geprüften Alternativen und die maßgeblichen Auswahlgründe enthält. Der Umweltbericht ist schon bei der Aufstellung des Bebauungsplans zu erarbeiten und zusammen mit dem Planentwurf Bestandteil der öffentlichen Auslegung sowie der Beteiligung der Bürger und der Träger öffentlicher Belange (Söfker 2004).

DAS EUROPARECHTSANPASSUNGSGESETZ 1.2

Mit dem Europarechtsanpassungsgesetz (EAG Bau), das am 20. Juli 2004 in Kraft trat, wurden im Anschluss an das BauROG 1998 und die UVP-Novelle von 2001 erneut wesentliche Modifikationen des Städtebaurechts vorgenommen. Anlass für die Novellierung war die Verabschiedung der Richtlinie 2001/42/EG des Europäischen Parlamentes und des Rates vom 27. Juni 2001 über die Prüfung der Umweltauswirkungen bestimmter Pläne und Programme (Plan-UP-Richtlinie), die bis Mitte 2004 in nationales Recht umzusetzen war. Die durch die Umsetzungspflicht veranlasste Reform hat der Gesetzgeber zugleich dazu genutzt, weitere Änderungsvorschläge aus Wissenschaft und Praxis umzusetzen. Ein besonderer Stellenwert kam dabei den Vorschlägen der von der Bundesregierung eingesetzten Unabhängigen Expertenkommission zur Novellierung des BauGB zu (BMVBW 2002). Der Gesetzentwurf wurde vor der endgültigen Verabschiedung in einem Planspiel getestet, an dem Städte und Gemeinden unterschiedlicher Größe und Struktur beteiligt waren. Die Ergebnisse des Planspiels wurden ebenfalls im Gesetzgebungsverfahren berücksichtigt.

UMSETZUNG DER PLAN-UP-RICHTLINIE 1.2.1

Nach den Erwägungsgründen soll die Plan-UP-Richtlinie sicherstellen, dass erhebliche Umweltauswirkungen bereits bei der Ausarbeitung bestimmter Pläne und Programme und vor deren Annahme berücksichtigt werden. Mit der Umsetzung der Richtlinie in deutsches Recht wurde der schon mit der UVPG-Novelle von 2001 beschrittene Weg konsequent fortgesetzt. Während aber nach der bisherigen Regelung nur bei der Aufstellung von Bebauungsplänen für bestimmte größere Städtebauprojekte (Industriezonen, große Hotel-, Freizeit und Einzelhandelskomplexe) eine Umweltprüfung durchzuführen war, fällt nun ein Großteil der räumlichen Pläne in den Anwendungsbereich der Richtlinie (Upmeier 2004). Der UP-Pflicht unterliegen gemäß Art. 3 Abs. 2 der Richtlinie grundsätzlich alle Pläne und Programme im Bereich der Bodennutzung und der Raumordnung, die den Rahmen für nachfolgende Zulassungsentscheidungen setzen, sowie Pläne und Programme, die gemäß der Fauna-Flora-Habitat-Richtlinie zu prüfen sind (Krautzberger/Stüer 2004a).

UMSETZUNGSKONZEPTION FÜR DEN BEREICH DER BAULEITPLANUNG

Die Umsetzung der europarechtlichen Anforderungen in deutsches Recht war für den Bereich der Bauleitplanung mit dem Ziel verknüpft, die Verfahrensvorschriften im Hinblick auf den Umweltschutz zu vereinheitlichen und damit den Verwaltungsvollzug zu erleichtern sowie die Grundlage für eine rechtssichere Abwägung zu schaffen. Hierzu sollte die Umweltprüfung vollständig in das Bauleitplanverfahren integriert werden (Bundesregierung 2003, S. 29).

Der Verfahrensablauf der Bauleitplanung wurde neu strukturiert, indem die Umweltprüfung als einheitliches Trägerverfahren alle bauplanungsrechtlich relevanten umwelt- und naturschutzrechtlichen Aspekte, wie beispielsweise Vorgaben der FFH-Richtlinie, der Vogelschutzrichtlinie und der Seveso-Richtlinie, zusammenführt. Nach den Vorstellungen des Gesetzgebers soll die Einführung der generellen Umweltprüfung das Bauleitverfahren tendenziell vereinfachen, indem die Zusammenstellung des umweltrelevanten Abwägungsmaterials nunmehr abschließend im Baugesetzbuch geregelt wird (Schliepkorte/Tünnemann 2004). Doppelprüfungen sollen durch die sog. Abschichtungsklausel des § 17 Abs. 3 UVPG vermieden werden, wonach bei durchgeführten Umweltprüfung in der Bauleitplanung die UVP im nachfolgenden Zulassungsverfahren auf zusätzliche, noch nicht geprüfte Umweltauswirkungen beschränkt werden soll. Dasselbe Prinzip gilt gemäß § 2 Abs. 4 Satz 5 BauGB auch im Verhältnis von Raumordnungsplan, Flächennutzungsplan und Bebauungsplan (Dolde 2003; Krautzberger/Stüer 2004a).

ANWENDUNGSBEREICH DER UMWELTPRÜFUNG

Das EAG Bau unterwirft generell *alle* Bauleitpläne einschließlich ihrer Änderungen und Ergänzungen der UP-Pflicht und geht insofern über der Erfordernisse der Richtlinie hinaus, welche bei Plänen und Programmen mit lediglich *lokaler* Bedeutung (zu denen man auch die Bebauungspläne rechnen könnte) einer Ermessensspielraum hinsichtlich der Notwendigkeit einer Umweltprüfung einräumt (Krautzberger/Stüer 2004a). Unter bestimmten eng begrenzten Voraussetzungen kann allerdings für Bauleitpläne, bei denen von vornherein keine erheblichen Umweltauswirkungen zu erwarten sind (z.B. bestandssichernde Bebauungspläne), ein vereinfachtes Verfahren nach § 13 BauGB durchgeführt werden (Bundesregierung 2003, S. 30).

INHALT DER UMWELTPRÜFUNG

Gegenstand der Umweltprüfung sind die Belange des Umweltschutzes einschließlich des Naturschutzes und der Landschaftspflege gemäß § 1 Abs. 6 Nr. 7 und § 1a BauGB. Sie beginnt nach § 2 Abs. 4 Satz 2 mit der Festlegung durch die Gemeinde, in welchem Umfang und Detaillierungsgrad die Ermittlung der Umweltbelange erforderlich ist (Scoping).

Kernstück des Verfahrens ist die Erstellung des Umweltberichts, in dem die voraussichtlichen erheblichen Umweltauswirkungen ermittelt, beschrieben und bewertet werden. Die bisher in § 2a BauGB enthaltenen europarechtlich vorgegebenen Prüfungsmaßstäbe werden nun in einer Anlage zum Gesetz zusammengefasst. Der Umweltbericht muss bereits vor Durchführung der förmlichen Öffentlichkeits- und Behördenbeteiligung fertig gestellt sein. Er ist nach § 2a Abs. 4 BauGB Bestandteil der Planbegründung und muss neben der Darstellung der Umweltauswirkungen die sich anbietenden vernünftigen *Planalternativen* enthalten (zum Verfahren der Umweltprüfung ausf. Krautzberger/Stüer 2004a; Schliepkorte/Tünnemann 2004; Schrödter 2004; Wagner/Engel 2005).

Die Ergebnisse der Umweltprüfung sind in der Abwägung zu berücksichtigen (§ 2 Abs. 4 Satz 4 BauGB), genießen jedoch keinen Vorrang gegenüber anderen Belangen. Daran wird deutlich, dass die Umweltprüfung nur eine Verfahrensänderung zur Folge hat, nicht aber eine Änderung der materiellen Umweltschutzanforderungen (Wagner/Engel 2005).

MONITORING

In Umsetzung der europarechtlichen Vorgaben werden die Gemeinden in § 4c BauGB verpflichtet, die erheblichen Umweltauswirkungen, die aufgrund der Durchführung der Bauleitpläne auftreten, zu überwachen. Dieses Monitoring soll u.a. dazu dienen, unvorhergesehene negative Folgen möglichst frühzeitig zu erkennen, um geeignete Abhilfemaßnahmen einleiten zu können. Die Ergebnisse des Monitorings können im Einzelfall zu Einschränkungen im nachfolgenden Zulassungsverfahren führen oder auch zu Änderungen oder Ergänzungen des betreffenden Bauleitplans. Allerdings schreibt die Plan-UP-Richtlinie nicht vor, unter welchen Umständen eine Modifikation des Plans erforderlich ist. Behörden und Öffentlichkeit können insoweit keinen Anspruch auf Planänderung geltend machen (Krautzberger/Stüer 2004a).

SONSTIGE ÄNDERUNGEN IM RECHT DER BAULEITPLANUNG 1.2.2

Neben der Umsetzung der Plan-UP-Richtlinie enthält das EAG Bau noch eine Reihe weiterer Änderungen im Bauleitplanungsrecht, auf die im Folgenden eingegangen werden soll, soweit sie im Hinblick auf eine nachhaltige Flächennutzung von Bedeutung sind.

AUFGABE UND GRUNDSÄTZE DER BAULEITPLANUNG

Das schon durch das BauROG in § 1 Abs. 5 verankerte Nachhaltigkeitsprinzip wurde inhaltlich präzisiert, indem die Ausgleichsfunktion der Bauleitplanung im Hinblick auf die sozialen, wirtschaftlichen und umweltbezogenen Anforderungen an die Bodennutzung auch in Verantwortung gegenüber künftigen Generationen hervorgehoben wurde (Bundesregierung 2003, S. 37). Ausdrücklich erwähnt wird nunmehr auch die Verantwortung für den allgemeinen Klimaschutz, die städtebauliche Gestalt und das Orts- und Landschaftsbild. Das Nachhaltigkeitsprinzip gewinnt damit den Charakter eines städtebaulichen Leitbilds oder Programms, das weniger auf eine Abwägung konfligierender Belange als auf die Herstellung von »Win-Win-Situationen« durch die gleichzeitige und integrative Berücksichtigung ökologischer, ökonomischer und sozialer Anforderungen abzielt (Krautzberger/Stüer 2004b).

Die bei der Aufstellung von Bauleitplänen zu berücksichtigenden Belange (§ 1 Abs. 6 BauGB) wurden zu einzelnen Clustern zusammengefasst und neu gruppiert. Die Aufzählung bleibt allerdings weiter beispielhaft und hat keinen abschließenden Charakter. Der Katalog der Belange hat zahlreiche Ergänzungen erfahren (dazu ausf. Wagner/Engel 2005), von denen im vorliegenden Zusammenhang vor allem die folgenden von Bedeutung sind:

› Die Belange des Umweltschutzes, des Naturschutzes und der Landschaftspflege sind nunmehr in § 1 Abs. 6 Nr. 7 detailliert aufgelistet und bilden gemeinsam mit den Anforderungen des § 1a den Gegenstand der Umweltprüfung (s.o.). Erstmals wird auch die »biologische Vielfalt« als zu berücksichtigender Umweltbelang genannt.
› In dem neu in den Katalog aufgenommen Punkt Nr. 5 wird die Bedeutung der Baukultur für eine nachhaltige Entwicklung sowie die gestalterische Verantwortung der Bauleitplanung für die städtebauliche Umgebung und das Orts- und Landschaftsbild hervorgehoben.
› Neu eingefügt wurden auch die Belange von Erneuerung, Anpassung und Umbau vorhandener Ortsteile (Abs. 6 Nr. 4), wodurch dem städtebaulichen Anliegen der Bestandsentwicklung im Verhältnis zur Neuausweisung von Bauland zusätzliches Gewicht verliehen und die Bedeutung des Stadtumbaus (und -rückbaus) in der Bauleitplanung betont werden sollten (Bundesregierung 2003, S. 27).
› Bei den Verkehrsbelangen (Abs. 6 Nr. 9) wurden explizit die Belange der Mobilität der Bevölkerung und des nicht motorisierten Verkehrs aufgenommen, um das Anliegen einer Stärkung umweltfreundlicher Verkehrsträger zu verdeutlichen. Gefordert wird außerdem »die Berücksichtigung einer auf Vermeidung und Verringerung von Verkehr ausgerichteten städtebaulichen Entwicklung« in der Bauleitplanung. Nach der amtlichen Begründung können zur Herstellung verkehrsarmer Siedlungsstrukturen u.a. Maßnahmen wie Verdichtung, flächensparendes Bauen, Bündelung von Infrastruktur und verstärkte Nutzungsmischung beitragen (Bundesregierung 2003, S. 40).
› Neben den Belangen der Verteidigung wird nunmehr auch die zivile Anschlussnutzung von Militärliegenschaften explizit erwähnt (Abs. 6 Nr. 10). Damit sollte

der Tatsache Rechnung getragen werden, dass die Gemeinden als Planungsträger einen Anteil an der gesellschaftspolitischen Aufgabe der Konversion ehemaliger militärischer Einrichtungen haben. Die Ermöglichung einer zivilen Anschlussnutzung solcher Liegenschaften dient der Schonung der Freiräume und entspricht somit dem Ziel einer flächensparenden Siedlungsentwicklung (Bundesregierung 2003, S. 40).

BODENSCHUTZKLAUSEL

Die Bodenschutzklausel wurde um eine konkretisierende Regelung ergänzt: Gemäß § 1a Abs. 2 Satz 1 sind »zur Verringerung der zusätzlichen Inanspruchnahme von Flächen für bauliche Nutzungen die Möglichkeiten einer Entwicklung der Gemeinde insbesondere durch Wiedernutzbarmachung von Flächen, Nachverdichtung und andere Maßnahmen der Innenentwicklung zu nutzen«. Diese Ergänzung sollte der Bedeutung Rechnung tragen, welche einem sparsamen und schonenden Umgang mit Grund und Boden in der Nachhaltigkeitsstrategie der Bundesregierung zugemessen wird, und den Primat der Innenentwicklung vor der Außenentwicklung unterstreichen. Zur Umsetzung dieser Forderung werden nunmehr im Gesetz beispielhaft planerische Instrumente genannt, welche die Kommunen im Rahmen der Bauleitplanung entsprechend den jeweiligen örtlichen Gegebenheiten einsetzen können (Bundesregierung 2003, S. 40).

In sachlichem Zusammenhang mit der Bodenschutzklausel steht die Umwidmungssperrklausel (bisher § 1 Abs. 5 Satz 3 BauGB a.F.), wonach landwirtschaftlich, als Wald oder für Wohnzwecke genutzte Flächen nur im notwendigen Umfang umgenutzt werden sollen. Diese Klausel hat namentlich in Städten und Regionen mit weiterhin wachsender Nachfrage nach Wohnraum Bedeutung. Sie wurde nunmehr mit der Bodenschutzklausel zusammengeführt und zu einer einheitlichen Vorschrift zur Reduzierung der Flächeninanspruchnahme ausgestaltet (Wagner/Engel 2005). Bodenschutzklausel (§ 1a Abs. 2 Satz 1 BauGB) und Umwidmungssperrklausel (Satz 2) sind wie bisher in der Abwägung zu berücksichtigen (Satz 3).

Durch die neue Regelung wird zwar den Möglichkeiten der Innenentwicklung als Alternative zur Ausweisung von Bauland im Außenbereich ein hoher Stellenwert eingeräumt; dennoch genießen die Belange des Bodenschutzes nach wie vor keinen Vorrang in der Abwägung (Krautzberger/Stüer 2004b; Schrödter 2004). Nach allgemeiner Auffassung ist jedoch davon auszugehen, dass bei der Neuausweisung von Bauflächen künftig eine schlüssige und nachvollziehbare Begründung vorzubringen sein wird, warum sich die bauliche Entwicklung der Gemeinde nicht innerhalb des vorhandenen Siedlungsbestandes vollziehen kann (Thiel 2004, S. 77 ff. mit weiteren Nachweisen).

NACHBARGEMEINDLICHE ABSTIMMUNG

Das Abstimmungsgebot von Nachbargemeinden im Rahmen der Bauleitplanung wurde um eine Bestimmung ergänzt, wonach Gemeinden sich *auch* auf die ihnen durch die Ziele der Raumordnung zugewiesenen Funktionen sowie auf Auswirkungen auf ihre zentralen Versorgungsbereiche berufen können (§ 2 Abs. 2 Satz 2 BauGB).

Die interkommunale Abstimmungspflicht, die schon seit dem Inkrafttreten des Bundes-Baugesetzes im Jahre 1960 existiert, ist ein Gebot gegenseitiger Rücksichtnahme, das von den Gemeinden eine Prüfung verlangt, ob sie durch ihre Bauleitplanung die städtebaulichen Belange der Nachbargemeinde erheblich beeinträchtigen. Hat ein Bebauungsplan Auswirkungen gewichtiger Art, kann sich die betroffene Gemeinde im Wege des Normenkontrollverfahrens dagegen wehren. Das Abstimmungsgebot bezieht sich jedoch traditionell auf städtebauliche Belange, weil es Bestandteil der kommunalen Planungshoheit ist (Krautzberger/Stüer 2004b). In einem gerichtlichen Verfahren konnte eine Gemeinde daher bisher nicht erfolgreich geltend machen, dass der Bebauungsplan der benachbarten Gemeinde, etwa die Festsetzung überdimensionierter Wohn- und Gewerbegebiete, gegen Ziele der Raumordnung verstößt (Schrödter 2004).

Den Empfehlungen der »Unabhängigen Expertenkommission« folgend wurde daher das Abstimmungsgebot auf raumordnerische Belange erweitert. Soweit Ziele der Raumordnung einer Gemeinde eine bestimmte, den Standortwettbewerb mit anderen Gemeinden begünstigende Funktion zuweisen, soll die Gemeinde berechtigt sein, diese zentralörtliche Funktion gegen störende raumordnungswidrige Planungen anderer Gemeinden zu verteidigen (Bundesregierung 2003, S. 41). Nach dem Willen des Gesetzgebers soll demnach der *Verpflichtung* der Gemeinden, die Bauleitplanung an den Zielen der Raumordnung auszurichten (§ 1 Abs. 4 BauGB), eine *Berechtigung* der Gemeinden korrespondieren, ihre so ausgerichtete Planung gegen die Planung anderen Gemeinden zu verteidigen (Hoppe/Otting 2004).

Neben den Zielen der Raumordnung werden in der neuen Regelung auch »die Auswirkungen auf zentrale Versorgungsbereiche« explizit als Belange erwähnt, auf die sich betroffene Nachbargemeinden berufen können. Schädliche Auswirkungen auf zentrale Versorgungsbereiche sind insbesondere bei einem »spürbaren« Kaufkraftabfluss zu erwarten, der nach der neueren Rechtsprechung bei zentrenrelevanten Sortimenten ab einer Größenordnung von ca. 10 % angenommen wird (Schrödter 2004; Uechtritz 2004 mit weiteren Nachweisen). Während die Einbeziehung raumordnerischer Belange eine echte Neuregelung darstellt, handelt es sich bei der ausdrücklichen Nennung der Auswirkungen auf zentrale Versorgungsbereiche eher um eine Klarstellung. Im Grundsatz bestand auch bisher schon Einigkeit darüber, dass sich eine Gemeinde gegen bestimmte Planungen, vor allem die Ansiedlung von großflächigen Einzelhandelsbetrieben, die zu einem Ausbluten ihrer Innenstadt führen würde, wehren und eine Verletzung des Abstimmungsgebots geltend machen konnte (Uechtritz 2004). Der Begriff der »zentralen Versorgungsbereiche« fand sich bisher schon in § 11 Abs. 3 Satz 2 der Baunutzungsverordnung, so dass die hierfür entwickelten Kriterien entsprechend herangezogen werden können (Wagner/Engel 2005).

GROSSFLÄCHIGE EINZELHANDELSBETRIEBE

Die Erweiterung des interkommunalen Abstimmungsgebots wird durch die neue Regelung des § 34 Abs. 3 BauGB ergänzt, die verlangt, dass auch von Vorhaben innerhalb der im Zusammenhang bebauten Ortsteile »keine schädlichen Auswirkungen auf zentrale Versorgungsbereiche in der Gemeinde oder in anderen Gemeinden« ausgehen dürfen. Nach der bisherigen Rechtslage stellte der unbeplante Innenbereich nach § 34 BauGB eine besondere »Schwachstelle« bei der standortgerechten Steuerung von Gewerbeansiedlungen, vornehmlich im Bereich des Einzelhandels, dar (Uechtritz 2004). Existierten in einem im Zusammenhang bebauten Ortsteil bereits ein oder mehrere großflächige Einzelhandelsbetriebe, so konnte das Ansiedlungsbegehren eines weiteren Unternehmens nicht mit der Begründung abgelehnt werden, es füge sich nicht in die »Eigenart der näheren Umgebung« ein, wenn die vorhandene Bebauung bereits durch gleichartige Anlagen geprägt war. »Fernwirkungen« auf den zentralen Versorgungsbereich der Standortgemeinde oder anderer Gemeinden konnten nicht geltend gemacht werden, da § 34 Abs. 1 BauGB nur auf das Einfügen in die *nähere Umgebung* abstellt. Dieses Defizit ist durch die neu eingefügte Regelung, die bei entsprechenden Fallkonstellationen auch für andere Vorhaben als den großflächigen Einzelhandel von Bedeutung sein kann, korrigiert worden (Bundesregierung 2003, S. 54).

RÜCKBAUVERPFLICHTUNG

Um den Schutz des Außenbereichs zu stärken, wurde in § 35 Abs. 5 BauGB eine gesetzliche Verpflichtung eingeführt, bestimmte Vorhaben im Außenbereich, die nach § 35 Abs. 1 Nr. 2 bis 6 privilegiert sind, nach Aufgabe der zulässigen Nutzung zu beseitigen und den Boden zu entsiegeln. Adressat der Verpflichtung, die sich nicht auf landwirtschaftliche Betriebe und Kernkraftwerke erstreckt, ist der Antragsteller. Sie erfasst insbesondere Windkraft- und Biogasanlagen, aber auch Energieversorgungsanlagen und Mobilfunksendemasten im Außenbereich (Schrödter 2004). Das Rückbaugebot findet seine Rechtfertigung darin, dass die Privilegierung solcher Anlagen im Außenbereich durch deren Nutzungszweck begründet ist. Entfällt dieser Nutzungszweck dauerhaft und kann auch keine andere privilegierte Nutzung für das Vorhaben genehmigt werden, entfällt die bodenrechtliche Legitimation für den Fortbestand des Baukörpers (Bundesregierung 2003, S. 56). Durch diese Regelung soll einer fortdauernden Landschaftsbeeinträchtigung durch aufgegebene Anlagen entgegengewirkt werden (Wagner/Engel 2005).

FLEXIBILISIERUNG DER BAULEITPLANUNG

Viele Flächennutzungspläne stammen noch aus den 1970er Jahren und werden den heutigen Anforderungen an eine flächensparende Siedlungsentwicklung nicht mehr gerecht. In der Debatte um die Instrumente zur Steuerung der Flächennutzung wird daher seit langem eine Befristung der Geltungsdauer von Flächennutzungsplänen auf maximal acht bis zehn Jahre gefordert, wodurch die Städte und Gemeinden einer Pflicht zur periodischen Überprüfung und Neuorientierung der städtebaulichen Ziele und Leitvorstellungen unterworfen würden (Apel et al. 2001; Troge/Hülsmann 2003). Dieser Vorschlag konnte sich jedoch wegen des damit verbunden finanziellen, personellen und zeitlichen Aufwands und wegen der Gefahr einer Verzögerung des neuen Flächennutzungsplanverfahrens bei den Beratungen zum EAG Bau nicht durchsetzen (Dolde 2003).

Dem Votum der »Unabhängigen Expertenkommission« folgend, wurde stattdessen eine *Revisionsklausel* eingeführt, welche die Gemeinden verpflichtet, Flächennutzungspläne in Abständen von zehn bis 15 Jahren zu überprüfen. Zwar gelten die Flächennutzungspläne grundsätzlich unbefristet, die Neuregelung gewährleistet jedoch, dass sich die Gemeinden spätestens nach Ablauf des üblichen Planungshorizonts (d.h. nach 15 Jahren) mit der Angemessenheit und Fortgeltung der planerischen Aussagen befassen und diese falls notwendig an neue städtebauliche Entwicklungen anpassen. Eine regelmäßige Überprüfung des Umsetzungsstandes des ursprünglichen Planungskonzepts kann zudem die Durchführung der nach § 4c BauGB erforderlichen Überwachung der erheblichen Umweltauswirkungen erleichtern (Bundesregierung 2003, S. 47). Die Regelung bezieht sich ausdrücklich nur auf die erstmalige oder erneute Aufstellung von Flächennutzungsplänen. Änderungen oder Ergänzungen sind im Interesse der Verwaltungseffizienz von der Revisionspflicht ausgenommen (Krautzberger/Stüer 2004b). Aufgrund der Überleitungsvorschriften (§ 244 Abs. 4 BauGB) ist die Regelung für Flächennutzungspläne, die vor dem 20. Juli 2004 aufgestellt worden sind, erstmals mit Beginn des Jahres 2010 anzuwenden.

»BAURECHT AUF ZEIT«

Noch eine weitere Änderung im Recht der Bauleitplanung zielt auf eine »Dynamisierung« der planerischen Festsetzungen. Durch den neu eingeführten § 9 Abs. 2 Satz 1 BauGB werden die Gemeinden ermächtigt, in besonderen Fällen im Bebauungsplan festzusetzen, dass bestimmte bauliche oder sonstige Nutzungen nur für einen bestimmten Zeitraum (Nr. 1) oder nur bis zum Eintritt bestimmter Umstände zulässig bzw. unzulässig (Nr. 2) sind. Die Formulierung »bestimmte« (Nutzung, Zeiträume, Umstände) bedeutet, dass diese im Bebauungsplan zu konkretisieren sind. Die Festsetzungen sollen mit der Festsetzung der Folgenutzung verbunden werden (Satz 2), damit der Bebauungsplan auch die planungsrechtlichen Grundlagen für die weitere städtebauliche Entwicklung enthält (Bundesregierung 2003, S. 49).

Nach bisherigem Recht waren Befristungen oder Bedingungen im Hinblick auf die Zulässigkeit der Nutzung nicht vorgesehen. Festsetzungen im Bebauungsplan galten grundsätzlich bis zur Aufhebung oder Änderung des Bebauungsplans. In Anbetracht der zunehmenden Dynamik des Wirtschaftslebens und der damit verbundenen kürzeren Nutzungszyklen von baulichen Anlagen sollte mit dieser Regelung, die ebenfalls auf eine Empfehlung der »Unabhängigen Expertenkommission« zurückgeht, die Möglichkeit geschaffen werden, die zeitliche Folge der Nutzung zu berücksichtigen und den unterschiedlichen Erfordernissen auch der Investoren flexibel Rechnung zu tragen (Krautzberger/Stüer 2004b). Befristungen und Bedingungen für die Grundstücksnutzung können nunmehr auch Gegenstand eines städtebaulichen Vertrages sein (§ 11 Abs. 1 Satz 2 Nr. 2 BauGB).

ÄNDERUNGEN IM BESONDEREN STÄDTEBAURECHT 1.2.3

Im Rahmen der Novelle wurde das Besondere Städtebaurecht um zwei neue Teile erweitert. Es handelt sich dabei um Stadtumbaumaßnahmen (§§ 171a bis 171d) und um Maßnahmen zur »Sozialen Stadt« (§ 171e), die sowohl alternativ als auch ergänzend zu dem bereits bestehenden Instrumentarium des Städtebaurechts verwendet werden können.

STADTUMBAU

Mit der Einführung von Regelungen zum Stadtumbau, die auf Vorschlägen der ostdeutschen Bundesländer beruhen, reagiert der Gesetzgeber auf die städtebaulichen Herausforderungen, die durch den demografischen Wandel und die Strukturveränderungen in der Wirtschaft entstanden sind. Es geht darum, die notwendigen Schrumpfungs- und Anpassungsprozesse zu gestalten, die durch den Bevölkerungsrückgang, die Alterung der Gesellschaft und die räumliche Umverteilung der Bevölkerung von Ost- nach Westdeutschland ausgelöst werden (Goldschmidt 2005).

Zwar stellt das Besondere Städtebaurecht, vor allem mit den Regelungen zur städtebaulichen Sanierung und Entwicklung (§§ 136 ff. BauGB), den Gemeinden bereits ein umfangreiches Instrumentarium zur Verfügung. Oftmals bedarf es jedoch des Einsatzes dieser Instrumente nicht oder nicht in vollem Umgang. Die Neuregelung soll daher die rechtlichen Grundlagen für Stadtumbaumaßnahmen auch in solchen Gebieten schaffen, in denen das bisherige städtebauliche Instrumentarium nicht zum Einsatz kommt und der Stadtumbau auch auf der Basis konsensualer Regelungen, vor allem mit den betroffenen Eigentümern, durchgeführt werden kann. Die neuen Vorschriften befassen sich daher insbesondere mit der Gebietsfestlegung, der Städtebauförderung und den Regelungsgegenständen städtebaulicher Verträge (Bundesregierung 2003, S. 32).

Stadtumbaumaßnahmen sollen gemäß § 171a Abs. 2 BauGB dazu dienen, in Gebieten, die von erheblichen städtebaulichen Funktionsverlusten betroffen sind, Anpassungen zur Herstellung nachhaltiger städtebaulicher Strukturen vorzunehmen. Solche Funktionsverluste liegen insbesondere vor, »wenn ein dauerhaftes Überangebot an baulichen Anlagen für bestimmte Nutzungen, namentlich für Wohnzwecke, besteht oder zu erwarten ist« (Satz 2). Stadtumbaumaßnahmen, deren einheitliche und zügige Durchführung im öffentlichen Interesse liegt, können auch an Stelle oder ergänzend zu sonstigen Maßnahmen nach dem BauGB, d.h. insbesondere zu Sanierungsmaßnahmen oder städtebaulichen Entwicklungsmaßnahmen, durchgeführt werden (§ 171a Abs. 1 BauGB). Die Zielsetzungen eines solchen Stadtumbaus werden in § 171a Abs. 3 BauGB durch die Aufzählung von Beispielen konkretisiert, welche die wesentlichen Handlungserfordernisse unter Schrumpfungsbedingungen widerspiegeln. Danach sollen die Maßnahmen u.a. dazu dienen, die Siedlungsstruktur an die Entwicklung von Bevölkerung und Wirtschaft anzupassen (Nr. 1), die Wohn- und Arbeitsverhältnisse sowie die Umwelt zu verbessern (Nr. 2), innerstädtische Bereiche zu stärken (Nr. 3), nicht mehr bedarfsgerechte bauliche Anlagen einer neuen Nutzung zuzuführen (Nr. 4), nicht mehr nutzbare bauliche Anlagen zurückzubauen (Nr. 5), freigelegte Flächen einer sinnvollen Nachnutzung zuzuführen (Nr. 6) sowie innerstädtische Altbaubestände zu erhalten (Nr. 7).

Stadtumbaugebiete können nach § 171b BauGB Abs. 1 durch einen (einfachen) Beschluss der Gemeinde festgelegt werden, wobei das Gebiet räumlich so abzugrenzen ist, dass sich die Maßnahmen sinnvoll durchführen lassen. Grundlage für die Gebietsfestsetzung ist nach Abs. 2 ein städtebauliches Entwicklungskonzept, das von der Gemeinde unter Beteiligung der Öffentlichkeit (§ 137 BauGB) und der Träger öffentlicher Belange (§ 139 BauGB) sowie nach gerechter Abwägung der verschiedenen Belange aufzustellen ist und die näher konkretisierten Ziele und Maßnahmen enthalten muss. Die Vorschriften über die Städtebauförderung (§§ 164a u. 164b BauGB) sollen in den Stadtumbaugebieten entsprechend Anwendung finden (§ 171b Abs. 3).

§ 171c BauGB behandelt den *Stadtumbauvertrag* als besondere Ausprägung der städtebaulichen Verträge nach § 11 BauGB. Danach soll die Gemeinde die Möglichkeit nutzen, Stadtumbaumaßnahmen mit den Eigentümern zu vereinbaren. Als Gegenstand von Stadtumbauverträgen werden in Ergänzung zu § 11 BauGB beispielhaft der Rückbau baulicher Anlagen einschließlich der Kostentragung (§ 171c

Abs. 1 Satz 2 Nr. 1), der Verzicht auf die Ausübung von möglichen Ansprüchen nach dem »Planungsschadensrecht« (Nr. 2) sowie der Ausgleich von Lasten zwischen den Eigentümern (Nr. 3) genannt. Mit den Vorschriften des § 171c soll die Bedeutung des konsensualen Zusammenwirkens der verschiedenen Akteure bei Stadtumbaumaßnahmen unterstrichen werden (Bundesregierung 2003, S. 60).

§ 171d räumt den Gemeinden die Möglichkeit ein, in bestimmten Stadtumbaugebieten die Durchführung von Vorhaben im Sinne von § 14 Abs. 1 BauGB und sonstige Maßnahmen durch Satzung einer Genehmigungspflicht zu unterwerfen. Dies betrifft Vorhaben wie die Errichtung, Änderung oder Nutzungsänderung einschließlich der Beseitigung von baulichen Anlagen sowie sonstige wesentliche oder erheblich wertsteigernde Veränderungen von Grundstücken und Anlagen. Die Satzungsermächtigung ist insbesondere für den Fall vorgesehen, dass einvernehmliche Regelungen mit den Beteiligten im Wege von Stadtumbauverträgen nicht zustande kommen und nach Einschätzung der Gemeinde die Gefahr besteht, dass Maßnahmen durchgeführt werden könnten (wie z.B. ein Rückbau an der falschen Stelle), welche die Verwirklichung des städtebaulichen Entwicklungskonzepts infrage stellen (Bundesregierung 2003, S. 61).

»SOZIALE STADT«

Mit dem neuen § 171e BauGB wird die Programmatik des 1999 eingeleiteten Bund-Länder-Programms »Soziale Stadt« im Baugesetzbuch verankert. Anliegen des Programms ist es, Städten bzw. Stadtteilen, in den sich soziale, ökonomische und städtebauliche Probleme kumulieren, zu helfen. Solche Städte oder Stadtteile sind durch hohe Arbeitslosigkeit, wirtschaftliche Probleme des mittelständischen Gewerbes, Defizite bei der Integration ausländischer Mitbürger, Vernachlässigung von Gebäuden und der öffentlichen Räume, Vandalismus und ähnliche Erscheinungen belastet. Die Intentionen des Programms sollen durch die Einbeziehung in das Baugesetzbuch wirkungsvoll unterstützt und seine Umsetzung gestärkt werden, indem ein gesetzlicher Rahmen geschaffen wird, der die wesentlichen Durchführungselemente enthält. Ziel ist dabei insbesondere, geeignete Beteiligungs- und Mitwirkungsmöglichkeiten sowie eine bessere Bündelung des Mitteleinsatzes zu gewährleisten (Bundesregierung 2003, S. 32).

Städtebauliche Maßnahmen der »Sozialen Stadt« sind gemäß § 171e Abs. 2 BauGB Maßnahmen zur Stabilisierung und Aufwertung von Ortsteilen, die durch soziale Missstände benachteiligt sind (Satz 1). Soziale Missstände liegen insbesondere dann vor, »wenn ein Gebiet aufgrund der Zusammensetzung und wirtschaftlichen Situation der darin lebenden und arbeitenden Menschen erheblich benachteiligt ist« (Satz 2). Ein besonderer Entwicklungsbedarf besteht vor allem dann, »wenn es sich um benachteiligte innerstädtische oder innenstadtnah gelegene Gebiete oder verdichtete Wohn- und Mischgebiete handelt, in denen es einer auf einander abgestimmten Bündelung von intensiven und sonstigen Maßnahmen bedarf« (Satz 3).

Die Abgrenzung eines Gebiets für Maßnahmen der »Sozialen Stadt« wird wie bei den Stadtumbaugebieten durch einen Beschluss der Gemeinde festgelegt (§ 171e Abs. 3). Auch hier ist Voraussetzung für einen solchen Beschluss die Erstellung eines Entwicklungskonzepts unter Beteiligung der Betroffen und der öffentlichen Aufgabenträger (Abs. 4 Satz 1). Das Entwicklungskonzept soll insbesondere Maßnahmen enthalten, die der Verbesserung der Wohn- und Arbeitsverhältnisse sowie der Schaffung und Erhaltung stabiler Bewohnerstrukturen dienen (Abs. 4 Satz 2). Auf der Grundlage des Entwicklungskonzepts sollen verschiedene Politik- und Handlungsfelder wie Arbeit, Wirtschaft, Familie und Jugend, Stadtplanung, Wohnen, Verkehr, Umwelt, Bildung, Kultur, Freizeit und Sicherheit wirkungsvoll verzahnt werden (Goldschmidt 2005).

Bei der Erstellung des Entwicklungskonzepts und bei dessen Durchführung sollen die Beteiligten gemäß § 171e Abs. 5 BauGB in geeigneter Form einbezogen und zur Mitwirkung angeregt werden. Insbesondere ist die Gemeinde gehalten, die Beteiligten fortlaufend zu beraten und zu unterstützen, wobei sie sich einer Koordinierungsstelle (z.B. im Sinne eines »Quartiersmanagements«) bedienen kann, an der sich neben der Gemeinde auch andere öffentliche und private Maßnahmenträger beteiligen können (§ 171e Abs. 5 Satz 3 BauGB). Ziel ist es, die Bürger durch Selbsthilfe in den Maßnahmenvollzug zu integrieren (Goldschmidt 2005). Soweit erforderlich, soll die Gemeinde zur Verwirklichung und zur Förderung der mit dem Entwicklungskonzept verfolgten Ziele sowie zur Übernahme von Kosten mit den Eigentümern und sonstigen Maßnahmenträgern städtebauliche Verträge schließen (§ 171e Abs. 5 Satz 4 BauGB). Damit wird die besondere Bedeutung konsensualer Lösungen auch im Rahmen der Gemeinschaftsinitiative »Soziale Stadt« explizit hervorgehoben.

DEFIZITE DES GELTENDEN PLANUNGSRECHTS 1.3

Wie der Überblick über die in den letzen Jahren erfolgten Novellierungen des Städtebau- und Raumordnungsrechts zeigt, steht ein weitreichendes und differenziertes Instrumentarium zur Realisierung einer nachhaltigen Bodennutzung und zur Begrenzung der Flächeninanspruchnahme zur Verfügung. Gleichwohl zeigt die Praxis, dass die Planungsträger davon bisher nur unzureichend Gebrauch gemacht haben. Die Gründe für die mangelnde Steuerungskraft der planungsrechtlichen Vorschriften sind vielfältig und sollen im Folgenden nur kurz skizziert werden (dazu ausf. Schmalholz 2005, Kap.7; s.a. NBBW 2004, S. 27 ff.; SRU 2002, Tz. 127 ff.).

DIE BEGRENZTE PERSPEKTIVE KOMMUNALER PLANUNG

Die Kommunen sind in erster Linie dem individuellen Wohl ihrer Gemeindemitglieder verpflichtet und nicht der Wahrnehmung regionaler, überregionaler oder gar nationaler Belange (Einig 1999; Müller 1999). Die politische Perspektive der kommunalen Mandatsträger ist außerdem eher kurzfristig: Sie verstehen sich als Interessenvertreter ihrer Wähler und nicht als Anwälte künftiger Generationen (Schmalholz 2005, S. 111). Die räumlich und zeitlich begrenzte Sichtweise der Kommunen erschwert eine angemessene Berücksichtigung der Belange des Natur-, Boden- und Landschaftsschutzes in der Bauleitplanung. Umweltbeeinträchtigungen durch Flächeninanspruchnahme sowie Zerschneidungs- und Verinselungseffekte finden schleichend über lange Zeiträume hinweg statt und sind in der Regel das Resultat zahlreicher Einzelmaßnahmen verschiedener Planungsträger. Gegenstand der Prüfung im Rahmen der bauleitplanerischen Abwägung sind jedoch vorwiegend die möglichen negativen Einflüsse auf Boden, Natur und Lebensräume im Gemeindegebiet sowie die notwendigen Ausgleichsmaßnahmen, nicht die Gesamtheit der räumlich und zeitlich versetzten Auswirkungen (Schmalholz 2005, S. 110). Über die Anpassungspflicht an die Ziele der Raumordnung (§ 1 Abs. 4 BauGB) und die Abstimmungspflicht mit Nachbargemeinden (§ 2 Abs. 2 BauGB) hinaus sind die Gemeinden nicht verpflichtet, Auswirkungen ihrer Planung außerhalb des Gemeindegebiets zu berücksichtigen. Auch das nachbargemeindliche Abstimmungsgebot betrifft eher kleinräumige Zusammenhänge und liefert nicht den großräumigen Maßstab, der für den Flächenschutz erforderlich wäre.

DIE STRUKTURELLE SCHWÄCHE DER BELANGE DES BODEN-, NATUR- UND LANDSCHAFTSSCHUTZES IN DER ABWÄGUNG

Die wirtschaftlichen und sozialen Interessen, die für die Inanspruchnahme von Freiraum sprechen, sind in der Regel konkret und aktuell, während die ökologischen Interessen bei aller Dringlichkeit eher diffus und weniger spezifisch sind. Auch wenn es sich bei den wirtschaftlichen und sozialen Belangen um öffentliche Interessen wie die Bereitstellung von Gewerbebauland oder den Ausbau der Verkehrsinfrastruktur handelt, stehen hinter ihnen meist auch individuelle Interessen mit großem politischem Einfluss und entsprechend hoher Organisations- und Durchsetzungsfähigkeit (SRU 2002, Tz 127). Die Auswirkungen der jeweiligen Planung auf wirtschaftliche und soziale Belange lassen sich zudem verhältnismäßig einfach prognostizieren und gut beziffern (kommunales Steueraufkommen, Anzahl von Arbeitsplätzen, Wohneinheiten etc.). Die Auswirkungen auf die Umwelt sind dagegen infolge der Komplexität ökologischer Zusammenhänge und des unzureichenden Wissens über die Folgen von Bodenbeeinträchtigungen schwer abzuschätzen und noch schwerer dem konkreten Vorhaben zuzuordnen. Der Schutz von Böden, Freiflächen und Lebensräumen liegt zwar im öffentlichen Interesse, ist aber – vielleicht mit Ausnahme von Gemeinden, die von Tourismus und Fremdenverkehr leben – kein spezifisches Interesse der jeweiligen Kommune (Schmalholz 2005, S. 111). Zudem fehlt es den Belangen des Natur- und Landschaftsschutzes an einer gut organisierten, schlagkräftigen und durchsetzungsstarken Lobby.

BAULEITPLANUNG ALS ANGEBOTSPLANUNG

Die Flächenausweisungen in Flächennutzungs- und Bebauungsplänen sind lediglich Angebote, die von den Bürgern erst noch angenommen und realisiert werden müssen. Machen Investoren und Bauherren davon keinen Gebrauch, weil das kommunale Baulandangebot nicht mit ihren Präferenzen übereinstimmt, läuft die Bauleitplanung ins Leere (Schmalholz 2005, S. 103). Um Anreize für die Ansiedlung neuer Betriebe und Einwohner zu schaffen, werden in der heutigen Praxis meist Standorte »auf der grünen Wiese« entwickelt. Durch das Überangebot an preisgünstigem Bauland laufen insbesondere Gemeinden, die auf eine konsequente Entwicklung innerstädtischer Standorte gesetzt haben, Gefahr, keine Abnehmer zu finden (Einig 2003).

Die Kommunen haben grundsätzlich zahlreiche Möglichkeiten, dem vorsorgenden Boden- und Flächenschutz Geltung zu verschaffen. So können sie z.B. über Festsetzungen im Bebauungsplan gemäß § 9 BauGB flächensparende und bodenschonende Bauweisen vorschreiben oder im Flächennutzungsplan Flächen darstellen, die von jeder Bebauung freizuhalten sind (§ 5 Abs. 2 Nr. 10 BauGB). Sie sind jedoch nicht *verpflichtet*, von diesen Instrumenten auch Gebrauch zu machen. Solange die Ausschöpfung der rechtlichen Möglichkeiten im interkommunalen Wettbewerb eher mit Nachteilen verbunden ist, besteht für die Kommunen dazu wenig Anreiz.

DIE MANGELNDE STEUERUNGSKRAFT DER BODENSCHUTZKLAUSEL

Wie oben dargelegt, begründet die Bodenschutzklausel des BauGB keinen strikten gesetzlichen Vorrang, sondern bleibt »in der Abwägung überwindbar« (Krautzberger/Stüer 2004a). Auch wenn sie dem Bodenschutz *in abstracto* ein besonderes Gewicht verleiht, bedeutet das nicht, dass die Gemeinde im konkreten Abwägungsfall diesen Belangen grundsätzlich Vorrang einräumen müsste (SRU 2002, Tz. 129). Trotz ihrer Charakterisierung als »Optimierungsgebot« verhindert sie keineswegs die Neuinanspruchnahme von Flächen für Siedlungs- und Verkehrszwecke. *De facto* erhöht sie nur den Begründungsaufwand der planenden Gemeinde, warum sich die bauliche Entwicklung nicht innerhalb des vorhandenen Siedlungsbestandes vollziehen kann. Außer einer Konkretisierung der planerischen Möglichkeiten zur Forcierung der Innenentwicklung bringt auch die neu gefasste Bodenschutzklausel keine durchgreifende Änderung gegenüber der bisherigen Rechtslage. In Anbetracht der in der Vergangenheit gesammelten Erfahrungen (dazu ausf. Krautzberger 2002a) ist nicht davon auszugehen, dass die gesetzliche Neuregelung zu einer erheblichen Verringerung der Flächeninanspruchnahme führen wird.

FEHLENDE ANREIZE FÜR EINEN SPARSAMEN UND SCHONENDEN UMGANG MIT GRUND UND BODEN

Einer der wesentlichsten Gründe für das bestehende Vollzugsdefizit im Planungsrecht wird darin gesehen, dass seine Steuerungskraft angesichts entgegenstehender wirtschaftlicher Belange zu gering ist (SRU 2000. Tz. 460). Weder die privaten Investoren noch die Kommunen haben ein vorrangiges Interesse an einer flächensparenden und bodenschonenden Umsetzung ihrer Pläne und Projekte. Erstere nicht, weil sie dadurch bedingte Einschränkungen oder Verteuerungen befürchten, letztere nicht, da dies mit dem Ziel konkurriert, durch die Ausweisung von Gewerbe- und Wohnbauland neue Steuerzahler zu gewinnen. Als notwendig wird daher von verschiedenen Seiten eine Flankierung des ordnungsrechtlich geprägten Instrumentariums der Raumplanung durch ökonomische Anreizinstrumente betrachtet, die das Eigeninteresse der Akteure an einem sparsamen Umgang mit Grund und Boden stärken würde. Flächensparen soll sich ökonomisch rentieren, die Nutzung von Bestandsflächen und die Wiedernutzung von Brachflächen sollen lukrativer sein als die Neuausweisung von Bauland (Dosch 2005; ähnlich Apel et al. 2001; ARL 2004; BDA 2004; Bundesregierung 2002a; Enquete-Kommission 1998; NBBW 2004; RNE 2004; SRU 2000, 2002 u. 2004).

UNSCHARFE VORGABEN DER RAUMORDNUNG UND REGIONALPLANUNG

Die kommunale Bauleitplanung ist gemäß § 1 Abs. 4 BauGB den Zielen der Raumordnung anzupassen. Solche Ziele entfalten jedoch erst dann eine Bindungswirkung für die Gemeinden, wenn es sich um »verbindliche Vorgaben, in Form von räumlich und sachlich bestimmten oder bestimmbaren, vom Träger der Landes- oder Regionalplanung abschließend abgewogenen textlichen oder zeichnerischer Festlegungen in Raumordnungsplänen« handelt (§ 3 Nr. 2 ROG). Wie die Praxis zeigt, genügen viele Raumordnungspläne nicht dem Gebot der Normenklarheit. Häufig sind die Ziele der Raumordnung in Form von Soll-Zielen formuliert oder als »weiche«, »elastische« Zielorientierungen, welche die gesetzlichen Anforderungen im Hinblick auf die Eindeutigkeit der Vorgaben nicht erfüllen. Nicht von ungefähr hat die Rechtsprechung solche Ziele der Raumordnung als zu unbestimmt angesehen und ihre Bindungswirkung infrage gestellt (Hoppe 2004; Hoppe/Otting 2004 mit zahlreichen Nachweisen).

Die unzureichende Konkretisierung der landesplanerischen Steuerung ist nicht zuletzt darauf zurückzuführen, dass die Raumordnung auf die Kooperation mit den Gemeinden und deren Akzeptanz angewiesen ist. Besonders offenkundig ist dies in

Ländern, in denen die Regionalplanung kommunal verfasst ist. Ohne ein Umdenken der Gemeinden und eine Veränderung der Rahmenbedingungen der kommunalen Baulandausweisung ist daher kaum zu erwarten, dass die Raumordnung in großem Umfang von den gesetzlichen Möglichkeit zur Festsetzung bindender Ziele, die darauf ausgerichtet sind, das Flächenwachstum der Siedlungs- und Verkehrsfläche zu begrenzen, Gebrauch macht (Einig/Spiecker 2002).

DEFIZITE DES NATURSCHUTZRECHTS

Das Naturschutzrecht ist ebenfalls nur sehr begrenzt in der Lage, die negativen Auswirkungen der Flächeninanspruchnahme zu mildern. Ein effizienter Freiraumschutz ist nur innerhalb von Schutzgebieten (§§ 22 ff. BNatschG) möglich, die nur einen sehr geringen Teil der Gesamtfläche Deutschlands umfassen. Demgegenüber ist die naturschutzrechtliche Eingriffsregelung zwar flächendeckend anwendbar, beschränkt sich jedoch gemäß § 20 Abs. 1 BNatschG im Wesentlichen auf größere genehmigungs- oder anzeigebedürftige Einzelvorhaben. Sie ist in der Lage, ein konkretes Biotop vor der Zerstörung durch ein Bauvorhaben zu bewahren, nicht aber funktional zusammenhängende Lebensräume vor einer Vielzahl von Eingriffen, die räumlich unabhängig voneinander stattfinden, zu schützen (NBBW 2004, S. 28).

EINGESCHRÄNKTE RECHTSAUFSICHT ÜBER BEBAUUNGSPLÄNE

Eines der mit dem BauROG 1998 verfolgten Ziele war die Stärkung der kommunalen Planung. Dieses Anliegen fand nicht zuletzt in der Rückführung staatlicher Kontrollmechanismen seinen Niederschlag (Schmalholz 2005, S. 115). Von Bedeutung ist im vorliegenden Zusammenhang vor allem die Aufhebung der Genehmigungspflicht für Bebauungspläne, die aus dem Flächennutzungsplan entwickelt werden, also für den Regelfall der Bauleitplanung. Bebauungspläne bedürfen mittlerweile nur noch in wenigen Ausnahmefällen einer Genehmigung durch die höhere Verwaltungsbehörde. Die Einschränkung der Rechtsaufsicht kann sich insofern negativ auf den Boden- und Freiraumschutz auswirken, als sie die Wahrscheinlichkeit von Vollzugsdefiziten erhöht. Zudem stammen viele Flächennutzungspläne, wie schon erwähnt, noch aus der Zeit der Gebietsreform der 1970er Jahre und tragen den Erfordernissen des Boden-, Natur- und Landschaftsschutzes nur unzureichend Rechnung. Inwieweit dieses Defizit durch die im Rahmen des EAG eingeführte Revisionsklausel für Flächennutzungspläne behoben werden kann, bleibt abzuwarten.

MANGELNDE GERICHTLICHE ÜBERPRÜFUNGSMÖGLICHKEITEN

Die theoretisch hohe Bedeutung des Bodenschutzes in der Abwägung wird dadurch relativiert, dass Abwägungsfehler im geltenden Recht nur schwach sanktioniert sind. Nach dem geltenden Planungs- und allgemeinen Verfahrensrecht sind Abwägungsfehler nur dann relevant, wenn sie offensichtlich sind und das Abwägungsergebnis beeinflusst haben. Selbst wenn in diesem Sinne erhebliche Abwägungsfehler vorliegen, führt dies nur dann zur Aufhebung der betreffenden Bauleitpläne, Planfeststellungen oder Plangenehmigungen, wenn diese nicht durch Planergänzungen oder durch ein ergänzendes Verfahren behoben werden können (§§ 214 ff. BauGB). Die schwache Sanktionierung von Abwägungsfehlern verstärkt noch die strukturell bedingte Durchsetzungsschwäche des Bodenschutzes (SRU 2002, Tz. 132 f.).

Dazu kommt, dass die Berücksichtigung und angemessene Gewichtung der Belange des Boden-, Natur- und Landschaftsschutzes in der Abwägung aufgrund der individualistischen Tradition des deutschen Prozessrechts nur sehr eingeschränkt gerichtlich durchsetzbar ist. Gerichtlicher Rechtsschutz ist nur demjenigen zugänglich, der geltend machen kann, durch einen Rechtsverstoß in *eigenen* Rechten verletzt worden zu sein. Die Belange des Boden- Natur- und Landschaftsschutzes liegen zwar im öffentlichen Interesse, berühren aber im Allgemeinen keine individuellen Interessen der Planbetroffenen. Dies hat zur Konsequenz, dass Bürgern, die eine rechtswidrige Missachtung solcher Belange vor Gericht anfechten möchten, keine Klagebefugnis eingeräumt wird (SRU 2002, Tz. 134). Das bestehende Rechtsschutzdefizit zulasten des Boden-, Natur- und Landschaftsschutzes wird durch die mit der Neufassung des Bundesnaturschutzgesetzes eingeführte bundesweite Verbandsklage (§ 61 BNatschG) nur unzureichend ausgeglichen, dies vor allem wegen ihres begrenzten Anwendungsbereichs, der sich nur auf bestimmte Plangenehmigungen erstreckt und die Bauleitplanung ausnimmt (Schmalholz 2005, S. 120).

WEITERGEHENDER REFORMBEDARF 1.4

Viele der in die Debatte um die Reduktion des Flächenverbrauchs für Siedlungs- und Verkehrszwecke eingebrachten Reformvorschläge sind durch das EAG bereits in geltendes Recht umgesetzt worden. Dazu gehören z.B. die seit langem geforderte Revisionspflicht für Flächennutzungspläne, die Flexibilisierung der planerischen Festsetzungen (»Baurecht auf Zeit«) und die erweiterten Möglichkeiten der Gemeinden, sich gegen die Ansiedlung großflächiger Einzelhandelsbetriebe wehren zu können. Im Hinblick auf die angestrebte Innenentwicklung und die Aufwertung der Innenstädte als Wohn- und Lebensorte kommt auch den neu eingeführten Regelungen zum Stadtumbau und zur »Sozialen Stadt« erhebliche Bedeutung zu. Es bleibt nun zunächst abzuwarten, wie sich diese Ergänzungen und Verschärfungen in der Praxis auswirken.

Um *standortbezogene* Ziele, wie z.B. den Schutz sensibler Landschaftsräume oder wertvoller Biotope, durchzusetzen, hat sich das vorwiegend ordnungsrechtlich geprägte Instrumentarium der Raum- und Landschaftsplanung nach allgemeiner Auffassung bewährt und bleibt auch in Zukunft unverzichtbar. Um *mengenspezifische* Ziele wie eine quantitative Reduktion der Flächeninanspruchnahme durchzusetzen, wird seine Wirksamkeit jedoch von Vielen bezweifelt und eine Flankierung durch marktkonforme Instrumente gefordert, welche die Anreizstrukturen der Akteure verändern würde (s.o.). Im Rahmen einer solchen Strategie sollen flächenkonsumierende und versiegelungsintensive Bodennutzungsformen verteuert und damit wirtschaftlich unattraktiver gemacht werden. Dabei geht es den Befürwortern dieses Ansatzes sowohl darum, gegenläufig wirkende Anreize (Entfernungspauschale, Grundsteuer, Grunderwerbsteuer) zu korrigieren als auch neue Instrumente (Bodenversiegelungsabgabe, handelbare Flächenausweisungskontingente etc.) einzuführen (s.a. Teil II, Kap. 3, 4 u. 5).

Diese Einschätzung des Reformbedarfs wird durch die vom TAB durchgeführte Verbändebefragung im Wesentlichen bestätigt. Eine Erweiterung des planungsrechtlichen Instrumentariums wird von der Mehrheit der befragten Verbände als nicht erforderlich angesehen oder sogar explizit abgelehnt. Aus der Sicht des Deutschen Städte- und Gemeindebundes (DStGB) und der Verbände der Bau- und Wohnungswirtschaft (DV, GdW, DSB, VDH, RDM, Bundesverband Baustoffe, BDF) wäre weder die Schaffung neuer Rechtsvorschriften noch die Einführung zusätzlicher Verwaltungsverfahren zielführend, sondern würde nur den bürokratischen Aufwand erhöhen.

Als Haupteinwand gegen weitere Reformen wird von manchen (BDA, GdW, DST) angeführt, dass diese nur eine geringe Wirkung für die Umsetzung des Ziels einer flächensparenden Siedlungsentwicklung hätten, da das Problem nicht in einem Mangel effizienter Instrumente liege, sondern in dem fehlenden politischen Willen der Akteure, diese anzuwenden. Eine Verschärfung des geltenden Rechts, ohne dass das vorhandene Instrumentarium hinreichend erprobt worden sei, wird daher als »blinder Aktionismus« (Bundesverband Baustoffe) gewertet. Zurückgeführt wird die fehlende Bereitschaft zur Ausnutzung der rechtlich gegebenen Möglichkeiten darauf, dass das Flächensparziel nicht in Einklang mit den Interessen der Akteure steht. Als notwendig wird daher in Übereinstimmung mit den oben zitierten Empfehlungen aus Wissenschaft und Politik eine Korrektur der ökonomischen und fiskalischen Rahmenbedingungen angesehen.

Auch der Rat für Nachhaltige Entwicklung (RNE), die Akademie für Raumforschung und Landesplanung (ARL) und die Naturschutzverbände (BUND, NABU) konstatieren ein eklatantes Vollzugsdefizit im Bereich des Planungsrechts, das sie auf ein mangelndes Problembewusstsein im Hinblick auf die Bedeutung der Ressource Boden sowie fehlende Akzeptanz des Flächensparziels bei den relevanten Akteuren zurückführen. Auch sie halten daher eine Flankierung des planerischen Instrumentariums durch marktkonforme Instrumente für dringend geboten, plädieren aber darüber hinaus für eine gezielte Ergänzung und Verschärfung des Planungsrechts.

ERWEITERTE BEGRÜNDUNGSPFLICHT FÜR DAS BAUEN IM AUßENBEREICH

Die Naturschutzverbände (NABU, BUND) fordern ähnlich wie das BBR und der RNE die Einführung einer Nachweispflicht für die Kommunen, dass keine innerörtlichen Flächenreserven vorhanden sind, als Voraussetzung für die Genehmigung von Flächennutzungsplänen. Die Ausweisung von Bauland im Außenbereich sollte nur genehmigungsfähig sein, wenn die Gemeinde den Nachweis erbringt, dass es dazu keine Alternativen gibt.

Vonseiten der Bau- und Wohnungswirtschaft (DV, GdW) wird gegen die Einführung einer solchen erweiterten Begründungspflicht eingewandt, dass dies mit einem erheblichen Kontrollaufwand für die zuständigen Genehmigungsbehörden verbunden wäre. Außerdem führe die Nachweispflicht noch nicht zu einer tatsächlichen Mobilisierung der existierenden Flächenreserven. Diese werde in der Regel durch Eigentumsfragen (mangelnde Bereitschaft nicht bauwilliger Eigentümer), Altlasten, unzureichende Erschließung oder Nachbarschaftskonflikte blockiert, also durch Faktoren, zu deren Beseitigung es ganz anderer Instrumente bedürfe (DV). Eine Beschränkung der möglichen Baulandausweisung hätte zudem negative Auswirkungen auf die schon heute stark unter Druck stehenden Grundstücksmärkte in den Ballungsräumen. Die daraus resultierenden Preissteigerungen für knapper werdendes Bauland würden diejenigen Eigentümer in ihrem Verhalten bestärken, die ihre Grundstücke dem Markt entziehen und damit von der langfristigen Preisentwicklung profitieren (GdW).

ENTSCHÄDIGUNGSLOSES RÜCKBAUGEBOT

Die Anordnung des Rückbaus von baulichen Anlagen in § 179 BauGB ist nur als *Duldungsgebot* ausgestaltet. Es begründet keine aktive Handlungspflicht für den Eigentümer, sondern verpflichtet ihn lediglich Maßnahmen zur Beseitigung von Anlagen und Entsiegelung von Böden zu dulden. Sofern ihm dadurch Vermögensnachteile entstehen sind die Gemeinden entschädigungspflichtig (Teil II, Kap. 1.1). Um die Wiedernutzung urbaner Brachflächen zu erleichtern und damit einen Schritt in Richtung auf eine effiziente Kreislaufführung von Siedlungsflächen zu gehen, schlägt der Rat für Nachhaltige Entwicklung (2004, S. 26) die Umwandlung des Abbruchduldungsgebots in ein *aktives Abrissgebot* auf Kosten des Eigentümers vor. Nach Ansicht von Schmidt-Eichstaedt (2004) wäre ein solches entschädigungsloses Rückbaugebot allerdings nur gerechtfertigt, wenn und soweit die Kosten des Rückbaus aus den künftigen Erträgen des Grundstücks oder durch Einsparung der sonst fälligen Unterhaltungskosten voraussichtlich dauerhaft leerstehender Teile der baulichen Anlage aufgebracht werden können.

REFORM DER BAUNUTZUNGSVERORDNUNG

In den §§ 2 bis 11 der Baunutzungsverordnung werden Baugebietstypen festgelegt, die den vorrangigen Nutzungszweck sowie die generelle und ausnahmsweise Zulässigkeit von Anlagen und Nutzungen in diesen Gebieten bestimmen. Die Frage, ob diese Typisierung geeignet ist, um die geforderte Innenentwicklung zu realisieren, ist umstritten.

Nach Auffassung von Feldtkeller (2001, S. 36) wird eine Nutzungsmischung durch die bestehende Regelung behindert, da im Sinne der festgelegten Gebietstypen die Nutzungstrennung die Norm und die Nutzungsmischung eine Abweichung von der Norm darstelle. Auch der NABU vertritt die Auffassung, dass die Baunutzungsverordnung modifiziert werden müsste, um eine verstärkte Nutzungsmischung und eine Erhöhung der baulichen Dichte zu ermöglichen. Aus seiner Sicht sollten die Kategorien »Wohnbauflächen« und »Gemischte Bauflächen« entfallen und durch die Kategorie »Allgemeine Bauflächen« ersetzt werden. Die Gebietstypen »Allgemeines Wohngebiet«, »Reines Wohngebiet« und »Kleinstsiedlungsgebiet« sollten gestrichen werden. Innerhalb der Baunutzungsverordnung sollten im Hinblick auf die Abstandsflächenregelungen in den Bauordnungen der Länder verbindliche Vorgaben formuliert werden (NABU 2002, S. 17 f.).

Andere Autoren vertreten demgegenüber den Standpunkt, dass die in der Baunutzungsverordnung enthaltenden Vorschriften über Art und Maß der baulichen Nutzung im Prinzip ausreichend sind, um eine qualifizierte Innenentwicklung umzusetzen, auch wenn die Verordnung unter heutigen Bedingungen vermutlich anders ausgestaltet worden wäre (Krautzberger 2002b). Wichtiger als eine Reform sei daher eine konsequente Ausschöpfung der gegebenen rechtlichen Möglichkeiten, z.B. hinsichtlich der Obergrenzen für das Maß der baulichen Nutzung gemäß § 17 BauNVO (dazu ausf. Hutter et al. 2004, S. 28 f.).

REGIONALE KOOPERATION ALS PERSPEKTIVE? 2.

In Anbetracht der negativen Folgen des kommunalen Standortwettbewerbs werden inzwischen von verschieden Seiten verstärkte Anstrengungen gefordert, um die Zusammenarbeit der Gemeinden auf regionaler Ebene zu verbessern (Teil I, Kap. 4.1). Selbst konsequente Vertreter der kommunalen Selbstverwaltungshoheit erkennen die Notwendigkeit eines regionalen Flächenmanagements an (DST 2002). Dadurch würden nicht nur die negativen Folgen konkurrierender Baulandausweisungen für die Gemeinden beseitigt, sondern es könnte auch der weiteren Zersiedelung der Landschaft entgegen gewirkt werden. Gleichzeitig ist jedoch vor dem Hintergrund des bevorstehenden Bevölkerungsrückgangs sogar mit einer Verschärfung der interkommunalen Konkurrenz um Einwohner und Betriebe zu rechnen. Umso wichtiger ist es, bereits heute tragfähige Kooperationsmodelle aufzubauen, die auch bei rückläufigen Einwohnerzahlen eine interkommunale Zusammenarbeit und somit eine regional abgestimmte Siedlungsentwicklung gewährleisten (IBoMa 2004, S. 7).

Um die Möglichkeiten der interkommunalen Kooperation als Instrument zur Reduktion des Flächenverbrauchs auszuloten, wurden auf Vorschlag des TAB zwei Gutachten vergeben. In dem Gutachten von Dr. Thomas Gawron (Umweltforschungszentrum Halle Leipzig – UFZ) wird ein umfassender Überblick über die heute praktizierten Kooperationsformen und die damit gesammelten Erfahrungen gegeben. Im Gutachten von Dr. Egbert Dransfeld, Gaby Boele-Keimer und Petra Pfeiffer (Institut für Bodenmanagement – IBoMa, Dortmund) werden anhand von Fallbeispielen Erfolgsfaktoren der Kooperation untersucht und gelungene Ansätze zur interkommunalen Zusammenarbeit vorgestellt. Die folgenden Ausführungen stützen sich auf die Ergebnisse der Gutachten sowie andere einschlägige Quellen.

RAHMENBEDINGUNGEN INTERKOMMUNALER KOOPERATION 2.1

Unter interkommunaler Kooperation ist die Zusammenarbeit von Gebietskörperschaften (Gemeinden, kreisangehörige und kreisfreie Städte, Kreise) auf der Grundlage gemeinsamer Interessen und Ziele zu verstehen (UFZ 2004, S. 3). Neben der klassischen, rechtlich institutionalisierten Form der Zusammenarbeit in Verbänden (Regional-, Zweck- Planungsverbände) und der im Baugesetzbuch (BauGB) vorgesehen Kooperation im Rahmen der Bauleitplanung sind in den letzten Jahren viele neue Ansätze freiwilliger Kooperation auf regionaler Ebene entstanden. Sie zeichnen sich dadurch aus, dass sie sowohl von den Organisationsstrukturen als auch von der Bindungswirkung her flexibler und weniger formell angelegt sind. Angestrebt wird ein Interessenausgleich, der durch unterschiedliche Kommunikations-, Beteiligungs- und Mitentscheidungsformen ermöglicht werden soll (Bunzel et al. 2002, S. 312). Dabei werden in zunehmendem Maße auch nicht kommunale Akteure aus Politik und Verwaltung (Vertreter der Länder, Regierungsbezirke und Regionen), aus der Wirtschaft (Unternehmen, Gewerkschaften, Industrie- und Handelskammern) oder aus dem gesellschaftlichen Raum (Bürgerinitiativen, Naturschutzverbände etc.) einbezogen. Sofern solche Kooperationsansätze überhaupt rechtsverbindlich ausgestaltet sind, werden privatrechtliche Vereinbarungen bevorzugt. Häufig weisen sie experimentellen Charakter auf und bilden eine Vorstufe für weiterführende und verbindlichere Formen interkommunaler Kooperation (Gawron/Jähnke 2001; Heinz 2000, S. 198).

Die positiven Erfahrungen mit diesen Ansätzen wie auch die Erkenntnis, dass es der Raumordnung und Regionalplanung an umsetzungsorientierten Instrumenten fehlt, haben zu einer stärkeren institutionellen Verankerung der Kooperation im Bau- und Planungsrecht geführt (Danielzyk 2001). Instrumentelle Umsetzungen freiwilliger Kooperation wie städtebauliche Verträge (§ 11 BauGB), Städtenetze, regionale Entwicklungskonzepte und vertragliche Vereinbarungen zur Vorbereitung und Verwirklichungen von Raumordnungsplänen (§ 13 ROG) sowie die Möglichkeit zur Erstellung regionaler Flächennutzungspläne (§ 9 Abs. 6 ROG) wurden im Rahmen des BauROG 1998 explizit vorgesehen (Teil II, Kap. 1). Diese Regelungen sind auch Ausdruck eines neuen kooperativen Staatsverständnisses, das angesichts knapper finanzieller Mittel und der Notwendigkeit, flexibel auf neue Herausforderungen zu reagieren, zunehmend von einer interventionistischen Steuerung der Planungs- und Entwicklungsprozesse Abstand nimmt. Der »kooperative Staat« setzt auf Verhandlungslösungen und Netzwerke, um zusätzliche Ressourcen zu erschließen und die Effizienz staatlicher Leistungen zu erhöhen (Bunzel et al. 2002, S. 312).

Interkommunale Kooperation auf regionaler Ebene ist jedoch keineswegs ein neues Phänomen. Umwelt- und Strukturprobleme in Verdichtungsräumen haben bereits 1912 zur Entstehung des Zweckverbands Groß-Berlin geführt und 1920 zur Gründung des Siedlungsverbands Ruhrkohlenbezirk. Mit dem Reichszweckverbandgesetz von 1939 wurde die gesetzliche Grundlage für viele öffentlich-rechtliche Formen der Zusammenarbeit geschaffen (Heinz 2000, S. 189 f.). In den 60er und 70er Jahren des 20. Jahrhunderts wurde, dem damaligen zentralistischen Planungsverständnis entsprechend, eine Gebietsreform angestoßen, die darauf zielte, mittels einer vertikale Integration leistungsfähige kommunale Organisationseinheiten entstehen zu lassen. Durch Eingemeindungen und Zusammenschlüsse von Gemeinden, die teilweise auf freiwilliger Basis, teilweise durch staatliche Hoheitsakte erfolgten, sollten die Verwaltungskraft gestärkt und Stadt-Umland-Konflikte gelöst werden. Die Anzahl der Gemeinden sank damals auf etwa ein Drittel (UFZ 2004, S. 22 ff.).

Inzwischen haben sich die räumlichen und politischen Ausgangsbedingungen grundlegend verändert. Der kontinuierlich voranschreitende Suburbanisierungsprozess und die funktionalen Verflechtungen zwischen benachbarten Städte und Gemeinden haben die seinerzeit gezogenen Grenzen längst überschritten. Die herkömmliche Funktionsteilung zwischen Kernstadt als Arbeits- und Versorgungszentrum und Umlandgemeinden als Wohnvororte ist weitgehend aufgehoben. Im städtischen Umland haben sich kleinere und größere Städte entwickelt, die in zunehmendem Maße mit den Kernstädten um die gleichen Funktionen konkurrieren: von gehobenen Einkaufsmöglichkeiten über weiterführende Schulen, Kultur- und Freizeitangebote bis zu einem attraktiven Arbeitsplatzangebot. Während im Umland die Zahl einkommensstarker Haushalte wie auch die Zahl der Arbeitsplätze wachsen, verläuft die Entwicklung in den Kernstädten in umgekehrter Richtung. Aufgrund höherer Einnahmen bei der Gewerbe- und Einkommensteuer haben sich die Finanzsituation und damit auch die politische Durchsetzungsfähigkeit der Umlandgemeinden gegenüber der Kernstadt deutlich verbessert (dazu ausf. Heinz 2000, S. 190 ff.).

Verändert haben sich jedoch auch die externen Herausforderungen. Der wirtschaftliche Strukturwandel und die Internationalisierung der Märkte haben zu einer Intensivierung des Wettbewerbs zwischen Städten und Regionen geführt, der sich durch die wachsende Standortunabhängigkeit der Unternehmen und die Mobilität der Beschäftigten noch verschärft. Gemeinden sehen sich zunehmend einem *internationalen* Wettbewerb ausgesetzt, dem sie als einzelne aufgrund der eher kleinräumigen Planungs- und Entscheidungsstrukturen nicht gewachsen sind (Bunzel et al. 2002, S. 313). Aus der Sicht der Unternehmen geht es nicht um einzelne Kommunen, sondern um die Standortqualität der ganzen Region. Diese Herausforderung werden die Kommunen nur durch eine intensivere Kooperation bewältigen können, die darauf abzielt, die Position der Gesamtregion im Wettbewerb zu verbessern. Schließlich verstärkt auch die EU den Druck auf die Städte und Gemeinden zur Zusammenarbeit im regionalen Kontext: Im »Europa der Regionen« ist die Planungs- und Strukturförderungspolitik zunehmend auf Regionen und nicht auf einzelne Gemeinden ausgerichtet (Kiepe 1998). Der zunehmende Wettbewerbsdruck, aber auch die Einsicht, dass sich in Anbetracht der funktionalen Verflechtungen viele kommunale Aufgaben (wie Verkehr, Wohnungsbau, Gewerbeansiedlung, Wasser- und Abfallwirtschaft, Freiraumschutz) nur noch in einem regionalen Kontext sinnvoll bewältigen lassen, haben die Kooperationserfordernisse verstärkt hervortreten lassen (Troge et al. 2003).

Aufgrund der engen funktionalen Verflechtungen, der Flächenknappheit in den Kernstädten und des Bodenpreisgefälles zum Umland scheint eine Intensivierung der kommunalen Zusammenarbeit insbesondere im Hinblick auf Stadtregionen geboten. Gleichwohl gestaltet sich die Kooperation gerade im Stadt-Umland-Gefüge als schwierig (UFZ 2004, S. 7 f.). Selbst wenn die von der Suburbanisierung besonders betroffenen Kernstädte die dringende Notwendigkeit einer regional abgestimmten Siedlungsentwicklung anmahnen, sehen die prosperierenden Umlandgemeinden häufig keinen Kooperationsbedarf. Da sie ihre finanzielle Situation in der Vergangenheit durch die Ausweisung von Bauland und die Ansiedlung neuer Steuerzahler erheblich (und zulasten der Kernstädte) verbessern konnten, werden Kooperationen als »Verlustgeschäfte« eingeschätzt und darum abgelehnt. Weitere Befürchtungen richten sich darauf, dass die Kooperationsbeziehungen von den Kernstädten dominiert werden und dass sie zu einer Einschränkung der kommunalen Selbstverwaltungshoheit führen könnten. Hemmend wirken sich auch die Unüberschaubarkeit der finanziellen und politischen Auswirkungen gemeinschaftlicher Baulandausweisungen sowie die Vielfalt möglicher Organisations- und Rechtsformen der Kooperation aus.

Erfahrungen zeigen jedoch, dass die Kooperationsbereitschaft unter bestimmten externen Bedingungen erheblich gestärkt werden kann. So können z.B. der regionale Verlust von Arbeitsplätzen oder gemeinsam wahrgenommene Strukturschwächen zum Entstehen einer »Betroffenheitsregion« führen, in der das Konkurrenzdenken überwunden werden kann. Kooperationsfördernd kann sich auch die Einsicht auswirken, dass durch die Vermeidung von Parallelangeboten die Verhandlungsposition gegenüber privaten Investoren verbessert und die Vermarktung der Baugebiete erleichtert würden. Durch eine gezielte Neuausweisung entlang bestehender Straßen oder ÖPNV-Achsen können zudem Erschließungskosten eingespart und die Auslastung der technischen und sozialen Infrastruktur optimiert werden. Positiv wirkt sich schließlich aus, dass in manchen Bundesländern Kooperationen finanziell gefördert werden bzw. Fördermittel nur gewährt werden, sofern ein Vorhaben regional abgestimmt ist. Insgesamt lehrt die bisherige Erfahrung, dass Kooperationen nur dann erfolgreich sind, wenn ein fairer Ausgleich von Vorteilen und Lasten erfolgt und für alle Beteiligten eine Win-Win-Situation entsteht (zu den fördernden und hemmenden Faktoren der Kooperation s. ausf. IBoMa 2004, S. 11 ff.).

Seit Mitte der 1980er Jahre hat sich in Deutschland eine große Vielfalt unterschiedlicher Modelle interkommunaler Zusammenarbeit herausgebildet, die von informellen, diskurs- und konsensorientierten Planungsansätzen über multisektorale Zweckverbände, Planungs- und Regionalverbände bis hin zur Schaffung neuer regionaler Gebietskörperschaften mit direkt gewählten Parlamenten reicht. Die praktizierten Kooperationsformen unterscheiden sich im Hinblick auf den räumlichen Zuschnitt, den Gegenstandsbereich, die Akteurskonstellationen, den Institutionalisierungsgrad sowie ihre rechtlichen Bindungswirkungen. Die wichtigsten werden im Folgenden im Überblick dargestellt.

INFORMELLE KOOPERATIONSANSÄTZE 2.2

Informelle Kooperationsansätze setzen auf Freiwilligkeit, Konfliktlösung durch Verhandlungen, Mediationsverfahren, »Runde Tische« und einvernehmliche Vertragsregelungen (UFZ 2004, S. 8). Sie sind in der Regel zeitlich befristet und entfalten ihre Wirksamkeit durch Selbstbindung der Beteiligten und Konsensbildung über die Verteilung von Lasten und Vorteilen (Bunzel et al. 2002, S. 314). Dieser Typ netzwerkartiger Kooperation hat in Zusammenhang mit dem sozioökonomischen Strukturwandel und einem veränderten Verständnis von staatlicher und kommunaler Aufgabenerfüllung in den letzten Jahren erheblich an Bedeutung gewonnen (Danielzyk 2000).

TYPEN INFORMELLER KOOPERATION 2.2.1

Als wichtigste Formen informeller Kooperation haben sich »Regionalkonferenzen«, »Regionale Entwicklungskonzepte« und »Städtenetze« herausgebildet, die im Folgenden kurz beschrieben werden. Anschließend soll ausführlicher auf einige erfolgreiche Fallbeispiele aus der Praxis eingegangen werden.

REGIONALKONFERENZEN

Die seit den späten 1980er Jahren zunächst in Nordrhein-Westfalen und Niedersachsen, später dann auch in anderen Bundesländern durchgeführten »Regionalkonferenzen« zielen darauf, einen interaktiven Meinungsbildungsprozess in der Region in Gang zu setzen, an dem alle relevanten »regionalen Kräfte« (Kommunen, Kreise, Vertreter der Wirtschaftskammern, Gewerkschaften, Hochschulen etc.) beteiligt sind. Sie sollen sich mit den Problemen in den jeweils maßgeblichen regionalen Aufgabenfeldern (Wirtschaft, Arbeitsmarkt, Verkehr und Flächenentwicklung, Energie, Umwelt, Kultur, Freizeit und Tourismus) auseinandersetzen, Entwicklungspotenziale ausloten, das Verständnis regionaler Zusammenhänge fördern und regionalspezifische Problemlösungen vorschlagen (dazu ausf. Heinz 2000, S. 198 ff.). Regionalkonferenzen bilden häufig die Vorstufe für eine intensivere Zusammenarbeit und finden in der Regel ihren Niederschlag in »Regionalen Entwicklungskonzepten«.

REGIONALE ENTWICKLUNGSKONZEPTE

»Regionale Entwicklungskonzepte« (REK) oder in der bayerischen Variante »Teilraumgutachten« dienen gemäß § 13 ROG der Verwirklichung von Raumordnungsplänen, können de facto aber als Beispiele für eine umfassend verstandene angelegte regionale Entwicklungspolitik verstanden werden (UFZ 2004, S. 36). Mithilfe einer ganzheitlichen Strategie, die auf Konsens und Selbstbindung beruht, sollen raumbedeutsame Maßnahmen und Projekte öffentlicher und privater Träger initiiert und aufeinander abgestimmt werden, die zu einem dauerhaften, zielgerichteten und sich selbst steuernden Entwicklungsprozess in der Region führen (Dehne 2002, S. 26). Zum sachlichen Gegenstandsbereich »Regionaler Entwicklungskonzepte« können alle oben genannten Aufgabenfelder gehören; Bedeutung haben sie aber vor allem im Bereich der *regionalen Wirtschaftsstrukturpolitik* erlangt (Danielzyk 2001). Die Organisationsstrukturen sind in der Regel eher schwach ausgeprägt, können sich aber auch in Einrichtungen wie »regionale Entwicklungsagenturen« oder »Regionalbüros« manifestieren.

»Regionale Entwicklungskonzepte« haben keine rechtlich bindende Wirkung. Ihre Stärke wird in der Verständigung auf ein gemeinsames Leitbild und der Einigung auf gemeinsame Entwicklungsziele und -strategien unter Einbeziehung aller regional bedeutsamen Akteure gesehen. Sie können auf diese Weise dazu beitragen, das regionale Bewusstsein zu stärken und die Bereitschaft zu gemeinsamen Handeln zu fördern. Die Freiwilligkeit und die damit verknüpfte Unverbindlichkeit stellen jedoch gleichzeitig die größte Schwäche dar, weil sie den Akteuren bei einer Änderung der Interessenlage jederzeit eine Beendigung der Kooperation ermöglichen (Bunzel et al. 2002, S. 316). Die Fortsetzung der Zusammenarbeit kann nicht gesetzgeberisch angeordnet werden.

Wie die Erfahrungen in Nordrhein-Westfalen und anderen Bundesländern zeigen, sind positive Ergebnisse insbesondere dort zu erwarten, wo die Erstellung regionaler Entwicklungskonzepte zur Bedingung für die staatliche Förderung von Projekten gemacht wurde. Nordrhein-Westfalen hat im Kontext der »Internationalen Bauausstellung Emscher Park« zahlreiche Kooperationsprojekte gefördert, die insbesondere der Realisierung eines flächenschonenden Strukturwandels in der Region (Flächenrecycling, Wiedernutzung von Brachen, Altlastensanierung, Umbaumaßnahmen) dienten (UFZ 2004, S. 38). Die Kommission der EG verlangt »Regionale Aktionsprogramme« als Voraussetzung für die Vergabe von Fördermitteln. Auch im Rahmen der Gemeinschaftsaufgabe »Verbesserung der Regionalen Wirtschaftsstruktur« gewinnen »Regionale Entwicklungskonzepte« zunehmend an Bedeutung.

STÄDTENETZE

Städtenetze werden in § 13 ROG explizit als eine Möglichkeit angeführt, die Zusammenarbeit der Gemeinden zur Stärkung teilräumlicher Entwicklungen zu unterstützen. Sie basieren auf den Prinzipien der Freiwilligkeit und der Gleichberechtigung aller Partner, die auch während der Kooperation ihre volle Selbstständigkeit bewahren. Die Motivation für die Gründung von Städtenetzen sind in der Regel besondere Herausforderungen, wie z.B. die Beseitigung von Flächenengpässen, die Bewältigung des Strukturwandels oder der Abbau des innerregionalen Konkurrenzkampfes um Arbeitsplätze. Dabei muss letztlich die Überzeugung vorhanden sein, dass sich die Probleme im Verbund besser lösen lassen und die langfristigen Gestaltungsmöglichkeiten durch die Kooperation erweitert werden können. Ziel des Zusammenschlusses ist es, durch eine Bündelung der Kapazitäten und eine gemeinsame Leistungserbringung die knappen finanziellen Ressourcen effizienter zu nutzen und auf diese Weise die Position der Region im internationalen Standortwettbewerb zu verbessern (dazu ausf. Bunzel et al. 2002, S. 317 f.; Langosch 2001).

Um Wirkung und Erfolg dieses neuen Instruments zu erkunden, wurde in den Jahren 1996–1998 ein eigenes Forschungsfeld im Rahmen des »Experimentellen Wohnungs- und Städtebaus« (ExWoSt) eingerichtet und eine umfangreiche Begleitforschung etabliert. Wie die Ergebnisse der Begleitforschung zeigen, ist es gelungen,

Städtenetze als Kooperationsbeziehungen dauerhaft zu institutionalisieren und über die Phase der Begleitforschung hinaus arbeitsfähig zu erhalten; ihre Anzahl hat sich im Verlauf des Beobachtungszeitraums mehr als verdoppelt. In einigen Fällen wurden Schritte in Richtung auf eine Entwicklung gemeinsamer Projekte unternommen. Als positives Resultat wird weiter festgehalten, dass Informationsaustausch, Wissensvermittlung und Know-how-Transfer zwischen den Beteiligten deutlich gestiegen sind (BBR 1999). Die Schwerpunkte der Kooperation lagen in den Handlungsfeldern Kultur/Freizeit/Tourismus, Stadtmarketing und Öffentlichkeitsarbeit, Wirtschaftsförderung sowie Verkehr (Gawron/Jähnke 2001).

Ein Vorzug von Städtenetzen wird auch darin gesehen, dass sie Kooperation in Fällen gestatten, in denen die Gemeinden zwar in einen räumlichen Bezug zueinander stehen, aber nicht unmittelbar benachbart sind, sodass bewährte Formen interkommunaler Kooperation, wie die Abstimmung von Bauleitplänen nach § 2 Abs. 2 BauGB, die Erstellung gemeinsamer Flächennutzungspläne nach § 204 BauGB oder der Betrieb interkommunaler Gewerbegebiete, nicht in Betracht kommen (UFZ 2004, S. 40).

FALLBEISPIELE 2.2.2

Bei der Auswahl der Fallbeispiele spielten vor allem die folgenden Kriterien eine Rolle: Es sollten möglichst innovative Ansätze interkommunaler Kooperation dargestellt werden, die bereits über einen längeren Zeitraum Bestand haben. Sie sollten außerdem möglichst verallgemeinerbar sein und somit Empfehlungscharakter für andere Regionen haben.[19]

REGIONALES ENTWICKLUNGSKONZEPT FÜR DEN VERDICHTUNGSRAUM OSNABRÜCK

Bei dem »Regionalen Entwicklungskonzept Osnabrück« handelt es sich um eine klassische stadtregionale Zusammenarbeit im engeren Verflechtungsraum eines solitären Oberzentrums. Es umfasst die Stadt Osnabrück und die sechs unmittelbar benachbarten Gemeinden Wallenhorst, Belm, Bissendorf, Georgsmarienhütte, Hasbergen und Lotte sowie die südlich von Hasbergen gelegene Gemeinde Hagen. Während Osnabrück eine kreisfreie Stadt ist, gehören die anderen beteiligten Kommunen zum Landkreis Osnabrück. Das Verhältnis zwischen Stadt und Umlandgemeinden ist durch die übliche Konkurrenz um Einwohner und Gewerbeansiedlung geprägt. Wie in vielen anderen Verdichtungsräumen hat die Kernstadt leichte Einwohner-

19 Die Darstellung der Fallbeispiele beruht im Wesentlichen auf dem Gutachten des IBoMa (2004, S. 46 ff.).

verluste zu verzeichnen, während die Umlandgemeinden gewachsen sind. Die Stadt Osnabrück hat zudem eine eher restriktive Siedlungspolitik betrieben, die diesen Trend verstärkte.

In Niedersachsen sind die Landkreise mit der Regionalplanung betraut. Im Hinblick auf die kreisfreien Städte entfällt dagegen die Regionalplanung und wird durch die kommunale Flächennutzungsplanung ersetzt. Diese Aufgabenteilung führte dazu, dass es an einem übergreifenden Siedlungsentwicklungskonzept für den gesamten Verflechtungsraum fehlte. Der Landkreis Osnabrück ist zudem eine sehr heterogene Gebietseinheit, da sich nördlich und südöstlich des Verdichtungsraums stark ländlich geprägte Gebiete befinden, deren Interessen die Regionalplanung ebenfalls berücksichtigen muss.

Zentrales Organ der interkommunalen Zusammenarbeit ist die »Stadt-Umland-Konferenz« als informelles Bündnis zwischen der Stadt Osnabrück, dem Landkreis und den sieben Gemeinden im engeren Verdichtungsraum. Dieses Gremium wurde 1993 auf Initiative der Verwaltungsspitzen der Stadt und des Landkreises gegründet, um die freiwillige Zusammenarbeit in der Region zu verbessern, wobei es nicht nur um die Siedlungsentwicklung, sondern auch um andere Aufgaben wie die Finanzierung von Kultureinrichtungen und den ÖPNV ging. Die Stadt-Umland-Konferenz ist ein lockerer Zusammenschluss ohne Entscheidungskompetenzen, bei dem weder die Anzahl der Teilnehmer noch die Stimmverteilung im Einzelnen geregelt sind, d.h. verbindliche Beschlüsse können nur in den einzelnen Stadt- bzw. Gemeinderäten gefasst werden. Die wesentliche Funktion der Stadt-Umland-Konferenz besteht darin, ein Forum für den interkommunalen Gedankenaustausch zu bieten. 1994 beschloss dieses Organ, ein Regionales Entwicklungskonzept zu erarbeiten, um die interkommunale Zusammenarbeit zu verbessern und eine koordinierte Abstimmung der kommunalen Planungen sicherzustellen.

Nach einer Bestandsaufnahme der Freiraumstruktur, der Naturraum- und Erholungspotenziale wurden geeignete Standorte der künftigen Siedlungsentwicklung nach den Kriterien »Nähe zu ÖPNV-Haltestellen« und »Lage außerhalb des zu erhaltenden Freiraums« definiert. Auf der Grundlage dieses relativ groben Siedlungskonzepts erarbeitete der Landkreis im Auftrag der Stadt-Umland-Konferenz und in intensiver Abstimmung mit den Kommunen einen differenzierten Rahmenplan, in dem die potenziellen Standorte für Gewerbe- und Wohnbaulandentwicklung flächenscharf dargestellt wurden. Die Kosten für seine Erstellung wurden im Wesentlichen vom Landkreis Osnabrück getragen. Das Regionale Entwicklungskonzept für den Verdichtungsraum Osnabrück wurde 1999 als »informelle Handlungsempfehlung« einvernehmlich beschlossen.

Aufgrund seines informellen Charakters gewinnt das Konzept erst durch die Selbstbindung der Kommunen und die Übertragung in formelle Pläne eine gewisse Verbindlichkeit. Eine solche Umsetzung in verbindliche Planwerke ist inzwischen sowohl durch den aktualisierten Flächennutzungsplan der Stadt Osnabrück als auch durch den Regionalplan des Landkreises erfolgt. Auch im Hinblick auf die kommunalen Planungen im Verflechtungsraum erfüllt das Regionale Entwicklungskonzept eine wichtige Funktion als Grundlage und Leitorientierung. Es gab außerdem den Impuls für das Zustandekommen verschiedener konkreter Projekte. So wurden beispielsweise inzwischen zwei interkommunale Gewerbegebiete konzipiert, ein gemeinsamer Tourismusverband gegründet sowie ein gemeinsames Marketing zwischen Stadt und Landkreis Osnabrück organisiert. Weitere Vorteile der Kooperation werden in der Förderung der regionalen Perspektive und in der Intensivierung des Informationsaustausches zwischen den beteiligten Gemeinden gesehen (dazu ausf. IBoMa 2004, S. 49 f.).

KOOPERATIONSMODELL DER REGION BONN/RHEIN-SIEG/AHRWEILER

Als Mischform zwischen einem »Regionalen Entwicklungskonzept« und einem »Städtenetz« kann das Kooperationsmodell der Region Bonn/Rhein-Sieg/Ahrweiler betrachtet werden (Bunzel et al. 2002, S. 316). Erste Erfahrungen der Zusammenarbeit wurden in der Region bereits Ende der 1980er Jahre gesammelt, als im Rahmen der »Zukunftsinitiative Nordrhein-Westfalen« ein Gemeindegrenzen übergreifendes Strukturkonzept erarbeitet wurde. Den Ausschlag für eine Intensivierung der Kooperationsbeziehungen gab aber erst der Umzugsbeschluss des Deutschen Bundestages im Jahre 1991, der die gesamte Region vor erhebliche ökonomische, soziale und strukturelle Herausforderungen stellte. Der dadurch ausgelöste Handlungszwang leitete auf mehreren Ebenen einen regionalen Diskussions-, Partizipations- und Umgestaltungsprozess ein, den die Bundesregierung mit umfangreichen Finanzmitteln unterstützte. Noch im selben Jahr wurde der *Regionale Arbeitskreis Entwicklung, Planung und Verkehr der Region Bonn/Rhein-Sieg/Ahrweiler* (rak) gegründet, dem 18 Städte und Gemeinden angehörten und der die Aufgabe hatte, Leitbilder für die weitere Entwicklung der Region zu formulieren. Die Abgrenzung der Region erfolgte anhand der bestehenden Pendlerverflechtungen von Wohn- und Arbeitsstandorten. Die Kooperationspartner verpflichteten sich zur Einhaltung der gemeinsam getroffenen Absprachen.

Die Umsetzung der Planungen wurde dezentral unter Beachtung der vereinbarten Qualitätsstandards organisiert, wobei Leit- und Pilotprojekte die spezifischen Qualitäten demonstrieren sollten. Inhaltlich erstreckte sich die Kooperation auf die regionale Abstimmung von Fachhochschulstandorten, den ÖPNV und den Wohnungsbau. Den Schwerpunkt der Aktivitäten bildete die Realisierung einer wohnungsmarktpolitischen Strategie für die Region. Für den Wohnungsneubau wurden u.a. folgende Qualitätskriterien zugrunde gelegt: Nach Möglichkeit sollten vorhandene Flächenpotenziale genutzt werden (Schließen von Baulücken, Wiedernutzung von Brachflächen, Nachverdichtung), während sich die Bereitstellung neuer Wohnbauflächen auf Standorte mit guter ÖPNV-Anbindung konzentrieren sollte. Die Bebauung sollte kosten- und ressourcenschonende Bauformen bevorzugen, die besonderen Freiraum- und Erholungsqualitäten nicht beeinträchtigen und die vorhandenen gestalterischen Strukturen sowie die Identität des Ortes bewahren (Bunzel et al. 2002, S. 259).

Mit der Verabschiedung des »Impulsprogramms für einen innovativen und zukunftsweisenden Wohnungsbau« wurden Anreize zur Einhaltung der Qualitätsstandards geschaffen. Zwischen 1996 und 1999 wurden von den Kommunen 22 Projekte eingereicht, von denen 18 als förderungswürdig eingestuft wurden. Der Erfolg des Impulsprogramms gab im Jahre 2001 den Anlass für die Erprobung eines *regionalen Wohnungsbauförderungsbudgets* für den nordrhein-westfälischen Teil der Verflechtungsregion (die Stadt Bonn und den Rhein-Sieg-Kreis). Für eine dreijährige Modellphase wurden insgesamt 100 Mio. DM zur gemeinsamen Bewirtschaftung in der Region zur Verfügung gestellt.

Während bei der traditionellen Wohnbauförderung die Bewilligungsbehörden Anträge auf Einzelbudgets stellen, die dann in einem Verwaltungsakt bewilligt werden, kann die Region bei einer regionalen Budgetierung selbst über die räumliche und sachliche Verteilung der Finanzmittel entscheiden. Das Verfahren zur Schwerpunktsetzung bei der Mittelvergabe wurde in einer Verwaltungsvereinbarung festgelegt, die zwischen den drei Bewilligungsbehörden (Stadt Bonn, Stadt Troisdorf, Rhein-Sieg-Kreis) geschlossen wurde. Die Erfahrungen des Modellversuchs, der 2003 ausgelaufen ist, werden als positiv bewertet und eine Weiterführung diskutiert. Dabei werden auch Überlegungen zur räumlichen und inhaltlichen Erweiterung der regionalen Budgetierung von Landesmitteln angestellt, räumlich durch Einbeziehung des rheinland-pfälzischen Kreises Ahrweiler und inhaltlich durch Ausdehnung der regionalen Budgetierung auf die Städtebauförderung, die Infrastrukturförderung u.Ä. (dazu ausf. IBoMa 2004, S, 58 ff.).

Die Region Bonn/Rhein-Sieg/Ahrweiler hat demonstriert, dass durch kontinuierliche langjährige Zusammenarbeit eine tragfähige Vertrauensbasis geschaffen werden kann, auf der selbst konfliktträchtige Entscheidungen über die Vergabe von Wohnbaufördermitteln in regional abgestimmter Weise möglich sind. Der enge und häufige Kontakt zischen Investoren, Bewilligungsbehörden und Planungsämtern hat außerdem dazu beigetragen, den Austausch über die räumlichen und inhaltlichen Förderziele, die Qualitätsstandards und den gesamten regionalen Entwicklungsprozess zu intensivieren. Im Hinblick auf die Wirksamkeit des regionalen Wohnungsmarktmodells, das bisher das einzige Beispiel dieser Art von Kooperation darstellt, ist allerdings zu berücksichtigen, dass sich die getroffenen Absprachen lediglich auf den öffentlich geförderten Wohnungsbau beziehen, während der frei finanzierte Wohnungsbau als das beherrschende Marktsegment ausgeklammert blieb.

Als wesentliche Faktoren für den Erfolg des Kooperationsmodells sind neben der gemeinsamen Betroffenheit durch den Regierungsumzug und seine wirtschaftlichen Konsequenzen vor allem die vom Bund geleisteten Ausgleichszahlungen für den Verflechtungsraum zu betrachten. Damit standen externe Finanzmittel zur Verfügung, welche die Kooperationsbereitschaft erheblich erhöht haben. Vergleichbare Voraussetzungen gibt es in anderen Regionen nicht (Bunzel et al., S. 259 f.; IBoMa 2004, S. 62 f.).

KOMBINIERTES GEWERBE- UND KOMPENSATIONSFLÄCHENINFORMATIONSSYSTEM IM KREIS RECKLINGHAUSEN

Die Emscher-Lippe-Region mit den kreisfreien Städten Bottrop und Gelsenkirchen sowie den zehn kreisangehörigen Kommunen des Kreises Recklinghausen ist als nördliche Teilregion des Ruhrgebiets einer der am dichtesten besiedelten Räume Europas. Siedlungsstrukturell bildet die Region den Übergang zwischen der hochverdichteten Industriezone des Ruhrgebiets zum ländlichen Raum des Münsterlandes. Insgesamt leben in der Emscher-Lippe-Region über 1 Mio. Menschen in zwölf Städten auf einer Fläche von 996 km^2.

Ende der 1980er Jahre begann das Land Nordrhein-Westfalen seine Strukturpolitik zu regionalisieren. In 15 Regionen bildeten sich Regionalkonferenzen als freiwillige Zusammenschlüsse von Akteuren, die in unterschiedlichen Funktionen in die Strukturentwicklung involviert waren. Eine der ersten Regionalkonferenzen, die ihre Arbeit aufnahmen, war die Regionalkonferenz Emscher-Lippe, die sich bereits 1988 auf ein erstes Regionales Entwicklungskonzept verständigte. Drei Jahre später erfolgte eine Fortschreibung zum »Emscher-Lippe-Entwicklungsprogramm«, das in der Folgezeit als Leitorientierung für die Strukturpolitik und als wichtige Grundlage für viele Förderentscheidungen der Landesregierung diente.

1998 übernahm ein Arbeitskreis im Auftrag der Regionalkonferenz die erneute Fortschreibung des Entwicklungskonzepts. Ein wesentlicher Bestandteil des neuen Konzepts war das Kooperationsprojekt GISELA, das ein regionales Flächenmanagement im Hinblick auf Gewerbeflächen, Freiraumentwicklung und Kompensationsflächen anstrebt. Das Projekt wurde zu jeweils 40 % vom Land und von der EU gefördert; die restlichen 20 % der Kosten wurden vom Kreis Recklinghausen getragen. Ziel der Kooperation ist eine praxisnahe Unterstützung der regionalen Wirtschaftsförderung sowie der Arbeit der Umwelt- und Planungsämter durch die Bereitstellung GIS-gestützter Informationen für das Gewerbe- und Kompensationsflächenmanagement.

Das Gewerbeflächeninformationssystem ist als Flächenatlas und via Internet (http://www.gis-ela.de) auch der Öffentlichkeit zugänglich. Es bietet Informationen über verfügbare Gewerbeflächen, Bürogebäude und Hallen in der Emscher-Lippe-Region und soll ansiedlungswilligen Unternehmen die Möglichkeit geben, sich einen Überblick über potenzielle Standorte (Position, Größe, Verkehrsanbindung etc.) in der Region zu verschaffen. Der Baustein Kompensationsflächenmanagement wird neben einem Kompensationsflächenkataster das Freiraumentwicklungskonzept enthalten, in dem Entwicklungsräume und -achsen, Entwicklungsziele und Raumdefizite dargestellt werden sollen. Dieses Informationsangebot wird durch Handlungsempfehlungen an die Kommunen ergänzt, die Möglichkeiten für das Kompensationsflächenmanagement im Bereich der Bauleitplanung, aber auch für Fachplanungen und Einzelvorhaben auf lokaler und regionaler Ebene beinhalten. Abgerundet werden die bereitgestellten Flächeninformationen durch den Internetauftritt »RegionPlaner Emscher«, der weitere Informationen zur Landesplanung und zu kommunalen Planungen, zur Infrastruktur, zu Freizeitmöglichkeiten, zur Bevölkerung und zur Behördenstruktur in der Region enthält. Der Internetauftritt richtet sich in erster Linie an mittelständische Betriebe, die bereits in der Region ansässig sind oder sich dort niederlassen wollen. Er wird finanziell unterstützt durch »move«, das Landesprogramm zur Förderung des Mittelstands (dazu ausf. IBoMa 2004, S. 42 ff.).

Mit den beiden Flächeninformationssystemen sollte eine Informations- und Kommunikationsplattform geschaffen werden, die durch regionalen Datenaustausch zu mehr Transparenz und Effizienz im Umgang mit der Ressource Boden führen sollte. Obwohl eine effiziente Flächennutzung im Regionalen Entwicklungskonzept explizit als Ziel genannt wird, standen weniger ökologische Belange im Vordergrund als vielmehr die Wirtschaftsförderung sowie die bessere Abstimmung zwischen den Kommunen bei der Bereitstellung von naturschutzrechtlichen Ausgleichs- und Ersatzflächen. Wie die bisherigen Erfahrungen zeigen, wurden diese beiden Ziele durchaus erreicht.

Der *Gewerbeflächenatlas* wird erfolgreich im Internet präsentiert und laufend auf den neuesten Stand gebracht. Er stößt auf reges Interesse und wird vor allem von Maklern intensiv genutzt. Der Gewerbeflächenatlas zeigt allerdings lediglich bestehende Flächenpotenziale auf und nimmt keine Bedarfsabschätzungen vor. Zur Reduktion des Flächenverbrauchs trägt er daher allenfalls in indirekter Form bei, insofern als er einen Überblick über vorhandene Gewerbeflächen gibt und damit u.U. überzogene Neuausweisungen einzelner Kommunen verhindern kann. Auch im Hinblick auf das *Kompensationsflächenmanagement* hat die Kooperation zu positiven Resultaten geführt. Das regionale Ökokonto konnte trotz der Neuheit dieses Instruments zügig eingeführt werden. Dies erlaubt, Ausgleichsmaßnahmen an regional abgestimmten Orten sinnvoll zu bündeln, was zur Optimierung der Freiraumgestaltung und zur Stärkung der Grünzüge beiträgt, aber nicht zwangsläufig zu einer Verminderung der Flächeninanspruchnahme führt (IBoMa 2004, S. 44).

Mithilfe der externen Förderung durch das Land und die EU sind in der Emscher-Lippe-Region Kooperationsstrukturen geschaffen worden, die sich inzwischen selber tragen. Die Fortführung der Zusammenarbeit ist für alle Beteiligten so erstrebenswert, dass sie jetzt von den kreisfreien Städten Bottrop und Gelsenkirchen sowie vom Kreis Recklinghausen selbst finanziert wird. Das Fallbeispiel zeigt, dass es den Kommunen gelingt, sich auf einen kooperativen Weg zu einigen, wenn dies für alle Beteiligten mit Vorteilen verbunden ist. Die beiden gewählten Kooperationsbereiche, nämlich Gewerbeflächenvermarktung und Kompensationsflächenmanagement, scheinen zudem vergleichsweise wenig konfliktträchtige Gegenstände zu sein, die sich für eine engere interkommunale Zusammenarbeit auf regionaler Ebene anbieten (Teil II, Kap. 2.4).

FORMELLE KOOPERATIONSANSÄTZE 2.3

Das Spektrum formeller Kooperationsbeziehungen ist breit und umfasst sowohl privatrechtliche als auch öffentlich-rechtliche Organisationsformen (Heinz 2000, S. 202 ff.).

Zu den *privatrechtlichen Organisationsformen* gehören z.B. eingetragene Vereine, Stiftungen, Genossenschaften, GmbHs und Aktiengesellschaften, wobei den Gemeinden nicht der gesamte Formenkanon privatrechtlicher Organisationsmöglichkeiten offen steht. Die Gemeindeordnungen lassen nur eine gemeindliche Beteiligung an solchen Unternehmensformen zu, deren Haftung auf einen bestimmten Höchstbetrag begrenzt ist. Damit scheiden z.B. Offene Handelsgesellschaften (OHG) und Kommanditgesellschaften als Organisationsformen aus (Bunzel et al. 2002, S. 128). Bei Gemeinden mit einem Haushaltssicherungskonzept bedarf die Gründung oder Beteiligung an einer privatrechtlichen Organisation der Genehmigung durch die Aufsichtsbehörde. Die Übertragung hoheitlicher Aufgaben auf Private ist unzulässig. Trotz dieser Einschränkung ist interkommunale Kooperation in Form des Privatrechts beliebt und weit verbreitet. Der Vorteil privatrechtlicher Organisationsformen wird in ihrer großen Flexibilität und schnellen Anpassungsfähigkeit gesehen, die insbesondere bei der gemeinsamen Lösung wirtschaftlicher Probleme von Bedeutung ist (UFZ 2004, S. 11.).

Öffentlich-rechtliche Organisationsformen bieten sich dagegen vor allem für die Durchführung hoheitlicher Aufgaben im Bereich der Planung sowie für finanzrechtliche Belange an (IBoMa 2004, S. 21). Die Bauleitplanung als originär hoheitlicher Akt kann nicht auf privatrechtliche Organisationseinheiten übertragen werden. Zwar können die Gemeinden mit Privaten kooperieren (z.B. durch städtebauliche Verträge gemäß § 11 BauGB) oder Private mit der Vorbereitung und Durchführung bestimmter Verfahrensschritte betrauen (§ 4 b BauGB). Es muss jedoch gewährleistet sein, dass die Gemeinde die alleinige Entscheidungsverantwortung behält (UFZ 2004, S. 11). Der Aufgabenbereich Bauleitplanung stellt insofern einen Sonderfall dar, als die zulässigen Rechtsformen interkommunaler Kooperation durch §§ 203 bis 205 (BauGB) spezialgesetzlich geregelt sind; sie werden daher hier in einem eigenen Kapitel (Teil II, Kap. 2.3.1) dargestellt.

INTERKOMMUNALE KOOPERATION IM RAHMEN DER BAULEITPLANUNG 2.3.1

Nach den Bestimmungen des BauGB obliegt die Bauleitplanung grundsätzlich den Gemeinden. Gemäß § 1 Abs. 3 BauGB haben sie die Pflicht, Bauleitpläne aufzustellen »sobald und soweit es für die städtebauliche Entwicklung und Ordnung erforderlich ist«. Der Sammelbegriff »Bauleitplanung« umfasst die *Flächennutzungsplanung* als vorbereitende und die *Bebauungsplanung* als verbindliche Bauleitplanung. Im Hinblick auf die Bauleitplanung, die zum Kernbereich der verfassungsmäßig garantierten Selbstverwaltungshoheit der Kommunen zählt, sieht das Planungsrecht verschiedene Kooperationsbeziehungen vor, sowohl auf freiwilliger als auch auf angeordneter Basis (UFZ 2004, S. 47 ff.). Eine vom Deutschen Institut für Urbanistik (Difu) durchgeführte Rechtstatsachenuntersuchung zur interkommunalen Kooperation im Städtebau (Bunzel et al. 2002) gibt einen Eindruck davon, in welchem Umfang die Gemeinden bisher von den durch die §§ 203 bis 205 BauGB eingeräumten Möglichkeiten zur Zusammenarbeit auf dem Gebiet der Bauleitplanung Gebrauch gemacht haben (Tab. 4).

ABSTIMMUNGSPFLICHT VON BAULEITPLÄNEN

Die Abstimmung der Bauleitpläne zwischen benachbarten Gemeinden, die gemäß § 2, Abs. 2 BauGB zwingend vorgeschrieben ist, sichert ein Mindestmaß interkommunaler Kooperation, auch ohne dass sich die Gebietskörperschaften in einer Arbeitsgemeinschaft, einem Verband oder einer sonstigen Rechtsform zusammenschließen. Der Anspruch jeder Kommune auf Abstimmung der Bauleitplanung begründet ein Gebot interkommunaler Rücksichtnahme und ein Verbot unzumutbarer Auswirkungen auf die Nachbargemeinde. Dabei hat eine sachgerechte Abwägung widerstreitender schutzwürdiger Belange zu erfolgen, insbesondere wenn unmittelbare Effekte auf die städtebauliche Ordnung und Entwicklung der Nachbargemeinde möglich sind. Solche Wirkungen sind bei Planungen zu erwarten, die in den Nachbargemeinden zu Immissionsbelastungen führen oder einen negativen Einfluss auf die Gewährleistung bestimmter städtebaulicher Funktionen (Nahversorgung, zentrale Versorgung im Stadtzentrum etc.) haben.

TAB. 4 INTERKOMMUNALE FLÄCHENNUTZUNGSPLÄNE IN DEUTSCHLAND

Rechtsform	Anzahl
freiwilliger oder zwangsweiser Zusammenschluss bei landesgesetzlicher Aufgabenübertragung – § 203 Abs. 2 BauGB	573
Zusammenschluss zu einem Planungsverband durch Entscheidung der Landesregierung – § 205 Abs. 2 BauGB	1
Zusammenschluss zu einem Planungsverband durch besonderes Landesgesetz – § 205 Abs. 6 BauGB	8
Aufstellung eines gemeinsamen Flächennutzungsplans – § 204 Abs. 1 BauGB	55
Gründung eines individuellen Planungsverbands – § 203 Abs. 2 BauGB	15
freiwilliger Zusammenschluss zum Zweckverband oder Abgabe der Aufgabe an einen sonstigen Zusammenschluss nach Landesrecht – § 203 Abs. 2 BauGB	38
gesamt	**690**
Zahl der beteiligten Gemeinden	**4.731**
Gesamtzahl der Kommunen in Deutschland	**14.308**

Quelle: ARL 2000, S. 8

In den letzten Jahren sind vor allem durch Projekte des großflächigen Einzelhandels und der Freizeitinfrastruktur erheblichen Konflikten zwischen benachbarten Gemeinden ausgelöst worden, die nicht selten auch die Gerichte beschäftigt haben. Genauere Untersuchungen über die Wirksamkeit des interkommunalen Abstimmungsgebots zur Herbeiführung eines Interessenausgleichs liegen nicht vor (dazu ausf. UFZ 2004, S. 11 ff.; Bunzel et al. 2002, S. 32 ff. mit weiteren Nachweisen).

GEMEINSAME FLÄCHENNUTZUNGSPLÄNE

Nach § 204 Abs. 1 BauGB sollen benachbarte Gemeinden einen gemeinsamen Flächennutzungsplan aufstellen, »wenn ihre städtebauliche Entwicklung wesentlich durch gemeinsame Voraussetzungen und Bedürfnisse bestimmt wird«. Diese Bedingungen sind nach dem Wortlaut des Gesetzes insbesondere dann gegeben, wenn die Verwirklichung der Ziele der Raumordnung oder wenn Einrichtungen und Anlagen des öffentlichen Verkehrs oder der sozialen Infrastruktur eine gemeinsame Planung erfordern. Die Erstellung eines gemeinsamen Flächennutzungsplans soll einen gerechten Ausgleich der verschiedenen Belange ermöglichen und somit die Lösung von Problemen im Abstimmungsprozess erleichtern.

Der Gesamtplan wird unter Beibehaltung der Planungshoheit der beteiligten Gemeinden aufgestellt. Seine Verabschiedung setzt eine übereinstimmende Beschlussfassung der Beteiligten voraus, was bedeutet, dass die verfahrensleitenden Beschlüsse von jedem Gemeinderat einzeln gefasst und die Verfahrensschritte des Planfeststellungsverfahren in jeder Gemeinde gesondert durchgeführt werden müssen. Mit der Beschlussfassung durch die letzte der betroffenen Gemeinden tritt die Bindungswirkung ein (dazu ausf. Bunzel et al. 2002, S. 45 f. u. 56 ff.). Dementsprechend kann der gemeinsame Flächennutzungsplan auch nur gemeinsam aufgehoben, geändert oder ergänzt werden. Gemäß § 204 Abs. 1 Satz 3 BauGB können die Gemeinden vereinbaren, dass sich die Bindung nur auf bestimmte räumliche oder sachliche Teilbereiche erstreckt.

Die oben erwähnte Difu-Studie sieht die Potenziale der gemeinsamen Flächennutzungsplanung vor allem in einer koordinierten Siedlungsflächenausweisung, mit deren Hilfe die Siedlungstätigkeit besser auf die aus objektiven Gründen geeigneten Flächen gelenkt und die Flächeninanspruchnahme in der Summe reduziert werden könnte. Damit würde dem Gebot eines sparsamen und schonenden Umgangs mit Grund und Boden (§ 1a Abs. 1 BauGB) in besonderem Maße Rechnung getragen. Als weitere Vorteile werden die Vermeidung von Doppelplanungen und die Möglichkeit zu einem effizienteren Einsatz begrenzter personeller und finanzieller Ressourcen betrachtet (Bunzel et al. 2002, S. 143 ff.). Gegenstandsbereich der gemeinsamen Flächennutzungsplanung können in erster Linie regional bedeutsame Belange wie die Standortwahl für den großflächigen Einzelhandel oder die schwerpunktmäßige Verteilung von Wohnen und Arbeiten sein. Als Ziele einer koordinierten Siedlungsflächenplanung werden in Anlehnung an das Siedlungskonzept des Nachbarschaftsverbands Karlsruhe (1997) u.a. genannt:

› Konzentration der Siedlungstätigkeit auf die Einzugsbereiche von Haltestellen des ÖPNV;
› Ausschöpfung des vorhandenen Potenzials an Infrastruktureinrichtungen und Herstellung einer möglichst engen räumlichen Nachbarschaft von Siedlungsflächen und Infrastruktur;
› Ergänzung bestehender Siedlungen in ländlichen Räumen durch sinnvolle Arrondierung, Vermeidung isoliert liegender Siedlungen sowie Sicherstellung einer guten Erreichbarkeit von publikumsintensiven Infrastruktureinrichtungen;
› Erhaltung und Vernetzung möglichst großer Freiflächen zwischen den Siedlungsbereichen sowie Freihaltung von Frischluftschneisen.

Einen weiteren wichtigen Anwendungsbereich gemeinsamer Flächennutzungsplanung stellt aus der Sicht des Difu die Umsetzung von naturschutzrechtlichen Ausgleichskonzepten dar. Durch die Weiterentwicklung der naturschutzrechtlichen Eingriffsregelung im Rahmen des BauROG 1998 wurde die Möglichkeit geschaffen, Eingriff und Ausgleich räumlich zu entkoppeln (Teil II, Kap 1.1) Gemeinden können dies nutzen, indem sie ein Gemeinde übergreifendes Ausgleichskonzept entwickeln und die dafür vorgesehenen Flächen durch eine entsprechende Darstellung im gemeinsamen Flächennutzungsplan sichern. Dieses Vorgehen bietet aus naturschutzrechtlicher Sicht den Vorzug, dass die Betrachtung der naturräumlichen Gegebenheiten nicht an den Gemeindegrenzen endet und sich der ökologische Ausgleich stärker an fachlichen Erfordernissen orientieren kann (s.a. Teil II, Kap. 2.4.3).

Die im Rahmen der Difu-Studie durchgeführte Befragung der Planungsträger bezüglich Anzahl und Zielsetzung der in den Jahren 1988–1998 aufgestellten interkommunalen Flächennutzungspläne hat ergeben, dass es insgesamt 690 Fälle gemeinsamer Planung (Stand Ende 1998) gab. Von der Möglichkeit, auf der Grundlage einer *freiwilligen* Zusammenarbeit einen gemeinsamen Flächennutzungsplan aufzustellen, haben die Städte und Gemeinden in 55 Fällen Gebrauch gemacht. In solche Verfahren involviert waren 323 Gemeinden (oder 6 % der Gemeinden in Deutschland), wobei in der Erfassung kein Unterschied zwischen Plänen mit Voll- oder nur mit Teilbindung gemacht wurde.

Die Ergebnisse zeigen weiter, dass die durch § 204 Abs. 1 BauGB eingeräumten Möglichkeiten vorwiegend in den ostdeutschen Bundesländern genutzt wurden: Rund zwei Drittel der gemeinsamen Flächennutzungspläne (38 von 55 Fällen) wurden in den neuen Ländern aufgestellt, davon 27 in Brandenburg, sieben in Sachsen-Anhalt sowie jeweils zwei in Mecklenburg-Vorpommern und Sachsen. In den alten Bundesländern existieren 17 gemeinsame Flächennutzungspläne, davon elf in Schleswig-Holstein, fünf in Bayern und einer in Niedersachsen (Bunzel et al. 2002, S. 157 f.). Die Bedeutung der auf freiwilliger Basis zustande gekommenen interkommunalen Flächennutzungspläne relativiert sich weiter, wenn man bedenkt, dass die Aufstellung solcher Pläne in Brandenburg eine intensive finanzielle Förderung seitens des Landes erfahren hat. Die Hälfte der gemeinsamen Flächennutzungspläne gemäß § 204 Abs. 1 BauGB verdankt ihr Zustandekommen somit dem Einsatz des »goldenen Zügels« (UFZ 2004, S. 51 mit weiteren Nachweisen).

Inwieweit die Aufstellung gemeinsamer Flächennutzungspläne dazu beitragen kann, die Flächeninanspruchnahme für Siedlungs- und Verkehrszwecke zu reduzieren, lässt sich auf der Basis der bisher vorliegenden empirischen Untersuchungen nicht abschließend beurteilen. Sicherlich gewährleistet die gemeinsame Ausarbeitung eines Planentwurfs und die übereinstimmende Beschlussfassung eine intensivere Form der Beratung, Aushandlung und Abwägung als die bloße Abstimmungspflicht nach

§ 2 Abs. 2 BauGB, die eher auf eine Kenntnisnahme der von der Nachbargemeinde eigenständig durchgeführten Planung hinausläuft (UFZ 2004, S. 52). Auf der anderen Seite besteht gerade bei der gemeinsamen Flächennutzungsplanung die Gefahr, dass die Ausweisung der Siedlungsfläche besonders großzügig ausfällt, da sich sonst einzelne Gemeinden benachteiligt fühlen und es zu keiner Einigung kommt. Die Erfahrungen zeigen, dass bei der ersten Generation gemeinsamer Flächennutzungspläne noch relativ großflächige Ausweisungen vorgenommen wurden, die im Laufe der weiteren Zusammenarbeit jedoch erheblich eingeschränkt wurden. Insofern kann der gemeinsame Flächennutzungsplan ein geeignetes Instrument darstellen, um die Bauleitplanung im Sinne eines regionalen Flächenmanagements gemeindeübergreifend abzustimmen (IBoMa 2004, S. 21).

PLANUNGSVERBÄNDE

Der Planungsverband ist eine Sonderform des kommunalen Zweckverbands für das Aufgabenfeld der Bauleitplanung (IBoMa 2004, S. 23). Gemäß § 205 Abs. 1 BauGB können sich Kommunen oder sonstige öffentliche Planungsträger in einem Planungsverband zusammenschließen, um durch gemeinsame, Gemeindegrenzen übergreifende Bauleitplanung einen Ausgleich der verschiedenen Interessen zu erreichen. Der Planungsverband tritt nach Maßgabe seiner Satzung für die Bauleitplanung und ihre Durchführung an die Stelle der Gemeinden. Alle für die Gemeinden geltenden Vorschriften bezüglich der materiellen und verfahrensmäßigen Anforderungen an die Aufstellung von Bauleitplänen (Abstimmungspflicht mit Nachbargemeinden, Bürgerbeteiligung, Beteiligung der Träger öffentlicher Belange) gelten auch für den Planungsverband. Darüber hinaus fordert § 205 Abs. 7 BauGB eine qualifizierte Beteiligung der Mitgliedsgemeinden des Verbands.

Mit der Gründung eines Planungsverbands muss die Bauleitplanung nicht vollständig auf den Verband übergehen. Die Verbandssatzung kann z.B. bestimmen, dass nur die Flächennutzungsplanung (*vorbereitende* Bauleitplanung) in den Zuständigkeitsbereich des Verbands fällt, während die Kompetenz zur Aufstellung von Bebauungsplänen (*verbindliche* Bauleitplanung) bei den Kommunen verbleibt. Soll sich die Zuständigkeit des Verbands nach Maßgabe der Satzung auch auf die verbindliche Bauleitplanung erstrecken, kommen wiederum verschiedene Varianten in Betracht: Die Kompetenz des Verbands kann sämtliche Bebauungspläne im Verbandsgebiet einschließen oder nur für bestimmte räumliche Teilbereiche oder nur für bestimmte Nutzungen gelten, z.B. die Schaffung von Gewerbeflächen oder die Bereitstellung von naturschutzrechtlichen Ausgleichsflächen (dazu ausf. Bunzel et al. 2002, S. 35 ff.).

Der Planungsverband ist grundsätzlich ein freiwilliger Zusammenschluss von Gemeinden und sonstigen öffentlichen Planungsträgern auf der Basis eines öffentlich-rechtlichen Vertrags. Seine Funktionsfähigkeit erfordert eine von allen Mitgliedern beschlossene und in allen beteiligten Gemeinden öffentlich bekannt gemachte Satzung. Kommt ein freiwilliger Zusammenschluss der Gemeinden nicht zustande, kann ein Planungsverband auch zwangsweise eingerichtet werden, entweder durch besondere Landesgesetze oder durch Entscheidung der Landesregierung. Voraussetzung ist gemäß § 205 Abs. 2 Satz 1 BauGB, dass seine Gründung zum Wohl der Allgemeinheit dringend geboten ist.

Nach den Ergebnissen der Difu-Studie zur kommunalen Kooperation wurden 24 gemeindeübergreifende Flächennutzungspläne durch Planungsverbände aufgestellt. Dabei handelte es sich in 15 Fällen um freiwillige Zusammenschlüsse, an denen insgesamt 115 Gemeinden beteiligt waren. In neun Fällen erfolgte der Zusammenschluss zwangsweise, achtmal durch besondere Landesgesetze nach § 205 Abs. 6 und einmal, und zwar auf der Insel Sylt, in Schleswig-Holstein durch Entscheidung der Landesregierung (Bunzel et al. 2002, S. 155).

NACHBARSCHAFTSVERBÄNDE

Eine Sonderform des Planungsverbands stellen die Nachbarschaftsverbände in Baden-Württemberg dar, die im Zuge der Gebietsreform der 1970er Jahre auf Initiative der Landesregierung entstanden sind. Mit ihrer Gründung wurde das Ziel verfolgt, die Stadt-Umland-Problematik zu lösen (Heinz 2000, S. 209). Der gesetzlich definierte Verbandszweck lautet demgemäß, »die geordnete Entwicklung des Nachbarschaftsbereichs zu fördern und auf einen Ausgleich der Interessen ihrer Mitglieder hinzuwirken« (§ 4 Abs. 1 NVerbG). Hauptaufgabe der Nachbarschaftsverbände ist die Aufstellung eines gemeinsamen Flächennutzungsplans für das Verbandsgebiet. Bei der verbindlichen Bauleitplanung ihrer Mitglieder sind die Nachbarschaftsverbände als Träger öffentlicher Belange zu beteiligen. Die Nachbarschaftsverbände[20] sind ebenso wie die Zweckverbände Körperschaften des öffentlichen Rechts. Verbandsmitglieder sind die im jeweiligen Verbandsgebiet gelegen Kernstädte, ihre Umlandgemeinden sowie – mit beratender Stimme – die Landkreise, zu denen diese gehören.

Bei der Wahrnehmung ihrer Aufgaben müssen sich die Nachbarschaftsverbände auf Empfehlungen beschränken, da ihnen keine Weisungsbefugnis zusteht. Sie sind einerseits an die Regionalplanung gebunden, andererseits aufgrund der organisatorischen Strukturen weitgehend von der jeweiligen Kernstadt abhängig. Möglichkeiten zu einer eigenständigen Steuerung der räumlichen Entwicklung im Verbandsgebiet

20 Durch das Nachbarschaftsverbandgesetz (NVerbG) vom 09. Juli 1974 wurden die Städte Heidelberg/Mannheim, Karlsruhe, Pforzheim, Reutlingen/Tübingen, Ulm und Stuttgart mit ihren jeweiligen Umlandgemeinden zu sechs Nachbarschaftsverbänden zusammengeschlossen. Der Nachbarschaftsverband Stuttgart wurde mit Gesetz vom 07. Februar 1994 aufgelöst. An seine Stelle ist der »Verband Region Stuttgart« getreten (Teil II, Kap. 1.3.2).

bestehen daher kaum (Bunzel et al. 2002, S. 107). Dennoch wird die Tätigkeit der Koordination und Abstimmung der Flächennutzungsplanung, die dem Verband obliegt, grundsätzlich positiv bewertet. Als Nachteile der Nachbarschaftsverbände werden ihre geringen Entscheidungskompetenzen, die mangelnde Befugnis, bestimmte Aufgaben auch gegen den Willen der beteiligten Gemeinden wahrzunehmen, sowie ihre räumliche Abgrenzung betrachtet. Letztere entspricht eher politischen Aspekten als den faktisch vorhanden Verflechtungsbeziehungen und überlagert sich zudem mit den Grenzen bestehender Planungsregionen und den dort tätigen Regionalverbänden (Heinz 2000, S. 210).

GEMEINDEVERBÄNDE/GESAMTGEMEINDEN

In den alten wie in den neuen Bundesländern existiert eine Vielzahl kleiner und kleinster Gemeinden, deren Verwaltungskraft nicht ausreicht, um die selbst gewählten und übertragenen Aufgaben fachgerecht zu bearbeiten. Fast alle Flächenstaaten[21] haben versucht, diesen Mangel durch die Bildung einer neuen Verwaltungseinheit zu beheben, die auf vertikaler Ebene zwischen der kleinen Ortsgemeinde und den flächen- und bevölkerungsmäßig großen Kreis angesiedelt ist. Diese Gemeindeverbände unterhalten den Verwaltungsapparat, der für die Bewältigung der den Gemeinden auferlegten Pflicht- und Auftragsangelegenheiten erforderlich ist und der gleichzeitig den angehörigen Kommunen zur Erledigung ihrer Selbstverwaltungsangelegenheiten zur Verfügung steht. Bezeichnung und Organisationsstrukturen der Gemeindeverbände sowie der Umfang der ihnen übertragenen Aufgaben variieren zwischen den Bundesländern. Sie werden als Gemeindeverwaltungsverbände (Hessen), Verwaltungsgemeinschaften (Baden-Württemberg, Bayern, Sachsen, Sachsen-Anhalt, Thüringen), Samtgemeinden (Niedersachsen), Verbandsgemeinden (Rheinland-Pfalz) oder Ämter (Brandenburg, Mecklenburg-Vorpommern, Schleswig-Holstein) bezeichnet. In Niedersachsen und Rheinland-Pfalz kommt den Gemeindeverbänden aufgrund der Kommunalverfassungen eine starke Stellung zu, die sich u.a. darin manifestiert, dass ihre Beschlussorgane von der Bürgerschaft direkt gewählt werden (dazu ausf. Bunzel et al. 2002, S. 88 ff.; UFZ 2004, S. 18 f.).

In der ersten Phase der Gebietsreform (1968–1978) konnten sich die Gemeinden in Baden-Württemberg und Niedersachsen freiwillig zu Verwaltungsgemeinschaften bzw. Samtgemeinden zusammenschließen. Wer auf freiwilliger Basis keine Partnergemeinde fand oder selbst nicht mitwirkungsbereit war, wurde am Ende der Reform durch den Landesgesetzgeber zwangsweise zu dieser Form kommunaler Zusammenarbeit verpflichtet. In Rheinland-Pfalz wurde der Zusammenschluss von

21 Ausnahmen bilden nur die Länder Nordrhein-Westfalen und Saarland, die im Zuge der Gebietsreform der 1970er Jahre eine ausreichende Leistungskraft der Gemeinden durch entsprechende Einwohnerzahlen und Gebietsgrößen sichergestellt haben.

vornherein gesetzlich angeordnet. In diesen drei Bundesländern sowie in Sachsen wird den Gemeindeverbänden per Gesetz die Aufgabe der *vorbereitenden Bauleitplanung* zugewiesen. Dabei handelt es sich um eine Aufgabenübertragung im Sinne von § 203 Abs. 2 BauGB. Verfahren und Abstimmungspflichten mit den Mitgliedsgemeinden sind zum Teil speziell geregelt. Die *verbindliche Bauleitplanung* gehört dagegen in keinem Bundesland zu den kraft Gesetzes übertragenen Aufgaben. Der Verband hat die Mitgliedsgemeinden bei der Aufstellung von Bebauungsplänen allenfalls in technischer und verfahrensmäßiger Hinsicht zu unterstützen, während die Beschlussfassung bei den einzelnen Gemeinden verbleibt (Bunzel et al. 2002, S. 89).

Wie die Ergebnisse der Difu-Studie belegen, bilden die Verbandsflächennutzungspläne nach § 203 Abs. 2 BauGB den mit Abstand häufigsten Anwendungsfall interkommunaler Kooperation in der vorbereitenden Bauleitplanung. Von den insgesamt 690 Fällen, in denen von den im BauGB eingeräumten Möglichkeiten zur Aufstellung eines die Gemeindegrenzen übergreifenden Flächennutzungsplans Gebrauch gemacht wurde, handelt es sich in 573 Fällen (77 %) um Gemeindeverbände, denen die Aufgabe der Flächennutzungsplanung *per Gesetz* übertragen wurde. Dem stehen nur 31 Fälle gegenüber, in denen die Gemeinen die Aufgabe der Flächennutzungsplanung freiwillig an einen Gemeindeverband (Amt oder Verwaltungsgemeinschaft) abgegeben haben (Bunzel et al. 2002, S. 153 ff.).

REGIONALER FLÄCHENNUTZUNGSPLAN

Mit der rahmenrechtlichen Einführung des »Regionalen Flächennutzungsplans« durch das BauROG 1998 wurde ein neues Planungsinstrument geschaffen, das Elemente der bereits ausgeübten Praxis gemeinsamer Bauleitplanung durch mehrere benachbarte Gemeinden und der ebenfalls eingeführten Praxis der Erstellung von Regionalplänen zusammenführt (UFZ 2004, S. 53). Dieser Plantyp soll unter bestimmten, im Gesetz geregelten Voraussetzungen zugleich die Funktion eines Regionalplans und die eines gemeinsamen Flächennutzungsplans nach § 204 BauGB übernehmen können und somit zwei verbindliche Planungsebenen durch eine ersetzen (Koch 2000).

Nach § 9 Abs. 6 ROG ist die Zusammenfassung von Regionalplan und Flächennutzungsplan zu einem regionalen Flächennutzungsplan nur dann zulässig, wenn die Regionalplanung durch Zusammenschlüsse von Gemeinden und Gemeindeverbänden zu regionalen Planungsgemeinschaften erfolgt. Wie das Gesetz ausdrücklich fordert, muss der regionale Flächennutzungsplan sowohl den Vorschriften des zweiten Abschnitts des Raumordnungsgesetzes (§§ 6 bis 17 ROG) als auch den Vorschriften des Baugesetzbuches entsprechen. Die Anforderungen des § 204 Abs. 1 BauGB im Hinblick auf die Mitwirkungsrechte der Gemeinden an einem gemeinsamen Flächennutzungsplan gelten somit grundsätzlich auch für den regionalen Flächennutzungsplan (Bunzel et al. 2002, S. 78 f.).

Weiterhin kann der regionale Flächennutzungsplan nur in verdichteten Räumen oder bei sonstigen raumstrukturellen Verflechtungen zugelassen werden. Der Begriff der »raumstrukturellen Verflechtungen« ist wiederum mit Blick auf die sonstigen Anforderungen an den regionalen Flächennutzungsplan zu interpretieren. Da er zugleich die Funktion eines gemeinsamen Flächennutzungsplans nach § 204 Abs. 1 BauGB übernehmen soll, sind insofern die dort genannten Prämissen maßgeblich, nämlich dass die städtebauliche Entwicklung benachbarter Gemeinden wesentlich durch gemeinsame Voraussetzungen und Bedürfnisse bestimmt wird oder eine gemeinsame Planung einen gerechten Ausgleich der verschiedenen Belange ermöglicht. Als Bedingungen, die eine gemeinsame Planung notwendig machen können, nennt der Gesetzgeber selbst exemplarisch die Verwirklichung der Ziele der Raumordnung sowie die Errichtung von Anlagen des öffentlichen Verkehrs, sonstiger Erschließungsanlagen oder Einrichtungen der sozialen Infrastruktur. Schmidt-Eichstaedt und Reitzig[22] folgern daraus, dass neben dem Vorliegen realer Verflechtungen auch planerisch-politische Setzungen durch die Raumordnung die Aufstellung eines gemeinsamen Flächennutzungsplans erfordern und die diesbezüglichen Räume durch den Landesgesetzgeber festgelegt werden können (Bunzel et al. 2002, S. 80). Die Aufstellung räumlicher Teilpläne zum regionalen Flächennutzungsplan ist unzulässig (§ 9 Abs. 6 Satz 3 ROG). Der Zweck dieser Einschränkung besteht darin, eine Zersplitterung der Regionalplanung in Bereiche regionaler Flächennutzungspläne und sonstige nicht integrierte »Resträume« zu vermeiden (Bunzel et al. 2002, S. 82).

Mit der Einführung des regionalen Flächennutzungsplans sollten einerseits das Planungssystem einfacher und transparenter gestaltet sowie der Planungsaufwand durch Einsparung einer Planungsebene reduziert, andererseits neue Impulse zur Verstärkung der interkommunalen Kooperation, insbesondere in Verdichtungsräumen, gegeben werden. An die mit dem neuen Planungstyp bezweckte Integration von Regional- und Flächennutzungsplanung knüpft sich die Erwartung einer tatsächlichen Anpassung der kommunalen Bauleitplanung an die übergeordneten Ziele der Raumordnung und einer wirkungsvolleren Flächen- und Standortvorsorge. Die Potenziale dafür werden vor allem in einer besseren Koordination der Siedlungsentwicklung (Zentrale-Orte-Konzept, Verdichtung an den Haltepunkten des ÖPNV etc.), in der Ausweisung von gemeinsamen Industrie- und Gewerbegebieten, in der Standortsicherung für Erholungsgebiete und Freizeiteinrichtungen sowie in der Freiraumsicherung gesehen.

Für die beteiligten Kommunen erweitert der regionale Flächennutzungsplan, die Möglichkeiten der Mitwirkung und Einflussnahme auf die Regionalplanung und kann auf

22 Die beiden Autoren haben 1999 im Auftrag des Bundesministeriums für Verkehr, Bau- und Wohnungswesen ein Rechtsgutachten zu den rechtlichen Voraussetzungen zur Umsetzung des § 9 Abs. 6 ROG erstellt.

diese Weise dazu beitragen, ihre Akzeptanz zu erhöhen. Auf der anderen Seite bestehen in vielen Kommunen Vorbehalte gegen eine hierarchisch gesteuerte Siedlungsentwicklung, die mit eigenen Entwicklungsvorstellungen in Konflikt geraten könnte. Zudem bedeutet jede Art von kooperativer Planung einen Verlust an Eigenständigkeit. Kritisch ist weiter anzumerken, dass die Zusammenführung von Regional- und Flächennutzungsplanung zwar formal zu einer Vereinfachung des Planungssystems führt, de facto jedoch die Komplexität des Planwerks in räumlicher und organisatorisch-institutioneller Hinsicht erhöht (zu den Vor- und Nachteilen des neuen Planungsinstrumentes ARL 2000; Bunzel et al. 2002, S. 82 ff.; Koch 2000).

Inwieweit der regionale Flächennutzungsplan die in ihn gesetzten Erwartungen erfüllen kann, bleibt abzuwarten. Bisher haben die Länder von der Ermächtigung in § 9 Abs. 6 ROG mit Ausnahme von Hessen und Sachsen-Anhalt (bezogen auf den Ballungsraum Rhein-Main) noch keinen Gebrauch gemacht. Während die Initiative in Sachsen-Anhalt abgebrochen wurde, befindet sich der regionale Flächennutzungsplan für den Ballungsraum Frankfurt/Rhein-Main im Aufstellungsverfahren.[23] Das Aufgreifen der rahmenrechtlichen Regelungsoption in Hessen wurde durch die organisatorische Umstrukturierung der räumlichen Planung in dieser Region begünstigt. Träger des Verfahrens sind der als Nachfolger des Umlandverbands Frankfurt gegründete »Planungsverband Ballungsraum Frankfurt/Rhein-Main« und die Regionalversammlung der Planungsregion Südhessen. Während für die flächennutzungsplanbezogenen Darstellungen allein die kommunal verfasste Verbandskammer des Planungsverbands verantwortlich ist, hat die Regionalversammlung wie bisher über die regionalplanerischen Inhalte des Plans zu entscheiden, wobei hinsichtlich der Planaussagen übereinstimmende Beschlüsse beider Gremien erforderlich sind (Bunzel et al. 2002, S. 111).

In Baden-Württemberg wird die Zulassung regionaler Flächennutzungspläne durch den Landesgesetzgeber für die Bereiche der Nachbarschaftsverbände und den Raum Freiburg erwogen (Bunzel et al. 2002, S. 77). In Sachsen existiert eine landesgesetzliche Ermächtigung zur Institutionalisierung des regionalen Flächennutzungsplans, von der jedoch bisher kein Gebrauch gemacht wurde. In Nordrhein-Westfalen wird zurzeit im Rahmen der Novellierung des Landesplanungsgesetzes und des Landesentwicklungsprogramms im Landtag über eine entsprechende Klausel beraten. Allerdings besteht hier die besondere Schwierigkeit, dass Nordrhein-Westfalen ähnlich wie Schleswig-Holstein über eine staatlich verfasste Regionalplanung verfügt und insofern nicht die Voraussetzung des § 9 Abs. 6 ROG erfüllt, nach der die Aufstellung eines regionalen Flächennutzungsplans nur zulässig ist, wenn die Regionalplanung

23 Rechtsgrundlagen sind das »Gesetz zur Stärkung der kommunalen Zusammenarbeit in der Region Rhein-Main« und §§ 17–19 des Hessischen Landesplanungsgesetzes.

durch Zusammenschlüsse von Gemeinden und Gemeindeverbänden zu regionalen Planungsgemeinschaften erfolgt (UFZ 2004, S. 55).

SONSTIGE FORMEN FUNKTIONALER UND TERRITORIALER KOOPERATION 2.3.2

Der Gegenstandsbereich der Zusammenarbeit von Städten und Gemeinden geht über die im BauGB vorgesehenen kommunalen Aufgaben hinaus. Die interkommunale Kooperation kann sich auf einzelne Vorhaben konzentrieren oder langfristig angelegt sein und ein ganzes Bündel gemeinsam zu erledigender Aufgaben umfassen (Bunzel et al. 2002, S. 87 f.). Sie kann funktional oder territorial orientiert sein. Die folgende Zusammenstellung beschränkt sich auf die wichtigsten Kooperationsansätze bzw. diejenigen mit dem höchsten Verbreitungsgrad.

KOMMUNALE ARBEITSGEMEINSCHAFTEN

Die lockerste Form interkommunaler Zusammenarbeit auf öffentlich-rechtlicher Basis ist die kommunale Arbeitsgemeinschaft. Sie stellt einen Zusammenschluss von Gemeinden und Gemeindeverbänden dar, ohne eigene Rechtspersönlichkeit und ohne verbindliche Außenwirkung dar. Die Kooperationsvereinbarung wird auf der Grundlage eines öffentlich-rechtlichen Vertrages geschossen, der wirksam wird, sobald er von allen Beteiligten unterschrieben ist. Neben den Gemeinden und Gemeindeverbänden können auch sonstige Körperschaften, Anstalten und Stiftungen des öffentlichen Rechts sowie natürliche Personen und juristische Personen des Privatrechts beteiligt sein. Zweck des Zusammenschlusses ist die gemeinsame Beratung und Abstimmung von Aufgaben, die den Wirkungskreis mehrerer Kommunen berühren, wie z.B. die Abstimmung von Planungen mit die Gemeindegrenzen überschreitenden Wirkungen, die Abstimmung von Gebührenerhöhungen und Steuerhebesätzen, die Fahrplangestaltung im öffentlichen Nahverkehr oder das Stadtmarketing (Heinz 2000, S. 206).

In insgesamt sieben Bundesländern (Bayern, Brandenburg, Hessen, Nordrhein-Westfalen, Rheinland-Pfalz, Saarland, Thüringen) existieren eigene Gesetze zur kommunalrechtlichen Ausgestaltung dieser Kooperationsform. Die Beschlüsse von kommunalen Arbeitsgemeinschaften sind für die Beteiligten nicht bindend und haben lediglich empfehlenden Charakter. Nur in drei Bundesländern (Bayern, Hessen und Thüringen) sind Arbeitsgemeinschaften vorgesehen, deren Beschlüssen unter bestimmten Voraussetzungen eine gewisse Verbindlichkeit zukommt. So kann vereinbart werden, dass die Beteiligten an die Beschlüsse gebunden sind, wenn ihnen die zuständigen Organe aller Beteiligten zugestimmt haben (Bunzel et al. 2002, S. 126). In der kommunalen Praxis finden sich zahlreiche Beispiele für kommunale Arbeitsgemeinschaften in unterschiedlichen Anwendungsbereichen. Auch die Zusammenarbeit von Städten in sogenannten Städtenetzen (s.o.) erfolgt häufig in dieser Rechtsform.

ÖFFENTLICH-RECHTLICHE VEREINBARUNGEN

Zur Wahrnehmung bestimmter öffentlicher Aufgaben können Gemeinden, Gemeindeverbände und Landkreise auch öffentlich-rechtliche Vereinbarungen oder »Zweckvereinbarungen« abschließen, wobei zwei verschiedene Varianten möglich sind. Zum einen kann, ähnlich wie bei der kommunalen Arbeitsgemeinschaft, die Trägerschaft für die Durchführung einer gemeinsamen Aufgabe bei den beteiligten Gemeinden verbleiben. Zum anderen kann die betreffende Aufgabe mit allen Rechten und Pflichten an einen der Beteiligten übertragen werden, der sie für alle anderen erfüllt. Im letzteren Fall wird der zuständigen Körperschaft in der Regel auch die Befugnis eingeräumt, für das übertragene Aufgabengebiet Satzungen zu erlassen, die im gesamten Gebiet der beteiligten Gemeinden Geltung haben. Durch die Übertragung einer Aufgabe im Rahmen einer öffentlich-rechtlichen Vereinbarung entsteht keine neue Rechtspersönlichkeit. Solche Vereinbarungen bedürfen der Schriftform und sind der höheren Verwaltungsbehörde zur Genehmigung vorzulegen; Private können daran nicht beteiligt werden.

Diese Art der Kooperation ist prinzipiell in allen kommunalen Aufgabenfeldern möglich, wird in der Praxis aber hauptsächlich im Bereich der technischen Infrastruktur (Abfall- und Abwasserbeseitigung, öffentlicher Nahverkehr), im Wohnungsbau sowie bei der Bereitstellung von Gewerbeflächen verwendet. Öffentlich-rechtliche Vereinbarungen bieten sich vor allem dann an, wenn Gemeinden mit unterschiedlicher Leistungskraft beteiligt sind und eine vergleichsweise leistungsstarke Gemeinde zur Aufgabenwahrnehmung bereit ist (Bunzel et al. 2002, S. 122 ff.; Heinz 2000, S. 205 f.; UFZ 2004, S. 14 ff.).

RAUMORDNERISCHE VERTRÄGE

Raumordnerische Verträge sind gemäß § 13 Satz 5 ROG ein Instrument zur Vorbereitung und Verwirklichung von Raumordnungsplänen, das mit dem BauROG 1998 im Planungsrecht verankert wurde. Was Gegenstand und Anlass solcher vertraglicher Vereinbarungen sein kann, wird im Gesetz nicht näher spezifiziert. Es herrscht insofern weitgehende Vertragsfreiheit. Für die Städte und Gemeinden einer Region bieten sich raumordnerische Verträge an, um bestimmte Ergebnisse informeller Kooperation, z.B. von Regionalkonferenzen oder Regionalen Entwicklungskonzepten, mit der erforderlichen Verbindlichkeit auszustatten. Sie eröffnen die Möglichkeit, unter Einbeziehung der Landes- und Regionalplanung sowie der für die regionale Struktur- und Wirtschaftsförderung zuständigen Stellen einen interkommunalen

Interessenausgleich in den unterschiedlichsten Aufgabenfeldern zu vereinbaren (Bunzel et al. 2002, S. 319 f.).

Die Regelungsgegenstände solcher Verträge können vielfältig sein und z.B. die gemeinsame Planung der Wohn- und Gewerbeflächenentwicklung, die Entwicklung integrierter Verkehrskonzepte für die Region, die gemeinsame Planung und Trägerschaft von öffentlichen Einrichtungen wie Theater, Museen und Bildungseinrichtungen oder Infrastrukturprojekte im Bereich der Energie- und Wasserversorgung, Abfallentsorgung sowie die Schaffung von Großprojekten im Freizeitbereich betreffen. Als weitere Einsatzfelder kommen die Realisierung von interkommunalen Gewerbegebieten, die Entwicklung einer regional abgestimmten Ansiedlung großflächiger Einzelhandelsbetriebe und die übergemeindliche Bereitstellung von naturschutzrechtlichen Ausgleichsflächen in Betracht (Spannowsky 2001).

Raumordnerische Verträge können die förmlichen Verfahren der Raumplanung nicht ersetzen, sondern lediglich ergänzen. Ihre Bindungswirkung umfasst nur die vertragsschließenden Parteien, entfaltet aber keine Außenwirkung gegenüber Dritten (UFZ 2004, S. 42). Ihr strategischer Vorteil wird darin gesehen, dass sie eine neue Dimension der projekt- und umsetzungsorientierten Zusammenarbeit zwischen Kommunen und der Landes- bzw. Regionalplanung eröffnen. Bedeutung wird ihnen insbesondere als Mittel zur Steuerung einer konsensualen Siedlungsentwicklung in Verdichtungsräumen, zur Verbesserung der Stadt-Umland-Kooperation und zur Realisierung einer regionalen Flächenhaushaltspolitik zugeschrieben (Spannowsky 2001). In welchem Umfang die Praxis von diesem neuen Instrument Gebrauch machen wird, lässt sich zurzeit noch nicht abschätzen.

ZWECKVERBÄNDE

Die intensivste Form interkommunaler Zusammenarbeit zur gemeinsamen Erfüllung der eigenen oder übertragenen Aufgaben ist der kommunale Zweckverband. Zweckverbände waren bereits im Kommunalrecht des 19. Jahrhunderts vorgesehen; Rechtsgrundlage der heutigen Zweckverbände sind die einschlägigen Gesetze der Bundesländer. Mit der Gründung eines Zweckverbands entsteht eine neue Körperschaft des öffentlichen Rechts mit Personal-, Satzungs- und Finanzhoheit, jedoch ohne Gebietshoheit, die ihre Angelegenheiten in eigener Verantwortung im Rahmen der Gesetze verwaltet. Mitglieder können neben Gemeinden und Gemeindeverbänden auch andere Körperschaften sowie Anstalten und Stiftungen des öffentlichen Rechts sein. Der räumliche Wirkungskreis des Zweckverbands setzt sich aus den Territorien der angeschlossenen Gebietskörperschaften zusammen.

Der Zusammenschluss kann entweder auf freiwilliger Basis erfolgen bezüglich der Aufgaben, zu deren Wahrnehmung die Kommunen berechtigt oder verpflichtet sind

(*Freiverband*), oder aber auf Initiative der zuständigen Aufsichtsbehörde im Hinblick auf Pflichtaufgaben zur Erfüllung nach Weisung oder Auftragsangelegenheiten (*Pflichtverband*) (Bunzel et al. 2002, S. 120 ff.; Heinz 2000, S. 202 ff.). Die in der Verbandssatzung vereinbarten Aufgaben werden aus dem Wirkungskreis der beteiligten Gebietskörperschaften ausgegliedert und auf den Zweckverband übertragen. Dieser ist berechtigt für den ihm übertragenen Wirkungskreis Satzungen oder Rechtsverordnungen zu erlassen. Der Verband kann allerdings nur solche Aufgaben wahrnehmen, zu deren Erfüllung die beteiligten Gebietskörperschaften selbst berechtigt oder verpflichtet sind (UFZ 2004, S. 16 mit weiteren Nachweisen). Zu den klassischen Aufgabenbereichen kommunaler Zweckverbände gehören die Bereiche Wasser- und Energieversorgung, Abwasser- und Abfallentsorgung und öffentlicher Nahverkehr. Sie existieren jedoch auch auf dem Gebiet der Datenverarbeitung, des Umweltschutzes, der Kultur- und Bildungsarbeit sowie der Sozial- und Jugendhilfe. Auch interkommunale Gewerbegebiete (s.u.) werden bisweilen in Form von Zweckverbänden betrieben.

Zweckverbände finanzieren sich über Gebühren und Beiträge für die Benutzung der Verbandseinrichtungen, durch staatliche Finanzzuweisungen sowie durch eine jährliche nach dem jeweiligen Bedarf festzusetzende Verbandsumlage. Durch besondere Vereinbarungen können auch spezielle Ausgleichsregelungen für Vor- und Nachteile getroffen werden, die aus der Bildung des Verbands entstehen (UFZ 2004, S. 17). Als Vorteile dieser Kooperationsform werden Bündelung der Kompetenzen, Professionalisierung und Effizienzgewinn genannt, denen als Nachteile der Kompetenzverlust bei den Verbandsmitglieder durch Auslagerung von Aufgaben aus dem kommunalen Selbstverwaltungsbereich und der damit verbundene Rückgang der demokratischen Kontrolle gegenüberstehen (Heinz 2000, S. 205).

STADT-UMLAND-VERBÄNDE

Zwischen den Alternativen zwangsweiser kommunaler Gebietsvergrößerung infolge gesetzlich angeordneter Gemeindefusion einerseits und freiwilliger Kooperation der Städte und Gemeinden andererseits sind mit den Stadt-Umland-Verbänden neue komplexe Organisationsstrukturen entstanden, die einen dritten Weg beschreiten. Sie zeichnen sich dadurch aus, dass sie den beteiligten Gemeinden ihre territoriale Eigenständig fast vollständig belassen, bestimmte Aufgaben jedoch, die üblicherweise in die Zuständigkeit der kommunalen Gebietskörperschaften fallen, an eine höhere Ebene delegieren. Diese Aufgaben erledigt der Verband kraft eigener, entweder durch Landesgesetze oder durch Gründungssatzung seiner Mitglieder übertragener Befugnis (UFZ 2004, S. 25). Formal handelt es sich dabei um Mehrzweckverbände mit gebietskörperschaftlichen Elementen.

Stadt-Umland-Verbände, die zum Teil durch direkt gewählte Parlamente unmittelbar demokratisch legitimiert sind, finden sich vor allem in den Verdichtungsräumen Deutschlands. Aufgrund abweichender Bestimmungen in den Landesverfassungen sind Organisation und Zuständigkeiten von Land zu Land verschieden (Heinz 2000, S. 196). Zu den bekanntesten zählen der Kommunalverband Ruhrgebiet (KVR) als Nachfolger des 1979 aufgelösten Siedlungsverbands Ruhrkohlenbezirk (SVR), der Großraumverband Braunschweig, der Stadtverband Saarbrücken, der Zweckverband Raum Kassel, der 1994 eingerichtete Verband Region Stuttgart und die 2001 gegründete Region Hannover. Der Umlandverband Frankfurt wurde zum 31. März 2001 aufgelöst und in einen reinen Planungsverband (Ballungsraum Frankfurt/Rhein-Main) umgewandelt.

Stadt-Umland-Verbände dienen in erster Linie der Koordinierung von Planungsentscheidungen in Verflechtungsräumen, aber auch der gemeinsamen Durchführung wichtiger öffentlicher Aufgaben (z.B. ÖPNV, Wasserver- und -entsorgung, regionale Wirtschaftsförderung, Freiraumsicherung, Naherholung etc.) sowie der Realisierung von konkreten Projekten. Es handelt sich in der Regel um Mehrzweckverbände, wobei eine der übertragenen Aufgaben die räumliche Planung im Verbandsgebiet betrifft. Die Verbände sind entweder auf der Ebene der kommunal verfassten Regionalplanung (z.B. Gemeindeverband Region Hannover, Großraumverband Braunschweig, Verband Region Stuttgart) oder auf der Ebene der Flächennutzungsplanung (Planungsverband Ballungsraum Frankfurt/Rhein-Main, Stadtverband Saarbrücken, Zweckverband Raum Kassel, Nachbarschaftsverbände in Baden-Württemberg) angesiedelt (Bunzel et al. 2002, S. 102–106 ff.). Besondere Beachtung verdient die aktuelle Entwicklung der »Region Hannover« und des Verbands »Region Stuttgart«:

› Im Rahmen einer Verwaltungsreform im Großraum Hannover wurde 2001 mit der Gründung der *Region Hannover* als öffentlich-rechtliche Gebietskörperschaft eine neue Organisationsstruktur zur Wahrnehmung regionaler Aufgaben geschaffen.[24] Zu den Kompetenzen des Gemeindeverbands gehören die Regionalplanung, die Wirtschafts- und Beschäftigungsförderung, der Regionalverkehr sowie die regional bedeutsame Naherholung. Er umfasst das Gebiet der Landeshauptstadt Hannover sowie der 20 Städte und Gemeinden des Landkreises Hannover. Der räumliche Zuschnitt der neuen Gebietskörperschaft entspricht dem des ehemaligen Kommunalverbands Großraum Hannover, der mit der Bildung der Region Hannover aufgelöst wurde. Organe der Region Hannover sind die Regionalversammlung, deren Mitglieder direkt gewählt werden, der Regionalausschuss und der Regionalpräsident. Daneben wurde eine Gemeindekammer gebildet, in der die Verwaltungsspitzen der regionsangehörigen Gemeinden vertreten sind, um

24 Rechtsgrundlage ist das »Gesetz über die Region Hannover« vom 05. Juni 2001.

die kommunalen Interessen im politischen Meinungsbildungsprozess zu artikulieren (Bunzel et al. 2002, S. 113 ff.; Heinz 2000, S. 239 ff.).

- Der *Verband Region Stuttgart* wurde 1994 als rechtsfähige Körperschaft des öffentlichen Rechts ohne Gebietscharakter gegründet.[25] Der bis zu diesem Zeitpunkt für die vorbereitende Bauleitplanung zuständige Nachbarschaftsverband Stuttgart wurde mit gleichem Gesetz aufgelöst. Mitglieder des Verbands sind die Landeshauptstadt Stuttgart sowie die Landkreise Böblingen, Esslingen, Göppingen, Ludwigsburg und Rems-Murr. Der Verband Region Stuttgart ist ein rein gebietskörperschaftlich organisierter Verband mit ausschließlich überörtlichen Aufgaben. Dazu gehören neben der Regionalplanung die Landschaftsplanung, die Wirtschaftsförderung, der Regionalverkehr und der regional bedeutsame ÖPNV, die Abfallentsorgung sowie die Koordination des regionalen Tourismusmarketings. Organe des Verbands sind die Regionalversammlung, die in allgemeiner Wahl unmittelbar von der Bevölkerung des Verbandsgebiets gewählt wird, der ehrenamtliche Verbandsvorsitzende und der hauptamtliche Regionaldirektor (Bunzel et al. 2002, S. 108; Heinz 2000, S. 222 ff.).

Beide Gebietsorganisationen reichen über die herkömmliche Kreisebene hinaus und lassen Ansätze zu einer neuen Politikebene erkennen, die sich zwischen die der Kreise und der Regierungsbezirke schiebt und damit tendenziell geeignet ist, den vierstufigen Verwaltungsaufbau in Flächenstaaten (kreisangehörige Städte und Gemeinden, Kreise und kreisfreie Städte, Regierungsbezirke, Landesregierung) durch einen dreistufigen zu ersetzen (UFZ 2004, S. 26). Beide sind nicht nur Träger der Regionalplanung, sondern nehmen weitere Aufgaben im Bereich der Landschaftsplanung, der Wirtschaftsförderung, des Regionalverkehrs und des ÖPNV sowie der Naherholung wahr. Sie schaffen darüber hinaus neue Foren politischer Repräsentanz, die durch die Direktwahl ihrer Mitglieder eine verstärkte demokratische Legitimation erhalten.

Obwohl die Flächennutzungsplanung in beiden Fällen nicht auf die Verbände übergegangen ist, sondern bei den Mitgliedsgemeinden verbleibt, können Erstere durch entsprechende Zieldarstellungen in den Regionalplänen erheblichen Einfluss auf die städtebauliche Entwicklung und die Bauleitplanung der Gemeinden ausüben.[26] Die Direktwahl ihrer Beschlussorgane durch die Bevölkerung des Verbandsgebiets sichert ihnen zudem eine weitgehende Unabhängigkeit von kommunalen Einzelinteressen (Bunzel et al. 2002, S. 114 f.). Beide Kommunalverbände suchen nach neuen Formen politischer und regionaler Integration und verstehen sich als Vorreiter einer

25 Rechtsgrundlage ist das »Gesetz über die Stärkung der Zusammenarbeit in der Region Stuttgart« vom 07. Februar 1994.

26 Dem Verband Stuttgart steht per Gesetz das Instrument des Planungsgebots zur Verfügung, mit dessen Hilfe er die Gemeinden dazu verpflichten kann, ihre Bauleitpläne den Zielen der Raumordnung und Landesplanung anzupassen sowie Bauleitpläne aufzustellen, wenn dies zur Verwirklichung bestimmter regional bedeutsamer Vorhaben erforderlich ist (Heinz 2000, S. 223).

Flächenhaushaltspolitik (UFZ 2004, S. 26). Dementsprechend finden sich in den Regionalplänen und -programmen beider Regionen verschiedene Elemente, die in der Literatur als wirksame Instrumente zur Reduktion des Flächenverbrauchs gelten:

- So unterscheidet der Regionalplan der *Region Stuttgart* zwischen »Zuwachsgemeinden« und »Gemeinden mit Eigenentwicklung«. Die Anerkennung als Zuwachsgemeinde erfolgt in Abhängigkeit von der Zentralitätseinstufung (Oberzentren, Mittelzentren, sonstige Orte), der Lage an Entwicklungsachsen und der Anbindung an den ÖPNV. Er enthält außerdem Vorgaben zur Siedlungsdichte für neu zu erschließende Siedlungsbereiche in Relation zur Zentralitätseinstufung: Oberzentren: 90 Einwohner/ha; Mittelzentren: 80 Einwohner/ha; sonstige Orte: 60 Einwohner/ha; Gemeinden mit Eigenentwicklung: 50 Einwohner/ha. Bestimmte Siedlungsbereiche (regional bedeutsame Wohnungsbauschwerpunkte, regional bedeutsame Gewerbeflächen) können flächenscharf ausgewiesen werden.
- Im Regionalplan der *Region Hannover* werden »Vorranggebiete für Siedlungsentwicklung« festgelegt, die rechtlich den Charakter von Zielen der Raumordnung haben und damit eine Anpassungspflicht der Kommunen gemäß § 1 Abs. 4 BauGB auslösen. Ebenso wurde das »Regionale Einzelhandelskonzept« als Ziel der Raumordnung formuliert (UFZ 2004, S. 27 f. mit zahlreichen weiteren Nachweisen).

REGIONALVERBÄNDE

Regionalverbände als Träger der Regionalplanung wurden zuerst in Baden-Württemberg und Bayern eingerichtet. In einigen anderen Bundesländern wurde die Regionalplanung verbandsähnlichen Einrichtungen übertragen, etwa »Planungsgemeinschaften« in Rheinland-Pfalz und »Bezirksplanungsräten« in Nordrhein-Westfalen. Nach der Wiedervereinigung wurden regionale Planungsverbände auch in Mecklenburg-Vorpommern und Sachsen gegründet. Mitglieder der Regionalverbände sind die Landkreise und kreisfreien Städte (in Bayern auch die kreisangehörigen Gemeinden). Da die genannten Bundesländer flächendeckend in Regionen eingeteilt sind, sind die entsprechenden Regionalverbände auch für ländlich strukturierte Räume zuständig. Sie stellen von daher keine spezifischen Planungsinstrumente zur Lösung von Stadt-Umland-Problemen dar, auch wenn einige von ihnen, wie z.B. die beiden Planungsverbände München/Äußerer Wirtschaftsraum München oder der Verband Industrieregion Mittelfranken in Verdichtungsräumen tätig sind (Heinz 2000, S. 211).

Vor allem in verstädterten Regionen sollte den Regionalverbänden nach den Vorstellungen der jeweiligen Landesregierungen auch die Funktion der notwendigen Koordination von kommunalen Einzelplanungen zukommen. Gerade dies stößt jedoch bei den Umlandgemeinden der Kernstädte häufig auf Ablehnung. Von verschiedenen Seiten wird daher eine Stärkung der Regionalen Planungsverbände sowie ihrer Management- und Kontrollfunktionen gefordert bzw. die Schaffung von

Regionalparlamenten nach dem Vorbild des Verbands Region Stuttgart mit der Befugnis, Zielvorgaben für die gesamte Region rechtsverbindlich zu beschließen (Heinz 2000, S. 212 mit weiteren Nachweisen).

SEKTORALE KOOPERATION 2.4

Veränderte wirtschaftliche Rahmenbedingungen veranlassen Städte und Gemeinden, in verstärktem Umfang nach neuen Formen der Kooperation zu suchen, die jenseits der im Bauplanungs- und Raumordnungsrecht vorgesehenen Organisationsformen liegen. Diese neuen, häufig »weichen« Formen der Zusammenarbeit bewegen sich im Spannungsfeld zwischen verfassungsrechtlich garantierter kommunaler Selbstverwaltungshoheit und dem Streben nach Verbesserung der wirtschaftlichen Situation in der Region (UFZ 2004, S. 30). Sie finden sich insbesondere in den Bereichen der Wirtschaftsstrukturförderung, der Wohn- und Gewerbegebietsentwicklung sowie der Bereitstellung von naturschutzrechtlichen Ausgleichsflächen.

Sektorale Zusammenarbeit der Gemeinden in den genannten Aufgabenfeldern lässt sich nur schwer in die bisher gewählte Systematik einordnen, weil sie ein breites Spektrum informeller und formeller, privatrechtlicher und öffentlich-rechtlicher Organisationsformen in unterschiedlichen Kombinationen umfasst. So kann es z.B. für die Realisierung eines gemeinsamen Gewerbegebiets zweckmäßig sein, die Aufstellung des Bebauungsplans einem Planungsverband zu überlassen, zur Durchführung der Erschließung und zur Vermarktung der gewerblichen Grundstücke eine privatrechtliche Gesellschaft zu gründen, und schließlich zur Verteilung von Nutzen und Lasten einen öffentlich-rechtlichen Vertrag zu schließen (Bunzel et al. 2002, S. 88).

Im Folgenden werden beispielhaft einige sektorale Kooperationsansätze vorgestellt, und es wird der Frage nachgegangen, welche Möglichkeiten sie im Hinblick auf eine Minderung der Flächeninanspruchnahme für Siedlungs- und Verkehrszwecke bieten.

INTERKOMMUNALE GEWERBEGEBIETE 2.4.1

Gemeinsam betriebene Gewerbegebiete können mittlerweile als ein traditionelles Aktivitätsfeld sektoraler Kooperation auf freiwilliger Ebene angesehen werden (UFZ 2004, S. 32). Im herkömmlichen Sinne handelt es sich dabei um eine zusammenhängende Gewerbefläche, die sich über das Hoheitsgebiet mehrerer Gemeinden erstreckt. In der Praxis greift diese Definition jedoch zu kurz. In der Regel ist nicht die Lage einer Fläche ausschlaggebend für die Eignung in einem Kooperationsprojekt, sondern ihre Standortqualität innerhalb der Region. Es gibt sowohl Fälle, in denen die Kommunen separate Einzelflächen in einen Pool einbringen, als auch

Fälle, in denen das Gewerbegebiet ganz auf dem Hoheitsgebiet einer Gemeinde liegt und die anderen beteiligten Kommunen keine eigenen Flächen zur Verfügung stellen (IBoMa 2004, S. 33).

Da es sich um eine freiwillige Kooperation zwischen Kommunen handelt, sind vertragliche Regelungen zu den Zielsetzungen, zu den Verantwortlichkeiten und zum interkommunalen Vorteils- und Lastenausgleich erforderlich, um die Umsetzung der gemeinsamen Planung sicherzustellen. Im Bereich des öffentlichen Rechts kommen als Organisationsformen vor allem kommunale Arbeitsgemeinschaften, Zweckverbände, Planungsverbände sowie öffentlich-rechtliche Vereinbarungen in Betracht, im Bereich des Privatrechts in erster Linie die Gründung einer Gesellschaft mit beschränkter Haftung. Selten sind in der bisherigen Praxis auch raumordnerische Verträge gemäß § 13 ROG als Instrument zur rechtlichen Absicherung eines interkommunalen Gewerbeflächenprojekts herangezogen worden (Holtel/Wuschansky 2002, S. 30). Neben den formalen Organisationsformen gibt es in diesem Bereich auch informelle Organe (Projektbeiräte, Koordinierungsbüros, kommunalpolitische oder verwaltungsinterne Gremien), die zwar keine Entscheidungskompetenzen haben, aber dennoch für den Erfolg der Kooperation wichtig sind. Sie haben im Wesentlichen die Aufgabe, die Akzeptanz bei den Verantwortlichen zu erhöhen und die Zusammenarbeit auf eine breite Basis zu stellen (Holtel/Wuschansky 2002, S. 43).

Wie die oben erwähnte Studie des Difu zur interkommunalen Kooperation im Städtebau belegt, bildet die gemeinsame Industrie- und Gewerbeflächenentwicklung den häufigsten Anlass für eine Kooperation bei der Aufstellung von Bauleitplänen. Zu den wichtigsten Motiven für die Gründung eines Kooperationsprojekts zählen fehlende Flächenreserven, Flächenverfügbarkeit am gewählten Standort, Verbesserung der Wettbewerbsfähigkeit sowie Finanzierungs- und Kostenaspekte (Bunzel et al. 2002, S. 231). Der wachsende Problemdruck auf die Kommunen hat die Bereitschaft zur Kooperation erhöht und die Zahl der interkommunalen Gewerbegebiete in den 1990er Jahren erheblich ansteigen lassen; dies gilt in besonderem Maße für das Bundesland Nordrhein-Westfalen (UFZ 2004, S. 33 mit weiteren Nachweisen).

Im Mittelpunkt der gemeinsamen Gebietsentwicklung steht das Ziel, durch die Bereitstellung hochwertiger und für Investoren attraktiver Gewerbeflächen, Arbeitsplätze in der Region zu sichern bzw. zu schaffen und die Position im interregionalen Standortwettbewerb zu verbessern. Die partnerschaftliche Zusammenarbeit bietet außerdem die Möglichkeit, Ressourcen effizienter zu nutzen, vorhandene Infrastruktureinrichtungen besser auszulasten und die negativen Effekte der wechselseitigen Konkurrenz um die Ansiedlung von Gewerbe zu vermeiden. Wirtschaftliche Vorteile ergeben sich weiterhin aus der kostengünstigeren gemeinsamen Erschließung sowie aus den verbesserten Vermarktungschancen der erschlossenen Gewerbegrundstücke. Vor allem für kleine Gemeinden ist die Teilung der Finanzierung und Kostendeckung von Vorteil, zumal auch die wirtschaftlichen Risiken gemeinsam getragen werden. Zur Steigerung der Motivation tragen außerdem die Förderbestimmungen der Ländern (z.B. Baden-Württemberg und Nordrhein-Westfalen) und der EU (Strukturförderprogramme für Kohle- und Stahlregionen) bei, die eine gemeinsame Planung zur Voraussetzung für die Vergabe von Fördermitteln machen.

Den genannten Vorzügen stehen als Nachteile insbesondere die längeren Abstimmungsverfahren und der damit verbundene Verwaltungsaufwand gegenüber. Das Gewicht dieser Nachteile darf nicht unterschätzt werden, da beide schnelle und sichtbare Erfolge verzögern, auf die die Kommunalpolitik angewiesen ist, wenn derartige Kooperationsprojekte bei Bürgerschaft und Unternehmen auf Akzeptanz stoßen sollen (zu den Vor- und Nachteilen Bunzel et al. 2002, S. 242 ff.).

Obwohl die Reduktion des Flächenverbrauchs nicht zu den *originären* Zielsetzungen solcher Kooperationsprojekte gehört, können sie sich positiv auf die Flächeninanspruchnahme auswirken. Die kommunale Konkurrenz um finanziell attraktive Flächennutzungen ist eine der Triebfedern des hohen Landschaftsverbrauchs. Im Zuge der Bereitstellung von Gewerbebauland nach dem Angebotsprinzip werden häufig überdimensionierte Flächen ausgewiesen, die nicht vollständig ausgenutzt werden, sobald das Angebot die Nachfrage übersteigt. Eine interkommunal abgestimmte Gewerbeflächenentwicklung kann dazu beitragen, solch eine ineffiziente Nutzung zu verhindern. Zudem verbraucht die Entwicklung vieler kleiner Standorte verhältnismäßig mehr Fläche, da ein höherer Erschließungsaufwand anfällt als bei der Bereitstellung von Gewerbeflächen gleicher Größenordnung in einem größeren zusammenhängenden Gebiet. Schließlich erlaubt das gemeinsame Vorgehen, Standortpotenziale zu konzentrieren und so *einen* hochwertigen Standort für spezifische Nutzergruppen (z.B. Technologieparks) zu entwickeln *anstelle vieler* Einzelstandorte, die nicht hinreichend konkurrenzfähig wären (IBoMa 2004, S. 37 f.).

Auf der anderen Seite zeigt eine breit angelegte Studie des Instituts für Landes- und Stadtentwicklungsforschung des Landes Nordrhein-Westfalen (ILS) über interkommunale Gewerbegebiete, dass eine Vielzahl solcher Projekte im ländlichen Raum und in Ballungsrandzonen realisiert worden ist. In einem Viertel der untersuchten Fälle sind durch die gewählten Standorte für Industrie und Gewerbe vollständig neue *isolierte* Siedlungsansätze im Freiraum entstanden (Holtel/Wuschansky 2002, S. 26). Damit sind begründete Zweifel angebracht, ob die gemeinsame Gewerbeflächenentwicklung tatsächlich zur Reduktion der Neuinanspruchnahme von Flächen für Siedlungs- und Verkehrszwecke beiträgt. Es liegen allerdings bisher keine empirischen Daten darüber vor, inwieweit durch die Inbetriebnahme neuer Gewerbegebiete z.B. alte Standorte aufgegeben und ggf. einer anderen Nutzung zugeführt worden sind und ob der Flächenverbrauch der beteiligten Gemeinden per saldo gestiegen oder gefallen ist (UFZ 2004, S. 33 f.).

INTERKOMMUNALE KOOPERATION BEI DER WOHNFLÄCHENENTWICKLUNG 2.4.2

Motive für kooperatives Handeln im Bereich der Wohnflächenentwicklung können sich in den Wachstumsregionen der alten Bundesländer aus dem anhaltenden Siedlungsdruck und der Flächenknappheit in den Kernstädten bei gleichzeitiger Flächenverfügbarkeit in den Umlandgemeinden ergeben. In den neuen Bundesländern können dagegen wachsende Leerstände im Geschosswohnungsbau verbunden mit einer ungebrochenen Nachfrage nach Wohnbauflächen im Außenbereich den Auslöser bilden, um durch Zusammenarbeit gleichermaßen der innerstädtischen Verödung und der Zersiedelung des Umlands entgegenzutreten (UFZ 2004, S. 31). Obwohl gerade die Abstimmung des Angebots von Wohnbauland in Verdichtungsräumen von großer Relevanz ist, besitzt die interkommunale Kooperation in diesem Bereich wenig Tradition.

Für die Zukunft ist davon auszugehen, dass sich die Wohnungsmärkte in immer stärkerem Maße regional differenzieren werden (Teil I, Kap. 3). Damit erlangen regionale Wohnungsmarktbeobachtungen, darauf abgestellte Konzepte zur Siedlungsentwicklung und eine entsprechend regional abgestimmte Wohnflächenbereitstellung zunehmend an Bedeutung (Bunzel et al. 2002, S. 263). Noch wichtiger als bei der Gewerbeflächenentwicklung erscheint es, durch eine gemeindeübergreifende Planung sicherzustellen, dass sich die Wohnflächenentwicklung unter Berücksichtigung von infrastruktureller Gegebenheiten (Auslastung von vorhandenen Einrichtungen), Erreichbarkeitskriterien (Verdichtung an den Haltepunkten des ÖPNV) sowie der Anforderungen des Freiraumschutzes auf geeignete Standorte konzentriert. Dennoch vollzieht sich die Ausweisung von Wohnbauland bisher weitgehend unkoordiniert, gemeindlichen Einzelinteressen folgend. Wie die Difu-Studie zur interkommunalen Kooperation im Städtebau belegt, ist die Zusammenarbeit von Gemeinden in diesem Bereich ein eher seltenes Phänomen (Bunzel et al. 2002, S. 251).

Die Gründe dafür sind vielfältig:

› Der Vorteil- und Lastenausgleich zwischen den beteiligten Gemeinden stellt sich hier noch schwieriger dar als bei der gemeinsamen Entwicklung von Gewerbeflächen und wirft bei Vorhaben des sozialen Wohnungsbaus andere Probleme auf als bei der Errichtung von Eigenheimen und Eigentumswohnungen.
› Die Kooperationsbemühungen gehen meist von den Kernstädten in Ballungsräumen aus und stoßen bei den kleinen Gemeinden im Umland auf wenig Resonanz. Abgesehen davon, dass sie eine Einschränkung ihrer kommunalen Planungshoheit befürchten, verfügen die Umlandgemeinden in der Regel über ausreichende Flächenreserven und sehen daher keine Notwendigkeit für gemeinsame Planungen (Teil II, Kap. 2.1).

- Der Bau von Sozialwohnungen im Rahmen des öffentlich geförderten Wohnungsbaus mit Unterstützung der Kernstädte bietet den Umlandgemeinden keine Vorteile, weil er mit dem Zuzug einkommensschwacher Hauhalte und einer zusätzlichen finanziellen Belastung durch Sozialhilfeleistungen verbunden ist. Zudem geht es nicht nur um die Errichtung von Wohnungen, sondern auch um Bau und Betrieb von Wohnfolgeeinrichtungen (z.B. Schulen, Kindergärten etc.), deren Finanzierung gesichert sein muss.
- Die Entwicklung von Eigenheimsiedlungen kann dagegen für die Umlandgemeinden lukrativ sein, bedeutet aber für die Kernstädte den Verlust einkommensstarker Haushalte und Einbußen bei der Einkommensteuer sowie bei den einwohnerabhängigen Schlüsselzuweisungen im Rahmen des kommunalen Finanzausgleichs (Bunzel et al. 2002, S. 264 f.).

Aus der Sicht einer ressourcenschonenden Flächennutzung wäre eine regional abgestimmte Wohnflächenentwicklung dringend erforderlich, sie führt jedoch für die Kommunen im Gegensatz zur Gewerbeflächenentwicklung oder zur Bereitstellung von Kompensationsflächen selten zu Win-Win-Situationen. Aus diesen Gründen sind in mehreren Großstadtregionen (Frankfurt, Hamburg, München) zahlreiche Kooperationsansätze der 1970er und 1990er Jahre gescheitert (Bunzel et al. 2002, S. 252 ff.).

Erfolgreiche Kooperationsbeziehungen im Wohnungsbau sind selten. Neben dem oben dargestellten Wohnungsmarktmodell der Region Bonn/Rhein-Sieg/Ahrweiler (Teil II, Kap. 2.2.1) werden im Rahmen des MORO-Forschungsfelds[27] *Innovative Projekte zur Regionalentwicklung* einige weitere positive Fallbeispiele angeführt. Dazu gehört der Versuch der Regionalen Planungsgemeinschaft Mittelthüringen, angesichts einer anhaltenden Neuausweisung von Wohnbauland trotz hoher Leerstände und ungenutzter Innenentwicklungspotenziale, verbindliche Ziel- und Grundsatzkonzepte für die regionale Wohnflächenentwicklung zu formulieren. Zu erwähnen ist auch die Initiative des Regionalen Planungsverbands Vorpommern zur kooperativen Erarbeitung von regionalen Siedlungskonzepten. Durch nachbarschaftliche Abstimmung zwischen den kreisfreien Städten Stralsund und Greifswald sowie ihren Umlandgemeinden sollen Umfang und Standorte künftiger Baulandausweisungen festgelegt und eine städtebauliche Innenentwicklungsquote vorgegeben werden. Die Abstimmungsergebnisse sollen durch Überführung in das Regionale Raumordnungsprogramm von Vorpommern einen rechtlich verbindlichen Rahmen erhalten (BBR 2004).

Große Bedeutung wird Kooperationsbemühungen im Bereich der *Informationsbereitstellung* zugeschrieben. In Nordrhein-Westfalen existieren mittlerweile mehrere

27 MORO: »Modellvorhaben der Raumordnung«, http://www.bbr.bund.de/moro.

Initiativen, die einen regionalen Bezugsrahmen des Informations- und Erfahrungsaustausches anstreben.[28] Durch die kommunale Wohnungsmarktbeobachtung der *Wohnungsbauförderungsanstalt* (Düsseldorf) liegen inzwischen in vielen Kommunen Nordrhein-Westfalens Wohnungsmarktdaten vor, auf denen regionale Wohnungsmarktanalysen aufbauen können.

Als sinnvoll werden auch die Versuche von Schleswig-Holstein und Hamburg angesehen, die Kooperationsbereitschaft der Kommunen über Anreizsysteme auf Landesebene zu fördern. Beide Länder haben 1995 einen Förderfonds der gemeinsamen Landesplanung aufgelegt, der zweckgebunden für den Grunderwerb und die Erschließung von Wohnungsbauvorhaben eingesetzt werden soll, die im Rahmen der Kooperation zwischen Hamburg und einzelnen Umlandgemeinden entwickelt werden. Die Difu-Studie zur interkommunalen Kooperation im Städtebau vertritt die Auffassung, dass mittel- bis langfristig vor allem solche finanziellen Anreize geeignet sind, um die Motivation der Gemeinden zur Zusammenarbeit im Bereich der Wohnflächenentwicklung zu steigern (Bunzel et al. 2002, S. 266).

INTERKOMMUNALE KOMPENSATIONSFLÄCHENPOOLS 2.4.3

Unvermeidbare Eingriffe in Natur und Landschaft im Rahmen der Bauleitplanung sind durch den Verursacher auszugleichen oder in sonstiger Weise zu kompensieren. Durch das BauROG 1998 wurde die naturschutzrechtliche Eingriffsregelung in das Bauplanungsrecht integriert und die Möglichkeiten zur Erfüllung der Ausgleichspflichten wurden in zeitlicher und räumlicher Hinsicht erweitert (Teil II, Kap. 1.1).

Ein unmittelbarer räumlicher Zusammenhang zwischen Eingriff und Ausgleich ist nicht mehr erforderlich, soweit dies mit einer geordneten städtebaulichen Entwicklung und den Zielen der Raumordnung sowie des Naturschutzes und der Landschaftspflege vereinbar ist (§§ 1a Abs. 3, 200a Satz 2 BauGB). Der Ausgleich muss somit nicht im Geltungsbereich des Bebauungsplans festgesetzt werden, in dem der Eingriff erfolgt, sondern kann auch an anderer Stelle im Gemeindegebiet oder auf dem Gebiet anderer Gemeinden vorgenommen werden (§ 9 Abs. 1a BauGB). Für den Fall, dass der Ausgleich an anderer Stelle erfolgt, soll die Gemeinde gemäß § 135a Abs. 2 BauGB die Ausgleichsmaßnahmen anstelle und auf Kosten der Vorhabensträger oder der Grundstückseigentümer durchführen und auch die hierfür erforderlichen Flächen bereitstellen. § 135a Abs. 2 Satz 2 BauGB gestattet explizit, dass die Maßnahmen zum Ausgleich bereits vor den Baumaßnahmen durchgeführt werden. Trotz der weitgehenden räumlichen und zeitlichen Entkopplung von Ein-

28 Beispiele sind u.a. die »Interkommunale Zusammenarbeit (IKZ) westfälisches Ruhrgebiet« und der »Arbeitskreis Regionaler Wohnungsmarkt Dortmund/Umland«.

griff und Ausgleich sollen sich Kompensationsmaßnahmen an den beeinträchtigten Naturfunktionen orientieren, d.h. in erster Linie ist ein Ausgleich zu schaffen; erst dann, wenn dies nicht möglich ist, kommt auch ein Ersatz infrage.

Sofern die Gemeinde Ausgleichsflächen zur Verfügung stellt, muss es sich um Flächen handeln, die im Eigentum der Gemeinde stehen oder für die andere rechtlich gesicherte Zugriffsmöglichkeiten vorhanden sind. Wie die Praxis zeigt, kann die mangelnde Verfügbarkeit von Ausgleichsflächen zu Verzögerungen bei der Baulandbereitstellung führen. Die baurechtlichen Instrumente (z.B. Vorkaufsrecht, Umlegung, Enteignung etc.) sind für die Bereitstellung von Ausgleichsflächen nur bedingt geeignet, so dass den Gemeinden nur die Möglichkeit des freihändigen Flächenerwerbs bleibt, für den häufig die erforderlichen Mittel fehlen (IBoMa 2004, S. 26). Da die Ausgleichsflächen nunmehr auch außerhalb des Gemeindegebiets auf dem Territorium anderer Gemeinden liegen können, bietet sich die Einrichtung interkommunaler Kompensationsflächenpools zur Lösung des Problems an.

Solche Flächenpools stellen kein neues naturschutzrechtliches Instrument dar, sondern eine Option zur Umsetzung und zum Management der Eingriffsregelung. Zweck ist eine gezielte Bevorratung von Flächen für Kompensationszwecke, die noch keinem Eingriff zugeordnet sind. Als Rechtsformen kommen in Betracht: Gemeinsamer Flächennutzungsplan (s.o.), Planungsverband, Zweckverband, öffentlich-rechtliche Vereinbarung oder die Gründung einer Gesellschaft mit beschränkter Haftung.

Die Bildung von Flächenpools eröffnet die Möglichkeit, ökologische und erholungsbezogene Aufwertungsmaßnahmen von Landschaftsräumen in effizienter Form durchzuführen, ohne sich an kommunalen Gebietsgrenzen orientieren zu müssen. Auch ökonomische Probleme bei der Realisierung landschaftspflegerischer Großprojekte lassen sich leichter bewältigen, da die Finanzierung durch die Verursacher von Eingriffen an anderer Stelle gesichert werden kann. Aus der Sicht des Naturschutzes und der Landschaftsplanung liegen die Vorteile vor allem in der Einbindung einzelner Kompensationsmaßnahmen in ein Gesamtkonzept. Dies bietet die Chance zur Bündelung von Ausgleichsflächen an geeigneten Standorten, zur gezielten Arrondierung bestehender Schutzgebiete, zur Wiederherstellung komplexer Ökosysteme und zum vorsorgenden Freiraumschutz bei Biotopen mit langen Entwicklungszeiten. Der Nachteil dieser Form interkommunaler Kooperation wird vor allem in dem höheren Koordinierungsaufwand gesehen. Die beteiligten Kommunen müssen die Organisation des Pools, den Zugriff auf die Flächen und den Finanzausgleich in dauerhafter Form regeln (zu den Vor- und Nachteilen von Kompensationsflächenpools vgl. Ministerium für Landwirtschaft, Umweltschutz und Raumordnung des Landes Brandenburg 1999).

Die Verringerung der Flächeninanspruchnahme gehört nicht zu den originären Zielsetzungen interkommunaler Kompensationsflächenpools. Gleichwohl bieten sie indirekte Steuerungsmöglichkeiten, die zu einer flächensparenden nachhaltigen Siedlungsentwicklung beitragen können (Böhme/Bunzel 2003, S. 21 ff.).

Der Flächenbedarf an Wohn- und Gewerbefläche ist, zumindest soweit es um den Anteil versiegelter Fläche geht, im Prinzip unabhängig von der Frage der Ausgleichsflächenstrategie. Durch eine externe Kompensation im Rahmen eines Flächenpools lassen sich jedoch *kompaktere Siedlungsstrukturen* realisieren, durch die eine Ausweitung des Siedlungsraums in die Landschaft verhindert wird. Eine höhere bauliche Dichte reduziert zudem den Straßenerschließungsaufwand und ermöglicht damit weitere Flächeneinsparungen.

Demgegenüber können interne Kompensationsmaßnahmen, d.h. solche im Geltungsbereich des jeweiligen Bebauungsplans, zwar bei größeren Baugebieten zu einer sinnvollen Vernetzung von Grünflächen genutzt werden, bei kleineren Baugebieten sind sie jedoch in der Regel ökologisch wenig wirksam. Interkommunale Flächenpools mit vergleichsweise großen Flächenpotenzialen erlauben in der Regel *qualifiziertere Kompensationsmaßnahmen*, die auf gleich großer Fläche eine höhere ökologische Aufwertung ermöglichen, als solche innerhalb der Siedlungsgebiete.

Auch im Hinblick auf die Verbesserung der Freiraumstrukturen im Siedlungsbestand bieten interkommunale Flächenpools Möglichkeiten. So können z.B. im Rahmen des Stadtumbaus Siedlungs- und Verkehrsflächen zurückgebaut, entsiegelt und anschließend einer naturschutzorientierten oder erholungsbezogenen Nutzung zugeführt werden. Insbesondere in den östlichen Bundesländern und den ehemaligen Industrierevieren des Westens besteht infolge des Bevölkerungsrückgangs ein großes Angebot an innerstädtischen Brachflächen. Da eine bauliche Nutzung häufig aufgrund fehlender Nachfrage nicht in Betracht kommt, bietet sich die *Renaturierung* der Flächen oder die Nutzung als Grünfläche an. Wegen der hohen Kosten für Abriss, Entsiegelung und Sanierung ist allerdings vielfach eine zusätzliche Finanzierung über Förderprogramme (Europäischer Fonds für regionale Entwicklung, Stadtumbau Ost, Landesförderprogramme zur Revitalisierung von Brachen) erforderlich.

In prosperierenden Regionen sind die Chancen für eine quantitative Erweiterung der Grün- und Freiflächenausstattung eher gering, da der Konkurrenzdruck tendenziell zu einer Bevorzugung der baulichen Nutzung von Brachflächen führt. Hier kann jedoch eine Aufwertung der vorhanden Grün- und Freiflächen Gegenstand eines interkommunalen Ausgleichsflächenkonzepts sein. Durch solche Qualifizierungsmaßnahmen kann die Attraktivität der Innenstädte als Wohnstandort erhöht, die Abwanderungstendenz der Bewohner gebremst und dem weiteren Flächenverbrauch entgegen gewirkt werden.

BEWERTUNG DER BISHERIGEN ERFAHRUNGEN AUS DER PERSPEKTIVE EINER NACHHALTIGEN FLÄCHENNUTZUNG 2.5

Der Erfolg bei der Umsetzung der Ziele einer nachhaltigen Flächennutzung ist entscheidend von der Standortlenkung und Mengenbegrenzung der kommunalen Baulandausweisung abhängig (Dosch/Einig 2005). Idealerweise sollte die Bereitstellung von Bauland ausschließlich anhand von demografischen, infrastrukturellen, ökologischen und topografischen Kriterien vorgenommen werden und in ein regionales Flächenmanagement münden (IBoMa 2004, S. 65).

Wie ein Blick in die Praxis zeigt, ist die kommunale Realität dagegen durch einen Wettbewerb um die Ansiedlung von Einwohnern und Gewerbe gekennzeichnet, der Suburbanisierungsprozesse fördert, den Flächenverbrauch steigert und die ohnehin desolate Finanzsituation der Gemeinden weiter verschärft. Die permanenten Bemühungen um Neuansiedlungen, die allenfalls kurzfristig zu Wanderungsgewinnen führen, sind langfristig mit erheblichen Nachteilen für die gesamte Region verbunden. Die für die einzelnen Gemeinden profitable Baulandstrategie verkehrt sich in ihr Gegenteil, je mehr Gemeinden ihre Baulandangebote im Außenbereich ausweiten (Teil I, Kap 4.1). Für die Entwicklung der Stadtregionen und die Funktionsfähigkeit der Kernstädte wird es daher ausschlaggebend sein, inwieweit sich die beteiligten Gebietskörperschaften künftig als Teil der Region begreifen und ihre eigenen Interessen zugunsten der regionalen Gesamtentwicklung zurückstellen (IBoMa 2004, S. 65 ff.).

Die Kommunen stehen vor der Aufgabe, die Lebensqualität ihrer Bürger zu erhalten bzw. zu verbessern und gleichzeitig ihre Haushaltsmittel sparsam und effizient einzusetzen. In Anbetracht demografisch bedingter Schrumpfungsprozesse (Teil I, Kap. 3) ist damit zu rechnen, dass sich der diesbezügliche Druck auf die Kommunen noch erhöht. Vor diesem Hintergrund gewinnen Modelle interkommunaler Kooperation verstärkt Bedeutung, an die sich die Erwartung knüpft, durch eine regionale Koordination der Baulandausweisung einen sparsamen und schonenden Umgang mit der Ressource Boden und einen effizienten Einsatz knapper Finanzmittel sicherzustellen.

Die Ergebnisse der im Rahmen des TAB-Projekts vergebenen Gutachten sowie anderer vorliegender Studien zum Thema interkommunale Kooperation (BBR 2004; Bunzel et al. 2002; Einig 2003; Heinz 2000; Holtel/Wuschansky 2002; Jähnke/Gawron 2001) belegen, dass in Deutschland eine große Vielzahl von Kooperationsformen existiert, die aus dem Blickwinkel ihrer jeweiligen Zielsetzungen (Verbesserung der regionalen Wettbewerbsfähigkeit, Erhöhung der Standortqualität, Steigerung der Wirtschaftlichkeit, Beseitigung von Flächenengpässen etc.) durchaus als erfolgreich einzustufen sind (UFZ 2004, S. 63). Wie die Analyse weiter zeigt, gehört die Realisierung einer flächensparenden Siedlungsentwicklung in der Regel nicht zu den originären Zielsetzungen, die mit den verschiedenen Kooperationsansätzen verfolgt werden. Dennoch bieten sie zumindest indirekte Steuerungsmöglichkeiten, die sich positiv auf die Flächeninanspruchnahme auswirken können.

So kann z.B. eine *interkommunal abgestimmte Gewerbeflächenentwicklung* dazu beitragen, überdimensionierte Baulandausweisungen einzelner Kommunen zu verhindern, den flächenmäßigen Erschließungsaufwand zu reduzieren, Standortpotenziale zu bündeln und damit eine bessere Auslastung der bereitgestellten Gewerbeflächen zu gewährleisten (Teil II, Kap. 2.4.1). *Interkommunale Kompensationsflächenpools* erlauben in der Regel qualifizierte und effizientere Kompensationsmaßnahmen, die auf gleich großer Fläche eine höhere ökologische Aufwertung ermöglichen, als solche innerhalb der Siedlungsgebiete. Außerdem lassen sich bei einer externen Kompensation im Rahmen eines Flächenpools kompaktere Siedlungsstrukturen realisieren, welche die Ausweitung des Siedlungsraums in die Landschaft eindämmen. Schließlich kann die Verbesserung des innerstädtischen Grün- und Freiflächenangebots dazu beitragen, die Stadtflucht zu stoppen und der Suburbanisierung entgegen zu wirken (Teil II, Kap. 2.4.3). Empirische Daten zu den quantitativen Auswirkungen solcher Flächenpools auf die Flächeninanspruchnahme liegen allerdings bislang nicht vor (Böhme/Bunzel 2003, S. 24).

Die größten Erfolgschancen werden derzeit Kooperationsbeziehungen im Bereich der *Informationsbereitstellung* eingeräumt (Teil II, Kap. 2.2.1 das Beispiel: »Gewerbe- und Kompensationsflächeninformationssystem im Kreis Recklinghausen«). Sie schaffen einen gemeinsamen Datenpool im Hinblick auf die regionale Situation, fördern die Kommunikation und die Entwicklung einer regionalen Perspektive, erleichtern den Gemeinden die Einordnung der eigenen Entwicklungsziele und -chancen in einen größeren räumlichen Kontext und führen zu einer Sensibilisierung für die Interessen der anderen. Außerdem sind langwierige Auseinandersetzungen über den Vorteils- und Lastenausgleich bei dieser Form der Kooperation nicht zu erwarten (IBoMa 2004, S. 65).

Insgesamt lehrt die Erfahrung, dass es den Kommunen am ehesten gelingt, sich auf einen kooperativen Weg zu einigen, wenn dies für alle Beteiligten mit Vorteilen verbunden ist. Die gemeinsame Gewerbeflächenentwicklung und das Kompensationsflächenmanagement scheinen zu den weniger konfliktträchtigen Bereichen zu gehören, die sich für eine engere Zusammenarbeit der Kommunen auf regionaler Ebene anbieten. Dagegen ergeben sich auf dem Gebiet der *Wohnflächenentwicklung* nach den bisherigen Erfahrungen selten Win-Win-Situationen für die Beteiligten, so dass finanzielle Anreizsysteme auf Landesebene zur Förderung der Kooperationsbereitschaft für unverzichtbar gehalten werden (Teil II, Kap. 2.4.2).

Einige der oben dargestellten Beispiele interkommunaler Kooperation ragen heraus, weil sie bereits Ansätze zu einer regionalen Flächenhaushaltspolitik erkennen lassen. Dazu gehören insbesondere die beiden Verbandsmodelle *Region Stuttgart* und *Region Hannover*. Auch wenn beide Verbände »nur« Träger der Regionalplanung sind, während die Kompetenz zur Aufstellung von Flächennutzungsplänen bei den Mitgliedsgemeinden verbleibt, können sie durch regionalplanerische Festsetzungen erheblichen Einfluss auf die städtebauliche Entwicklung und die Bauleitplanung der Gemeinden ausüben. Die Direktwahl ihrer Beschlussorgane durch die Bevölkerung im Verbandsgebiet stärkt ihre demokratische Legitimation und sichert ihnen weitgehende Unabhängigkeit von kommunalen Einzelinteressen (Teil II, Kap. 2.3.2). Als Erfolgsfaktoren werden außerdem die Konstruktion dieser beiden Regionen als mehrdimensionale Zweckverbände betrachtet, denen weitere überörtliche Aufgaben wie Wirtschaftsförderung, Regionalverkehr, Landschaftsplanung, regional bedeutsame Naherholung übertragen wurden, die gemeinhin nicht zum Aufgabenkreis der kommunal verfassten Regionalplanung gehören (UFZ 2004, S. 65).

Positive Wirkungen auf die Entwicklung der Flächeninanspruchnahme lassen sich auch von der *gemeinsamen Flächennutzungsplanung* benachbarter Gemeinden erwarten. Ihr Potenzial wird vor allem in einer koordinierten Flächenausweisung gesehen, mit deren Hilfe die Siedlungstätigkeit besser auf die aus objektiven Gründen geeigneten Flächen gelenkt und die Flächeninanspruchnahme in der Summe reduziert werden könnte. Als weitere Vorteile werden die Vermeidung von Doppelplanungen und die Möglichkeit zu einem effizienteren Einsatz begrenzter personeller und finanzieller Ressourcen betrachtet (Teil II, Kap. 2.3.1). Voraussetzung für die Erfüllung der in dieses Instrument gesetzten Erwartungen ist allerdings, dass im interkommunalen Planungsprozess nicht nur eine Addition der von den beteiligten Gemeinden geäußerten Flächenansprüche stattfindet, sondern der Bedarf jeder Gebietsausweisung in einer gemeinsamen Abwägung, die das gesamte überplante Territorium einschließt, geprüft wird (UFZ 2004, S. 65).

Vergleichbare Voraussetzungen gelten für den Erfolg des *Regionalen Flächennutzungsplans* gemäß § 9 Abs. 6 ROG, mit dessen Einführung einerseits der Planungsaufwand durch Einsparung einer Planungsebene reduziert, andererseits neue Impulse zur Verstärkung der interkommunalen Kooperation, vor allem in Verdichtungsräumen, gegeben werden sollten. Auch mit diesem neuen Planungstyp könnte eine bessere Koordination der Siedlungsentwicklung (Zentrale-Orte-Konzept, Verdichtung an den Haltepunkten des ÖPNV) sowie eine wirkungsvollere Flächen- und Standortvorsorge im Hinblick auf die Industrie- und Gewerbeentwicklung, den großflächigen Einzelhandel, die Freizeitinfrastruktur und die Freiraumsicherung erreicht werden (Teil II, Kap. 2.3.1). Da sich bisher erst ein derartiger Plan im Aufstellungsverfahren befindet (Ballungsraum Frankfurt/Rhein-Main), können allerdings über die Eignung dieses Instruments für die Umsetzung einer regionalen Flächenhaushaltspolitik noch keine empirischen Aussagen gemacht werden.

BESTEHENDE KOOPERATIONSHEMMNISSE UND REFORMBEDARF 2.6

Als gravierende Hemmnisse für die Realisierung interkommunaler Kooperation werden neben der »Kirchturmpolitik« der Gemeinden und ihrer Befürchtung, im Rahmen einer Kooperation Einschränkungen der kommunalen Selbstverwaltungshoheit hinnehmen zu müssen, vor allem fiskalische Zwänge, die das Konkurrenzdenken schüren, Unklarheiten über finanzielle Regelungen sowie der zusätzliche Aufwand der Koordinierungsprozesse genannt (IBoMa 2004, S. 86; UFZ 2004; S. 64). Um diese Hemmnisse zu beseitigen, werden von den Gutachtern des TAB folgende Veränderungen der Rahmenbedingungen angeregt.

Die Ausgestaltung des heutigen Gemeindefinanzierungssystems wirkt sich kontraproduktiv auf die Bereitschaft zur interkommunalen Kooperation aus. Eine wesentliche Größe für die kommunale Einnahmensituation stellt die Anzahl der Einwohner dar, einerseits wegen des kommunalen Anteils an der Einkommensteuer, andererseits wegen der Verknüpfung der Schlüsselzuweisungen mit der Bevölkerungszahl (Teil II, Kap. 4.4). Dieser Zusammenhang fördert die Konkurrenz der Gemeinden um die Ansiedlung von Einwohnern und Unternehmen und damit das Flächenwachstum. Die Bereitstellung von preisgünstigem Bauland wird als Mittel gesehen, um die Bürger an die Kommune zu binden bzw. neue zu gewinnen. Der prognostizierte Bevölkerungsrückgang wird den Wettbewerb der Kommunen eher noch verschärfen, da er zu sinkenden Einnahmen bei mehr oder weniger gleich bleibenden Ausgaben führt (IBoMa 2004, S. 69 f.) Als notwendig wird daher eine *grundlegende kommunale Finanzreform* erachtet, die eine solide kommunale Finanzausstattung gewährleisten und die Konkurrenzsituation mildern würde (Teil II, Kap. 4.3).

Befürchtungen der Kommunen bei der Kooperation übervorteilt zu werden, erweisen sich häufig als Kooperationshemmnis. Regelungen zum materiellen Lastenausgleich sind daher eine unverzichtbare Voraussetzung für eine erfolgreiche Kooperation. Sofern nicht von einer erheblichen Ungleichverteilung von Vorteilen und Lasten auszugehen ist, bietet sich nach Ansicht von Dransfeld et al. (IBoMa 2004, S. 73) die Einrichtung eines *Kooperationsfonds* an, bei dem die Einnahmen, etwa die im Rahmen eines gemeinsamen Gewerbegebiets erzielten Gewerbesteuern, nicht auf die beteiligten Kommunen verteilt werden, sondern in einen Fonds fließen, der zur Finanzierung weiterer gemeinsamer Projekte dient. Um einen gerechten Ausgleich zwischen Kernstadt und Umlandgemeinden zu gewährleisten, schlagen Dransfeld et al. eine »*Regionale Infrastrukturpauschale*« vor, mit der die Umlandgemeinden an den Kosten für die Bereitstellung übergeordneter Infrastruktureinrichtungen (z.B. Kliniken, Theater, Museen, weiterführende Schulen etc.) beteiligt werden. Eine solche Infrastrukturpauschale erscheint vor allem dort realisierbar, wo sich die Umlandgemeinden als Teile einer regionalen Gemeinschaft verstehen und es sich um eine überschaubare Anzahl von Infrastruktureinrichtungen handelt, deren interkommunale Bedeutung unstrittig ist (IBoMa 2004, S. 74).

Als ein weiteres wichtiges Instrument zur Überwindung der Kooperationshemmnisse wird schließlich die *gezielte finanzielle Förderung* von flächensparenden Vorhaben im Rahmen interkommunaler Zusammenarbeit gesehen. Eine solche Förderung wird vor allem zur Schließung von Finanzlücken, die in der Anfangsphase von Kooperationsprojekten infolge der längeren Planungs- und Vorlaufzeiten entstehen können, für erforderlich gehalten, aber auch in Bereichen, wie etwa der Wohnbaulandentwicklung, in denen bisher erfolgreiche Kooperationsbeziehungen selten sind (IBoMa 2004, S. 68).

Die Verankerung der interkommunalen Kooperation im Bau- und Planungsrecht wird als ausreichend beurteilt (IBoMa 2004, S. 72; UFZ 2004, S. 66). Neben den traditionellen Kooperationsformen wie Gemeindeverbände, Regionalverbände, Zweckverbände und den in §§ 203 bis 205 BauGB vorgesehenen Möglichkeiten der interkommunalen Zusammenarbeit im Rahmen der Bauleitplanung sind durch das BauROG 1998 neue Instrumente freiwilliger Kooperation institutionalisiert worden. Dazu gehören städtebauliche Verträge nach § 11 BauGB, Städtenetze, regionale Entwicklungskonzepte und vertragliche Vereinbarungen zur Vorbereitung und Verwirklichung von Raumordnungsplänen (§ 13 ROG) sowie die Möglichkeit zur Erstellung regionaler Flächennutzungspläne gemäß § 9 Abs. 6 ROG. Den Kommunen stehen somit schon heute zahlreiche Formen der Zusammenarbeit zur Verfügung, sodass die Einführung weiterer kooperativer Instrumente zum gegenwärtigen Zeitpunkt als nicht sinnvoll angesehen wird.

Auch ohne gravierende Änderung der regionalen Verwaltungsstrukturen der Länder wäre es nach Auffassung von Gawron möglich, eine konsequente Flächenhaushaltspolitik zu betreiben, wenn das Zusammenspiel »von oben« (Landesplanungsgesetze, Landesentwicklungspläne und -programme, Regionalplanung) und »von unten« (Anpassungspflicht, Abstimmungspflicht im Rahmen der Bauleitplanung, interkommunale Flächennutzungsplanung) neu justiert würde (UFZ 2004, S. 66). Dabei sei es zwingend erforderlich, die landes- und regionalplanerischen Zielvorgaben zu schärfen. Einige Länder haben demonstriert, dass es bereits heute möglich ist, durch Ausweisung von Vorrang- und Vorbehaltsgebieten gemäß § 7 Abs. 4 ROG, durch Vorgabe von Richtwerten für die anzustrebende Baudichte, durch Planungsgebote u.Ä. den Flächenzuwachs zu dämpfen.

ERGEBNISSE DER TAB-UMFRAGE ZU DEN POTENZIALEN DER KOOPERATION 2.7

Die Ergebnisse der Verbändebefragung des TAB (2004) bestätigen im Wesentlichen die in den Gutachten getroffene Einschätzung der Eignung interkommunaler Kooperation zur Umsetzung einer regionalen Flächenhaushaltspolitik. Eine verstärkte Zusammenarbeit der Gebietskörperschaften auf regionaler Ebene wird generell für wünschenswert gehalten, die Erfolge der bisherigen Kooperationsansätze und der Bedarf an grundlegenden Reformen werden jedoch unterschiedlich beurteilt.

Nach Ansicht des *Deutschen Städte- und Gemeindebunds* (DStGB) hat sich die bisher praktizierte interkommunale Zusammenarbeit bewährt und bietet den Städten und Gemeinden zahlreiche Vorteile. Die Aufstellung gemeinsamer Nahverkehrspläne, abgestimmter Einzelhandel- und Zentrenkonzepte, regionaler Entwicklungs- und Gewerbeflächenkonzepte, aber auch die Durchführung regionaler Wohnungsmarktuntersuchungen könnten dazu beitragen, den Konkurrenzdruck um die Ansiedlung von Einwohnern und Gewerbebetrieben zu mildern, die vorhandenen Kapazitäten besser auszulasten und Kosten einzusparen. Am zweckmäßigsten ließe sich die interkommunale Kooperation durch eine verbindliche Steuerung umsetzen, beispielsweise durch bindende Zielvereinbarungen, gemeinsame Flächennutzungspläne und einen fairen Nutzen- und Lastenausgleich (interkommunale Gewerbesteuerverteilung). Die gesetzlichen Regelungen werden als ausreichend betrachtet.

Auch der *Bundesverband Baustoffe* und der *Ring Deutscher Makler* (RDM) halten die bestehenden informellen und förmlichen Kooperationsansätze für ausreichend und sehen keinen Bedarf für eine grundlegende Reform der Verwaltungsstrukturen auf regionaler Ebene. Die Einführung einer neuen staatsrechtlichen Ebene »Region« zwischen Ländern und Kommunen würde nicht zur Effizienzsteigerung, sondern nur zu einer »unnötigen Aufblähung des Verwaltungsapparates« führen und wird daher abgelehnt.

Diese Position vertritt auch der *Deutsche Verband für Wohnungswesen, Städtebau und Raumordnung* (DV). Deutschland habe im Gegensatz zu den Mitgliedstaaten der EU schon jetzt »zu viele Ebenen«. Aus der Sicht des DV haben sich die informellen Kooperationsformen bewährt, da sie individuell auf die jeweiligen Bedürfnisse, Erfahrungen und regionalen Unterschiede zugeschnitten werden könnten. Um einen gerechten Finanzausgleich zwischen Kernstadt und Umlandgemeinden herzustellen, sollte der Aufwand für zentrale Dienstleistungen (Kliniken, Bibliotheken, Opernhäuser, Theater, Museen) pro Einwohner ermittelt und mit den Aufwendungen im Umland verglichen werden. Die Differenz sollte von den Umlandgemeinden an die Zentren, die diese Einrichtungen vorhalten, gezahlt werden (dieser Vorschlag stimmt mit der von Dransfeld et al. (IBoMa 2004) angeregten »Regionalen Infrastrukturpauschale« überein (Teil II, Kap. 2.6).

Einen ähnlichen Vorschlag zur Regelung des Finanzausgleichs zwischen Kernstadt und Umlandgemeinden macht der *Deutsche Siedlerbund* (DSB). Er regt die Einführung von »Auswärtigenzuschlägen« an, die im Rahmen des Finanzausgleichs von den Umlandgemeinden an die Kernstadt zu entrichten wären. Die Wanderungsbewegungen zwischen Kernstadt und Umland seien durch die erforderlichen An- und Abmeldungen bei den Einwohnermeldeämtern vergleichsweise einfach zu ermitteln. Vorstellbar sei auch, die Zahlungen gestaffelt auszugestalten: Je höher das Maß der Inanspruchnahme von zentralen Infrastruktureinrichtungen durch die Umlandgemeinden ist, umso höhere Zuschläge wären zu zahlen. Insgesamt sollte aber auf die Verhältnismäßigkeit zwischen bürokratischem Aufwand und erzielbarem Effekt geachtet werden.

Die institutionellen Vorkehrungen für die interkommunale Kooperation sind nach Ansicht der DSB zwar ausreichend, gleichwohl sei die Zusammenarbeit verbesserungsfähig. In der Praxis bestehe die Gefahr, dass lokale Egoismen zu wenig Spielraum für eine gemeindeübergreifende Abstimmung lassen und dadurch die erfolgreiche Umsetzung integrierter Stadtentwicklungskonzepte behindern. So würden z.B. Kommunen mit Konzepten für eine nachhaltige Flächennutzung (Innenentwicklung vor Außenentwicklung) investitionswillige Bauträger verlieren, wenn Nachbargemeinden großzügig Bauland im Außenbereich ausgewiesen hätten, auf dem sich Bauvorhaben schneller realisieren ließen.

Eher kritisch beurteilt auch der *Bundesverband deutscher Wohnungsunternehmen* (GdW) die Realität der freiwilligen interkommunalen Kooperation. Oftmals seien die Ergebnisse der Zusammenarbeit »abseits sachlicher Erwägungen« herbeigeführt worden und stellten »einen kleinsten gemeinsamen Nenner« dar. Eine Koordination der städtebaulichen Entwicklung von Kommunen wäre auf der übergeordneten Ebene effizienter durchzuführen, wobei die Lenkung nach Ansicht des Verbands in erster Linie durch ökonomische Mechanismen erfolgen sollte. Gleichzeitig wird jedoch eine weitergehende Einschränkung der kommunalen Planungshoheit nicht zuletzt aus verfassungsrechtlicher Sicht als problematisch angesehen. Sofern die Region, eventuell auch im Sinne einer neuen staatsrechtlichen Ebene, erweiterte Befugnisse im Bereich der Flächennutzungsplanung erhalten sollte, wäre im Gegenzug über die Landkreisebene sowie eine Neuordnung der Bundesländer nachzudenken. Ziel müsste es sein, die Effizienz politischen und administrativen Handelns sicher zu stellen.

Ähnlich sieht auch der *Deutsche Mieterbund* in dem Konflikt zwischen kommunaler Selbstverwaltung und der Notwendigkeit regionaler Planung ein grundlegendes

Problem in Deutschland. Nahezu alle Zukunftsfragen, nicht nur im Bereich des Flächenmanagements, ließen sich in regionalen Strukturen besser lösen. Dieser Einsicht werde unser Verfassungssystem jedoch nicht gerecht, da es neben der Bundes- und Landesebene nur die Kommunen als Träger der örtlichen Selbstverwaltungshoheit kenne. In der Praxis führe dies in aller Regel dazu, dass kommunaler Eigennutz gegenüber sachlich vernünftigen Lösungen in der Region überwiegt. Ohne Zweifel gebe es positive Beispiele und richtige Ansätze der Zusammenarbeit; von einem durchgreifenden Erfolg der bisher praktizierten Formen interkommunaler Kooperation könne aber nicht ausgegangen werden. Unter den bestehenden verfassungsrechtlichen Gegebenheiten sei eine Vitalisierung des Regionalgedankens hauptsächlich über Förderprogramme vorstellbar, indem Mittel nur dann gewährt werden, wenn ein schlüssiges Konzept für die Entwicklung der Region vorgelegt wird. Der weitergehende Weg einer grundlegenden Reform der Verwaltungsstrukturen und der Einführung einer neuen staatsrechtlichen Ebene »Region« zwischen Ländern und Kommunen, die der Deutsche Mieterbund grundsätzlich befürwortet, wird derzeit wegen nicht überwindbarer Widerstände vor Ort als nicht gangbar angesehen. Dieser Ansatz wäre auch nur dann sinnvoll, wenn dadurch kein zusätzlicher Verwaltungsaufwand geschaffen würde, d.h. sowohl Länder als auch Kommunen müssten an eine solche neue Ebene »Region« Kompetenzen abgeben. Schließlich bedürfte die Ebene »Region« ähnlicher Legitimation wie Länder und Kommunen in Form direkt gewählter Parlamente.

Im Gegensatz zu den eher ambivalenten Stellungnahmen des GdW und des Deutschen Mieterbunds spricht sich der *Bund Deutscher Architekten* (BDA) explizit für die Einführung einer neuen Ebene »Region« zwischen Ländern und Kommunen aus. Aus seiner Sicht sind die jahrzehntelangen Versuche, mithilfe freiwilliger interkommunaler Kooperation eine nachhaltige Stadtentwicklung zu realisieren, weitgehend gescheitert und erreichen auch in ihren fortschrittlichsten Varianten (etwa Region Stuttgart) nur mäßige Erfolge. Zwar könnten durch Fördermittel finanzielle Anreize für »kooperierendes Wohlverhalten« geschaffen werden (Beispiel NRW); bei attraktiven Themen sei übergemeindliche Zusammenarbeit auch als »Werbeträger für Progressivität und Image der Gemeinde« tauglich, in vielen Fällen seien die Institutionalisierungsversuche von Kooperationen jedoch »zu ergebnislosen Dauerveranstaltungen« geworden (Lokale Agenda 21, Städtenetze, Stadt 2030). Insbesondere in Bereichen, in denen die Überlebensinteressen der Gemeinde nicht unmittelbar betroffen seien, also etwa in Fragen einer langfristigen Daseinsvorsorge, herrsche nur geringe Kooperationsbereitschaft. Es sei bisher nur an verschwindend wenigen Beispielen nachweisbar, dass freiwillige interkommunale Zusammenarbeit zu dauerhaften Problemlösungen der Regionalpolitik geführt habe.

Aus diesen Gründen hält es der BDA für notwendig, vor allem die Gewerbeansiedlungspolitik aus dem kommunalen Umfeld zu lösen und damit auch die Gewerbesteuer in ihrer heutigen Form abzuschaffen. Die regionalen Verwaltungsstrukturen bedürften, unter Beibehaltung der verfassungsmäßig garantierten Autonomie der Gemeinden, einer völlig neuen Organisationsform, die sich an Erfahrungen in anderen EU-Mitgliedstaaten (z.B. Frankreich) orientieren könnte. Die regionale Ebene sollte weniger den Charakter einer klassischen Verwaltung haben, sondern vielmehr als gesamtwirtschaftlich und großräumig agierendes »Regionalmanagement« fungieren. Dieses müsse einige kommunale Zuständigkeiten übernehmen und eine neue Balance in der Hierarchie zwischen Ländern und Gemeinden schaffen. Die Existenz der Landkreise müsse infrage gestellt werden, da eine zusätzliche Interventions- und Politikebene der Stagnation des Gesamtsystems Vorschub leisten würde.

Auch die *Akademie für Raumforschung und Landesplanung* (ARL) plädiert ausdrücklich für eine Übertragung der Kompetenz zur Flächennutzungsplanung auf die regionale Ebene. Aus ihrer Sicht haben sich informelle Planungsansätze zwar in vielen Fällen bewährt, sowohl bei der Siedlungsflächenentwicklung als auch bei der Bewältigung der Ausgleichsflächenproblematik. Zahlreiche Beispiele belegten, dass durch die Ausweisung interregionaler Gewerbegebiete die Nachfrage nach Fläche befriedigt werden konnte und zwar auf Standorten, die dafür besser geeignet und in der Regel ökologisch geringerwertig waren als die, welche den kooperierenden Kommunen auf ihrem eigenen Gemarkungsgebiet noch zur Verfügung standen. Gleichwohl dürfe nicht übersehen werden, dass erfolgreiche Kooperationen »Win-Win-Situationen« voraussetzen und in der Regel nicht geeignet sind, Konflikte um die Verteilung knapper Ressourcen (z.B. Siedlungsflächenerweiterungen innerhalb festgelegter Schwellenwerte im suburbanen Raum) zu lösen. Aus diesem Grund sollte die Kompetenz zur Flächennutzungsplanung, die nach Ansicht der ARL nicht zum Kern der kommunalen Planungshoheit zählt, generell auf eine überörtliche Ebene verlagert werden. Dort sollten regionale, direkt gewählte Gremien in Mehrheitsentscheidungen für eine regional abgestimmte Flächenentwicklung Sorge tragen.

Die *Naturschutzverbände* (BUND, NABU) bescheinigen den bisher praktizierten Formen interkommunaler Kooperation ebenfalls nur mäßigen Erfolg. Möglichkeiten zur Kooperation würden in der Regel nur dann aufgegriffen, wenn sie den Beteiligten Vorteile versprächen. Außerdem könne die gemeindeübergreifende Zusammenarbeit gerade unter dem Aspekt des Flächenverbrauchs auch kontraproduktiv sein. So würden z.B. interkommunale Gewerbegebiete häufig auf Standorten realisiert, die im Grenzgebiet zweier Gemeinden, also im Außenbereich lägen. Ähnlich wie BDA und ARL plädieren die Naturschutzverbände daher für eine Kompetenzausweitung zugunsten der regionalen Ebene sowie für eine grundsätzliche Reform des kommunalen Finanzsystems.

Aus der Sicht des *Deutschen Städtetags* (DST) müsste an die Stelle der heute noch weit verbreiteten »passiven« Angebotsplanung künftig eine »aktive« bedarfsorientierte strategische Steuerung treten. Regionalplanung allein reiche zu einer wirksamen Koordination der Flächenpolitik auf regionaler Ebene nicht aus. Sie müsste vielmehr durch ein »regionales Flächenmanagement für regional bedeutsame Siedlungs- und Freiraumnutzungen« flankiert werden. Bisher seien nur wenige erfolgreiche Beispiele interkommunaler Kooperation bekannt, die auf freiwilliger Basis operative Aufgaben regional gemeistert hätten. Als Ansätze in diese Richtung könnten z.B. grenzüberschreitende Gewerbegebiete (Moers/Kamp-Lintfort, Nürnberg-Feucht), der Stadtentwicklungsverband Ulm/Neu-Ulm, die Wirtschaftsfördergesellschaft der Region Stuttgart und die Kooperationsverträge der Stadt Karlsruhe mit Umlandgemeinden zur Vermarktung kommunaler Gewerbeflächen betrachtet werden. Darüber hinausgehende Modelle wie der Verband Region Stuttgart oder die Region Hannover setzten landesrechtliche Regelungen zur Neuordnung der Kompetenzen voraus.

Um die Zusammenarbeit der Gebietskörperschaften auf der regionalen Ebene zu verbessern, müsste nach Auffassung des DST auch über eine Reform der Verwaltungsstrukturen nachgedacht werden. Diese dürfe jedoch nicht auf eine Einschränkung der kommunalen Selbstverwaltungshoheit hinauslaufen, sondern müsse eine Überwindung ihrer räumlichen Grenzen anstreben. Keinesfalls sollte eine zusätzliche Verwaltungsebene eingeführt werden, da dies sowohl dem Ziel der Verwaltungsvereinfachung als auch der angestrebten Verbesserung der kommunalen Kooperation zuwiderliefe. Zwischen den Gemeinden einerseits und den Ländern andererseits sollte es nur eine, von den Kommunen organisierte, regionale Ebene geben. Bei einer solchen Konstruktion sei zu prüfen, ob unterhalb der kommunal verfassten regionalen Ebene eine Kreisebene noch notwendig sei bzw. ob sie nicht in ein solches Modell integriert werden könnte.

INFORMATORISCHE INSTRUMENTE 3.

In der aktuellen Debatte wird oftmals die große Bedeutung informatorischer Instrumente betont, mit denen bestehende Informationsdefizite in der Bevölkerung generell sowie bei einer Vielzahl staatlicher und gesellschaftlicher Akteure abgebaut werden könnten, die Verantwortung für die hohe zusätzliche Flächeninanspruchnahme tragen. Solche Informationsdefizite betreffen vor allem

› unzureichendes oder nicht vorhandenes Wissen in der Bevölkerung über die vielfältigen negativen ökologischen und anderweitigen Folgen des hohen Flächenverbrauchs und damit verbundenes geringes Problembewusstsein;

- entsprechende Defizite und mangelndes Problembewusstsein auch bei vielen professionellen Akteuren in der Flächennutzung (z.B. Vertreter von Kommunen, Bauwirtschaft, Banken, Bausparkassen, Wohnungsunternehmen, Architekten, Stadtplaner, Bauherren);
- unzureichendes Wissen über die wahren Kosten von Neuerschließungen;
- unzureichende Informationsgrundlagen für das regionale und kommunale Flächenmanagement, z.B. über Innenentwicklungspotenziale, wegen des Fehlens von Bauland-, Baulücken- und Brachflächenkatastern sowie
- unzureichende statistische Daten bzw. Indikatoren über die Flächennutzung in quantitativer und qualitativer Hinsicht.

FÖRDERUNG DES PROBLEMBEWUSSTSEINS ZUM FLÄCHENVERBRAUCH 3.1

Das Wissen in der Bevölkerung über die Probleme des hohen Flächenverbrauchs und die Degradierung von Böden durch verschiedene Nutzungen wird fast unisono als unzureichend empfunden. Eine flächensparende und -schonende Politik findet bisher kaum Unterstützung in der Bevölkerung, da das Problembewusstsein fehlt. Auch in der Verbändebefragung des TAB wird die Notwendigkeit zur Aufklärung der Öffentlichkeit über Stadtentwicklung und Flächenverbrauch, seine Ursachen und Folgen, die staatlichen Zielsetzungen und den strategischen Handlungsrahmen betont. Eine informierte öffentliche Diskussion über diese Problematik sollte zum Standard einer aufgeklärten Gesellschaft gehören. Nur auf diesem Wege könne sich ein stabiles Bewusstsein in der Bevölkerung entwickeln, auf dessen Grundlage sich ein öffentliches Interesse als Gegengewicht zu partikularen Einzelinteressen artikulieren könnte (BDA 2004).

Hierbei kommt es zunächst darauf an, durch Öffentlichkeitsarbeit der Bevölkerung zu verdeutlichen, warum die zunehmende Flächeninanspruchnahme für Siedlung und Verkehr überhaupt ein Problem darstellt (UBA 2004, S. 107). Bereits im Kindesalter bzw. in der schulischen Ausbildung müsse ein Bewusstsein davon vermittelt werden, dass Boden als Medium und Fläche eine knappe Ressource ist. Des Weiteren müsste auf verschiedenen Wegen durch Informations- und Aufklärungskampagnen, wie z.B. Infoflyer, Broschüren, Werbespots und Internetangebote, versucht werden, die breite Öffentlichkeit für das Thema zu interessieren (NBBW 2004, S. 23). Als gute Beispiele gelten die Kampagne des NABU »Nachbar Natur«, die eine Sensibilisierung der Öffentlichkeit für die Ressource Boden erreichen und Konzepte für eine nachhaltige Flächennutzung aufzeigen will, sowie die Denkschrift des Wissenschaftlichen Beirates Boden des BMU mit dem Titel »Ohne Boden – bodenlos«. Der Rat für Nachhaltige Entwicklung der Bundesregierung hat in diesem

Zusammenhang der Bundesregierung empfohlen, einen großen öffentlichkeitswirksamen Kongress zum 30-ha-Ziel zu veranstalten, um das Thema aus den Expertenzirkeln in den breiten öffentlichen Dialog zu transportieren. Der Kongress sollte nach dem Vorschlag des Rates mit einem Best-Practice-Wettbewerb für kommunale Lösungsansätze verbunden werden (RNE 2004).

Das Wissen wichtiger Akteure in Bezug auf Flächenverbrauch und Bodendegradierung wird ebenfalls als nicht ausreichend angesehen. Das mangelnde Problembewusstsein vieler kommunaler Akteure wird als eine der Hauptursachen für das Vollzugsdefizit im Planungsrecht und die Nichtausschöpfung der planungsrechtlichen Möglichkeiten zum Flächenschutz betrachtet. So weist der DStGB in der Verbändebefragung des TAB darauf hin, dass ein Vollzugsdefizit erfahrungsgemäß am ehesten durch eine verstärkte Aufklärung aller Beteiligten bekämpft werden könne. Deshalb werden auch bei den beteiligten Akteuren Maßnahmen zur Bewusstseinsbildung als notwendig erachtet. Dazu zählen die Fortbildung von Kommunalvertretern, Architekten, Bauingenieuren, Immobilienberatern etc., die Sammlung und Dokumentation von Best-Practice-Beispielen, die Initiierung eines ständigen Akteursdialogs, z.B. im Internet, sowie die intensive Nutzung vorliegender Leitfäden zum Flächenmanagement in der Praxis. Solche Leitfäden existieren z.B. in Form des Leitfadens für die Wohnungswirtschaft »Nachhaltiges Sanieren im Bestand« (Projektverbund Nachhaltiges Sanieren im Bestand 2001), der Arbeitshilfe »Kommunales Flächenressourcen-Management des Bayerischen Staatsministeriums für Landesentwicklung und Umweltfragen (2003), des ECOLUP-Leitfadens der Bodenseestiftung (Umweltmanagement für die kommunale Bauleitplanung 2004), der Informationsbroschüre des Aktionsbündnisses »Flächen gewinnen in Baden-Württemberg« (2005) und des Leitfadens für eine nachhaltige Siedlungsentwicklung der Stiftung Europäisches Naturerbe »Aktiv für Landschaft und Gemeinde« (2006).

UNZUREICHENDES WISSEN ÜBER DIE WAHREN KOSTEN VON NEUERSCHLIEßUNGEN UND DES BAUENS UND WOHNENS IM SUBURBANEN RAUM 3.2

Wie der Nachhaltigkeitsrat der Bundesregierung feststellt, fallen gegenwärtig Entscheidungen zur räumlichen Planung auf kommunaler Ebene zum Teil auf der Basis unvollständiger Information (RNE 2004, S. 18). Die mit der Neuerschließung von Flächen verbundenen Kosten werden häufig von den Kommunen unterschätzt. Insbesondere die langfristigen investiven und sozialen Kosten, z.B. für die Anbindungen von Neuerschließungsgebieten an die Verkehrsinfrastruktur und den ÖPNV, die Unterhaltskosten für Infrastruktur, der Bau und Betrieb sozialer Einrichtungen wie Kindergärten etc., bleiben oft unerkannt oder werden nicht berücksichtigt.

Nach dem Vorschlag des Nachhaltigkeitsrates sollten deshalb Städte und Kommunen in Zukunft in kommunalen Berichten zur Flächenentwicklung Berechnungen vorlegen, welche finanziellen Voraussetzungen und Folgen die Entwicklung von Flächen für sie hat (RNE 2004, S. 16).

Neuere Untersuchungen zeigen zudem, dass die von den Kommunen ganz oder teilweise zu tragenden Kosten für Planung, Erschließung und anschließende Versorgung von neuen Wohn- und Gewerbegebieten häufig über die langfristig erzielbaren Einnahmen aus den Steuern hinausgehen (Bundesregierung 2004a, S. 211). Gänzlich unberücksichtigt bleiben dabei die schwer quantifizierbaren externen Kosten in Form von Beeinträchtigungen der Bodenfunktionen und der Biodiversität.

Lässt man zunächst die Erfassung solcher externen Kosten außer Betracht, so wäre es zumindest wünschenswert, wenn Kommunen sich im Sinne einer Kosten-Nutzen-Analyse stärker bemühen würden, die gesamten Kosten für Neuerschließungen umfassend zu ermitteln, ebenso wie die zu erwartenden Erlöse. In der Logik eines rationalen Flächenmanagements müssten diese dann mit den Kosten der Erschließung von Innenentwicklungspotenzialen verglichen werden, die sich oft als wesentlich günstiger darstellen werden.

Ähnlichen Fehleinschätzungen der wahren Kosten dürften auch viele Erwerber von Eigenheimen an der Peripherie von Städten oder im weiteren Stadtumland unterliegen, weil sie die Kosten für die Fahrten zum Arbeitsplatz, die durch die Entfernungspauschale nur teilweise kompensiert werden, sowie die Kosten für weitere Fahrten von Familienmitgliedern, z.B. zum Einkaufen in die City, für Arztbesuche, für den Besuch von weiterführenden Schulen, Kultur- und Unterhaltungseinrichtungen, nicht oder nur unzureichend berücksichtigen, obwohl diese Kosten über einen längeren Zeitraum beträchtlich sind.

Wie der DStGB in der Verbändebefragung des TAB betont, gelte es, die Kostenvorteile des Bauens im Bestand sowohl für die Kommunen als auch für die Bürger und Bauherren transparent zu machen, um einer weiteren Abwanderung aus den (Innen-)Städten entgegen zu steuern.

BAULANDKATASTER UND ANDERE FLÄCHENINFORMATIONSSYSTEME 3.3

Für ein rationales strategisches Flächenmanagement sind belastbare Informationen über vorhandene Flächenreserven im Bestand eine unerlässliche Voraussetzung. Dies beinhaltet insbesondere die vollständige Erfassung vorrangig innerörtlicher Entwicklungspotenziale, ihre Berücksichtigung bei gemeindlichen Planungsmaßnahmen und ihre kontinuierliche Fortschreibung. Wie die Verbändebefragung des TAB belegt, werden Bauland-, Baulücken- und Brachflächenkataster von verschiedenen Seiten als wichtiges informatorisches Instrument angesehen (DStGB, GdW, NABU). Von einer obligatorischen Einführung solcher Baulandkataster wird aber wegen des möglicherweise zu hohen bürokratischen Aufwands abgeraten (BDF, DSB, DV, RDM).

Im Rahmen des BauROG 1998 wurde eine Ermächtigungsnorm für die Kommunen zur Erstellung von Baulandkatastern aufgenommen (§ 200 Abs. 3 BauGB). Baulandkataster enthalten Informationen zu sofort oder in absehbarer Zeit bebaubaren Flächen unter Angabe von Flur- und Flurstücknummern, Straßennamen und Grundstücksgrößen. Weitere Angaben, die in der Regel öffentlich zugänglich sind, können sich auf die planungsrechtliche Situation der Grundstücke, die derzeitige Nutzung, vorhandene Erschließung und Eigentumsverhältnisse beziehen (Teil II, Kap. 1.1). In der Regel erfolgt vor Erstellung eines Baulandkatasters eine Typisierung von Bauflächen, z.B. nach der Typisierung von Schmidt-Eichstaedt (2000) in klassische Baulücken, sonstige Baugrundstücke oder Bauflächen mit Baurecht und Reserveflächen ohne gesicherte Bebaubarkeit. Mithilfe dieses Instruments können sich die Gemeinden einen umfassenden Überblick über vorhandene Baulandreserven als Grundlage für ihre künftige Stadtentwicklung und Bauleitplanung verschaffen.

Flächeninformationssysteme können auch überkommunal ein sinnvolles Instrument im Rahmen interkommunaler Kooperation sein. Als Beispiel seien das in Teil II, Kap. 2 dargestellte »kombinierte Gewerbe- und Kompensationsflächeninformationssystem im Kreis Recklinghausen« genannt sowie die im Nachbarschaftsverband Karlsruhe durchgeführte Flächenabschichtung, d.h. die Erfassung noch vorhandener Flächen nach deren ökologischer Wertigkeit (Böhm et al. 2002).

VERBESSERUNG DER FLÄCHENSTATISTIK 3.4

Flächenstatistische Informationen sind wichtige Grundlagen für eine Bodenschutzpolitik. Nach Ansicht der Bundesregierung verfügt Deutschland auch im internationalen Vergleich über eine gute statistische Datengrundlage zum quantitativen Monitoring der Flächennutzung (Bundesregierung 2004b). Andererseits wird von manchen der in der flächenpolitischen Diskussion im Mittelpunkt stehende Indikator »Zunahme der Siedlungs- und Verkehrsfläche in ha/Tag« als zu grob oder undifferenziert angesehen, da er keine Informationen zum Grad der Bodenbeeinträchtigung liefert und Flächen mit stark bodenschädigender Nutzungsformen und Flächen mit umweltgerechter Nutzungsformen derselben Kategorie zuordnet. Er umfasst nicht nur versiegelte Flächen, sondern auch Grün- und Freiflächen und ökologisch aufgewertete Ausgleichsflächen (Teil I, Kap. 1). Der Anteil der versiegelten Flächen an der Siedlungs- und Verkehrsfläche, der auf knapp 50 % geschätzt wird, wird statistisch nicht flächendeckend erfasst.

Aus der Sicht des GdW und anderer Verbände der Bau- und Wohnungswirtschaft ist daher die Herstellung eines einfachen linearen Zusammenhangs zwischen statistischem Siedlungsflächenwachstum und ökologischer Verschlechterung unzulässig (TAB 2004). Dem hält das UBA entgegen, dass neu erschlossene Siedlungs- und Verkehrsflächen auch dann, wenn sie anfangs schonend genutzt werden, doch einem schleichenden Degradierungsprozess durch unkontrollierbare und kontinuierliche Nutzungsintensivierungen unterliegen können (UBA 2003, S. 96). Insofern beschreibe der Indikator »Siedlungs- und Verkehrsfläche« ein *Beeinträchtigungs- oder Zerstörungspotenzial* für naturnahe Räume und natürliche Bodenfunktionen.

Der Indikator ist somit trotz der oben skizzierten Mängel nicht generell infrage zu stellen. Es besteht aber große Übereinstimmung, dass die statistischen Informationsgrundlagen zur Flächennutzung durch weitere Indikatoren ergänzt werden sollten, die die Qualität der Flächeninanspruchnahme bzw. die qualitative Veränderung von Flächen abbilden (Bundesregierung 2004b; RNE 2004). Vorgeschlagen werden u.a. Indikatoren zum Versiegelungsgrad der Siedlungs- und Verkehrsfläche, zum Umfang der ökologischen Ausgleichsflächen, zum Brachflächenrecycling (Brachflächenrecycling im Verhältnis zum Brachflächenpotenzial) und zur Siedlungsdichte (Siedlungsfläche je Einwohner) (Bundesregierung 2004b; RNE 2004; UBA 2003). Für die kommunale Ebene wird neben dem genannten Brachflächenindikator der Indikator »Innen- zu Außenentwicklung« für sinnvoll erachtet, beides Indikatoren, anhand derer die Effizienz der kommunalen Flächenhaushaltspolitik besser beurteilt werden könnte.

Die ARL spricht sich generell für eine fortlaufende Beobachtung der Flächeninanspruchnahme aus, die es der Politik erlauben würde, die Zielerfüllung ihrer strategischen Vorgaben zu kontrollieren. In regelmäßigen, im Internet verfügbaren »Flächenentwicklungsberichten« sollten das Ausmaß der zusätzlichen Flächeninanspruchnahme ebenso wie der Erfolg von Umkehrstrategien (Innenentwicklung, Renaturierung und andere Maßnahmen zur ökologischen Aufwertung städtebaulich genutzter Flächen) dokumentiert werden. Die Verfügbarkeit im Internet könnte nach Auffassung der ARL auch das öffentliche Interesse wecken und dazu dienen, das Problem des fortschreitenden Flächenverbrauchs ins allgemeine Bewusstsein zu rücken und dadurch einen anhaltenden »Druck von unten« zu erzeugen (ARL 2004).

FAZIT 3.5

Als Fazit lässt sich feststellen, dass informatorischen Instrumenten sowohl im Hinblick auf die Bewusstseinsbildung der Bevölkerung als auch im Hinblick auf die stärkere Sensibilisierung der Akteure große Bedeutung zukommt. Eine Schärfung des Problembewusstseins in allen Teilen der Bevölkerung ist notwendig, um Unterstützung für eine flächensparende und schonende Politik aufzubauen. Informatorische Instrumente müssen deshalb als eine wichtige und notwendige Ergänzung planerischer und ökonomischer Instrumente angesehen werden. Einer ihrer großen Vorteile besteht in ihrer geringen Eingriffsintensität bei potenziell nicht unerheblicher Wirkung. Sie sollten deshalb unerlässliche Bestandteile jedweden Instrumentenbündels sein.

Eine differenziertere Flächenstatistik wäre für eine bessere informatorische Fundierung der Bodenschutzpolitik und ein genaueres Monitoring ihrer Ergebnisse wünschenswert.

FISKALISCHE INSTRUMENTE 4.

Die zusätzliche Flächeninanspruchnahme ist Resultat der Entscheidungen verschiedener Akteure, insbesondere von kommunalen Akteuren über die Neuausweisung von Siedlungsflächen, sowie von privaten Akteuren, die Grund und Boden für Wohn- und Gewerbezwecke nachfragen. Diese Akteure handeln in einem Geflecht bestehender finanzpolitischer oder fiskalischer Rahmenbedingungen, die wegen anderer Zwecke geschaffen wurden und bisher flächenpolitische Aspekte weitgehend außer Acht lassen. Allerdings sind sie keineswegs »flächenneutral«, sondern setzen im Hinblick auf eine flächenschonende Politik eher die falschen Anreize.

Von besonderem Interesse sind hier bestimmte Steuern, wie die Grunderwerbsteuer und die Grundsteuer, die unmittelbar am Grund und Boden als Bemessungsgrundlage ansetzen. Aber auch das System der Kommunalfinanzen kann als ein zentraler Anreiz zum Flächenverbrauch für Siedlungs- und Verkehrszwecke angesehen werden, da die wesentlichen kommunalen Steuerquellen (Gewerbesteuer, Grundsteuer, kommunaler Anteil an der Einkommensteuer) sich am besten pflegen und vergrößern lassen, wenn man Wohn- und Gewerbeflächen ausweist (Hutter et al. 2004, S. 237). Schließlich ist auch das System des kommunalen Finanzausgleichs nicht flächenneutral, da die Höhe der Finanzzuweisungen der Länder an ihre Kommunen stark durch die Einwohnerzahl beeinflusst wird (Teil I, Kap. 4).

In der wissenschaftlichen Literatur sowie in der Verbändebefragung des TAB wird deshalb vielfach gefordert, kontraproduktive Anreize in den bestehenden Rahmenbedingungen abzubauen. Darüber hinaus wird vorgeschlagen, fiskalische Instrumente für flächenpolitische Lenkungszwecke fortzuentwickeln, was allerdings bei anderen Befragten auf entschiedene Ablehnung stößt.

In diesem Kapitel werden die existierenden Instrumente beschrieben, ihre fiskalischen und flächenpolitischen Effekte diskutiert sowie Reformvorschläge vorgestellt und bewertet.

GRUNDERWERBSTEUER 4.1

Im bestehenden Steuersystem unterliegt der Grundstücksverkehr einer besonderen Steuer, deren Bemessungsgrundlage der Verkaufspreis ist. Diese Grunderwerbsteuer ist von Käufern unbebauter und bebauter Grundstücke zu entrichten, wobei auch der Wert des Gebäudes besteuert wird. Der Steuersatz beträgt gegenwärtig 3,5 % des Kaufpreises. Die Grunderwerbsteuer ist eine Ländersteuer; die Einnahmen werden aber in verschiedenen Bundesländern ganz oder teilweise an die kommunale Ebene abgetreten. Ihr Aufkommen lag 2003 bei rund 4,2 Mrd. Euro.

Es ist schwierig, wissenschaftliche und andere Publikationen zu finden, in denen bei der Grunderwerbsteuer *nicht* für Reformen plädiert wird. Auch in der Verbändebefragung des TAB zeigte sich in dieser Hinsicht große Übereinstimmung (TAB 2004, S. 41 ff.). Dafür werden nicht nur ökologische und flächenpolitische Gründe ins Feld geführt, sondern auch ökonomische und soziale.

› Aus *flächenpolitischer* Sicht wird u.a. bemängelt, dass die Grunderwerbsteuer einerseits ein Preisgefälle zwischen bebauten und unbebauten Grundstücken erzeuge und damit den Neubau begünstige und andererseits Transaktionen, die zur Revitalisierung von Brachen oder zur Wiedernutzung von leerstehenden Gebäuden führen können, behindere sowie den Bestandserwerb unverhältnismäßig verteuere (ARL 2004; UBA 2003, S. 140). Außerdem befördere sie den Prozess der Suburbanisierung, da sie die Nachfrage in periphere und ländliche Räume lenke, wo die Grundstückspreise geringer sind als in den Zentren der Städte. Sie trage damit indirekt zu mehr Verkehr mit größeren Pendlerströmen und -entfernungen bei (ARL 2004). Andere ebenfalls vom Verkaufspreis abhängigen Transaktionskosten (Notar-, Grundbuch- und Maklergebühren) verstärkten diesen Effekt noch. Außerdem wird vorgebracht, dass die Grunderwerbsteuer keinen direkten Bezug zur Fläche sowie zur Umweltschädlichkeit der Flächennutzung und zur Bodenqualität habe und damit »ökologisch blind« sei.
› Aus *arbeitsmarktpolitischer* Sicht wird kritisiert, dass die Grunderwerbsteuer die berufliche Mobilität der Bürger behindere, die im Zuge der wirtschaftlichen und beschäftigungspolitischen Entwicklung zunehmend gefordert sei, und damit mobilitätsbereite Bürger bestrafe (u.a. BUND 2004; RNE 2004).
› Aus *sozialpolitischer* Sicht wird moniert, dass die Wohneigentumsbildung für Schwellenhaushalte verteuert werde.
› Schließlich wird kritisiert, dass die Grunderwerbsteuer den Grundstücksverkehr unnötigerweise behindere sowie den Immobilienerwerb gegenüber anderen Vermögensanlagen diskriminiere.

Es gibt also eine Vielzahl berechtigter Argumente gegen die Grunderwerbsteuer in ihrer jetzigen Form und darauf aufbauend Vorschläge für eine Reform (s. Kasten).

Von verschiedenen Seiten wird die Abschaffung, zumindest aber die Reduzierung des Steuersatzes auf das ehemalige Niveau von 2 % gefordert (TAB 2004, S. 41 ff.). Von anderer Seite wird eine *Freistellung* für spezifische Fälle angeregt, z.B. für den Erwerb im Bestand, für Freiflächen oder belastete Brachflächen sowie für den Zwischenerwerb der Gemeinden für Wohnungsbau, gewerbliche Entwicklung und andere städtebauliche Projekte. Dadurch könnte bei einem treuhänderischen kommunalen Zwischenerwerb in Sanierungs- und Entwicklungsgebieten eine Mehrfachbesteuerung vermieden werden (DST 2002; RNE 2004).

REFORMVORSCHLÄGE ZUR GRUNDERWERBSTEUER

- völlige Abschaffung
- Reduzierung des Steuersatzes auf das alte Niveau von 2 %
- Freistellung von der Gewerbesteuer für spezifische Fälle, z.B. den Erwerb im Bestand, von Brachflächen; kommunaler Zwischenerwerb
- Spreizung der Steuersätze nach Lage und Bodenqualität
- Ersatz durch eine Umsatzsteuer auf Baugrundstücke und Neubauten
- Umwandlung in eine Flächenverbrauchsteuer
- Ersatz durch eine Neuerschließungsabgabe
- Ersatz durch eine Neubesiedelungssteuer
- Ersatz durch eine Neuversiegelungssteuer

Andere Vorschläge laufen auf eine *Spreizung oder Staffelung* nach Lage des Grundstücks oder nach Bodenqualität hinaus, z.B. niedrigere Steuersätze als bisher für den Erwerb im Bestand oder von Brachflächen, dafür höhere für den Erwerb von Grundstücken an der Peripherie oder in neu erschlossenen Baugebieten oder Staffelung nach der landwirtschaftlichen Ertragsmesszahl der Flächen (NBBW 2004).

Weitere Vorschläge sehen eine *Umwandlung* der Grunderwerbsteuer bzw. ihren Ersatz durch neue Steuern und Abgaben vor.[29] So empfahl die zweite Enquete-Kommission »Schutz des Menschen und der Umwelt« bereits 1998 (S. 168) die Abschaffung der Grunderwerbsteuer zugunsten der *Einführung einer Umsatzsteuer auf Baugrundstücke und Neubauten*, um die Nachfrage am Wohnungsmarkt in den Bestand zu lenken. Ein entsprechender Vorschlag wurde 2002 vom NABU erneut eingebracht. Nach den Vorstellungen des Difu sollte die Grunderwerbsteuer in eine *Flächenverbrauchsteuer* umgewandelt werden, die auf die Neuinanspruchnahme von Flächen für Siedlungs- und Verkehrszwecke erhoben wird und deren Steuersätze nach Lage und Nutzungsart gestaffelt werden sollten. Hochbesteuert werden sollten Siedlungserweiterungen auf Kosten der freien Natur, während innerörtliche Neuinanspruch-

29 Einige der im Folgenden vorgeschlagenen neuen Abgaben bzw. Steuern werden ausführlicher im folgenden Kapitel (Teil II, Kap. 5) diskutiert.

nahmen gering besteuert werden sollten. Vorrangiges Ziel einer solchen Flächenverbrauchsteuer sollte es sein, dem ökologischen Wert des Bodens, der in den in der Regel niedrigen Bodenpreisen an der Peripherie nicht zum Ausdruck kommt, einen ökonomischen Wert zu verleihen und gleichzeitig innerörtliche Brachflächen für die Siedlungsentwicklung zu mobilisieren (Apel et al. 2001, S. 251 ff.).

In eine ähnliche Richtung gehen die Vorschläge des Nachhaltigkeitsrates (RNE 2004), des NABU, der Fortschrittsbericht zur Nachhaltigkeitsstrategie (Bundesregierung 2004a) und des UBA (2003 u. 2004). Der Nachhaltigkeitsrat empfiehlt der Bundesregierung, die Einführung einer *Abgabe für Neuerschließungen* im Außenbereich zu prüfen. Der NABU schlägt die Erhebung einer Neuerschließungsabgabe von 25 Euro/m^2 vor. Der Fortschrittsbericht regt eine Prüfung an, ob die Grunderwerbsteuer entsprechend Vorschlägen aus der Wissenschaft im Sinne einer *Flächennutzung- bzw. Neuversiegelungssteuer* neu justiert werden sollte. Allerdings verweist er darauf, dass Grunderwerbsteuer und Grundsteuer primär fiskalischen Zwecken dienten und dass bei der Grunderwerbsteuer als Ländersteuer die Länder für gesetzgeberische Initiativen zuständig wären. Bei der Umstellung von einer wertmäßigen auf eine flächennutzungsspezifische Bemessungsgrundlage würde allerdings sowohl der Charakter der Grunderwerbsteuer grundlegend verändert als auch die Aufkommensverteilung zwischen den Ländern.

Das UBA schlägt als Ersatz für die Grunderwerbsteuer eine *Neubesiedelungs- oder eine Neuversiegelungssteuer* oder eine Kombination dieser beiden Steuern vor, die nur für Grundstücke erhoben werden sollen, die, z.B. aufgrund eines Bebauungsplans oder eines Vorhabens- und Erschließungsplans, erstmals Baurecht erhalten. Abschätzungen des Rheinisch-Westfälischen Instituts für Wirtschaftsforschung e.V. (RWI) kommen zu dem Ergebnis, dass der Flächenverbrauch bei einem Abgabesatz von 50 Euro/m^2 versiegelter Fläche (25 Euro/m^2 neu besiedelter Fläche) spürbar um rund 16 ha/Tag zurückgehen könnte (UBA 2004, S. 104).

Allen diesen Reformvorschlägen ist gemeinsam, dass ein Ersatz der Grunderwerbsteuer an der Lage der Grundstücke, an Art und Ausmaß der Flächeninanspruchnahme für Siedlungszwecke bzw. am Umweltverbrauch und seiner Intensität ansetzen sollte und dass der Erwerb in bereits besiedelten Flächen von der Steuer ausgenommen oder geringer besteuert werden sollten. Da, wie oben dargestellt, auch eine ganze Reihe anderer als ökologische Gründe gegen die Grunderwerbsteuer in ihrer jetzigen Ausgestaltung sprechen, erscheint eine Reform überfällig; diese sollte neben fiskalischen auch soziale, wirtschaftliche und flächenpolitische Belange angemessen berücksichtigten.

GRUNDSTEUER 4.2

Die Grundsteuer[30] ist eine bundesgesetzlich geregelte Steuer mit einem kommunalen Hebesatzrecht, deren Aufkommen in vollem Umfang den Gemeinden zufließt. Gegenwärtig wird die Grundsteuer als »Grundsteuer A« auf land- und forstwirtschaftliche Grundstücke und als »Grundsteuer B« auf alles sonstige privat und gewerblich genutzte Grundvermögen erhoben. Das Aufkommen der Grundsteuer B betrug im Jahre 2001 8.740 Mio. Euro gegenüber 336 Mio. Euro bei der Grundsteuer A; das bedeutet, dass 96 % des Gesamtaufkommens auf die Grundsteuer B entfallen (StaBa 2002). Die Bemessungsgrundlage der zweigeteilten Grundsteuer sind die sog. Einheitswerte, die auf eine 1935 eingeführte Klassifizierung von Grundvermögen zurückgehen. Während in den neuen Bundesländern diese Vorkriegswerte nach wie vor als Bemessungsgrundlage dienen, wurden in den alten Bundesländern die Einheitswerte in einer Hauptfeststellung für das Jahr 1964 angepasst und ab 1974 der Grundsteuerermittlung zugrunde gelegt.

Die Einheitswerte machen jedoch gegenwärtig nur noch etwa 10 % der aktuellen Verkehrswerte aus, d.h. die Bemessungsgrundlage ist veraltet. So hat das Bundesverfassungsgericht 1995 bezüglich der Nutzung der Einheitswerte bei der Vermögensteuer und Erbschaftsteuer Reformbedarf festgestellt, dass diese Praxis gegen die Gleichmäßigkeit der Besteuerung von Vermögen verschiedener Art verstoße und deshalb unter Gesichtspunkten der Steuergerechtigkeit verfassungswidrig sei. Auch wenn sich die Beschlüsse des Bundesverfassungsgerichts nicht explizit auf die Grundsteuer beziehen, ist eine Aktualisierung der Bemessungsgrundlage für diese Steuer geboten, insbesondere weil durch die fehlende Aktualisierung inzwischen eingetretene Wertverschiebungen nicht berücksichtigt werden und damit gegen Grundsätze einer gleichmäßigen Besteuerung verstoßen wird (Bayern/Rheinland-Pfalz 2004, S. 23).

Neben diesem herausragenden Grund gibt es aber auch andere Aspekte der gegenwärtigen Grundsteuer, die eine Reform als überfällig erscheinen lassen.

> Unter *flächenpolitischen* Gesichtspunkten bietet die gegenwärtige Grundsteuer keine Anreize zur Minderung der Flächeninanspruchnahme. Vielmehr begünstigt sie flächenzehrende Siedlungsformen, da bei Ein- und Zweifamilienhäusern Grundstücksflächen bis zur Größe von 1.500 m^2 nicht in die Bewertung einbezogen werden und auch die Steuermesszahlen niedriger sind.[31] An den günstigen Rege-

30 Die folgende Darstellung stützt sich wesentlich auf das für das TAB erstellte Gutachten des Finanzwissenschaftlichen Forschungsinstituts der Universität Köln (FiFo 2004), teilweise wurden Textstellen wörtlich übernommen.

31 Die Grundsteuer wird in zwei Schritten ermittelt; zunächst wird durch Multiplikation von Einheitswert und Steuermesszahl der Steuermessbetrag ermittelt. Die Grundsteuerschuld wird dann durch Multiplikation des Steuermessbetrags mit dem jeweiligen kommunalen Hebesatz errechnet.

lungen für Ein- und Zweifamilienhäuser zeigt sich die seit längerem bestehende Präferenz der Politik für diese Wohnform (Hutter et al. 2004, S. 269). Zugleich verleitet die Grundsteuer durch ihre geringe Höhe zum »spekulativen Horten« unbebauter Grundstücke im Siedlungsbestand und kann dadurch den Bedarf für die Neuausweisung von Siedlungsflächen weiter erhöhen.

› Wie in Teil I, Kap. 4 dargestellt wurde, könnte sich auch aus *fiskalischen* Gründen die Notwendigkeit einer Reform der Grundsteuer ergeben. Sie ist zwar gegenwärtig eine solide Einnahmequelle der Kommunen; die Dauerergiebigkeit ist aber angesichts eines möglicherweise weiter zurückgehenden Flächenverbrauchs – sei er nun durch die demografische Entwicklung, lebensstilbedingte Veränderungen bei der Wohnstandortwahl oder die Auswirkungen einer flächensparenden Bodenpolitik bedingt – keineswegs gewährleistet.

Im Rahmen der Verbändebefragung des TAB haben sich die meisten, mit Ausnahme der Verbände der Bau- und Wohnungswirtschaft, für eine Reform der Grundsteuer ausgesprochen (TAB 2004, S. 35 ff.). Aber auch einige Verbände der Bau- und Wohnungswirtschaft sehen in den veralteten Einheitswerten ein Problem und sprechen sich für deren Aktualisierung aus; sie lehnen jedoch den Einsatz von Steuern als flächenpolitische Lenkungsinstrumente grundsätzlich ab.

In der wissenschaftlichen und politischen Diskussion werden verschiedene konkrete Modelle zur Reform der Grundsteuer diskutiert. Bei nahezu allen Vorschlägen stehen der proportionale Steuertarif und das kommunale Hebesatzrecht nicht infrage; sie konzentrieren sich in der Regel auf die Reform der Bemessungsgrundlage. Entweder setzen die vorgeschlagenen Modelle als Bemessungsgrundlage beim *Bodenwert* oder bei der *Bodenfläche* an oder sie kombinieren diese beiden Bemessungsgrundlagen. Weiterhin unterscheiden sich die Vorschläge dadurch, ob die Gebäude (wert- oder flächenmäßig) ebenfalls besteuert werden. Die aktuellen Reformvorschläge lassen sich entsprechend ihrer Bemessungsgrundlage wie folgt klassifizieren (Tab. 5).

Das Deutsche Institut für Urbanistik hat im Jahre 2001 drei der zur Diskussion stehenden Reformmodelle in einem Planspiel auf ihre Praxistauglichkeit hin untersucht. In den Praxistest einbezogen waren eine Flächensteuer mit der Bemessungsgrundlage Grundstücks- und Gebäudefläche, eine kombinierte Bodenwert- und Gebäudewertsteuer sowie eine reine Bodenwertsteuer (Lembrock/Coulmas 2001). Bezüglich der mit der Reform verfolgten Ziele: zeitnahe Bemessungsgrundlage, Verwaltungsvereinfachung, Gewährleistung eines gesicherten kommunalen Steueraufkommens höhere Steuergerechtigkeit und Mobilisierung von Bauland erwies sich im Praxistest die reine Bodenwertsteuer als die vielversprechendste Lösung.

TAB. 5 ÜBERSICHT DER REFORMVORSCHLÄGE UND REFORMMODELLE

Vorschlag/Modell	vorgelegt/entwickelt von
Reformvorschläge mit wertbezogener Bemessungsgrundlage	
> reine Bodenwertsteuer ohne Besteuerung der Gebäude	u.a. DV 1999
> Gebäudewert- und Bodenwertsteuer	z.B. Bundesländer Bayern und Rheinland-Pfalz 2004
Reformvorschläge mit flächenbezogener Bemessungsgrundlage	
> reine Flächensteuer	u.a. GdW 2004
> Gebäude- und Bodenflächensteuer	Freistaat Bayern 2000
> Flächennutzungsteuer, bei der neben der Bodenfläche zusätzlich Art und Intensität der Flächennutzung in die Bemessungsgrundlage eingehen	Finanzwissenschaftliches Institut der Universität Köln (Bizer et al. 1998; Bizer/Lang 1997)
Reformmodelle, die die Bemessungsgrundlagen Bodenwert und Bodenfläche kombinieren	
> kombinierte Bodenwert- und Bodenflächensteuer	Difu (Apel et al. 1995)
> kombinierte Flächennutzung- und Bodenwertsteuer	in unterschiedlicher Ausgestaltung von Bizer/Lang (2000) und Rodi (2002)

Quelle: eigene Darstellung

Im Folgenden werden die Reformvorschläge und -modelle im Einzelnen dargestellt sowie hinsichtlich ihrer Vor- und Nachteile diskutiert.

GRUNDSTEUERREFORMMODELLE MIT REIN WERTBEZOGENER BEMESSUNGSGRUNDLAGE 4.2.1

REINE BODENWERTSTEUER

Es liegt eine Reihe von konkreten Bodenwertsteuervorschlägen vor, die jedoch die gleichen Grundzüge tragen: Steuergegenstand ist das Grundstück, Steuerschuldner sind die im Grundbuch eingetragenen Eigentümer. Bemessungsgrundlage einer Bodenwertsteuer ist allein die Fläche des Grundstücks, multipliziert mit einem Ansatz, der möglichst lagegetreu und zeitnah den Verkehrswert des Bodens (in Euro/m^2) erfassen soll. Gebäude sind nicht Gegenstand der Steuer. Die Bodenwertsteuer wäre insofern eine wesentliche Vereinfachung gegenüber der gegenwärtigen Grundsteuer, als eine Bewertung der Gebäude nicht mehr erforderlich ist (FiFo 2004, S. 57 ff.).

In den aktuellen Vorschlägen soll der Verkehrswert des unbebauten Bodens über die Bodenrichtwerte ermittelt werden. Die von Gutachterausschüssen ermittelten Bodenrichtwerte sind grundsätzlich auf unbebaute Grundstücke bezogen. Ein bebautes Grundstück ist nach § 196 BauGB mit dem Wert zu ermitteln, der sich ergeben würde, wenn es unbebaut wäre. Der Bodenrichtwert wird als der durchschnittliche Lagewert des Bodens für Grundstücke einer Zone definiert, für die im Wesentlichen gleiche Nutzungs- und Wertverhältnisse vorliegen. Darüber hinaus unterscheiden sich aktuelle Bodenwertsteuerentwürfe, z.B. das Modell von Josten (2000) und ein im Auftrag des Bundesministeriums für Verkehr, Bau und Wohnungswesen erstellter Entwurf (Groth et al. 2000), in vielen steuertechnischen Details (FiFo 2004, S. 59).

Unter dem Aspekt der Dauerergiebigkeit könnte sich eine Bodenwertsteuer durchaus positiv entwickeln, vorausgesetzt die Bodenwerte steigen im Trend weiter an. Davon kann allerdings bei einer sich abzeichnenden Sättigungstendenz auf den Immobilienmärkten, z.B. infolge der demografischen Entwicklungen, nicht durchweg ausgegangen werden.

Flächenpolitisch kann die Bodenwertsteuer positive, aber auch negative Effekte haben; das Ausmaß solcher Effekte dürfte aber bei aufkommensneutraler Realisierung gering sein. Positiv könnte sich tendenziell auswirken, dass sie das spekulative Horten unbebauter Grundstücke relativ verteuern würde. Zudem könnte sie Anreize für Eigentümer bieten, die zulässige Bebauungsdichte auszunutzen. Innerhalb einer Gemeinde mit geringen Bodenpreisunterschieden kann sie außerdem insgesamt eine kompaktere Bebauung bewirken und damit indirekt die Neuausweisung vermindern. Andererseits versagt die reine Bodenwertsteuer gerade in der Lenkung der Siedlungstätigkeit im Stadt-Umland-Verhältnis, d.h. an einem für den Flächenverbrauch besonders kritischen Punkt. Im Vergleich zu den Städten sind die Bodenpreise in den Randzonen der Ballungsräume sehr niedrig. Dieses Preisgefälle wird durch eine reine Bodenwertsteuer nicht vermindert. Eine Bodenwertsteuer würde also gerade dort unzureichende Anreize für sparsamen Flächenverbrauch setzen, wo die Siedlungsentwicklung heute hauptsächlich stattfindet (Apel et al. 2001, S. 243 f.).

GEBÄUDEWERT- UND BODENWERTSTEUER

Der 2004 von den Bundesländern Bayern und Rheinland-Pfalz vorgelegte Vorschlag zur Reform der Grundsteuer (Bayern/Rheinland-Pfalz 2004) stellt wie die bisherige Grundsteuer eine Gebäudewert- und Bodenwertsteuer dar. Er basiert auf einem Reformvorschlag, der um die Jahrtausendwende von der »AG Grundsteuer« im Auftrag der Finanzministerkonferenz (FMK) analysiert wurde und auf den sich die FMK bereits 2000 geeinigt hatte. Dieser scheiterte aber letztlich, da weder die Bundesregierung noch eine der Landesregierungen eine entsprechende Gesetzesinitiative einleiteten. 2006 haben die Finanzminister der Länder erneut den Bundesfinanzminister beauftragt, einen Gesetzentwurf in das Gesetzgebungsverfahren einzubringen, der diesem Vorschlag der beiden Bundesländer zugrunde liegt.

Vorrangiges Ziel des aktuellen Vorschlags, wie auch des früheren Reformvorschlags, ist eine Aktualisierung der Bemessungsgrundlage und eine Vereinfachung ihrer Ermittlung. So ist vorgesehen, die Grundsteuer A für land- und forstwirtschaftliche Grundstücke völlig abzuschaffen und nur die Wohngebäude der Bauern auf ihren Höfen mit der Grundsteuer zu belegen. Die Bodenwerte sollen wie bei der reinen Bodenwertsteuer auf Basis der Bodenrichtwerte festgelegt werden. Unbebaute Grundstücke sollen mit dem vollen Wert und bebaute Grundstücke dagegen nur mit 70 % des Bodenwertes der Besteuerung unterliegen. Hiermit soll ein Anreiz zur Baulandmobilisierung gesetzt werden.

Die Gebäudewerte sollen auf Basis pauschalierter Sätze je m^2 Nutz- oder Wohnfläche für verschiedene Gebäudetypen ermittelt werden. Tabelle 6 zeigt die vorgeschlagenen Pauschalsätze.

TAB. 6 FESTWERTE FÜR GEBÄUDEGRUPPEN

Gebäudegruppe	Pauschalsatz Euro/m^2
gewerbliche und sonstige Nutzung	
› Bürogebäude, Warenhäuser, Banken, Hotels und dergleichen	1.000
› Fabrikations-, Werkstatt- und Lagerhallen, Kühlhäuser, Großmärkte, Selbstbedienungsmärkte, Gartenzentren, Markthallen, Parkhäuser, Tiefgaragen, Parkpaletten und dergl.	400
› sonstige Gebäude (z.B. Reithallen, Tennishallen und ähnliche Gebäude)	200
Wohnnutzung	
› Einfamilienhäuser, Zweifamilienhäuser, Eigentumswohnungen in Anlagen mit nicht mehr als zwei Wohneinheiten	800
› Mietwohngrundstücke, Eigentumswohnungen in Anlagen mit mehr als zwei Wohneinheiten, Wochenendhäuser, Ferienhäuser in Ferienanlagen	600

Quelle: Bayern/Rheinland-Pfalz 2004, S. 32

Nach dem Bericht der Finanzminister von Bayern und Rheinland-Pfalz wird mit der Gebäudekomponente nicht der Anspruch eines echten (d.h. verkehrswertnahen) Wertansatzes erhoben, sondern nur eine gewisse pauschalisierte Differenzierung nach

Wert oder Ertragskraft von Gebäuden angestrebt (Bayern/Rheinland-Pfalz 2004, S. 32). Insofern ist die Einordnung dieses Reformmodells als »wertorientierte« Steuer genau genommen nur in Bezug auf die Bodenwerte richtig. Bei der Besteuerung von Bauwerken dagegen kann man hinsichtlich der Nichtberücksichtigung bau- und lagespezifischer Wertparameter die Gebäudewertkomponente als faktisch flächenorientierte Mengensteuer charakterisieren (FiFo 2004, S. 56).

Die Verwendung solcher pauschalierten Gebäudewerte ist angesichts der durch die gegenwärtige Grundsteuer hinreichend belegten praktischen Schwierigkeiten, flächendeckend zeitnahe Gebäudewerte zu erheben, als administrative Vereinfachung per se nicht zu kritisieren. Die unterschiedliche Behandlung von Bodenwerten und Gebäudewerten in dem Modell hat jedoch langfristig eine Verschiebung des Aufkommens in Richtung der Bodenwerte zur Folge, unter der Annahme, dass diese in regelmäßigen zeitlichen Abständen angepasst und damit lagespezifische und inflationsbedingte Bodenpreisänderungen in der Grundsteuerbemessungsgrundlage erfasst werden. Die Gebäudewertkomponente dagegen unterliegt der inflationsbedingten Entwertung der nominal fixierten Bemessungsgrundlage im Zeitablauf. Auch bei moderater Inflation ist diese Entwicklung durchaus nicht vernachlässigenswert: So führt zum Beispiel eine durchschnittliche Preissteigerung von 2 % im Jahr dazu, dass der reale Wert eines nominal fixierten Geldbetrags binnen 20 Jahren auf zwei Drittel, binnen 35 Jahren auf die Hälfte sinkt. Wenn dieser Entwicklung nicht durch Indexierung (Anpassung der pauschalierten Werte an die Inflationsrate) oder durch regelmäßige gesetzliche Anpassungen der Steuermessbeträge entgegengewirkt wird, würde sich die Gebäudewert- und Bodenwertsteuer langfristig immer mehr einer reinen Bodenwertsteuer nähern (FiFo 2004, S. 55 ff.).

Die Gebäudewert- und Bodenwertsteuer in der beschriebenen Form könnte tendenziell flächensparende Effekte auslösen, da die Grundstückspreise seit der letzten Aktualisierung im Jahre 1964 stärker gestiegen sind als die Baukosten und sich dies entsprechend auf die aktualisierte Bemessungsgrundlage auswirkt. Zudem geht, wie oben bereits dargestellt, bei unbebauten Grundstücken im Gegensatz zu bebauten der volle Bodenwert in die Bemessungsgrundlage ein. Daraus könnten sich Anreize zur Mobilisierung von unbebauten Grundstücken im Siedlungsbestand sowie zum verdichteten Bauen ergeben. Bei einer aufkommensneutralen Gestaltung, die die Kommunen durch eine entsprechende Hebesatzpolitik realisieren könnten, dürften diese Anreize aber zu schwach sein, um signifikante Effekte in Bezug auf die zusätzliche Flächeninanspruchnahme zu bewirken.[32]

32 Bei einem kommunalen Hebesatzrecht kann man einzelne Kommunen aber nicht zu einer aufkommensneutralen Gestaltung zwingen. Zur Aufkommensneutralitätsforderung bei kommunalen Steuern mit Hebesatzrecht siehe ausf. FiFo (2004, S. 84 ff.).

GRUNDSTEUERREFORMMODELLE MIT FLÄCHENBEZOGENER BEMESSUNGSGRUNDLAGE 4.2.2

REINE FLÄCHENSTEUER SOWIE BODENFLÄCHEN- UND GEBÄUDEFLÄCHENSTEUER

Bei der Flächensteuer in Reinform wäre allein die Grundstücksfläche in m^2 die Bemessungsgrundlage. Bei der Bodenflächen- und Gebäudeflächensteuer käme als weitere Bemessungsgrundlage die Wohn- und Nutzfläche der Gebäude in m^2 hinzu. Der große Vorteil einer Flächensteuer läge darin, dass in der Bemessungsgrundlage allein bereits vorhandene oder leicht messbare Daten berücksichtigt werden und dadurch der Verwaltungsaufwand radikal reduziert werden könnte. Eine reine Flächensteuer mit einer unterschiedlichen Besteuerung von Flächen für Wohn- und Gewerbezwecke wurde vom GdW (2004) vorgeschlagen. Unter der Maxime der Verwaltungsvereinfachung war vom Freistaat Bayern der Vorschlag einer kombinierten Bodenflächen- und Gebäudeflächensteuer eingebracht worden; das Modell sah eine Differenzierung der Steuermesszahlen für die Grundstücksflächen (0,10 Euro/m^2) und die Gebäude- bzw. Wohn- und Nutzflächen (0,50 Euro/m^2) vor.

Das große Problem jedweder rein flächenbezogenen Grundsteuer besteht darin, dass der Steuermessbetrag als Produkt von Grundstücks- und (Gebäude-)fläche und der jeweiligen Steuermesszahl inflationsbedingt entwertet wird und dadurch das reale Aufkommen ständig sinkt. Dauerergiebigkeit kann dann nur erreicht werden, wenn der Gesetzgeber die Steuermesszahlen regelmäßig anpasst oder die Gemeinden eine kompensatorische Hebesatzpolitik betreiben.

Flächenpolitisch setzt eine Flächensteuer einen gewissen Anreiz zur intensiveren Nutzung von Grundstücken, da die Steuerbelastung/m^2 steigen dürfte. Insgesamt könnte sie eine Flächensparpolitik unterstützen. Im Gegensatz zu einer Bodenwertsteuer begünstigt sie nicht Grundstücke im städtischen Umland und im ländlichen Raum und könnte dort das flächenzehrende Bauen eindämmen.

FLÄCHENNUTZUNGSTEUER

Bei der Flächennutzungsteuer, die im Finanzwissenschaftlichen Forschungsinstitut der Universität Köln entwickelt wurde (Bizer 1995; Bizer/Lang 2000), stehen neben den fiskalischen Zielen der Grundsteuer die Nachhaltigkeitsziele einer sparsamen und schonenden Flächennutzung im Mittelpunkt. Danach soll ein Anreiz gegeben werden, mit Flächen quantitativ *sparsam* und qualitativ *schonend* umzugehen. Um diese Ziele zu erreichen, werden Steuerklassen gebildet, die grob klassifizierend Flächennutzungen nach ihrer Naturbeeinträchtigung ordnen. Entsprechend sollen über differenzierte Steuersätze Anreize gegeben werden, auf umwelt- und naturschonendere Nutzungen umzusteigen. Die Flächennutzungsteuer verfolgt damit nicht nur ein quantitatives Flächensparziel, sondern gibt auch den Anreiz, innerhalb der ausgewiesenen Siedlungs- und Verkehrsfläche flächen- und umweltschonend zu bauen. Das Umweltziel für Freiflächen ist eine möglichst naturnahe Nutzung bzw. die Naturbelassenheit. Für Siedlungs- und Verkehrsflächen lautet das Ziel, die Versiegelungsrate zu senken (FiFo 2004, S. 62 ff.).

Bizer/Lang (2000) sehen in ihrem Vorschlag sieben Steuerklassen für die Flächennutzungsteuer vor (Tab. 7).

TAB. 7 STEUERKLASSEN DER FLÄCHENNUTZUNGSTEUER

Steuerklasse	Art der Flächennutzung
I	**naturbelassene Flächen:** Weitgehend naturbelassene Flächen. Auch Flächen, die im Sinne des Natur- und Landschaftsschutzes gepflegt und entwickelt werden, ohne sie wirtschaftlich zu nutzen (z.B. Flächen, deren Nutzung im Vertragsnaturschutz auf Pflegemaßnahmen beschränkt sind).
II	**naturschonend genutzte Flächen:** Flächen, die nachweislich nach anerkannten Verfahren naturschonend bewirtschaftet werden.
III	**forstwirtschaftlich genutzte Flächen:** Waldfläche, soweit sie bewirtschaftet wird und nicht gesondert als ökologischer Waldbau zertifiziert ist.
IV	**sonstige Freiflächen:** Alle Freiflächen des Außen- und Innenbereichs, die nicht den Steuerklassen I, II und III zugeordnet werden.
V	**versiegelte Flächen im Außenbereich:** Vor allem nach § 35 BauGB privilegierte Vorhaben, wenn sie nicht der Steuerklasse VII unterfallen.
VI	**versiegelte Flächen im Innenbereich:** Versiegelte Flächen des Innenbereichs, die nicht der Steuerklasse VII zuzuordnen sind.
VII	**besonders naturschädlich genutzte Flächen:** Besonders naturschädliche Nutzung ist im Außenbereich und im Innenbereich möglich. Der Steuerklasse VII sind alle Verkehrsflächen aber auch Hochhäuser von mehr als fünf Stockwerken zuzuordnen. Bis zu fünf Stockwerken kann das Argument beachtet bleiben, dass die Konzentration des Wohnens mehr naturbelassene Freiflächen schaffen kann. Die Kriterien der Steuerklasse VII können partiell der Gemeinde überlassen werden.

Quelle: nach Bizer/Lang 2000, S. 67

Die steuerlichen Lasten sollen mit der Steuerklasse ansteigen, wobei Steuerklasse I, die naturbelassene Flächen erfasst, mit einem Nullsteuersatz belegt werden soll. Die Bemessungsgrundlage der Flächennutzungsteuer ist die Fläche, wobei einzelne Grundstücke mitunter in verschiedene Teilflächen aufgegliedert werden müssen, um die verschiedenen Steuerklassen anwenden zu können. Dennoch ist die Fläche als physische Größe deutlich einfacher zu erfassen als Wertkomponenten. Die Ermittlung des Steuerbetrages erfolgt in drei Stufen. Nach Feststellung der Bemessungsgrundlage »Fläche« bzw. »versiegelte Fläche« in der jeweiligen Steuerklasse wird diese mit der vorgegebenen Steuermesszahl der Klasse verknüpft. Auf den so ermittelten Steuermessbetrag wendet die Gemeinde schließlich ihren Hebesatz an.

Durch seine sieben Stufen stellt der Vorschlag von Bizer/Lang (2000) ein ökologisch besonders fein differenziertes Modell dar. Der SRU kritisiert daran, dass er neben der Versiegelung an Art und Maß der Nutzung und damit an einer ganzen Reihe weiterer Umweltprobleme ansetzt (z.B. ökologische Flächenbewirtschaftung, Beeinträchtigung des Landschaftsbildes und des Lokalklimas durch die Anzahl der Geschosse), ohne auf die Erreichung konkreter umweltpolitischer Ziele in diesen Bereichen treffsicher zugeschnitten zu sein (SRU 2002, Tz. 545). Mit den sieben Steuerklassen ergibt sich auch ein gewisser Zielkonflikt zwischen administrativer Praktikabilität und den ökologischen Zielen. Zur Verbesserung der Praktikabilität wurden in der Folge Modelle mit z.B. fünf Steuerklassen vorgeschlagen (Fuest/Thöne 2002 u. 2003; Krips/Thöne 2002; Rodi 2002).

Bizer/Lang (2000, S. 77) stellen es in ihrem Vorschlag den Gemeinden frei, eine Hebesatzdifferenzierung für die Steuerklassen VI und VII vorzunehmen, um als Wertkomponente die unterschiedliche Ertragskraft von Grundstücken im städtischen Innenbereich zu berücksichtigen und damit indirekt dem Leistungsfähigkeitsprinzip gerecht zu werden, das aus steuerpolitischer Sicht bei möglichst allen Steuern berücksichtigt werden sollte (Rodi 2002). Hierzu wären in der Steuersatzung durch Kartierung die Gebiete auszuweisen, für die nach Maßstab der Ertragskraft unterschiedliche Hebesätze zur Anwendung kommen.

Wie bei allen an der Fläche ansetzenden Steuern besteht auch bei der Flächennutzungsteuer das Problem der inflationsbedingten Entwertung der Bemessungsgrundlage bzw. der Steuermessbeträge. Zur Gewährleistung einer ausreichenden Dauerergiebigkeit ist deshalb auch bei dieser Steuer eine regelmäßige Anpassung der Steuermesszahlen durch den Gesetzgeber oder eine kompensatorische kommunale Hebesatzpolitik erforderlich.

Die flächenrelevanten quantitativen Wirkungen der Flächennutzungsteuer werden sich voraussichtlich in Grenzen halten, insbesondere dann, wenn Steuermesszahlen und Hebesätze so gestaltet werden, dass die Flächennutzungsteuer kein höheres

Aufkommen als die gegenwärtige Grundsteuer erbringen soll. Gleichwohl gibt die Flächennutzungsteuer einen strukturellen Anreiz, bei Flächennutzungsentscheidungen im Sinne der ökologischen Ziele zu handeln. Der Beitrag der Flächennutzungsteuer besteht vornehmlich darin, den Entscheidungsträgern zu signalisieren, dass bestimmte Formen der Flächennutzung mit ökologischen Folgen einhergehen, die grundsätzlich nicht erwünscht sind. Berücksichtigt man zusätzlich, dass in Bezug auf die Versiegelung bzw. Entsiegelung »No-Regret«-Potenziale für Grundstückseigentümer bestehen können, könnten die Signalwirkungen der Flächennutzungsteuer auch deutliche ökologische Lenkungseffekte hervorrufen.

Wie Fuest/Thöne anmerken, kann eine Flächennutzungsteuer Gemeinden den paradoxen fiskalischen Anreiz geben, bevorzugt hochbesteuerte, d.h. umweltschädliche Flächennutzungen auszuweisen. Sie folgern daraus, dass eine Flächennutzungsteuer, die sich an den Grundstückseigner richtet, durch ein Instrument ergänzt werden sollte, das auf das Flächenausweisungsverhalten der Kommunen wirkt, z.B. handelbare Flächenausweisungskontingente[33] (Bizer et al. 1998, S. 125 ff.; FiFo 2004, S. 65).

KOMBINATIONSMODELLE 4.2.3

Die bisher diskutierten Reformmodelle, die entweder am Bodenwert oder an der Bodenfläche ansetzen, werden, wie dargestellt, den Kriterien einer fiskalisch ergiebigen und flächenpolitisch nachhaltigen Grundsteuer nicht voll gerecht; bodenwertbezogenen Modellen fehlt es an ausreichenden Anreizen zum sparsamen und schonenden Umgang mit Flächen, flächenbezogenen Modellen an einer soliden Dauerergiebigkeit. Dies legt die Überlegung nahe, in Kombinationsmodellen die Bemessungsgrundlagen Bodenwert und Bodenfläche zu verknüpfen, um diese Schwächen zu mildern oder sogar zu kompensieren. Zwei solche Kombinationsmodelle wurden als konkrete Modelle in die Diskussion eingebracht: der Vorschlag der kombinierten Bodenwert- und Flächensteuer des Difu (Apel et al. 1995) und der Vorschlag einer kombinierten Flächennutzung- und Bodenwertsteuer (Rodi 2002).

ADDITIV KOMBINIERTE BODENWERT- UND FLÄCHENSTEUER

Dieses Kombinationsmodell wurde vom Difu entwickelt, um die flächenpolitischen Schwächen der fiskalisch ertragreichen reinen Bodenwertsteuer zu korrigieren; insbesondere das die Zersiedelung fördernde Steuergefälle vom Stadtkern zum Stadtrand soll verringert werden. Hierzu wird die »reine« Bodenwertsteuer mit einer »reinen« Flächensteuer verknüpft (FiFo 2004, S. 66 ff.).

33 Handelbare Flächenausweisungskontingente werden in Teil II, Kap. 5.1 behandelt.

Die im Vergleich zur reinen Bodenwertsteuer bessere Lenkungswirkung soll sich daraus ergeben, dass der Steuerbetrag in Gebieten niedriger Bodenrichtwerte durch die Flächenbesteuerung erhöht wird, d.h. insbesondere im städtischen Umland, in dem das Wachstum der Siedlungsfläche heute hauptsächlich stattfindet. Die beiden Elemente – Bodenwertsteuer und Flächensteuer – sollen additiv verknüpft werden, und es soll eine unterschiedliche Veranlagung von Wohn- und Gewerbegrundstücken erfolgen. Konkret werden für Wohngrundstücke als Steuermesszahlen 0,5 % des Bodenwertes und rund 0,50 Euro/m^2 Grundstücksfläche und für Gewerbegrundstücke 0,6 % des Bodenwertes und rund 1 Euro/m^2 vorgeschlagen.[34]

Bei der flächenpolitischen Bewertung der kombinierten Bodenwert- und Flächensteuer ist davon auszugehen, dass die beabsichtigte Stärkung des pauschalen Flächensparanreizes gegenüber der reinen Bodenwertsteuer dort gelingt, wo die Bedingungen tatsächlich den als vorrangig angesehenen Problemfällen entsprechen, nämlich in Stadtrandlagen. Ein Stadtrandgrundstück mit relativ geringem Bodenrichtwert und großer Grundstücksfläche würde dort über die Flächenkomponente relativ stärker belastet als ein Stadtkerngrundstück mit hohem Bodenrichtwert und geringer Grundstücksgröße; das Steuergefälle würde damit verringert. Für gleich große Wohngrundstücke in unterschiedlichen Bodenrichtwertlagen sind dagegen keine nennenswertere Effekte zu erwarten: Die Unterschiede im Steuerbetrag ergeben sich nur durch Unterschiede in den Bodenrichtwerten (FiFo 2004, S. 68).

Hinsichtlich des Verwaltungsaufwandes ergibt sich bei der kombinierten Bodenwert- und Flächensteuer keine Mehrbelastung im Vergleich zur reinen Bodenwertsteuer, da die Bemessungsparameter dieselben sind, nur unterschiedlich gewichtet werden. Durch die additive Ergänzung einer flächenbezogenen Bemessungsgrundlage verschlechtert sich allerdings die langfristige Ergiebigkeit gegenüber der reinen Bodenwertsteuer. Die Flächenkomponente unterliegt einer inflationsbedingten Entwertung, d.h. ohne regelmäßige gesetzliche Anpassung der Steuermesszahl wird der flächenbezogene Aufkommensanteil einer solchen Grundsteuer gegenüber dem wertbezogenen Aufkommensanteil langsam, aber kontinuierlich sinken. Da die beiden Anteile in einem festen, additiv gebildeten Verhältnis die Grundsteuerbemessungsgrundlage bilden, können die Gemeinden eine solche Entwicklung selbst durch eine Hebesatzpolitik nicht verhindern (FiFo 2004, S. 68). Der inflationsbedingten Entwertung kann also nur durch eine regelmäßige Anpassung der flächenbezogenen Messzahl durch den Gesetzgeber entgegengewirkt werden.

34 Diese Steuersätze wurden nach Apel et al. (2001, S. 248) so gewählt, dass mit einer Verdopplung des Grundsteueraufkommens zu rechnen ist und Lenkungseffekte entstehen.

MULTIPLIKATIV KOMBINIERTE FLÄCHENNUTZUNG- UND BODENWERTSTEUER

Dieses Modell kombiniert im Unterschied zum zuvor dargestellten Difu-Modell eine »reine« Bodenwertsteuer mit einer Flächen*nutzungs*steuer. Rodi (2002) schlägt darüber hinaus im Gegensatz zum Difu-Ansatz eine multiplikative Verknüpfung der Bodenwert- und Flächenkomponente vor. Rodi betrachtet seinen Vorschlag als eine Flächennutzungsteuer im Sinne von Bizer/Lang (2000), in dem aber der Leistungsfähigkeitsgedanke durch einen Wertbezug stärker berücksichtigt werden soll. Nach Rodi würde eine verfassungsrechtliche Problemzone betreten, wenn bei der Grundsteuer auf jeden Wertbezug in der Besteuerungsgrundlage verzichtet würde, da der Wertbezug seit jeher ein konstituierendes Wesensmerkmal der Grundsteuer sei.

Bei der konkreten Ausgestaltung seines Vorschlags hält Rodi eine Beschränkung der Flächennutzungsklassen auf fünf gegenüber sieben bei Bizer/Lang für ausreichend. Die Grundsteuer würde mit folgender Formel berechnet:

Steuer = *Bodenwert pro* m^2 *(auf Grundlage der Bodenrichtwerte)*
× *Fläche (in* m^2*)*
× *Multiplikator der jeweiligen Flächennutzungsklasse*
× *Steuermesszahl*
× *Hebesatz*

Eine additive Verknüpfung von Flächennutzungsteuer und Bodenwertsteuer wäre ebenso vorstellbar. Hierbei allerdings würde es sich – darin der kombinierten Bodenwert- und Flächensteuer sehr ähnlich – in erster Linie um ein Steuermodell handeln, das die Stärken ebenso wie die Schwächen der Reinformen reduziert und damit in Bezug auf Dauerergiebigkeit und ökologische Wirkungen zu mäßigen Ergebnissen führen würde. Vor allem wäre eine additiv verknüpfte Kombination von Flächennutzungsteuer und Bodenwertsteuer durch das mehrfach beschriebene Problem der partiellen inflationsbedingten Entwertung bedroht, d.h. die flächenbezogene Komponente schwächt sich im Zeitablauf ab (FiFo 2004, S. 70).

Bei einem Vergleich der beiden Reinformen (Bodenwertsteuer und Flächennutzungsteuer) mit einer additiv kombinierten und einer multiplikativ kombinierten Bodenwert- und Flächennutzungsteuer im Rahmen eines stark vereinfachten Anschauungsmodells kommen Fuest/Thöne in ihrem Gutachten (FiFo 2004) zu dem Ergebnis, dass lediglich das multiplikativ kombinierte Modell die jeweiligen spezifischen Stärken der Reinformen erhält, d.h. die ökologischen Lenkungsanreize der Flächennutzungskomponente und die fiskalische Ergiebigkeit der Bodenwertkomponente (FiFo 2004, S. 70 ff.). Aufgrund der viel versprechenden Eigenschaften dieses Modells empfehlen Fuest/Thöne (FiFo 2004) die multiplikativ verknüpfte Flächennutzung- und Bodenwertsteuer in der weiteren Grundsteuerreformdiskussion vertieft zu untersuchen und den anderen Reformoptionen gegenüberzustellen.

FAZIT 4.2.4

Wie schon erwähnt, haben sich im Rahmen der TAB-Umfrage die meisten Verbände der Bau- und Wohnungswirtschaft gegen den Einsatz von Steuern als flächenpolitische Lenkungsinstrumente ausgesprochen. Auch die Finanzminister der Länder haben sich am 11. September 2003 einhellig gegen eine am Ziel der Flächeninanspruchnahme orientierten Reform des Steuerrechts gewandt (Bundesregierung 2004, S. 201). Unabhängig davon besteht aber, wie oben ausgeführt, aus Gründen einer gleichmäßigen und gerechten Besteuerung Reformbedarf in Bezug auf die wertmäßige Aktualisierung der Bemessungsgrundlage. Allein schon durch eine Orientierung an aktuellen Bodenwerten könnte einen Anreiz gegeben werden, insgesamt sparsamer mit Flächen umzugehen und bereits beanspruchte Flächen intensiver zu nutzen (Bundesregierung 2004).

Einige Verbände der Wohnungswirtschaft plädieren für eine ausschließlich am Bodenwert orientierte neue Grundsteuer, so der Bundesverband deutscher Wohnungs- und Immobilienunternehmen (GdW), der Deutsche Mieterbund und der Deutsche Verband für Wohnungswesen, Städtebau und Raumordnung (DV). Sie verweisen darauf, dass eine reine Bodenwertsteuer die Mobilisierung von Bauland- und Flächenreserven im Bestand, insbesondere auch in bestehenden Gewerbegebieten, unterstützen und das flächen- und ressourcenschonende Bauen fördern könne. Zudem könne eine reine Bodenwertsteuer einfach und transparent gestaltet werden, da sie sich allein auf die Bodenrichtwerte stützen würde und die komplizierte und aufwendige Bewertung der Gebäude vermeide. Der GdW verweist allerdings darauf, dass in Bezug auf die Einfachheit der Erfassung die reine Flächensteuer noch praktikabler wäre.

Andere Verbände sowie Gremien aus dem wissenschaftlichen Bereich fordern dagegen explizit, dass bei einer Reform der Grundsteuer neben fiskalischen Aspekten auch flächenpolitischen Erfordernissen Rechnung getragen werden sollte. Einige (z.B. die Akademie für Raumforschung und Landesplanung und der Bund Deutscher Architekten) legen sich bei dieser Forderung nicht auf ein bestimmtes Reformmodell fest (TAB 2004, S. 37 ff.). Dagegen sprechen sich der BUND (2004), der Nachhaltigkeitsbeirat der Landesregierung Baden-Württemberg (NBBW 2004), der Sachverständigenrat für Umweltfragen (SRU 2002) sowie das Umweltbundesamt (UBA 2004) für eine Flächennutzungsteuer aus. Für das Difu-Modell einer kombinierten Bodenwert- und Bodenflächensteuer plädiert der Naturschutzbund Deutschland. Das UBA betrachtet dieses Modell als Rückfallposition oder ersten Schritt in die richtige Richtung, falls sich eine Flächennutzungsteuer noch nicht durchsetzen lasse.

Resümierend lässt sich Folgendes feststellen:

- *Ausschließlich bodenwertorientierte Modelle* haben die Schwäche, dass sie gerade in Stadtrandlagen, wo die zusätzliche Flächeninanspruchnahme hauptsächlich stattfindet, keine positiven Lenkungseffekte bezüglich eines sparsamen Umgangs mit Grund und Boden auslösen.
- *Ausschließlich flächenbezogene Steuern*, seien es nun eine reine Flächensteuer oder eine Flächennutzungsteuer, würden zwei essenzielle Probleme mit sich bringen: eine deutliche Verschiebung des Aufkommens zugunsten kleiner Gemeinden und des ländlichen Raums zum Nachteil der Großstädte sowie die inhärente Gefahr einer inflationsbedingten Entwertung der Bemessungsgrundlage; beide Effekte würden kompensatorische Maßnahmen erforderlich machen. Wenn die Verschiebungen des Aufkommens zugunsten kleinerer Gemeinden über eine Hebesatzpolitik wegen zu großer interkommunaler Spreizung der Hebesätze nicht behoben werden können, müsste eine Kompensation über den kommunalen Finanzausgleich erfolgen, was dem Prinzip der Finanzautonomie der Kommunen abträglich wäre. Beim zweiten Effekt, der inflationsbedingten Erosion der Bemessungsgrundlage, wären kontinuierliche Anpassungen der Steuermesszahlen oder ständige Erhöhungen der Hebesätze erforderlich. Deshalb erscheint es sinnvoller, bei einer Grundsteuerreform auf jeden Fall auch eine Wertkomponente in die Bemessungsgrundlage einzubeziehen. Einerseits würde das die langfristige Ergiebigkeit verbessern, ohne dauernde Anpassungen notwendig zu machen. Andererseits würde den verfassungsrechtlichen Bedenken Rechnung getragen, dass eine Objektsteuer eine Wertkomponente enthalten sollte, um einen Bezug zur Leistungsfähigkeit der Steuerzahler herzustellen.
- Unter den Aspekten der Dauerergiebigkeit sind *Kombinationsmodelle* rein flächenbezogenen Modellen vorzuziehen, da sie eine Wertkomponente enthalten. Wie Fuest/Thöne (FiFo 2004) darlegen, wäre eine multiplikativ verknüpfte Bodenwert- und Flächennutzungsteuer entsprechend dem Vorschlag von Rodi (2002) eine vielversprechende prüfenswerte Alternative, da sie sowohl ökologische Lenkungseffekte wie auch fiskalische Ergiebigkeit erwarten lässt.

EINE REFORMIERTE GRUNDSTEUER IM RAHMEN EINER REFORM DER KOMMUNALEN STEUERN 4.3

Alle bisherigen quantitativ-empirischen Untersuchungen, so auch die im Rahmen des TAB-Projekts durchgeführten Simulationsrechnungen (Teil II, Kap. 7.2.1), weisen darauf hin, dass eine Grundsteuerreform, die im Ergebnis ein ähnlich hohes Aufkommen wie die derzeitige Grundsteuer erbringen würde, nur sehr schwache bodenpolitische Lenkungswirkungen hätte. So hat das RWI abgeschätzt, dass z.B.

eine aufkommensneutrale Umwandlung der Grundsteuer in eine Flächennutzungsteuer eine Verringerung des Flächenverbrauchs um nur etwas mehr als 2 ha/Tag erbringen würde (UBA 2003, S. 145).

Wegen dieser geringen Anreizwirkungen, aber auch im Hinblick auf eine Stärkung der kommunalen Finanzautonomie vor dem Hintergrund der gegenwärtigen Erosion der kommunalen Einnahmen plädiert Rodi (2002) dafür, die Forderung nach Aufkommensneutralität aufzugeben und die Grundsteuer zu einer stärkeren Säule der kommunalen Finanzierung auszubauen. Damit könnte eine höhere Grundsteuer als Basis für einen größeren Anteil konjunkturunabhängigen kommunalen Steueraufkommens dienen. Auch andere Protagonisten der wissenschaftlichen Grundsteuerreformdebatte regen Steuersätze an, die das Aufkommen einer neuen Grundsteuer deutlich gegenüber dem bisherigen wachsen lassen dürften (Apel et al. 2001, S. 248 ff.; Josten 2000, S. 7). Ein Ausbau der Grundsteuer als kommunale Einnahmequelle ließe sich auch im internationalen Vergleich rechtfertigen: Während im OECD-Durchschnitt derartige *property taxes* rund 30 % zur Gemeindefinanzierung beitragen, sind es in Deutschland nur gut 15 % (Abb. 10).

ABB. 10 ANTEIL DER GRUNDSTEUER AN DEN KOMMUNALEN STEUEREINNAHMEN 2000 IM INTERNATIONALEN VERGLEICH

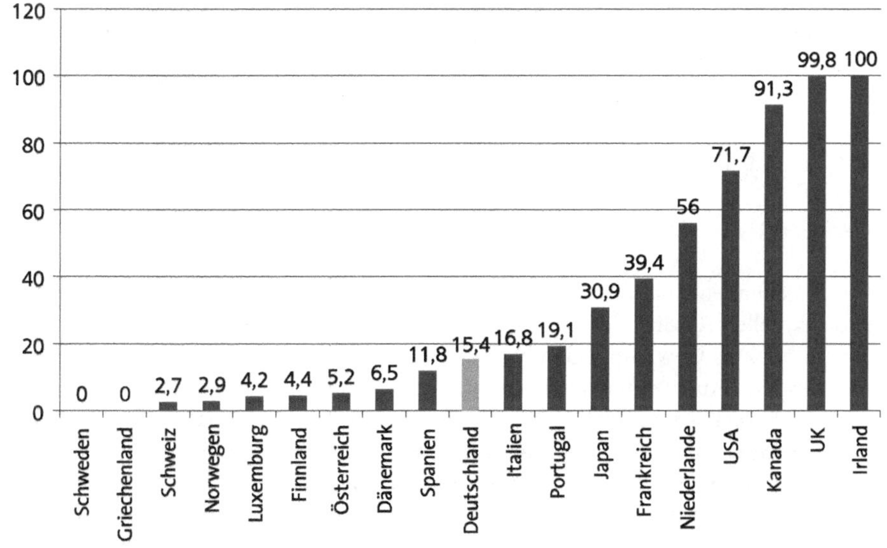

Quelle: FiFo 2004, S. 90

Abbildung 11 zeigt zudem, dass die Besteuerung des Faktors Grund und Boden in Deutschland generell sehr moderat ist, da sie im Vergleich zu einer Reihe anderer Länder nur einen bescheidenen Anteil des gesamten Steueraufkommens ausmacht.

ABB. 11 ANTEIL DER GRUNDSTEUER AM GESAMTSTEUERAUFKOMMEN (EINSCHLIEẞLICH SOZIALVERSICHERUNG) IN DEN OECD-STAATEN IM JAHR 2000

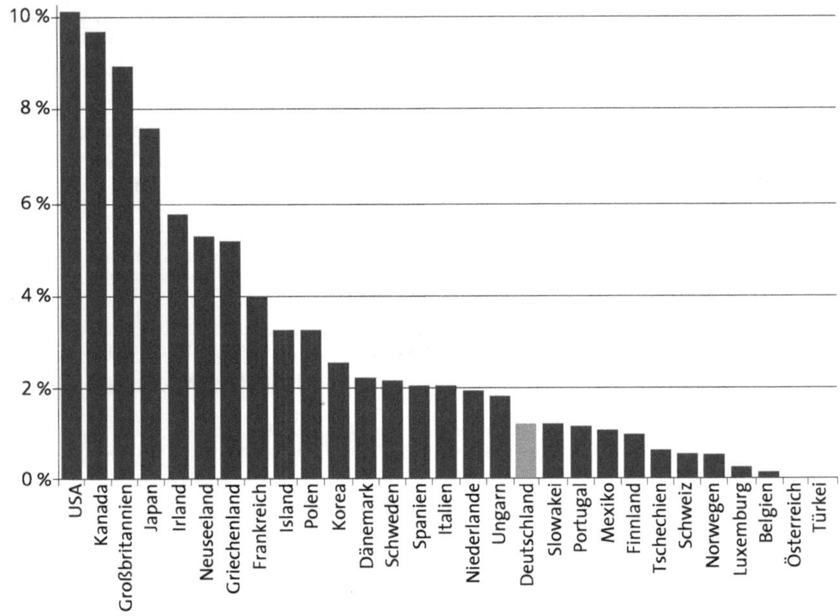

Quelle: OECD Revenue Statistics 2002, übernommen aus Bayern/Rheinland-Pfalz 2004

Die vorangehenden Ausführungen legen die Überlegung nahe, im Rahmen einer nach wie vor aktuellen Reform des kommunalen Finanzsystems (Teil I, Kap. 4) der Grundsteuer ein höheres Gewicht gegenüber der Gewerbesteuer einzuräumen, als es gegenwärtig besteht. Auch sprechen Erkenntnisse der Steuerwettbewerbsforschung für eine stärkere relative Belastung von Grund und Boden (FiFo 2004, S. 89). Deren Ergebnisse legen nahe, dass eine starke dezentrale Besteuerung mobiler Faktoren im faktischen Steuerwettbewerb langfristig nicht durchsetzbar ist. Entsprechend werden dezentrale öffentliche Leistungen verstärkt durch die Besteuerung immobiler Faktoren finanziert werden müssen. Im Vergleich zum Faktor Kapital kann der Faktor Arbeit als relativ immobil gelten. Soll oder kann dieser Faktor – auch aus beschäftigungspolitischen Motiven – nicht in zu starkem Maße zur Finanzierung kommunaler Ausgaben herangezogen werden, bleibt nur die stärkere Besteuerung des immobilen Faktors Boden. Die Grundsteuer ist angesichts ihrer immobilen Bemessungsgrundlage besonders zur dezentralen Besteuerung durch Kommunen geeignet, da ihr nicht ausgewichen werden kann und der Steuerwettbewerb bei dieser zwischen Kommunen geringer sein dürfte als bei der Besteuerung mobiler Bemessungsgrundlagen, wie z.B. bei der Gewerbesteuer.

Schon in der jüngsten Vergangenheit zeigt sich ein Trend der kommunalen Hebesatzpolitik zu einer stärkeren Besteuerung des immobilen Faktors Grund und Boden, weil sich offensichtlich bei der Grundsteuer Erhöhungen der Hebesätze leichter durchsetzen lassen als bei der Gewerbesteuer, bei der der interkommunale Wettbewerb Hebesatzerhöhungen Grenzen setzt. So zeigt Abbildung 12, dass sich seit 1990 das relative Gewicht der Grundsteuer bei dem kommunalen Realsteueraufkommen im Vergleich zur Gewerbesteuer deutlich erhöht hat, von etwa 20 % auf 35 % im Jahre 2002.

ABB. 12 AUFTEILUNG DER KOMMUNALEN REALSTEUEREINNAHMEN 1975–2002

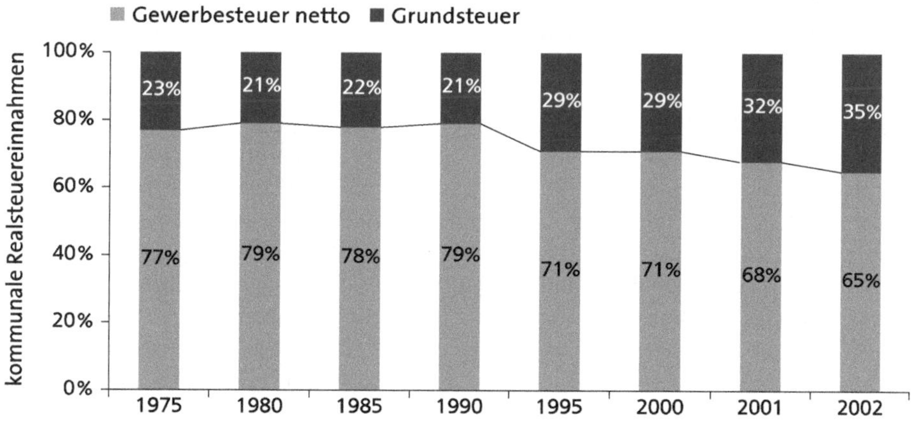

Quelle: FiFo 2004, S. 89

Bei einer simultanen Gemeindesteuerreform, d.h. von Grundsteuer und Gewerbesteuer, ließe sich auch der in der politischen Diskussion bei jedem Steuerreformvorhaben schon stereotyp erhobenen Forderung nach Aufkommensneutralität eher nachkommen, wenn man sie als *Gesamtaufkommensneutralität* realisiert. Fuest/Thöne (FiFo 2004) haben Modellrechnungen zu einer simultanen Reform durchgeführt, bei der die Gewerbesteuer durch einen Zuschlag zur Einkommen- und Körperschaftssteuer und die bisherige Grundsteuer durch eine Flächennutzungsteuer ersetzt wurde.

Es zeigte sich, dass die Höhe der erforderlichen Zuschläge zur Einkommensteuer und Körperschaftssteuer, die entscheidend für die Akzeptanz dieses »Gewerbesteuerreformmodells« sein dürfte, deutlich geringer sein könnte, wenn das Aufkommen der Grundsteuer gegenüber heute steigen würde. Erheblich geringere Zuschlagssätze ergeben sich dabei schon bei Grundsteueraufkommenserhöhungen bis zum 2,5-fachen des bisherigen Aufkommens (im Einzelnen FiFo 2004, S. 97 ff.).

Die Modellrechnungen lassen den Schluss zu, dass bei einer solchen simultanen gesamtaufkommensneutralen Reform mit einer Neugewichtung der Aufkommensanteile zugunsten einer reformierten Grundsteuer ein Gesamtreformpaket eher Akzeptanz finden könnte. Zudem dürften auch die potenziellen flächenpolitischen Lenkungseffekte stärker als bei auf die einzelne Steuer bezogener Aufkommensneutralität sein.

Schließlich verspricht eine steuerliche Entlastung bei der Gewerbesteuer bzw. bei einem Nachfolgemodell zulasten einer reformierten Grundsteuer auch eine Milderung des flächenzehrenden kommunalen Wettbewerbs um Gewerbeansiedlungen und neue Einwohner durch Ausweisung von Bauland.

»ÖKOLOGISIERUNG« DES KOMMUNALEN FINANZAUSGLEICHS – PRO UND KONTRA 4.4

Die Idee hinter der Forderung nach einer Ökologisierung des kommunalen Finanzausgleichs (KFA), wie sie etwa vom SRU (2000, Tz. 540) erhoben wird, besteht darin, dass den Kommunen über die Finanzzuweisungen der Länder Anreize gegeben werden sollen, mit Flächen schonend und sparend umzugehen. Gegenwärtig verlockt der KFA die Kommunen eher dazu, großzügig Bauland auszuweisen, um neue Einwohner zu gewinnen und damit auch die einwohnerbezogenen Finanzzuweisungen zu erhöhen. Es lohnt sich unter fiskalischen Gesichtspunkten für die Kommunen, neue Wohn- und Gewerbegebiete auszuweisen, da dies neben den Finanzzuweisungen auch das Aufkommen an den kommunalen Steuern (Gewerbe- und Grundsteuer) sowie den kommunalen Einkommensteueranteil potenziell erhöht. Die Vorhaltung von Freiflächen für ökologische Funktionen und Erholungszwecke oder die ökologische Aufwertung von Siedlungsflächen werden dagegen nicht honoriert. Durch eine »Ökologisierung« des KFA sollen deshalb Einnahmenverluste von Kommunen, die durch den Verzicht auf die Ausweisung von Bauland entstehen, kompensiert und Maßnahmen der Kommunen zum Erhalt ökologischer Funktionen und zur ökologischen Aufwertung der Siedlungsflächen belohnt werden.

Wie die Verbändebefragung des TAB zeigt, wird die Ökologisierung des KFA als flächenpolitisches Instrument von den Vertretern der Bau- und Wohnungswirtschaft überwiegend abgelehnt (TAB 2004, S. 44). Es sei schwierig, konsensfähige ökologische Kriterien für entsprechende Finanzzuweisungen zu finden. Man vermutet auch, dass der zusätzliche Aufwand in keinem Verhältnis zum erwarteten Nutzen steht. Die Naturschutzverbände (BUND, NABU) und die ARL plädieren dagegen für eine Ökologisierung des KFA, indem durch zweckgebundene Zuweisungen der Erhalt von Freiflächen für die Gewährleistung ökologischer Funktionen und für Erholungszwecke honoriert werden soll.

Von wissenschaftlicher Seite hat sich insbesondere der SRU (2000, Tz. 540) für eine Ökologisierung des KFA ausgesprochen. Es finden sich aber auch wissenschaftliche Stimmen, die diesen Ansatz kritisch beurteilen und die möglichen ökologischen Effekte als begrenzt einschätzen (Hutter et al. 2004; NBBW 2004; Wohltmann 2002). Hierfür werden verfassungsrechtliche Gründe sowie systemimmanente Prinzipien des KFA ins Feld geführt. Dies soll anhand einer knappen Darstellung wesentlicher Elemente des KFA erläutert werden.

ZIELE UND FUNKTIONEN DES KFA

Generell dient der KFA in erster Linie dazu, Finanzbedarf und Finanzkraft der Kommunen in Balance zu bringen und Finanzkraftunterschiede zwischen Gemeinden abzumildern, sowie in zweiter Linie dazu, das Verhalten der Kommunen im Sinne der Landespolitik zu lenken.

Durch Artikel 106 GG werden die Länder grundgesetzlich verpflichtet, an ihre Gemeinden einen Anteil der ihnen zufließenden Einnahmen aus den Gemeinschaftssteuern, d.h. der Einkommensteuer, der Körperschaftssteuer und der Umsatzsteuer weiterzuleiten (sog. obligatorischer Steuerverbund). Daneben können die Länder ihre Gemeinden an anderen, ihnen zufließenden Finanzmitteln, z.B. Landessteuern wie die Grunderwerbsteuer, beteiligen (sog. fakultativer Finanzverbund). Der KFA ist im Prinzip in allen Ländern ähnlich durch Finanzausgleichsgesetze oder Gemeindefinanzierungsgesetze geregelt, im Detail ergeben sich aber vielfältige Unterschiede, die hier nicht diskutiert werden können.

Entsprechend der oben genannten Ziele des KFA unterscheidet man drei Funktionen:

› die *fiskalische Funktion*, durch die die zumeist nicht ausreichenden originären Finanzeinnahmen der Kommunen, im Wesentlichen die Steuereinnahmen, aufgestockt werden sollen, sodass die Gemeinden ihre ihnen zugewiesenen und selbst gewählten Aufgaben erfüllen können;
› die *redistributive Funktionen*, durch die kommunale Finanzkraftunterschiede aufgrund strukturbedingter Unterschiede bei den Steuereinnahmen der Gemeinden tendenziell abgebaut werden sollen. Eine Begründung für die redistributive Funktion liegt u.a. in dem Verfassungsgebot der Herstellung der Einheitlichkeit der Lebensverhältnisse. Es geht hier aber nur um eine Milderung der Ungleichheiten

in der Finanzkraft und nicht um eine generelle Einebnung der kommunalen Finanzkraft. Dies verstieße gegen das aus Artikel 3 GG ableitbare Willkürverbot und wäre kaum mit dem kommunalen Selbstverwaltungsrecht zu vereinbaren, da es die Eigenverantwortlichkeit der Selbstverwaltungsorgane aushöhlen würde (Wohltmann 2002);

› die allokative oder Lenkungsfunktion, mit der der KFA für landespolitische Ziele aktiviert werden soll. Nach Wohltmann (2002) ist diese Funktion aber der fiskalischen Hauptfunktion und der damit verzahnten distributiven Funktion deutlich nachgeordnet, da Zuweisungen im Sinne der Lenkungsfunktion nur additiv zu der Gewährleistung einer angemessenen Finanzausstattung erfolgen können.

Diese drei Funktionen werden im KFA mittels Finanzzuweisungen der Länder erfüllt, die sich durch den Freiheitsspielraum, der den Gemeinden bei ihrer Verwendung eingeräumt wird, unterscheiden. Es lassen sich allgemeine Zuweisungen bzw. Ausgleichszuweisungen und zweckgebundene Zuweisungen unterscheiden. Erstere werden den Gemeinden zur freien Verfügung gewährt und dienen dazu, dass die Gemeinden ihre ihnen zugewiesenen und selbst gewählten Aufgaben erfüllen können. Sie werden damit vornehmlich für die fiskalischen und redistributiven Zwecke des KFA eingesetzt. Dagegen werden mit zweckgebundenen Zuweisungen in der Regel Maßnahmen der Kommunen gefördert, die landespolitischen Zielen dienen, d.h. mit ihnen werden in der Regel von den Ländern Lenkungszwecke verfolgt. Deren zweckentsprechende Verwendung muss im Allgemeinen von den Gemeinden belegt werden. Den Kommunen steht es frei, ob sie die Zweckzuweisungen in Anspruch nehmen und so die damit verbundenen Vorgaben erfüllen möchten. Bei den Kommunen stoßen Zweckzuweisungen auch auf Kritik, da sie sich durch diese »Goldenen Zügel« fremd bestimmt fühlen (Hutter et al. 2004, S. 294). Sie werden teilweise als problematisch im Hinblick auf das Prinzip der kommunalen Selbstverwaltung betrachtet. Zudem sind sie oft mit einem hohen bürokratischen Aufwand für Beantragung, Bewilligung und Kontrolle verbunden.

Die Bestimmung der Höhe der allgemeinen Zuweisungen findet bedarfsorientiert statt. Dabei wird der zur Erfüllung der kommunalen Aufgaben notwendige Finanzbedarf mithilfe der Bedarfsmesszahl geschätzt, welche anhand von sog. Haupt- und Nebenansätzen ermittelt wird, die zusammen den Gesamtansatz bilden. In der Regel dient als Grundlage für den Hauptansatz, die Einwohnerzahl, die in vielen Bundesländern aber »veredelt« wird, in dem Sinne, dass das Gewicht der einzelnen Einwohner mit der Einwohnerzahl zunimmt. Diese sog. Veredelung erfolgt mit der Begründung, dass größere zentrale Orte im Verhältnis zu ihrer Einwohnerzahl mehr Aufgaben und Kosten haben als kleinere, weil sie für andere im Umland liegende kleinere Gemeinden Versorgungsaufgaben übernehmen, z.B. im Schul-, Krankenhaus- oder Kulturbereich. Neben den einwohnerabhängigen Hauptansätzen werden mit Nebenansätzen spezifische Finanzbedarfe von Gemeinden erfasst, die auf besondere örtliche Gegebenheiten zurückzuführen sind (Bizer et al. 1998, S. 50), z.B. überdurchschnittliche Zahl von Arbeitslosen, Aussiedlern, Sozialhilfeempfängern, andere spezifische Gegebenheiten (Grenzland, Hochschul-, Gruben- und Militärstandorte).

Dem so ermittelten Finanzbedarf wird die Finanzkraft einer Gemeinde gegenübergestellt, die sich aus der Steuerkraft (Steuerkraftmesszahl) ergibt. Zu deren Ermittlung werden die kommunalen Steuereinnahmen herangezogen, d.h. das Gewerbesteueraufkommen (abzüglich der Gewerbesteuerumlage), die Grundsteuer und die kommunalen Anteile an der Einkommen- und Umsatzsteuer.[35] Ist die Finanzkraft einer Gemeinde niedriger als ihr Finanzbedarf, so erhält sie im Rahmen des KFA einen bestimmten landesseitig festgelegten prozentualen Anteil der Differenz als Schlüsselzuweisung, z.B. in Sachsen 75 % (IÖW 2004, S. 56).[36]

ANSÄTZE ZUR ÖKOLOGISIERUNG DES KFA

Die Ökologisierung des KFA könnte prinzipiell über eine Modifikation des Hauptansatzes, die Einführung eines zusätzlichen Nebenansatzes oder über Zweckzuweisungen erfolgen.

Eine Modifikation des *einwohnerbezogenen Hauptansatzes* für ökologische Zwecke wird zumeist abgelehnt bzw. für nicht gangbar gehalten (Bizer et al. 1998, S. 54; Hutter et al. 2004, S. 293; Wohltmann 2002). Dabei müsste nachgewiesen werden, dass den Kommunen in Zusammenhang mit ökologischen Aufgaben (reale) Finanzbedarfe in gleicher Art und Weise entstehen, die durch den Einwohnermaßstab noch nicht abgedeckt sind. Die Vorhaltung von Freiflächen ist aber normalerweise für die Gemeinde nicht mit größeren Kosten verbunden, sodass es kaum Gründe gibt, in diesem Zusammenhang den Hauptansatz zu modifizieren, der der allgemeinen durchschnittlichen Finanzbedarfsermittlung dient. Solange keine typischen Ausgabenunterschiede nachweisbar sind, gilt der Grundsatz eines einheitlichen Bedarfs pro Einwohner. Nach Bizer et al. (1998, S. 54) ist deshalb eine »ökologische Veredelung« der Einwohnerzahl nicht begründbar.

Da die anfallenden Kosten der Vorhaltung von Freiflächen von den jeweiligen örtlichen Gegebenheiten abhängig sind, wären diese eher über *Nebenansätze* abzugelten, die einen örtlichen finanziellen Sonderbedarf abbilden können. Sie wären eine geeignete Basis, um gemeindeindividuelle Besonderheiten, z.B. im Ausweisungsver-

---

35 Für die Steuern mit Hebesatzrecht der Kommunen werden dabei fiktiv normierte Hebesätze der Berechnung zugrunde gelegt, um so die von Gemeinden autonom zu verantwortenden Finanzkraftunterschiede auszublenden (nach Hutter et al. 2004, S. 236).

36 Die Ermittlung der Ausgleichszuweisungen ist hier etwas vereinfachend dargestellt; detailliertere Darstellungen finden sich bei Bizer et al. (1998, S. 48 ff.) und bei Hutter et al. (2004, S. 232 ff.).

halten, adäquat mit finanziellen Anreizen zu unterlegen. Das Problem ist aber, wie schon oben erwähnt, dass das Vorhalten von Freiflächen und der Verzicht auf Ausweisung neuer Wohn- und Gewerbegebiete nur mit geringen direkten Kosten verbunden ist, d.h. mit einem geringen substanziellen ausgabenwirksamen Finanzbedarf (Bizer et al. 1998, S. 54; Hutter et al. 2004, S. 294; Wohltmann 2002). Zwar entstehen für eine Gemeinde beim Verzicht auf Neuausweisungen für Wohn- und Gewerbezwecke u.U. hohe Opportunitätskosten durch entgangene Steuereinnahmen und Einnahmen aus Grundstücksverkäufen; ihnen steht aber kein konkreter Ausgabenbedarf gegenüber (Wohltmann 2002). Aufgrund der Bedarfs- und Ausgabenorientierung des KFA ist der Ausgleich nicht ausgabenwirksamer indirekter (Opportunitäts-)Kosten in diesem System kaum möglich.

Weitere Argumente, die gegen einen Ausgleich von Opportunitätskosten vorgebracht werden, sind folgende: Die Opportunitätskosten lassen sich kaum exakt bestimmen, da die entgangenen Einnahmen aus dem Verzicht auf die Ausweisung von Wohn- und Gewerbeflächen schwierig abzuschätzen sind bzw. ihre Höhe von Annahmen darüber abhängig ist, wer sich – Gewerbe- und/oder Einwohner – dort angesiedelt hätte und welche Steuereinnahmen daraus entstanden wären. Außerdem wird eingewandt, dass Steuermindereinnahmen durch den Verzicht auf Flächenausweisungen schon im System des KFA bei der Feststellung der Finanzkraft berücksichtigt und im Rahmen der redistributiven Funktion partiell ausgeglichen werden. Der weitgehende Ausgleich zwischen Finanzbedarf und Finanzkraft führt nämlich dazu, dass Gemeinden, die auf Einnahmen verzichten, im Vergleich zu solchen, die ceteris paribus solche Einnahmen aus Flächenausweisungen erwirtschaften, höhere Schlüsselzuweisungen erhalten (Hutter et al. 2004, S. 293). Schließlich würde der Ausgleich von Opportunitätskosten bei den Kommunen zu Renteneinkommen führen. Dies ist nach Wohltmann (2002) im öffentlichen Verteilungsprozess der durch Besteuerung erworbenen Mittel nach dem Grundsatz der Bedarfsdeckungsfinanzierung kaum zu rechtfertigen. Zudem könnten solche frei verfügbaren Renteneinkommen Gemeinden zum verschwenderischen und suboptimalen Einsatz von Steuergeldern verführen.

Auch mit *zweckgebundenen Zuweisungen* kann aus den zuvor genannten Gründen kein Ausgleich für Opportunitätskosten erfolgen. Da bei Verzicht auf Flächenausweisung keine direkten Kosten größeren Umfangs entstehen, würden Mittel zufließen, die zur freien Deposition stünden und bei denen eine Zweckbindung im engeren Sinne nicht möglich ist; das Prinzip der Zweckbindung würde damit unterlaufen. Generell muss man daraus schließen, dass das Flächenausweisungsverhalten von Kommunen, sofern Opportunitätskosten im Spiel sind, durch eine Ökologisierung des KFA kaum zu beeinflussen ist. Der Ausgleich von Opportunitätskosten ist im bedarfs- und ausgabenorientierten Ansatz des KFA als systemfremd einzustufen (Wohltmann 2002).

Eher können mit Zweckzuweisungen andere flächenpolitische Ziele gefördert werden, wenn z.B. solche Zuweisungen für Maßnahmen und Projekte gewährt werden, die zu einer umweltverträglicheren Nutzung oder zur effizienteren Nutzung von Flächen im Bestand führen. Bizer et al. (1998, S. 58) nennen in diesem Zusammenhang als Beispiele Nachverdichtungen, Modellprojekte zum flächensparenden Bauen, Entsiegelungsprogramme, Flächenrecycling und autofreie Siedlungen. Hierbei entstehen Gemeinden reale Kosten, für die Zweckzuweisungen gewährt werden könnten. So könnten sich indirekt z.B. über Flächensanierungsprogramme und Programme zur Umwandlung von Brachflächen positive Auswirkungen auf die Neuausweisung von Flächen ergeben.

Aber auch gegen die Ökologisierung des KFA über solche projektgebundenen Zweckzuweisungen gibt es Argumente; sie führten zur Gängelung von Kommunen, lösten Zentralisierungstendenzen aus, die die kommunale Autonomie aushöhlen. Durch weitere Arten von Zweckzuweisungen würde der bereits komplizierte Finanzausgleich überfrachtet; es entstehe ein Dschungel von Fördertöpfen und der bürokratische Aufwand sei groß (Bizer et al. 1998, S. 60). Schließlich könnten auch solche Gemeinden in den Genuss von flächenbezogenen Zweckzuweisungen kommen, die sich insgesamt nicht nachhaltigkeitskonform verhalten, aber den Auflagen für die Gewährung der Zuweisungen genügen (Wohltmann 2002).

Insgesamt sind die Möglichkeiten zur Ökologisierung des KFA somit als begrenzt anzusehen, vor allem weil, wie dargestellt, die Kompensation von Opportunitätskosten der Bedarfsorientierung des KFA zuwider laufen würde.

ÖKONOMISCHE ANREIZINSTRUMENTE 5.

In diesem Kapitel werden ökonomische Anreizinstrumente diskutiert, die mit einer Ausnahme[37] ausschließlich aus flächenpolitischen Erwägungen vorgeschlagen wurden und zur Dämpfung des Flächenwachstums und zur Eindämmung der Versiegelung beitragen sollen. Dabei visieren die in Teil II, Kap. 5.1 behandelten Instrumente – die handelbaren Flächenausweisungskontingente und die Baulandausweisungsumlage – die Kommunen als flächenpolitische Akteure an, d.h. sie sollen das Flächenausweisungsverhalten der Kommunen im Sinne eines sparsamen Umgangs mit Flächen beeinflussen. Die in Teil II, Kap. 5.2 diskutierten Instrumente – die Neuerschließungsabgabe, verschiedene Formen der Versiegelungsabgabe und die versiegelungsabhängige Abwassergebühr – richten sich dagegen unmittelbar an private Akteure (Bauherren, Investoren). Bis auf das Instrument der versiegelungsabhängigen Ab-

37 Die Ausnahme ist die versiegelungsabhängige Abwassergebühr, die in erster Linie einer größeren Gebührengerechtigkeit dient.

wassergebühr, die von vielen Kommunen bereits praktiziert wird, handelt es sich um Instrumente, die bisher nicht implementiert sind.

INSTRUMENTE ZUR LENKUNG DES FLÄCHENAUSWEISUNGSVERHALTENS DER KOMMUNEN 5.1

Das Flächenausweisungsverhalten der Kommunen, das stark durch fiskalische Interessen bestimmt wird, gilt als Motor für die ausufernde Zunahme der Siedlungs- und Verkehrsflächen. Die im Folgenden diskutierten Konzepte der handelbaren Flächenausweisungskontingente und der Baulandausweisungsumlage sollen den Kommunen ökonomische Anreize für eine flächensparende Ausweisungspolitik geben. Beide Instrumente zielen auf eine quantitative Steuerung der Flächennutzung und können die qualitative Steuerung durch das Umwelt- und Planungsrecht nicht ersetzen. Letzteres muss weiterhin Fragen der Schutzwürdigkeit und Schutzbedürftigkeit von Böden bzw. Flächen regeln und entscheiden, wo und wie gebaut werden darf, sowie Ausschlussflächen oder »Tabuzonen« für Baulandausweisungen (Naturschutzflächen, Hochwasserschutzflächen etc.) festlegen (Krumm 2004; NBBW 2004; Schmalholz 2005, S. 169 f.). Die im Folgenden diskutierten Instrumente sind also als komplementär zum Umwelt- und Planungsrecht zu sehen. Krumm (2004, S. 23) spricht in diesem Zusammenhang von einer »Leitplankenfunktion« des Instrumentariums der Raumplanung.

HANDELBARE FLÄCHENAUSWEISUNGSKONTINGENTE 5.1.1

Um das Flächenausweisungsverhalten der Kommunen zu steuern und den Flächenverbrauch einzudämmen, haben Bizer et al. (1998) die Einführung handelbarer Flächenausweisungskontingente vorgeschlagen. Solche Handelsmodelle für Umweltnutzungen wurden zunächst zur Begrenzung von Schadstoffemissionen konzipiert und sind in den USA bereits in den 1980er Jahren zur Begrenzung von Schwefeldioxidemissionen eingesetzt worden. Im Rahmen der Umsetzung des Kyoto-Protokolls wurde inzwischen auf EU- und nationaler Ebene ein Handel für CO_2-Emissionsrechte implementiert. Inzwischen wird die Einführung eines Zertifikathandels auch im Bereich der Flächenausweisung intensiv diskutiert und von wissenschaftlichen Gremien wie z.B. dem NBBW und dem SRU empfohlen.

Die Grundidee des Konzepts liegt darin, für eine bestimmte räumliche Ebene (Bund, Länder, Regionen) die maximal zulässige Flächenausweisung quantitativ festzulegen und diese in Form von handelbaren Flächenausweisungskontingenten an die Kommunen kostenlos oder durch Versteigerung zu verteilen. Will eine Gemeinde über dieses Kontingent hinausgehende Baulandausweisungen vornehmen, muss sie hierfür Ausweisungsrechte an einer Bodenbörse hinzu kaufen. Soweit Gemeinden die zugeteilten Rechte nicht verwenden, können sie diese veräußern und damit Einnahmen erzielen. Der so zwischen den Gemeinden installierte Handel bewirkt in der Theorie eine ökonomisch optimale Allokation der Flächenausweisungen auf die Gemeinden, bei der der aus der Ausweisung resultierende ökonomische Nutzen maximiert wird (Michaelis 2002).

Die lenkende Wirkung auf das kommunale Ausweisungsverhalten entsteht dadurch, dass Gemeinden, bevor sie Kontingente für Neuausweisungen in Anspruch nehmen oder erwerben, intensiv prüfen werden, ob sie nicht ihren Flächenbedarf im vorhandenen Bestand, z.B. durch Brachflächenrecycling, Baulückenschließung oder Nachverdichtung, befriedigen können, oder sogar durch Innenentwicklung Erlöse aus dem Verkauf von Kontingenten erzielen können. Bei dieser Abwägung werden die Gemeinden die Kosten für den Erwerb von zusätzlichen Kontingenten mit den Kosten für die Erschließung von Innenentwicklungspotenzialen vergleichen und hierbei die kostengünstigere Alternative wählen. Auch Gemeinden, die über eine ausreichende Menge von Kontingenten verfügen, werden genau prüfen, ob sie diese ausnutzen, da die Neuausweisung zu Opportunitätskosten in Höhe der beim Verkauf der Kontingente zu realisierenden Erlöse führt (Walz et al. 2004). Das heißt, das System handelbarer Flächenkontingente setzt im Prinzip bei *allen* Gemeinden, ob sie nun ausreichend Kontingente haben oder nicht, Anreize zu einem flächensparenden Ausweisungsverhalten und nicht nur bei den Gemeinden, die mehr Flächen ausweisen wollen, als sie an Kontingenten besitzen. Als mengensteuerndes Instrument können mit dem Zertifikathandel theoretisch angestrebte quantitative Ziele punktgenau und ökonomisch effizient erreicht werden.

Vor der Implementation eines solchen Systems sind aber schwierige gestalterische Fragen zu klären, die zu hohen Hürden für die Akzeptanz des Instruments werden können. Diese betreffen z.B. die Allokationsmodi der Flächenausweisungskontingente und die hierbei anzuwendenden Kriterien oder Schlüssel, die Mengensteuerung im Zeitablauf, die Befristung der Zertifikate und regionale und/oder nutzungsspezifische Differenzierungen von Märkten.

Das Fraunhofer-Institut für System- und Innovationsforschung (ISI) entwickelt gegenwärtig in Zusammenarbeit mit dem Planungsbüro StadtLandFluss und der Universität Lüneburg ein Modell zur Einführung und Gestaltung eines Modells handelbarer Flächenausweisungskontingente für Deutschland, das von dem nationalen Ziel einer Reduzierung der zusätzlichen Flächeninanspruchnahme auf 30 ha/Tag bis 2020 ausgeht (Walz et al. 2004). Zwei zentrale Probleme bei der Implementation eines solchen Systems dürften das Herunterbrechen des nationalen Ziels auf die Länderebene und die Verteilung der Ausweisungskontingente an die Kommunen seitens der Länder darstellen.

Die *Aufteilung des nationalen Reduktionsziels auf die Länder* wird in einem Arbeitspapier des ISI als notwendig erachtet, weil eine unmittelbare Zuteilung der Flächenausweisungskontingente durch den Bund an die Gemeinden unter Ausschluss der Länder auf rechtliche Probleme wegen der Gesetzgebungskompetenz stoßen würde. Die Einführung eines Handels mit Flächenausweisungskontingenten wäre nämlich dem Raumordnungsrecht zuzuordnen, für das der Bund nur eine Rahmengesetzgebungskompetenz hat und nicht die Kompetenz für eine Detailregelung. Aus diesem Grund bietet sich ein Modell an, bei dem der Bund den Rahmen für den Handel mit Flächenzertifikaten setzen sollte, die detaillierte Gestaltung aber den Ländern überlassen bleibt, z.B. die Verteilung an die Gemeinden (dazu ausf. Walz et al. 2004, S. 18 ff.).[38]

Die Allokation muss also auf zwei Ebenen stattfinden. Zunächst müsste das nationale Reduktionsziel der Nachhaltigkeitsstrategie auf die Länderebene heruntergebrochen werden. Danach müssten die Reduktionsbeiträge der einzelnen Bundesländer von diesen *auf ihre Kommunen verteilt werden.* Diese beiden Verteilungsprozesse dürften viele Konflikte in sich bergen. Das ISI hat in seiner Studie zur Einführung eines Flächenzertifikathandels in Deutschland verschiedene Möglichkeiten zur Aufteilung des nationalen Ziels auf die Bundesländer durchgespielt, bei denen unterschiedliche Kriterien oder Verteilungsansätze zugrunde gelegt wurden. So könnte z.B. eine Umlegung über ein gleich hohes prozentuales Reduktionsziel für alle Bundesländer gegenüber einem Basiszeitraum erfolgen, das der für notwendig erachteten prozentualen Reduzierung auf Bundesebene entsprechen würde. Zum anderen könnten Umrechnungsschlüssel angewendet werden, die an Operationalisierungen von Gerechtigkeit anknüpfen oder bisheriges flächensparendes oder -schonendes Verhalten von Bundesländern belohnen:

› Im Sinne des *Leistungsfähigkeitsprinzips* aus der Steuerlehre könnte an der finanziellen Leistungsfähigkeit der Bundesländer angesetzt werden, sodass Bundesländer mit einem überdurchschnittlichen Pro-Kopf-Einkommen auch überdurchschnittlich zur Flächenreduzierung beitragen würden.[39]
› Im Sinne der *Gleichbehandlung* könnte so verfahren werden, dass jedem einzelnen Bundesbürger die absolut gleiche zusätzliche Flächeninanspruchnahme im Rahmen der noch insgesamt zulässigen Flächeninanspruchnahme zur Verfügung

38 Zu verschiedenen rechtlichen Aspekten und der verfassungsrechtlichen Zulässigkeit eines Systems handelbarer Flächenausweisungskontingente siehe im Einzelnen Brandt/Sanden (2003) und Walz et al. (2004, S. 40 ff.).

39 Es käme damit im Endeffekt zu einem Finanzausgleich zwischen reicheren und ärmeren Bundesländern, der dann bei der Gestaltung des offiziellen Finanzausgleichs zu berücksichtigen wäre. Nach Walz et al. (2004) führe dies zu einer Überfrachtung des ohnehin komplizierten Finanzausgleichs. Deshalb wurde diese Alternative in den Beispielsrechnungen des ISI nicht berücksichtigt.

stehen sollte, unabhängig davon, in welchem Bundesland er beheimatet ist. Ebenfalls im Sinne der Gleichbehandlung könnte jedem Bundesbürger der gleiche prozentuale Zuwachs an der Flächeninanspruchnahme pro Kopf zugestanden werden, wiederum unabhängig davon, in welchem Bundesland er zu Hause ist.

> Die Kontingentverteilung könnte auch am prognostizierten *Bevölkerungszuwachs* orientiert werden. Die Logik eines solchen Verteilungsansatzes läge darin, zusätzlichen Flächenbedarf vor allem durch die Zunahme der Bevölkerung zu rechtfertigen; Bundesländer ohne Bevölkerungszuwachs würden demnach keine Kontingente bekommen.
> Des Weiteren könnte man auch argumentieren, dass jene Länder, die einen *unterdurchschnittlichen Flächenverbrauch pro Kopf* aufweisen, bei der Kontingentvergabe begünstigt werden sollten. Dies könnte entweder damit begründet werden, dass bei ihnen ein wirtschaftlicher Nachholbedarf besteht oder dass ihr bisheriges flächensparendes Verhalten belohnt wird.
> Schließlich könnten den Bundesländern in dem Ausmaß Kontingente zugeteilt werden, in dem sie *zur bundesweiten Summe an geschützter Fläche* beitragen. Länder mit besonderem Engagement im Naturschutz würden damit belohnt.

Die Ergebnisse der Beispielrechnungen des ISI für diese Verteilungsmodi zeigen, dass sich je nach Kriterium sehr unterschiedliche Verteilungen für die Zielbeiträge der Bundesländer ergeben. Dies lässt erhebliche Verteilungskonflikte erwarten (dazu ausf. Walz et al. 2004, S. 23 ff.), zumal auch noch andere als vom ISI diskutierte Verteilungskriterien (z.B. Berücksichtigung der Zahl der Erwerbstätigen, Anteil der bisher ausgewiesenen Siedlungs- und Verkehrsfläche an der gesamten Landesfläche) ins Spiel gebracht werden könnten.

Konflikte dürften auch bei der Verteilung auf die Kommunen zu erwarten sein. Prinzipiell können für die Erstzuteilung auf dieser Ebene als Alternativen die *kostenlose Verteilung* anhand eines geeigneten Schlüssels, eine *Auktion* oder eine *Kombination* von kostenloser *Verteilung und Versteigerung* infrage kommen.

> Ein Versteigerungsverfahren hat gegenüber der kostenlosen Verteilung den Vorteil, dass auf die Suche nach einem konsensfähigen Verteilungsschlüssel verzichtet werden kann und dass sich bereits unmittelbar bei Einführung des Systems ein Knappheits- bzw. Marktpreis bildet, der den Kommunen entsprechende Signale gibt (Michaelis 2002). Aus Sicht der ökonomischen Theorie würden zudem Effizienzgründe für eine Versteigerung sprechen.
> Gegen eine Auktion sprechen andererseits Akzeptanzgründe bzw. Gründe der politischen Durchsetzbarkeit bei den Gemeinden, da es ihnen kaum zu vermitteln sein dürfte, dass sie nach Einführung eines neuen Instruments für ein eingeschränktes Ausweisungsrecht noch zahlen sollen (Hutter et al. 2004, S. 294). Zudem würden im Falle einer Auktion finanzschwache Gemeinden benachteiligt

und möglicherweise noch stärker ins wirtschaftliche Abseits gedrängt (Schmalholz 2005, S. 166 f.). Außerdem werden verfassungsrechtliche Gründe für eine kostenlose Verteilung bzw. Mindestausstattung vorgebracht, da den Gemeinden so die verfassungsrechtlich garantierte Möglichkeit zu einer Grundentwicklung im Sinne der kommunalen Selbstverwaltung (Art. 28 I und II GG) erhalten bleibt (Michaelis 2002; Schmalholz 2002).

Vor diesem Hintergrund wird in den meisten Vorschlägen zur Einführung von handelbaren Flächenzertifikaten von einer kostenlosen Erstverteilung bzw. einer kostenlosen Basisausstattung ausgegangen. Als Anknüpfungspunkt für einen geeigneten Zuteilungsschlüssel wird – auf einen Vorschlag von Bizer et al. (1998, S. 45) zurückgehend – auf den in den Landesentwicklungsplänen vorgesehenen Eigenentwicklungsindex hingewiesen, der im Wesentlichen auf den Flächenbedarf bei natürlicher Bevölkerungsentwicklung abstellt (Hutter et al. 2004, S. 291; Michaelis 2002; Schmalholz 2002, S. 164). Es sind aber auch andere Kriterien und Verteilungsansätze denkbar (Walz et al. 2004, S. 29 ff.), beispielsweise:

- eine Verteilung anhand der Anteile der Kommunen am Flächenverbrauch in der Vergangenheit (sog. Grandfathering),
- sog. Benchmarking-Ansätze, d.h. eine Verteilung nach Schlüsseln bzw. Kenngrößen wie Gesamtfläche, Anteil der Siedlungs- und Verkehrsfläche, Einwohnerzahl oder Zahl der Erwerbstätigen oder
- eine Orientierung an Flächenkriterien, z.B. noch zur Verfügung stehenden Flächen in den einzelnen Kommunen, Berücksichtigung der ökologischen Wertigkeiten von Flächen,
- Differenzierung nach dem Anteil von geschützten Flächen in den Kommunen.

Bei letzterem Kriterium würden Kommunen mit hohen Anteilen an geschützter Fläche für ihren Verzicht auf Entwicklungsmöglichkeiten kompensiert. Auch hier kommt das ISI im Rahmen einer für Baden-Württemberg durchgeführten Studie in Beispielrechnungen für den Nachbarschaftsverband Karlsruhe (Böhm et al. 2002) zu dem Ergebnis, dass die Erstverteilungen in Abhängigkeit vom Zuteilungsmodus stark differieren, d.h. auch auf dieser Ebene dürfte eine konfliktträchtige Diskussion zu erwarten sein.

RÄUMLICHE MARKTABGRENZUNG

Eine weitere Gestaltungsfrage eines Systems handelbarer Flächenausweisungskontingente ist die räumliche Marktabgrenzung. Das ISI sieht in Bezug auf die Gestaltung eines Modells handelbarer Flächenausweisungskontingente *Vorteile eines bundesweiten Handels*, da große Märkte einerseits höhere Effizienz der Flächenallokation versprechen, andererseits auch eher gewährleisten, dass genügend Anbieter und

Nachfrager und damit ausreichend Marktliquidität vorhanden ist, um volatile Preissignale bzw. diskontinuierliche Marktverhältnisse zu vermeiden (Walz et al. 2004, S. 17 ff.). Aus den gleichen Gründen spricht sich das ISI auch gegen eine nutzungsspezifische Differenzierung aus, z.B. die Bildung von Teilmärkten für Wohn-, Gewerbe- und Verkehrsflächen (Walz et al. 2004, S. 12).

In früheren Literaturquellen wurde unisono eine Aufteilung in räumlich und/oder nutzungsspezifisch *differenzierte Teilmärkte* befürwortet, weil ein bundesweiter Markt zu grobmaschig sei und die regionalen wirtschaftlichen, ökologischen und sozialen Gegebenheiten zu stark voneinander abwichen. Es wird sogar argumentiert, dass sich selbst einzelne Bundesländer als zu heterogen und zu groß für einen räumlich einheitlichen Markt erweisen könnten (Bizer et al. 1998, S. 46; Michaelis 2002). In diesem Zusammenhang wurde auch vorgeschlagen, Märkte nach Siedlungsschwerpunkten bzw. -achsen einerseits und ländlichen Räumen bzw. interaxialen Räumen andererseits zu differenzieren, um gezielt die Siedlungszuwächse auf Erstere zu konzentrieren. Dies erfordert aber eine differenzierte Zielbestimmung für diese Raumtypen (Bizer et al. 1998, S. 46). Gemeinden an den Siedlungsachsen bekämen dann mehr Zertifikate (bezogen auf einen Verteilungsschlüssel) als Kommunen im ländlichen Raum, und es würde auf getrennten Märkten gehandelt. Diese Ungleichbehandlung von Kommunen dürfte aber die Akzeptanz einer solchen Regelung stark beeinträchtigen.

Für eine nutzungsspezifische Differenzierung und die Schaffung entsprechender Teilmärkte wird als Grund in erster Linie vorgebracht, dass andernfalls Nutzungsarten, für die eine geringe Zahlungsbereitschaft besteht bzw. bei denen der Nutzen für die Gemeinden relativ gering ist, durch Nutzungsarten mit hohen Erträgen für die Kommunen verdrängt werden, obwohl an ihrer Realisierung ein übergeordnetes Interesse besteht (SRU 2002, Tz. 169). So werden getrennte Märkte für Wohnbauflächen, für Industrie- und Gewerbeflächen sowie für Verkehrsflächen vorgeschlagen (Bizer et al. 1998, S. 46). Der SRU schlägt sogar vier Märkte vor, nämlich ergänzend zu den genannten drei Teilmärkten einen zusätzlichem Markt mit universell nutzbaren Ausweisungsrechten, um die mit der Schaffung von Teilmärkten verbundenen Effizienznachteile zu verringern (SRU 2002, Tz. 169).

Neben Effizienzverlusten und möglichen negativen Folgen für die Marktliquidität spricht gegen eine nutzungsspezifische Segmentierung von Märkten im Rahmen eines Zertifikathandels auch der damit verbundene Planungsaufwand. So müssten für jeden Teilmarkt separate Flächenverbrauchsreduktionsziele entwickelt werden, was voraussetzen würde, dass der entsprechende Planungsträger, z.B. der Bund oder das jeweilige Bundesland, den entsprechenden Flächenbedarf auf diesen Teilmärkten abschätzen müsste (Schmalholz 2005, S. 168). Zugleich müsste auch die Kompatibilität zwischen den auf den Teilmärkten zur Verfügung stehenden Mengen an

Ausweisungskontingenten sichergestellt werden, d.h. die Menge der vergebenen Zertifikate auf dem Teilmarkt für Verkehrsflächen muss z.B. a priori so bemessen werden, dass die Wohn- und Gewerbegebiete, die mit den ausgegebenen Zertifikaten für diese Teilmärkte realisierbar sind, auch verkehrsmäßig angebunden werden können. Gegen den mit einer Marktsegmentierung verbundenen Planungsaufwand wäre das planwirtschaftliche System der ehemaligen Ostblockstaaten eine »Fingerübung« (Schmalholz 2005).

Das ISI spricht sich auch gegen eine andere Form nutzungsspezifischer Differenzierung aus, nämlich innerhalb eines einheitlichen Marktes eine Differenzierung nach der ökologischen Bedeutung der Flächen oder der Nutzungsintensität vorzunehmen. Bei einer solchen Differenzierung wären z.B. für die Ausweisung ökologisch wenig sensibler Flächen weniger Kontingente einzureichen als für ökologisch sensiblere oder für eine baulich intensiv genutzte Ausweisungsfläche müssten mehr Kontingente eingereicht werden als für eine Nutzung mit geringerer ökologischer Belastung. Das ISI sieht bei so einer Ausgestaltung einen erheblichen Umsetzungsaufwand, insbesondere wegen der Festlegung von wertmäßigen Austauschverhältnissen zwischen diesen Flächen- und Nutzungstypen (dazu ausf. Walz et al. 2004, S. 32 ff.). Der Gestaltungsvorschlag sieht allerdings vor, nicht die gesamte Siedlungs- und Verkehrsfläche dem Zertifikathandel zu unterwerfen, sondern die Ausweisung von öffentlichen Grünflächen für Erholungszwecke auszunehmen, dafür aber die Umwandlung von solchen Grünflächen im Siedlungs- und Verkehrsflächenbestand in Bau- oder Gewerbegebiete zu kontingentieren.[40] Diese Ausnahmeregelung würde einen Druck zur Umwandlung von Grünflächen in andere Nutzungsarten nicht entstehen lassen (Walz et al. 2004, S. 9 ff.).

Weitere Zuteilungs- bzw. Kontingentierungsfragen betreffen die Flächen mit stark überörtlicher Bedeutung, z.B. für Autobahnen und überregional bedeutsame Infrastruktureinrichtungen. Hierzu wird die Position vertreten, diese nicht von der Kontingentierung auszunehmen und den für die Entwicklung dieser Flächen zuständigen jeweiligen Verwaltungsebenen (Bund und Ländern) eigene Flächenkontingente zuzuteilen (Walz et al. 2004, S. 10 ff.). Hierzu müssten jedoch für die Erstzuteilung wiederum spezielle Kriterien bzw. Verteilungsansätze entwickelt werden.

MENGENSTEUERUNG IM ZEITABLAUF

Neben den geschilderten, aus der Sicht der Autoren zentralen und konfliktträchtigen Gestaltungsaspekten eines Zertifikathandels wären bei der Einführung eines

40 Um die Obergrenze der auszugebenden Kontingente zu erreichen, müsste bei einem solchen Vorgehen das vorzugebende nationale Ziel für das Handelssystem (z.B. das Ziel der Nachhaltigkeitsstrategie) um den prognostizierten Saldo aus neu ausgewiesenen Grünflächen und umgewandelten Grünflächen im Bestand korrigiert werden (Walz et al. 2004, S. 22).

solchen Systems noch andere hier nicht im Einzelnen diskutierbare Gestaltungsfragen zu lösen. Sie betreffen u.a. die Mengensteuerung im Zeitablauf, d.h. die Frage, ob die in Zukunft noch ausweisbaren Flächen auf einmal oder in zeitlich gestückelten Tranchen für ein- oder mehrjährige Verpflichtungsperioden auf den Markt gebracht werden sollen. Die Literatur spricht sich in diesem Punkt einmütig für eine zeitliche Stückelung aus. Das ISI sieht in seinem Gestaltungsvorschlag mehrjährige Verpflichtungsperioden vor, um den Kommunen längere Planungshorizonte zu ermöglichen und die Transaktionskosten zu senken (Walz et al. 2004, S. 37).

Damit in Zusammenhang stehen die Fragen der zeitlichen Befristung der Kontingente und der zeitlichen Übertragbarkeit in Form von »banking« (zeitliche Übertragung von heute sich in Besitz eines Akteurs befindlicher Kontingente in zukünftigen Perioden) und »borrowing« (zeitliches Vorziehen von erst zukünftig zu erwartenden Zuteilungen von Kontingenten zur Abdeckung heutiger Flächenbedarfe). Durch eine zeitliche Befristung soll einem spekulativen Horten von Kontingenten entgegengewirkt werden. Das Zulassen von »banking« und »borrowing« würde den Kommunen weitere Flexibilität geben. Das ISI plädiert in seinem Vorschlag für das Zulassen eines »banking« über eine Verpflichtungsperiode hinaus, da einerseits die ökologisch abträgliche Inanspruchnahme von Freifläche zumindest zeitlich zunächst verschoben würde und andererseits bei Nichtübertragbarkeit ein Preisverfall zum Ende der Verpflichtungsperiode drohe. Dieser könnte Gemeinden dazu veranlassen, noch kurz vor »Toresschluss« neue Baugebiete auszuweisen. Dagegen wird ein »borrowing« über eine Verpflichtungsperiode hinaus abgelehnt, u.a. deshalb, weil zumindest kurzfristig die Anreize für flächensparendes Verhalten abgemildert würden (hierzu im Einzelnen Walz et al. 2004, S. 37 ff.).

Schließlich sind Fragen des Monitorings und geeigneter Sanktionen sowie andere Fragen zu klären, z.B. die, durch welche Aktivitäten bzw. in welchem Planungsstadium eine Pflicht zur Einreichung von Kontingenten ausgelöst wird (dazu ausf. Walz et al. S. 14 ff.).

BEFÜRWORTER UND GEGNER HANDELBARER FLÄCHENAUSWEISUNGSKONTINGENTE

Die vorangehenden Ausführungen haben veranschaulicht, dass vor der Einführung eines Systems handelbarer Flächenausweisungskontingente sehr komplexe und konfliktträchtige Gestaltungsfragen zu klären sind. Ein Handelssystem für Flächenkontingente dürfte auch wesentlich komplexer sein als der Handel mit CO_2-Emissionsrechten, auf den sich Protagonisten des Flächenzertifikathandels häufig berufen. Der Vergleich des CO_2-Emissonsrechtehandels mit dem Handel von Flächenausweisungskontingenten hinkt, da Lizenzsysteme blind gegenüber qualitativen Kriterien sind. Beim CO_2-Emissionsrechtehandel stellt dies kein Problem dar, da 1 t CO_2, die z.B. in München emittiert wird, die gleichen Treibhauseffekte hat, wie eine, die in Berlin emittiert wird. Es gibt bei CO_2-Emissionen keine lokalen Effekte bzw. Belastungsspitzen (»hot spots«), während Flächen in ökologischer Hinsicht sehr unterschiedliche Wertigkeiten haben können und es deshalb nicht gleichgültig ist, wo Fläche überbaut wird. So kann es in Ballungsgebieten durch Überbauung weiterer Freiflächen durchaus zu Belastungsspitzen infolge eines zu hohen Versiegelungsgrades kommen oder in ländlichen Regionen durch Neuausweisung von Baugebieten zu einer nicht mehr tolerierbaren Zerschneidung von Lebensräumen (Schmalholz 2005, S. 171 f.).Daraus folgt, dass, wie schon erwähnt, eine mengenmäßige quantitative Steuerung der Flächeninanspruchnahme durch eine qualitative raumordnerische Steuerung begleitet werden muss.

Auch die Frage der Verteilung der Rechte könnte beim Handel mit Flächenausweisungskontingenten noch umstrittener sein als beim CO_2-Emissionsrechtehandel, da ein zweistufiger Verteilungsprozess zu durchlaufen ist, nämlich das Herunterbrechen des nationalen Ziels auf die Bundesländer und die Verteilung der Kontingente auf die Kommunen durch die Länder.

Angesichts einer Vielzahl ungeklärter oder umstrittener Gestaltungsfragen ist es nicht verwunderlich, dass der Zertifikathandel in der aktuellen Debatte äußerst umstritten ist, wie u.a. der Flächendialog des Nachhaltigkeitsrates gezeigt hat (Institut für Städtebau Berlin 2004). Wegen in der Theorie hoher ökonomischen Effizienz und ökologischer Zielgenauigkeit wird das Instrument vor allem vonseiten der Wissenschaft propagiert. So halten es etwa der NBBW und der SRU für besonders geeignet, eine effiziente Flächennutzung innerhalb eines durch das Umwelt- und Planungsrecht zu setzenden Rahmens herbeizuführen (NBBW 2004; SRU 2002 u. 2004).

Dagegen stößt der Zertifikathandel vor allem bei den Kommunen und den kommunalen Spitzenverbänden auf entschiedene Ablehnung. Sie sehen darin einen Eingriff in ihre verfassungsmäßig garantierte Selbstverwaltungshoheit, was wiederum vonseiten der Wissenschaft bestritten wird. Die Einführung handelbarer Flächenausweisungskontingente schränke zwar die kommunale Planungshoheit ein, verletze aber nicht den Kernbestand und Wesensgehalt gemeindlicher Selbstverwaltung und höhle nicht das Selbstverwaltungsrecht über Gebühr aus. Dies gelte zumindest, sofern die Gemeinden bei der Allokation ein Kontingent an Zertifikaten gratis erhalten und ihnen damit wenigstens eine Grundentwicklung ermöglicht würde (dazu ausf. Schmalholz 2002). Teilweise wird sogar die Auffassung vertreten, dass gegenüber einer planungsrechtlich vorgegebenen fixen Kontingentierung oder naturschutzrechtlichen Verboten die Handlungsspielräume durch dieses Instrument eher erweitert würden (Brandt/Sanden 2003, S. 97; Schmalholz 2002). Ungeachtet dessen wird vonseiten der Wissenschaft eine Ablehnung durch Kommunen und gesellschaftliche Akteure erwartet.[41]

Auch die Verbände, die im Rahmen der TAB-Umfrage zum Zertifikathandel Stellung genommen haben, stehen ihm überwiegend kritisch gegenüber (zum Folgenden s. TAB 2004, S. 42 ff.). Lediglich die ARL und der BDA sehen darin ein sinnvolles und wirksames Instrument. Aus ihrer Sicht könnte der Handel mit Flächenzertifikaten dazu beitragen, die Flächenallokation innerhalb des von Raumordnung und Regionalplanung gesetzten Rahmens ökonomisch zu optimieren. Verwiesen wird allerdings von ARL auf schon oben angesprochene methodische Probleme, etwa beim Modus der Erstverteilung, bei der Mengensteuerung im Zeitablauf, bei der Befristung der Zertifikate, bei der Verhinderung von Spekulationen sowie bei der Abgrenzung regionaler Teilmärkte.

Die Mehrheit der befragten Verbände spricht sich gegen die Einführung eines Zertifikathandels aus. Der Deutsche Mieterbund und der Deutsche Siedlerbund befürchten einen hohen bürokratischen Aufwand, der in keinem Verhältnis zum erwarteten Nutzen steht. Dies umso mehr, als im Osten Deutschlands bald ein Überangebot an ehemaliger, jetzt nicht mehr benötigter Siedlungsfläche zu erwarten sei (DSB). Nach Ansicht des DV würden handelbare Flächenausweisungskontingente »Willkür und Manipulation Tür und Tor öffnen«.

Der BUND hält dieses Instrument im Vergleich zu einer lenkungswirksamen ökologischen Flächensteuer (Teil II, Kap. 4.2.2.) für weniger effizient im Hinblick auf die angestrebte nachhaltige Raumentwicklung. Flächenzertifikate würden – Funktionsfähigkeit und Akzeptanz vorausgesetzt – nur den zusätzlichen Flächenverbrauch steuern, aber keine Wirkungen bezüglich einer effizienten und umweltschonenden Nutzung des Bestandes entfalten. Die notwendige Festsetzung der insgesamt noch ausweisbaren Baulandfläche sowie ihre regionale und bundesländerbezogene Verteilung würden zu langwierigen politischen Auseinandersetzungen führen. Dabei würde vermutlich ein politischer Kompromiss ausgehandelt, bei dem eine eher wenig stringente Obergrenze für das insgesamt zu vergebende Kontingent zu erwarten wäre. Außerdem seien der Zertifikathandel mit einem hohen administrativen Kontrollaufwand verbunden und eine Vielzahl von Fragen der Operationalisierung noch völlig ungeklärt.

Der NABU kann sich allenfalls einen Handel innerhalb des Rahmens der bereits ausgewiesenen Siedlungs- und Verkehrsfläche vorstellen. Nach neueren Angaben

---

41 Diese Einschätzung stützt sich auch auf Erfahrungen, die Wissenschaftler im Rahmen von Forschungsprojekten gemacht haben, in denen kommunale und andere gesellschaftliche Akteure durch projektbegleitende Befragungen oder Projektbeiräte eingebunden waren (Bizer et al. 1998; Krumm 2004).

des NABU bedeutet eine allmähliche Reduzierung der täglichen Neuinanspruchnahme von heute 93 ha auf 30 ha/Tag in den kommenden 15 Jahren, dass die Siedlungs- und Verkehrsfläche von 2004 bis 2020 noch um höchstens 400.000 bis 500.000 ha zunehmen darf. In bereits existierenden Flächennutzungsplänen seien aber bereits heute noch nicht bebaute Flächen dargestellt, die diese noch zulässige Menge um 25 % übersteigen. Aufgrund dieses Planungsüberhangs fordert der NABU, dass sich die Ausgabe der Flächenkontingente zu Beginn und der sich daran anschließende Handel innerhalb der Grenzen bereits geplanter Siedlungs- und Verkehrsflächen abspielen sollte (NABU 2004b).

BAULANDAUSWEISUNGSUMLAGE 5.1.2

Alternativ zum Konzept der handelbaren Flächenausweisungskontingente wird von Krumm (2002, 2003 u. 2004) das Konzept der Baulandausweisungsumlage propagiert. Die Kommunen müssten nach diesem Vorschlag für die Neuausweisung von Bauland einen am Flächenumfang des neuen Baugebiets bemessenen Umlagebetrag an das jeweilige Bundesland abführen. Die Höhe der abzuführenden Umlage ergibt sich somit als Produkt der neuen kommunalen Baulandausweisungsfläche und des Umlagesatzes. Es handelt sich hierbei um ein über den Preis steuerndes Instrument, das nach Krumm zumindest aus ökologischer Sicht – gegenüber den handelbaren Flächenausweisungskontingenten mit ihrer Mengensteuerung – eine Second-best-Lösung wäre, weil mit der Baulandausweisungsumlage eine punktgenaue Erfüllung eines quantitativen Flächenziels nicht sichergestellt werden kann. Wie beim Handel mit Flächenausweisungskontingenten würde eine Baulandausweisungsumlage die Neuausweisung von Flächen dämpfen und die Innenentwicklung fördern, da die bauliche Nutzung bereits ausgewiesener Bauflächen nicht der Umlage unterliegt und sich dann möglicherweise die Innenentwicklung, z.B. die Brachflächennutzung, eher rentieren würde als bisher bzw. kostengünstiger sein könnte als bauliche Entwicklungsoptionen im Außenbereich.

Im Gegensatz zum Konzept der Flächenausweisungskontingente, bei denen nach den meisten Vorschlägen die *Erstverteilung kostenlos* erfolgen würde, würden im Fall der Baulandausweisungsumlage die Kommunen bereits bei jeder Neuausweisung finanziell belastet und dem jeweiligen Land würden aus der Umlage Mittel zufließen. Krumm diskutiert allerdings auch die Möglichkeit einer Baulandausweisungsumlage mit einer Freibetragsregelung, bei der nur ein gewisser Anteil der kommunalen Flächenausweisung mit einer Umlage belastet wird. Dahinter steht die Überlegung, den Kommunen ein gewisses Maß an städtebaulicher Außenentwicklung umlagefrei zu ermöglichen (Krumm 2002, S. 11).

Ähnlich wie bei den handelbaren Flächenausweisungskontingenten sind bei der Baulandausweisungsumlage auch *siedlungs- und nutzungsspezifische Differenzierungen der Umlagesätze* denkbar. So könnten, um die zukünftige Siedlungsentwicklung räumlich zu konzentrieren, für Gemeinden der Siedlungs- und Verkehrsachsen ermäßigte Umlagesätze vorgesehen werden, eine Variante, die aber einer interkommunalen Ungleichbehandlung gleich käme. Es könnte auch eine Differenzierung der Umlagesätze nach Art der Bebauung vorgesehen werden, bei der aus standortwettbewerblicher Sicht die kommunale Ausweisung von Gewerbegebieten weniger stark belastet würde als die von Wohngebieten, z.B. durch niedrigere Umlagesätze oder durch Freibetragsregelungen. Eine solche Differenzierung wäre geboten, wenn Unternehmen in anderen Bundesländern oder im Ausland keinen ähnlichen Belastungen unterliegen. Weitere Differenzierungen von Umlagesätzen, z.B. nach sozialen oder ökologischen Kriterien, wären denkbar (Krumm 2004, S. 56 ff.). Modellvarianten, wie die hier benannten, würden das relativ einfache Instrument allerdings komplizieren.

Um zu vermeiden, dass mit der Baulandausweisungsumlage für die kommunale Ebene finanzielle Mehrbelastungen entstehen, sieht das Konzept eine Zurückverteilung des Aufkommens auf die kommunale Ebene vor, wobei verschiedene Rückverteilungsmodi diskutiert werden.[42] Je nach Gestaltung der Redistribution könnten zusätzliche flächenpolitische oder ökologische Lenkungseffekte ausgelöst werden.

- Bei einer zunächst nahe liegenden Rückverteilung auf Basis eines *einfachen Einwohnerschlüssels* würden z.B. jene Gemeinden als Nettotransferempfänger profitieren, deren Pro-Kopf-Flächenausweisung relativ gering ist, während Gemeinden mit überdurchschnittlicher Pro-Kopf-Baulandausweisung Nettozahler wären, d.h. Rückflüsse hätten, die geringer als ihre Umlagezahlungen wären. Die Baulandausweisungsumlage würde somit bei einem solchen Redistributionsmodus Kommunen mit großzügiger Baulandausweisungspraxis bestrafen und solche, die besonders sparsam ausweisen, belohnen.
- Ein weiterer Verteilungsmodus wäre ein *gemischter Einwohner-Erwerbstätigen-Redistributionsschlüssel*, mit dem sowohl dem wohnungsbaubezogenen als auch dem gewerblichen Flächenbedarf Rechnung getragen würde. Durch die ergänzende Einbeziehung eines Erwerbstätigenschlüssels könnte vermieden werden,

42 Daneben diskutiert Krumm auch die Rückschleusung des Umlageaufkommens über bereits bestehende fiskalische Kanäle, z.B. durch eine Erhöhung des kommunalen Anteils an der Einkommensteuer oder durch Aufstockung der Finanzmasse des kommunalen Finanzausgleichs. Im ersteren Fall würden finanzstarke Kommunen, im anderen Fall finanzschwache Kommunen profitieren. Die Verquickung der Rückverteilung des Aufkommens mit bereits bestehenden Finanzflüssen wird von Krumm u.a. wegen mangelnder Transparenz aus Sicht der Kommunen und möglicherweise nicht intendierten oder problematischen Verteilungswirkungen kritisch beurteilt (Krumm 2004, S. 47 ff.).

dass diejenigen Kommunen benachteiligt werden, die aufgrund eines Nettozuflusses an Berufspendlern bzw. einer hohen Erwerbsbeteiligung ihrer Bevölkerung überproportionale Flächenbedarfe haben (Krumm 2004, S. 48).

Krumm diskutiert des Weiteren Redistributionsmodi, mit denen *ökologische Lenkungseffekte* verstärkt werden könnten. So könnte ein Teil des Aufkommens aus der Umlage in einen Ökofonds- oder Innenentwicklungsfonds fließen, aus dem gezielt flächenpolitisch erwünschte Maßnahmen gefördert werden könnten. In diesem Fall würde nicht nur die Erhebung der Umlage, sondern auch die Verwendung in den Dienst der ökologischen Lenkungsaufgabe gestellt: So könnte z.B. die indirekte Förderung der Innenentwicklung durch die Umlageerhebung durch eine direkte Förderung von Innenentwicklungsprojekten aus einem solchen Fonds ergänzt und damit die Innenentwicklung insgesamt verstärkt gefördert werden.

HANDELBARE FLÄCHENAUSWEISUNGSKONTINGENTE UND BAULANDAUSWEISUNGSUMLAGE IM VERGLEICH 5.1.3

Wie Krumm (2004) selbst anmerkt, ist die Baulandausweisungsumlage gegenüber handelbaren Flächenausweisungskontingenten eine Second-best-Lösung, wenn es darum geht, ein quantitatives Flächenziel punktgenau zu erreichen. Bei der Baulandausweisungsanlage kann man sich aber einem quantitativen Ziel über ein Trial-and-Error-Verfahren annähern, indem man den Umlagesatz aufgrund einer Bewertung der empirischen festzustellenden Effekte in der nächsten Umlageperiode anpasst, d.h. bei zu schwacher Wirkung erhöht, bei zu starken Effekten nach unten korrigiert. Da quantitative Flächenziele nicht naturwissenschaftlich abgeleitet werden können, sondern durch die Politik festgelegt werden, ist aber eine punktgenaue und eine ungefähre Zielerreichung unter ökologischen Gesichtspunkten ähnlich zu bewerten.

In ihrer ökologischen und flächenpolitischen Wirkungsweise sind beide Instrumente ähnlich: sie würden die Neuausweisung verteuern und damit die Nutzung von Innenentwicklungspotenzialen fördern. Bei beiden Instrumenten ist damit zu rechnen, dass sich der *Siedlungsdruck* in wachstumsstarken Regionen *nicht abschwächt*, da die Belastungen von den Kommunen solcher Regionen leichter getragen werden können. Das bedeutet, dass die Flächeninanspruchnahme sich auch in Zukunft räumlich konzentrieren würde, und zwar zumeist in Gebieten, in denen die Siedlungs- und Verkehrsfläche schon heute einen hohen Anteil an der Gesamtfläche hat. Wirtschaftlich kann das auch bedeuten, dass sich die regionalen wirtschaftlichen Ungleichheiten verstärken könnten.

Bei beiden Instrumenten sind *wettbewerbliche Nachteile* zu befürchten, sofern sie im konkurrierenden Ausland nicht zur Anwendung kommen. Inwieweit solche Standortnachteile auftreten, hängt auch davon ab, inwieweit die Kommunen die

Baulandausweisungsumlage bzw. die Zertifikatkosten auf ansiedlungswillige Unternehmen überwälzen können oder wollen. Einiges spricht dafür, dass die Kommunen auf eine Überwälzung verzichten oder die zusätzlichen Kosten nur teilweise überwälzen. Damit wäre selbst bei einer gesetzlichen Verpflichtung zur Überwälzung zu rechnen. In diesem Fall dürften die Kommunen versuchen, durch einen geringen Verkaufspreis, sofern sie selbst im Besitz des Grund und Bodens sind, oder durch eine Senkung der Erschließungsbeiträge Unternehmen anzuziehen (Bizer et al. 1998, S. 85 ff.). So ist letztlich zu erwarten, dass bei Gewerbegebieten zumindest ein Teil der zusätzlichen Kosten von den Gemeinden und ihren Bürgern getragen wird. Bei Wohngebieten sind die Überwälzungschancen als größer anzusehen, da die Wettbewerbsintensität hier deutlich geringer sein dürfte; insbesondere besteht nur in grenznahen Gebieten eine internationale Konkurrenzsituation. Es ist deshalb davon auszugehen, dass die Kosten für die Zertifikate bzw. die Baulandausweisungsumlage weitgehend von den Endnutzern, d.h. den Wohnungseigentümer bei Selbstnutzung sowie den Mietern, getragen werden.

Die künstliche Verteuerung von Grund und Boden durch die Umlage bzw. die Zertifikate könnte auch *Auswirkungen auf Gemeinschaftsflächen* haben, so auf die Dimensionierung von Spielplätzen, Schulen, Kindergärten, Sporteinrichtungen etc., da hier die zusätzlichen Kosten auf jeden Fall durch die Gemeinden getragen werden müssten. Auch verkehrliche Erschließungen dürften flächensparender gestaltet werden (Bizer et al. 1998, S. 85 ff.).

Beide Instrumente geben zwar Anreize zur Innenentwicklung; bei deren Einführung würden sich aber auch die Grundstückspreise in bereits bebauten Gebieten erhöhen, was nicht unerhebliche Vermögensverteilungseffekte mit sich bringen könnte. Für Haushalte mit Immobilienbesitz würden sog. »wind-fall-profits« anfallen, während Haushalte mit geringerem Einkommen, die oft nicht über Immobilienvermögen verfügen, wenig oder gar nicht davon profitieren würden (Bizer et al. 1998, S. 85 ff.).

Auf größere Akzeptanz bei den Kommunen und anderen gesellschaftlichen Akteuren dürften beide Instrumente nicht stoßen. Nach Krumm (2004) wurden handelbare Flächenausweisungskontingente von den in das Projekt eingebundenen Kommunalvertretern und anderen Akteuren mit überwältigender Mehrheit grundsätzlich abgelehnt, aber auch die Baulandausweisungsumlage fand wenig Gegenliebe. Gewisse Vorteile wurden jedoch in der geringeren Eingriffsintensität und darin gesehen, dass die Umlage Finanzmittel generieren würde, die u.a. auch in den Dienst der ökologischen Lenkungsaufgabe gestellt werden könnten (Krumm 2004, S. 108 ff.).

Ein Vorteil der Baulandausweisungsumlage kann darin gesehen werden, dass sie im Prinzip das einfachere Instrument ist. Beim Handel mit Flächenausweisungskontingenten ist mit deutlich höherem bürokratischem Aufwand und damit im Zusammenhang stehenden höheren Transaktionskosten für die Gemeinden zu rechnen.

Schließlich wären, wie oben schon dargestellt, vor der Einführung eines Handelssystems sehr konfliktträchtige Gestaltungsfragen zu klären. Es wäre deshalb auch mit einem zeitlich langwierigen Einführungsprozess zu rechnen, und dadurch würde viel Zeit vergehen, ehe dieses Instrument seine flächenpolitischen Wirkungen entfalten könnte.

INSTRUMENTE ZUR UNMITTELBAREN LENKUNG DER FLÄCHENINANSPRUCHNAHME DURCH PRIVATE BAUHERREN UND INVESTOREN 5.2

Im Folgenden werden ökonomische Instrumente vorgestellt, die sich unmittelbar an private Akteure (Bauherren und Investoren) richten und diese zu einem sparsamen und schonenden Umgang mit Flächen bewegen sollen. Die Neuerschließungsabgabe zielt dabei auf eine *quantitative Verringerung der Flächeninanspruchnahme*, während die Versiegelungsabgaben in qualitativer Hinsicht *Anreize für einen schonenden Umgang mit Flächen* setzen sollen.

NEUERSCHLIEẞUNGSABGABE 5.2.1

Mit einer Abgabe auf Neuerschließungen »auf der grünen Wiese« soll die Ausweisung von Bauland im Außenbereich verteuert werden. Wie in Teil II, Kap. 4.1 dargestellt, wird die Neuerschließungsabgabe von verschiedenen Seiten als Ersatz für die Grunderwerbsteuer propagiert. Entsprechend würde wie bei der Grunderwerbsteuer das Aufkommen an die Länder fließen. Durch die gleichzeitige Verteuerung von Erschließungen im Außenbereich und die Begünstigung von weiteren Erschließungen im Innenbereich im Falle einer Abschaffung der Grunderwerbsteuer für den Erwerb im Bestand könnten starke Impulse für die Innenentwicklung ausgelöst werden, z.B. in Bezug auf die Erschließung von Brachflächen und von Nachverdichtungspotenzialen sowie die bauliche Nutzung bisher unbebauter innerstädtischer Grundstücke.

Ähnliche Ziele wie mit der Neuerschließungsabgabe werden auch mit Konzepten wie der *Flächenverbrauchsteuer*, einem Vorschlag des Difu (Apel et al. 2001, S. 252 f.), sowie der *Neubesiedelungssteuer*, einem Vorschlag des UBA (2003), verfolgt. Im Prinzip handelt es sich hier um nahezu identische Konzepte mit unterschiedlichen Namen.

Es liegen auch Vorschläge für konkrete Abgabesätze vor. So regt der NABU eine Neuerschließungsabgabe von 25 Euro/m^2 an ebenso wie das UBA für eine Neubesiedelungssteuer; dieser Abgabesatz geht auf Empfehlungen des DIW und des FiFo in einem Gutachten für das UBA zurück (Bach et al. 1999). Bei unveränderter Flächenausweisung würde sich nach Angaben des UBA das Aufkommen bei diesem Abgabesatz gegenüber der gegenwärtigen Grunderwerbsteuer bezogen auf die Verhältnisse von 2000 um etwa ein Drittel erhöhen. Die Umgestaltung wäre also zunächst nicht aufkommensneutral. Da aber zu erwarten wäre, dass die Neubesiedelungssteuer zu einem Rückgang der Flächenausweisung führt, dürften mittelfristig nur moderate Mehreinnahmen von ca. 1 Mrd. Euro/Jahr zu erwarten sein (UBA 2003, S. 142 ff.). Wie bereits in Teil II, Kap. 4.1 erwähnt, würde ein solcher Abgabensatz von 25 Euro/m^2 zu einem spürbaren Rückgang der zusätzlichen täglichen Flächeninanspruchnahme um rund 16 ha/Tag führen.

Die Neuerschließungsabgabe ist auch als Alternative zu handelbaren Flächenausweisungskontingenten und insbesondere zur Baulandausweisungsumlage zu betrachten. Gelingt z.B. bei der Baulandausweisungsumlage den Gemeinden die Überwälzung an die Endnutzer, so dürften sich bei gleichem Abgabe- bzw. Umlagesatz quantitativ ähnliche Lenkungseffekte für beide Instrumente ergeben. Allerdings ist die Bemessungsgrundlage der Baulandausweisungsumlage breiter, sofern man die Neuerschließungsabgabe als Ersatz für die Grunderwerbsteuer versteht, die keine Verkehrsflächen erfasst. Die Neuerschließungsabgabe könnte aber auch so gestaltet werden, dass ihr alle Neuerschließungen, also auch für Verkehrsflächen, unterworfen werden.

Die Neuerschließungsabgabe dürfte im Vergleich zu handelbaren Flächenausweisungszertifikaten und der Baulandausweisungsumlage politisch eher durchsetzbar sein, da sie nur ein bestehendes Instrument ersetzen würde und die Gemeinden in ihrem Ausweisungsverhalten unmittelbar nicht so stark betroffen wären. Auf jeden Fall trifft sie in voller Höhe die Endnutzer, was bei den beiden anderen Instrumenten nur sichergestellt wäre, wenn eine völlige Überwälzung gelingt.

VERSIEGELUNGSABGABEN/VERSIEGELUNGSABHÄNGIGE ABWASSERABGABE 5.2.2

Die Erhebung von Bodenversiegelungsabgaben soll verstärkte Anreize einerseits zur Verringerung der Neuversiegelung und andererseits zur Entsiegelung bereits baulich genutzter Flächen schaffen. Bei den meisten diskutierten Vorschlägen geht es um eine einmalige Abgabe im Sinne einer Neuversiegelungsabgabe, die anlässlich der Baugenehmigung von den Grundstückseigentümern zu zahlen wäre. Sie soll in erster Linie Anreize zur Eindämmung der Neuversiegelung setzen. Wenn sie, wie zumeist vorgeschlagen, für innerörtliche Brachflächen ausgesetzt würde, könnte sie auch zu deren Mobilisierung bzw. Wiedernutzung beitragen. Daneben gibt es aber auch Vorschläge für eine gespaltene Abgabe, bei der Neuversiegelungen mit einer einmal zu zahlenden Abgabe belegt und bereits versiegelte Grundstücke einer jährlich vom

Versiegelungsgrad abhängigen Abgabe unterworfen werden (Bizer/Truger 1996; SRU 2000, Tz. 538).

Versiegelungsabgaben werden in der Regel als ergänzende Instrumente entweder zur Grundsteuer oder, wie oben dargestellt, als Ersatz für die Grunderwerbsteuer vorgeschlagen (Teil II, Kap. 4.1). Eine Bestandsabgabe würde dabei mit einer Grundsteuer kombiniert. Im Falle der Einführung einer Flächennutzungsteuer als Ersatz der bisherigen Grundsteuer würde sich allerdings eine Versiegelungsabgabe auf Bestandsflächen erübrigen, da bei diesem Reformmodell der Versiegelungsgrad bereits in die Bemessungsgrundlage eingeht. Eine Neuversiegelungsabgabe könnte an die Stelle der Grunderwerbsteuer treten.

Zur Erreichung eines deutlichen Lenkungseffekts müsste eine einmalige Abgabe relativ hoch sein. Ein Vorschlag des UBA (2004, S. 104) sieht eine Versiegelungsabgabe bzw. in der Terminologie des UBA eine Neuversiegelungssteuer in Höhe von immerhin 50 Euro/m^2 neu versiegelter Fläche vor. Bei einer solchen Höhe würde sich, wie oben schon ausgeführt, nach Abschätzungen des RWI eine spürbare Dämpfung der privaten Siedlungstätigkeit von 16 ha/Tag ergeben. Eine ähnlich hohe Abgabe haben Bizer/Linscheidt (1998) in einem Gutachten für das Land Nordrhein-Westfalen vorgeschlagen. Eine so hohe Abgabe wirft aber wirtschafts- und sozialpolitische Fragen auf, da sie bisherige staatliche Ziele der Wirtschaftsförderung bzw. Standortförderung und einer breiten Wohneigentumsförderung konterkarieren könnte (Schmalholz 2005, S. 156).

Die flächenpolitische Wirkung könnte noch verstärkt werden, wenn ihr Aufkommen für Entsiegelungsmaßnahmen verwendet würde, wie von verschiedenen Seiten vorgeschlagen wird. Zur Verstärkung ihrer generellen ökologischen Lenkungswirkung könnte das Aufkommen auch als Nebenschlüsselmasse in den KFA eingespeist werden und – unabhängig von der jeweiligen Finanzkraft der Kommunen – zur Abgeltung ökologischer Ausgleichsleistungen verwendet werden (Michaelis 2002).

Die Einführung einer Versiegelungsabgabe stößt allerdings auch auf Bedenken und Ablehnung. Der NBBW (2004, S. 31) spricht sich aus den oben aufgeführten nachteiligen sozialen und ökonomischen Folgewirkungen gegen deren Einführung aus. Auch die Verbändebefragung des TAB belegt eine mehrheitliche Ablehnung dieses Instruments. Als Gründe werden u.a. der hohe bürokratische Aufwand und eine Erhöhung der Wohnkosten bei einer Bestandsabgabe angeführt. Nach Ansicht des NABU muss die Reduzierung des Flächenverbrauchs insgesamt und die Sicherung großer zusammenhängender Natur- und Freiräume einerseits sowie die Erhaltung und Gestaltung kompakter Siedlungsstrukturen andererseits Priorität haben. Dies könne im Einzelfall erhöhte Bodenversiegelungen innerhalb der Siedlungen zur Folge haben, die jedoch – das übergeordnete Ziel vor Augen – als vergleichsweise nachrangiges Problem erachtet werden könnten.

Auf mehr Zustimmung stößt in der Befragung des TAB die *versiegelungsabhängige Abwassergebühr*. Für die Höhe dieser sog. »Regenwassergebühr« ist nicht nur das Volumen des Frischwasserbezugs ausschlaggebend, sondern auch die Regenwassermengen, die von einem Grundstück in die öffentliche Kanalisation abfließen. Diese sind umso größer, je höher der Versiegelungsgrad ist. Inzwischen wird nach Angaben der Deutschen Vereinigung für Wasserwirtschaft, Abwasser und Abfall e.V. bereits von nahezu der Hälfte aller Kommunen in Deutschland eine gesplittete Abwassergebühr in Form einer getrennten Regen- und Schmutzwassergebühr erhoben (NABU 2002, S. 32); in NRW ist sie flächendeckend eingeführt.

Grund für die Einführung einer versiegelungsabhängigen Abwassergebühr waren nicht in erster Linie flächenpolitische Erwägungen, sondern betriebswirtschaftliche Kalküle der kommunalen Entsorgungsunternehmen, da die Ableitung von Regenwasser in die öffentliche Kanalisation Kosten verursacht. Die Menge eingeleiteten Regenwassers muss bei der Dimensionierung sowohl der Abwasserkanäle als auch der Klärbecken berücksichtigt werden. Grundstückseigentümer mit großen versiegelten Flächen nehmen somit kommunale Leistungen vergleichsweise stärker in Anspruch als Eigentümer geringer versiegelter Flächen. Die Einbeziehung der versiegelten und in das Kanalnetz entwässernden Flächen in die Bemessungsgrundlage der Abwassergebühren führt deshalb zu einer höheren Gebührengerechtigkeit. Die durch die gesplittete Abwassergebühr entstehenden Anreize, beim Neubau auf umfangreiche Versiegelung zu verzichten und bereits versiegelte Flächen zu entsiegeln, sind dabei ein willkommener Zusatzeffekt.

Das dem Gebührenrecht zugrunde liegende Äquivalenzprinzip setzt einer über die entstehenden Kosten hinausgehenden flächenpolitischen motivierten Bemessung enge Grenzen, so dass die Steuerungswirkung bezüglich der Versiegelung und der Eindämmung des Flächenverbrauchs generell gering sein dürfte (Schmalholz 2005, S. 157). Aus Gründen der Gebührengerechtigkeit wäre aber auf jeden Fall eine möglichst flächendeckende Einführung der versiegelungsabhängigen Wassergebühren zu fordern, auch wenn die Datenerhebung zum Grad der Versiegelung und deren ständige Aktualisierung mit einigem Aufwand verbunden ist.

FINANZIELLE FÖRDERINSTRUMENTE 6.

Durch Steuervergünstigungen, Direktsubventionen und Förderprogramme hat der Staat in der Vergangenheit zahlreiche Impulse zur Erweiterung des Wohnungsbestandes gegeben. In Anbetracht der Situation auf den Wohnungsmärkten und den voraussichtlichen Auswirkungen der demografischen Entwicklung (Teil I. Kap. 3) fragt es sich, ob eine Fortsetzung dieser Politik noch gerechtfertigt ist.

Seit dem Jahr 2000 verharrt der Geschosswohnungsbau mit Ausnahme weniger prosperierender Regionen auf niedrigem Niveau. Auch die Nachfrage nach Bauleistungen im Eigenheimsektor ist seit dem Jahr 2001 stark gesunken. Der Wohnungsmarkt hat sich in vielen Regionen zu einem Mietermarkt mit zum Teil hohen Wohnungsüberhängen entwickelt. In den neuen Ländern stehen aufgrund unzureichenden Wirtschaftswachstums, hoher Arbeitslosigkeit und der Abwanderung vorwiegend junger erwerbsfähiger Haushalte trotz inzwischen erfolgter Rückbaumaßnahmen über 1 Mio. Wohnungen leer (GdW 2003, S. 109).

Da die nachwachsenden jüngeren Generationen zahlenmäßig wesentlich schwächer besetzt sind und es keine Anzeichen für eine Steigerung der Geburtenrate gibt, könnten Engpässe in der Wohnraumversorgung künftig allenfalls noch durch Zuwanderung ausgelöst werden (UBA 2003, S. 85). Vor diesem Hintergrund werden heute von verschiedenen Seiten ein Umbau der Fördersysteme und eine Neuorientierung der Wohnungsbaupolitik gefordert.

WOHNUNGSBAUFÖRDERUNG DURCH BUND UND LÄNDER 6.1

Die wohnungspolitische Förderung erfolgt in Deutschland mithilfe unterschiedlicher Programme und Instrumente (sozialer Wohnungsbau, Investitionszulage, Wohngeld, Eigenheimzulage, Bausparförderung, Förderprogramme der Kreditanstalt für Wiederaufbau), unter denen der Eigenheimzulage und dem sozialen Wohnungsbau sowohl im Hinblick auf die Finanzvolumina als auch im Hinblick auf die Flächeninanspruchnahme die größte Bedeutung zukommt.

SOZIALER WOHNUNGSBAU 6.1.1

Die staatliche Förderung des Wohnungsbaus hat in Deutschland eine lange Tradition, die bis in die Weimarer Republik zurückreicht. Schon im ersten Wohnungsbaugesetz von 1950 wurde die Wohnbauförderung als eine gemeinsame Aufgabe von Bund, Ländern und Gemeinden definiert, bei der der Bund aufgrund seiner Rahmenkompetenz die Randbedingungen vorgibt, die durch die Länder konkretisiert werden (§ 1 Abs. 1 I. WoBauG). Nach § 1 Abs. 2 des zweiten Wohnungsbaugesetzes von 1956 bestand das Ziel der Förderung darin, durch den Einsatz öffentlicher Mittel den Wohnungsmangel zu beseitigen, weite Kreise der Bevölkerung mit angemessenem Wohnraum zu versorgen und ein breit gestreutes Wohneigentum zu schaffen. Gefördert wurden der Bau von Mietwohnungen, die Modernisierung des Wohnungsbestandes und die Schaffung von Wohneigentum. Dem sozialen Charakter der Fördermaßnahmen entsprechend wurden nur Personen berücksichtigt, die bestimmte Einkommensgrenzen nicht überschreiten (Hutter et al. 2004, S. 240).

Historisch gesehen hat sich die Entwicklung der staatlichen Wohnungsbauförderung in mehreren Etappen vollzogen, in denen jeweils unterschiedliche Förderakzente gesetzt wurden (dazu ausf. Hinrichs 2001a). Mit dem II. Wohnungsbaugesetz wurde der sogenannte *erste Förderweg* etabliert, bei dem der Staat den Investoren für den Bau von Mietwohnungen langfristige öffentliche Darlehen zur Verfügung stellte. Im Gegenzug galten für die Wohnungen Mietpreisbindungen, und die Gemeinden erhielten Belegungsrechte, beides für einen Zeitraum von 30 Jahren und mehr. Anfang der 1960er Jahre nahm infolge der positiven Einkommensentwicklung der Anteil der anspruchsberechtigten Haushalte in diesem klassischen Sektor des Sozialen Wohnungsbaus kontinuierlich ab.

Vor diesem Hintergrund wurde 1966 der *zweite Förderungsweg* eingeführt, der den Bau von Eigenheimen und den Erwerb von Eigentumswohnungen subventionierte. Wegen der im Vergleich zum ersten Förderungsweg deutlich erhöhten Einkommensgrenzen kamen breite Kreise der Bevölkerung in den Genuss dieser Förderung. Bis zum Beginn der 1970er Jahre war ein anhaltender Boom im Wohnungsneubau zu verzeichnen, der im Jahre 1973 mit über 700.000 fertig gestellten Wohnungen seinen Höhepunkt erreichte. Erst mit der Verabschiedung des Wohnungsmodernisierungsgesetzes im Jahre 1976, durch das erstmalig auch Sanierungs- und Instandsetzungsmaßnahmen im Altbau gefördert wurden, erfolgte eine partielle Umlenkung der öffentlichen Fördermittel vom Neubau in den Bestand.

Ab Beginn der 1980er Jahre wurde eine Politik der Liberalisierung des Wohnungsmarktes betrieben, die sich in einem Rückzug des Staates aus der Wohnungsbauförderung und einer Aufhebung der Steuerbefreiung und Gemeinnützigkeit von kommunalen und genossenschaftlichen Wohnungsunternehmen (1989) niederschlug. Der Neubau von öffentlich geförderten Mietwohnungen kam fast völlig zum Erliegen, während gleichzeitig viele ältere Sozialwohnungsbestände der 1950er und 1960er Jahren planmäßig aus der Belegungs- und Mietpreisbindung herausfielen. Dies führte, verbunden mit der Tatsache, dass Ende der 1980er Jahre die geburtenstarken Jahrgänge auf den Wohnungsmarkt drängten und sich die Zuwanderung wieder erhöhte, zu einer »neuen Wohnungsnot«.

Um den Wohnungsbau wieder zu beleben, wurde 1989 der *dritte Förderungsweg* eingeführt, der es Ländern und Kommunen ermöglichen sollte, die Wohnungsbauförderung flexibel an die Besonderheiten des örtlichen Wohnungsmarktes anzupassen. Charakteristisch für diese Förderungsvariante waren kürzere Bindungsfristen zwischen zehn und 25 Jahren und eine Mietpreisgestaltung, die sich an der Belastbarkeit der Mieter orientierte. Angesichts des eklatanten Wohnungsmangels wurden die Bewilligungen im Sozialen Wohnungsbau (erster, zweiter, dritter Förderungsweg) drastisch erhöht. In der ersten Hälfte der 1990er Jahre erreichten die Fertigstellungen im Wohnungsbau mit über 500.000 Wohneinheiten/Jahr eine Größenordnung, die dem Bauboom der 1970er Jahre vergleichbar war (Hinrichs 2001b). Nach diesem Maximum ging das Volumen des Sozialen Wohnungsbaus wieder deutlich zurück und liegt inzwischen bei ca. 3 Mrd. Euro/Jahr (Färber 2003).

NEUORIENTIERUNG DES SOZIALEN WOHNUNGSBAUS DURCH DAS WOHNRAUMFÖRDERUNGSGESETZ

Im Jahre 2001 wurde die staatliche Wohnungsbauförderung durch das Gesetz zur Reform des Wohnungsbaurechts (BGBl. I, S. 2376), das am 01. Januar 2002 in Kraft trat, grundlegend novelliert. Kernpunkt der Reform war das neue Wohnraumförderungsgesetzes (WoFG), welches das aus der Nachkriegszeit stammende II. Wohnungsbaugesetz ablöste. Durch diese Novelle sind mit der Neubestimmung der Zielgruppen, der Bestandsorientierung, der Stärkung des kosten- und flächensparenden Bauens und der Einführung von Kooperationsverträgen zwischen Städten, Gemeinden und Wohnungsunternehmen neue Elemente in das bestehende Instrumentarium eingefügt worden, die den Charakter der Förderung verändern.

Wie es in der Begründung heißt, soll die Neuregelung der Tatsache Rechnung tragen, dass heute nicht mehr die Schaffung von Wohnraum im Vordergrund steht, sondern die zielgenaue, flexible und bedarfsgerechte Förderung von Haushalten, »die sich am Markt nicht angemessen mit Wohnraum versorgen können«. Unterstützt werden nach den neuen Vorschriften nur noch Haushalte mit geringem Einkommen, Familien mit mehreren Kindern, Alleinerziehende, Schwangere, Behinderte, ältere und hilfsbedürftige Personen sowie Wohnungslose. Im Gegensatz zum II. Wohnungsbaugesetz geht es also nicht mehr darum »breite Schichten der Bevölkerung« mit angemessenem Wohnraum zu versorgen, sondern ausschließlich um die Unterstützung Bedürftiger.

In Anbetracht der demografischen Entwicklung soll sich die Förderung künftig auf eine sozialorientierte Nutzung des vorhandenen Wohnungsbestandes konzentrieren, anstatt den Neubau teurer Sozialwohnungen zu subventionieren. Dies soll über den Erwerb bestehenden Wohnraums, die Modernisierung von Wohnraum, den Erwerb von Belegungsrechten in bestehenden Gebäuden sowie die Fortführung oder Begründung von Mietbindungen erfolgen. Die Unterscheidung in mehrere Förderwege wurde aufgehoben. Stattdessen legen künftig die Bundesländer die Einzelheiten der Förderung fest. Die sogenannte »Kostenmiete« als Höchstmiete für die Überlassung einer öffentlich geförderten Wohnung, die sich an den Kosten orientierte, die zur Deckung der laufenden Aufwendungen für die »Wirtschaftseinheit« Wohnung tatsächlich anfielen, wurde abgeschafft. Um den vorhandenen Bestand an Sozialwohnungen zu sichern, wurde allerdings für den bis zum Jahresbeginn 2002 geförderten Wohnraum an der Kostenmiete und den nach altem Recht begründeten Belegungsbindungen festgehalten. Der Forderung der Wohnungswirtschaft nach Abschaffung der Kostenmiete auch im Bestand hat der Gesetzgeber nicht entsprochen.

Um die Eigenverantwortung der Städte und Gemeinden zu stärken und die jeweiligen örtlichen Anforderungen der Wohnungsversorgung besser berücksichtigen zu können, sollen die Kommunen künftig stärker als bisher in die Entscheidungsprozesse eingebunden werden. Nach § 3 Abs. 3 WoFG können die Länder als Grundlage für eine Förderzusage die Erstellung eines kommunalen Wohnraumversorgungskonzepts anfordern. Erstmals wurden Regelungen vorgesehen, die Kooperationsverträge zwischen Städten, Gemeinden und Wohnungsunternehmen ermöglichen. In die Vereinbarung können auch öffentliche und private Träger sozialer Aufgaben und andere einbezogen werden. Solche Abkommen sind nach den Vorstellungen des Gesetzgebers besonders geeignet, die soziale Wohnraumversorgung bedarfsgerecht zu steuern sowie Maßnahmen zur Verbesserung der Wohnverhältnisse sowie zur Schaffung sozial stabiler Bewohnerstrukturen umzusetzen (dazu ausf. Georgakis 2004, S. 58 ff.).

Insgesamt hat das neue Wohnraumförderungsgesetz eher den Charakter eines Rahmengesetzes, das Ländern und Kommunen größere Spielräume bezüglich der Festlegung von Kostenobergrenzen, der Bestimmung der Einkommensgrenzen der Berechtigten und der Vereinbarung von Sozialmieten und Belegungsbindungen einräumt. Ländern und Kommunen sollte ein Instrumentarium an die Hand gegeben werden, das es ihnen ermöglicht, flexibel auf die regional unterschiedlichen Problemlagen am Wohnungsmarkt zu reagieren. Durch die bestandsorientierte Ausgestaltung des Wohnraumförderungsgesetzes sind von den neuen Regelungen im Hinblick auf den Flächenschutz positive Effekte zu erwarten (Hutter et al. 2004, S. 242). Unter stadtsoziologischen Aspekten sind jedoch Zweifel angebracht.

Mit der Reform des Wohnungsbaurechts wurde ein Paradigmenwechsel in der deutschen Wohnungspolitik vollzogen: von der Sicherstellung der Wohnraumversorgung »breiter Bevölkerungsschichten« zur Basisversorgung Bedürftiger. In der Vergangenheit war der Zugang zum sozialen Wohnungsbau an großzügig bemessene Einkommensgrenzen gebunden und das Verbleiben in einer öffentlich geförderten Wohnung auch ohne ein dauerhaft niedriges Einkommen möglich. Das Ergebnis dieser Politik war eine große Zahl von »Fehlbelegungen« und damit eine indirekte Subventionierung mittlerer Einkommensgruppen, was seit jeher als Hauptargument für eine Liberalisierung des Wohnungsmarktes und einen Rückzug des Staates aus der Wohnungsbauförderung angeführt wurde. Auf der anderen Seite ist es gerade dem intensiven Einfluss des Staates auf den Wohnungsbau zu verdanken, dass Gebiete mit ausgeprägter sozialer Mischung entstehen konnten und sozial räumliche Polarisierungen bisher weitgehend vermieden wurden (Häußermann et al. 2004).

Die sanierungsbedingte Aufwertung der Altbaubestände, häufig verbunden mit der Umwandlung von Mietwohnungen in Eigentum, der eklatante Rückgang beim Neubau von Mietwohnungen, das Auslaufen der Bindungen bei älteren Sozialwohnungen und die sich für viele Kommunen ergebende Notwendigkeit, angesichts der angespannten Haushaltslage ihre Wohnungsbestände zu veräußern, schränken die Alternativen in der Wohnraumbeschaffung für sozial benachteiligte Bevölkerungsgruppen immer weiter ein (Hinrichs 2001b). Dazu kommt, dass sich die Wohnungsunternehmen nach Abschaffung der Gemeinnützigkeit stärker an marktwirtschaftlichen Kriterien ausrichten. Wo durch Aufwertung der Bestände Gewinn erzielt werden kann, findet eine soziale Umschichtung statt, die in soziale Entmischung mündet (Häußermann 2000). Wohnungen mit Belegungsrechten konzentrieren sich zunehmend auf die wenig attraktiven Schlichtwohnungsgebiete der 1950er und 1960er Jahre sowie auf die peripheren Großsiedlungen der 1970er und 1980er Jahre, in denen aufgrund ihres geringeren Baualters kommunale Belegungsrechte noch in größerer Zahl vorhanden sind (Dangschat 1997). Auf diese Weise wächst die Gefahr, dass sich Räume sozialer Benachteiligung und Marginalisierung herausbilden.

Wie die Länder die bundesrechtlichen Vorgaben umsetzen werden, bleibt abzuwarten. Einige Bundesländer, wie z.B. Nordrhein-Westfalen und Sachsen, haben jedoch auch schon vor dem Inkrafttreten des Wohnraumförderungsgesetzes flächenbezogene Kriterien in ihren Förderbestimmungen berücksichtigt.

SOZIALER WOHNUNGSBAU IN NORDRHEIN-WESTFALEN

Ein primäres Ziel der Wohnungsbauförderung in Nordrhein-Westfalen ist die Lenkung der Bautätigkeit auf geeignete Standorte. Die Inanspruchnahme des Freiraums soll vermieden, die Innenentwicklung gefördert und die Bautätigkeit am Netz des schienengebundenen Nahverkehrs orientiert werden (Droß 2004, S. 124 f.; Nakelski 2000). Diese Zielsetzung fand 1998 explizit Eingang in die Wohnungsbauförderungsbestimmungen des Landes, nach denen Ausbau und Erweiterung von Miet- und Genossenschaftswohnungen nur noch dann gefördert werden, wenn sie im Einzugsbereich von Haltepunkten des schienengebundenen öffentlichen Personennahverkehrs liegen.

Förderfähig sind alle Bauvorhaben, die in einer Entfernung von bis zu 1,5 km zu einem solchen Haltepunkt errichtet werden. Der Einzugsbereich von 1,5 km kann überschritten werden, wenn besondere Qualitäten des Zubringersystems zu den Haltepunkten (z.B. Bus, Radwegverbindungen) dies erlauben. In Städten und Gemeinden, die weder über einen Haltepunkt noch über ein qualifiziertes Zubringersystem verfügen, können Vorhaben nur dann gefördert werden, wenn ein erhöhter Bedarf an öffentlich gefördertem Wohnungsbau (z.B. aufgrund der Ansiedlung neuer Arbeitsplätze) nachgewiesen wird und das Vorhaben der Innenentwicklung dient (z.B. Recycling gewerblicher Brachflächen, Konversion militärischer Liegenschaften, Schließung von Baulücken, Nachverdichtungsmaßnahmen). In diesen Fällen sollen die Kommunen in Zusammenarbeit mit den Nahverkehrsverbänden darauf hinwirken, die Anbindung des Standorts an den schienengebundenen Nahverkehr zu verbessern. Neubau, Ausbau und Erweiterung sollen sich zudem im Hinblick auf die städtebauliche Dichte an einer Geschossflächenzahl von 1,0 orientieren (MSWKS 2001, Anlage 1).

Das Eigentumsprogramm fördert vorrangig Alleinerziehende und Familien mit Kindern oder schwerbehinderten Familienangehörigen. Die Förderbestimmungen greifen die vom Bund eingeführten Aspekte des kosten- und flächensparenden Bauens auf und erweitern sie um zusätzliche flächenschonende Kriterien. So werden Eigentumsmaßnahmen in Ein- und Zweifamilienhäusern nur dann gefördert, wenn die Grundstücksgröße nicht mehr als 400 m^2 beträgt. Die Darlehenssumme kann um 10.000 DM erhöht werden, wenn das zu bebauende Grundstück nur 200 m^2 groß ist und eine Geschossflächenzahl von mindestens 0,8 erreicht wird. In Ballungskernen und solitären Verdichtungsgebieten können die Einkommensgrenzen um 10 % überschritten werden (Hutter et al. 2004, S. 244).

SOZIALER WOHNUNGSBAU IM FREISTAAT SACHSEN

In Anbetracht der besonderen Problemlage in Sachsen (geringes natürliches Bevölkerungswachstum, hohe Abwanderungsraten, große Wohnungsleerstände) dient die Förderung vorrangig dem Abbau von Überkapazitäten und der Bekämpfung der Abwanderung durch Attraktivitätssteigerung der Städte. Gefördert werden der Rückbau von Mietwohnungsgebäuden einschließlich der damit verbundenen Infrastruktur, Sanierungs- und Modernisierungsmaßnahmen. Der Neubau von Mietwohnungen wird nicht gefördert. Im Rahmen der Wohneigentumsförderung werden der Erwerb von Wohnungen aus dem Bestand, die Schaffung von Wohnraum durch Aufstockung, Aus- und Umbau sowie der Neubau in innerörtlichen Lagen gefördert. Von den im Rahmen des Sozialen Wohnungsbaus eingesetzten Mitteln zur Wohneigentumsförderung entfällt die Hälfte auf Bestandsmaßnahmen, die andere Hälfte wird in den Neubau investiert (dazu ausf. Hutter et al. 2004, S. 242 f.).

Unter Flächenschutzaspekten ist die sächsische Förderstrategie positiv zu bewerten, da durch den Rückbau innerstädtische Flächenpotenziale erschlossen werden und die Bildung von Wohneigentum nur im Bestand bzw. auf innerörtlichen Flächen gefördert wird. Solange jedoch durch die bundesweite Eigenheimzulage gleichzeitig ein Anreiz zum Bauen »auf der grünen Wiese« geschaffen wird, bleibt der Flächenspareffekt ungewiss (SRU 2002, Tz. 153).

INVESTITIONSZULAGE 6.1.2

In Anbetracht des Wohnungsdefizits, das die zentralstaatliche Wohnungsversorgung der DDR hinterlassen hatte, wurde in den neuen Bundesländern nach der Wende eine stark neubauorientierte Förderpolitik betrieben. Zu erwähnen ist hier vor allem das – hauptsächlich von westdeutschen Investoren in Anspruch genommene – Fördergebietsgesetz von 1991, nach dem Investoren beim Bau von Wohnungen 50 % Sonderabschreibung geltend machen konnten. Infolge der städtebaulich nicht abgestimmten Förderung und des erheblichen Nachholbedarfs im Eigenheimbau wurden fast 1 Mio. Wohnungen neu errichtet, während die Altbausubstanz wie schon zu DDR-Zeiten weiterhin verfiel.

Diese Fehlentwicklung sollte durch das Investitionszulagegesetz von 1999, das auf die Aufwertung des Bestandes und eine Revitalisierung der Innenstädte ausgerichtet ist, korrigiert werden. Gefördert wurden neben betrieblichen Investitionen Sanierungsmaßnahmen an Mietwohngebäuden, der Neubau von Mietwohnungen im innerörtlichen Bereich sowie Modernisierungsmaßnahmen an der eigenen Wohnzwecken dienenden Wohnung. Das Gesamtvolumen der Investitionszulagen betrug im Jahre 2000 ca. 1.500 Mio. DM (Hutter et al. 2004, S. 250). Die Förderperioden, die im Gesetz für diese Zulagen vorgesehen waren, sind inzwischen abgelaufen. Auch wenn der quantitative Umfang dieser Förderung relativ gering war, sind ihre Auswirkungen auf die Flächeninanspruchnahme positiv zu bewerten, da sie die Investitionen in den Bestand gelenkt und einen Anreiz geschaffen hat, bei Neubauten innerörtliche Flächen in Anspruch zu nehmen.

WOHNGELD 6.1.3

Als Instrument zur sozialen Absicherung einkommensschwacher Haushalte wurde 1965 das Wohngeld eingeführt, das die bis dahin dominierende *Objektförderung* (Sozialer Wohnungsbau) durch eine gezielte *Subjektförderung* ergänzte. Zu unterscheiden ist zwischen dem Tabellenwohngeld, dessen Höhe sich aus den veröffentlichten Wohngeldtabellen ergibt, und dem pauschalierten Wohngeld (»besonderer Wohnkostenzuschuss«), das Empfängern von Sozialhilfe und Kriegsopferfürsorge als pauschalierte Zuwendung zu den Wohnkosten gezahlt wird, ohne dass ein gesonderter Antrag gestellt werden muss. Beide Zuwendungen können als Mietzuschuss (Mieterhaushalte) oder als Lastenzuschuss (Eigentümerhaushalte) gewährt werden. Die Höhe des Wohngelds hängt von der Haushaltsgröße, dem Haushaltseinkommen und der Belastung durch die Wohnkosten ab. Wenn die entsprechenden Voraussetzungen vorliegen, besteht ein Rechtsanspruch auf die Zahlung von Wohngeld (dazu ausf. Georgakis 2004, S. 72 ff.).

Mit dem Ziel, das Wohngeld an die aktuelle Miet-, Preis- und Einkommensentwicklung anzupassen, wurde das Wohngeldgesetz zu Beginn des Jahres 2001 novelliert. Die zu berücksichtigenden Miethöchstbeträge wurden um 20 % angehoben und die Bemessungsgrundlage dahingehend modifiziert, dass vor allem Familien mit Kindern stärker entlastet werden. Durch die Änderung wurde der Kreis der

Anspruchsberechtigten erweitert und somit der Förderumfang deutlich erhöht. Auch Haushalte, die vorher aufgrund ihres Einkommens aus der Förderung herausgefallen waren, kamen wieder in ihren Genuss. Dabei ist allerdings zu berücksichtigen, dass seit 1990 keine Leistungsverbesserung mehr vorgenommen worden war, so dass die Haushalte reale Einbußen hinzunehmen hatten. Zum Jahresende 2002 erhielten rund 3,1 Mio. der Haushalte in Deutschland Wohngeld. Die Gesamtausgaben für das Wohngeld beliefen sich auf 4,5 Mrd. Euro (Haustein 2004).

Bei der Ausgestaltung des Wohngelds als sozial orientierte Subjektförderung spielten flächenbezogene Ziele keine Rolle, sieht man von der Begrenzung der Wohnfläche ab, für die Wohngeldansprüche geltend gemacht werden können. Die Auswirkungen dieser Förderung auf die Flächennutzung sind als gering zu betrachten und allenfalls insofern relevant, als die Belastung von Eigentümern ausgeglichen wird, die ohne einen solchen staatlichen Zuschuss das Wohnen im Eigentum nicht finanzieren könnten (Hutter et al. 2004, S. 253).

FÖRDERUNG DER WOHNEIGENTUMSBILDUNG 6.1.4

Die finanzielle Förderung des Wohneigentumserwerbs, die zunächst über eine steuerliche Absetzbarkeit nach § 7b und ab 1987 nach § 10e Einkommensteuergesetz erfolgte, wurde im Jahre 1996 auf eine von der Steuerprogression unabhängige Zulage umgestellt, die sogenannte »Eigenheimzulage«. Diese sollte vor allem jungen Familien mit Kindern die Schaffung von Wohneigentum ermöglichen. Gefördert wurden Herstellung bzw. Erwerb einer selbstgenutzten Wohnung, Ausbauten und Erweiterungen an einer Wohnung sowie der Erwerb von Genossenschaftsanteilen. Jeder Steuerzahler innerhalb der gesetzten Einkommensgrenzen konnte die Förderung einmal in seinem Leben in Anspruch nehmen und zwar für ein Objekt seiner Wahl (sog. »Objektverzehr«). Bei Vorliegen der entsprechenden Voraussetzungen bestand ein Rechtsanspruch auf Förderung.

Die Eigenheimzulage wurde mit Wirkung zum 01. Januar 2006 abgeschafft. Laufende Förderungen werden davon jedoch nicht tangiert, d.h. Bauherren, die vor dem 01. Januar 2006 mit der Herstellung eines Eigenheims begonnen haben, sowie Erwerber, die vor dem 01. Januar 2006 den notariellen Kauvertrag abgeschlossen haben oder einer Genossenschaft beigetreten sind, haben weiterhin Anspruch auf Förderung nach den Regelungen des Eigenheimzulagegesetzes. Erst mit Beendigung des achtjährigen Förderzeitraums im Jahre 2013 werden die letzten Zahlungen eingestellt werden.

DIE ABSCHAFFUNG DER EIGENHEIMZULAGE: EINE UNENDLICHE GESCHICHTE

Die Eigenheimzulage war mit einem Gesamtvolumen von knapp 10 Mrd. Euro/Jahr die mit Abstand größte Einzelsubvention in Deutschland, nicht nur im Bereich des Wohnungsbaus, sondern von allen Subventionen unter Einfluss des Bundes (BMF 2001, S. 21). Im Rahmen der seit Jahren geführten Debatte um einen generellen Subventionsabbau wurde auch immer wieder eine ersatzlose Streichung der Eigenheimzulage gefordert, was sich aber in den beiden letzten Legislaturperioden nicht durchsetzen ließ; vorgenommen wurden lediglich gewisse Modifikationen.

Bis zum Jahresende 2003 setzte sich die Förderung aus folgenden Elementen zusammen:

› dem Fördergrundbetrag: 2.556 Euro/Jahr bei Neubauten und 1.278 Euro/Jahr bei Altbauten auf die Dauer von acht Jahren;
› der Kinderzulage: 767 Euro/Jahr für jedes Kind für die Dauer von acht Jahren;
› der Ökozulage: bis zu 256 Euro/Jahr für den Einbau von Solaranlagen, Wärmepumpen oder Wärmerückgewinnungsanlagen und 205 Euro/Jahr für die Errichtung eines Niedrigenergiehauses jeweils für die Dauer von acht Jahren (Echter/Brühl 2004, S. 15).

Im Jahre 2002 wurden von der Bundesregierung Änderungsvorschläge zum Eigenheimzulagegesetz vorgelegt, die jedoch vom Bundesrat abgelehnt wurde. Erst nach langwierigen Verhandlungen im Vermittlungsausschuss wurde eine Einigung erzielt. Die Umgestaltung, die mit dem Haushaltsbegleitgesetz 2004 zum 01. Januar 2004 in Kraft trat, beinhaltete u.a. folgende Modifikationen (Krause 2004):

› Die Grundförderung wurde um 30 % gekürzt, die Kinderzulage leicht angehoben. Die Grundförderung betrug nun maximal 1.250 Euro/Jahr, die Kinderzulage 800 Euro/Jahr für die Dauer von acht Jahren.
› Neu- und Altbauten wurden in der Förderung gleichgestellt. Die Förderung für Ausbauten und Erweiterungen entfiel. Begünstigt werden sollten neben den Anschaffungs- und Herstellungskosten nunmehr auch die Aufwendungen für Instandsetzungs- und Modernisierungsmaßnahmen, die innerhalb von zwei Jahren nach der Anschaffung durchgeführt werden.
› Die Eigenheimzulage wurde nur noch gewährt, wenn das Einkommen in einem Zweijahreszeitraum nicht mehr als 70.000 Euro bei Alleinstehenden und bei zusammen veranlagten Eheleuten nicht mehr als 140.000 Euro beträgt. Für jedes Kind erhöhte sich der Grenzwert um 30.000 Euro. Berücksichtigt wurden das Jahr der Antragstellung und das Vorjahr. Ausschlaggebend war nicht mehr der Gesamtbetrag der Einkünfte, sondern der Gesamtbetrag der *positiven* Einkünfte in beiden Jahren.

Mit dieser Reform wurde einigen der Hauptkritikpunkte an der bisherigen Regelung Rechnung getragen. Die Privilegierung des Neubaus, die sich darin niederschlug, dass der Neubau doppelt so hoch gefördert wurde wie der Erwerb von Bestandsimmobilien, wurde aufgehoben. Neu- und Altbau wurden in der Förderung gleichgestellt. Neu war auch, dass die Aufwendungen für die Instandsetzung und Modernisierung nach Erwerb der Wohnung in die Förderung einbezogen wurden. Insbesondere in den neuen Bundesländern, wo viele Altbauten aufgrund ihres schlechten Bauzustandes billig zu erwerben waren, führte die alte Regelung dazu, dass viele Erwerber die Eigenheimzulage nicht voll ausschöpfen konnten, obwohl die Kosten für Erwerb, Instandsetzung und Modernisierung einer Altimmobilie häufig den Kosten für einen Neubau gleichkamen (Krause 2004). Dieses Defizit wurde durch die Reform beseitigt. Standen bisher vermögenspolitische Ziele sowie die Unterstützung der Bauindustrie im Vordergrund, gehörten nun auch die Förderung der Innenentwicklung und der Bestandssanierung zu den Förderzwecken der Eigenheimzulage. Durch die Absenkung der Einkommensgrenzen wurde die Förderung wieder mehr auf die Zielgruppe der Haushalte mit durchschnittlichem Einkommen konzentriert. Auch die heftig kritisierte Möglichkeit zur Verrechnung positiver Einkünfte mit steuerlichen Verlusten wurde eliminiert.

Trotz der vorgenommenen Modifizierungen blieb die Eigenheimzulage das umstrittenste Instrument der Wohnbauförderung, wie auch die Verbändebefragung des TAB belegt. Kritisiert wurden vor allem die allokativen Verzerrungen, die diese Subvention auslöst (dazu ausf. Apel et al. 2001, S. 255 ff.; s.a. Bartholmai 2002; Färber 2003; Hutter et al. 2004, S. 246 ff.; TAB 2004, S. 47 ff.; UBA 2003, S. 85 ff.).

Nach Auffassung vieler Ökonomen ist die Subventionierung des Eigenheimbaus der Hauptgrund für die hohen Boden- und Bauleistungspreise in Deutschland. Überall dort, wo kein zusätzliches Bauland ausgewiesen werden könne, übe die Förderung eine preistreibende Wirkung auf die Bodenmärkte aus (Färber 2003). Während die Bezieher der Eigenheimzulage die so entstehenden Mehrkosten durch staatliche Zuschüsse teilweise kompensieren könnten, belaste das hohe Bodenpreisniveau einerseits die nicht geförderten Eigenheimerwerber und andererseits die Mieter, da die Vermieter höhere Kosten infolge steigender Immobilienpreise mehr oder weniger schnell überwälzen werden.

Auch unter Gerechtigkeitsaspekten wurde die Eigenheimzulage als fragwürdig angesehen. Kritiker monierten, dass sie zu einer teilweisen Umverteilung von Unten nach Oben führe, da von der Förderung nicht die sozial Benachteiligten, sondern eine vergleichsweise wohlhabende Mittelschicht profitiere (TAB 2004, S. 49). Dass diese Kritik nicht ganz unberechtigt war, wurde durch eine Untersuchung der Verwaltungshochschule Speyer empirisch untermauert. In den Jahren 1999 und 2000 hatten Empfänger der Eigenheimzulage ein um 750 Euro höheres Einkommen als der Durchschnitt aller Haushalte. 72 % der Begünstigten gehörten zu den reichsten 40 % der Haushalte in Deutschland, 30 % sogar zum obersten Dezil (Haushaltsnettoeinkommen von mehr als 6.500 DM monatlich), während nur 8 % der Begünstigten ein Haushaltseinkommen hatte, das im Bereich der unteren 40 % aller Haushalte lag. Gewichtet man das Haushaltsnettoeinkommen mit der Zahl der im Haushalt lebenden Personen, wird das Bild leicht korrigiert: Unter dieser Voraussetzung gehörten 40 % der Begünstigten zu den 20 % der reichsten Haushalte und immerhin 25 % der Begünstigten zu den ärmsten 40 % der Haushalte (Färber 2003).

Als eine wichtige sozialpolitische Zielsetzung der Eigenheimzulage galt seit jeher die Unterstützung von jungen Familien mit Kindern, die im Vergleich zu kinderlosen Doppelverdienern geringere Chancen am Wohnungsmarkt haben. Die verfügbaren Daten gaben jedoch keinen Hinweis darauf, dass diese Zielgruppe überproportional stark in der Förderung vertreten war. Im Jahre 1999 waren knapp 60 % der Bezieher von Eigenheimzulage Familien mit Kindern, 42 % waren Einpersonenhaushalte oder Paare ohne Kinder. In den Haushalten mit Kindern lebten im statistischen Durchschnitt 1,8 Kinder. Damit spiegelten die Hauskäufer lediglich exakt die Lebensumstände der unter 40-Jährigen wider, also der typischen Altersgruppe, in der Wohneigentum erworben wird (UBA 2003, S. 89).

Einer der wesentlichsten Einwände gegen die Eigenheimzulage bezog sich auf ihre flächenpolitische Lenkungswirkung (Apel et al. 2001, S. 256 f.; ARL 2004; Bartholmai 2002; Hutter et al. 2004, 248; UBA 2003, S. 85 ff.). Nach der ursprünglichen Regelung wurde vornehmlich die Neubautätigkeit unterstützt und damit ein Anreiz für die Verwendung flächenaufwändiger Bauweisen und die weitere Zersiedelung der Landschaft geschaffen. Angesichts der hohen Kosten für eine Eigentumswohnung oder ein Haus in städtischer Lage wurde die ohnehin bestehende Tendenz zur Abwanderung in das preisgünstigere Umland und den ländlichen Raum verstärkt. Dieser Effekt wurde durch die Gleichstellung von Neubau und Bestandserwerb im Rahmen der Novelle von 2004 allerdings gemildert. Fraglich blieb jedoch, ob die Gleichrangigkeit der Förderung ausreichen würde, um die erwünschte Umlenkung der Investitionen vom Neubau in den Bestand zu bewirken.

Um die Neuinanspruchnahme von Fläche zu begrenzen, hatte die Kommission »Wohnungswirtschaftlicher Strukturwandel in den neuen Bundesländern« schon im Jahr 2000 empfohlen, die Eigenheimzulage bei Käufen aus dem Bestand zu verdoppeln und für den Neubau zu halbieren. Lediglich der Neubau auf Recyclingflächen und sonstigen innerstädtischen Flächenreserven sollte weiterhin durch den hohen Fördersatz subventioniert werden (BMVBW 2000). Ähnlich sprach sich das Difu (Apel et al. 2001, S. 259) dafür aus, den Bestandserwerb zu bevorzugen und die Förderkriterien beim Neubau zu differenzieren. Im Hinblick auf den Neubau wurde eine abgestufte Förderung vorgeschlagen, bei der die vollständige Zulage nur für Neubauten in innerstädtischer Lage und auf städtischen Brachen gewährt werden sollte, unter der zusätzlichen Bedingung, dass flächen- und energiesparende Konzepte sowie ökologisch vertretbare Baustoffe verwendet werden und der Standort am schienengebundenen ÖPNV liegt. Eine verminderte Zulage (66 %) sollte für flächen- und energiesparende Bauvorhaben an ÖPNV-erschlossenen Standorten im Stadtinnenbereich gewährt werden. Flächen- und energiesparende Bauvorhaben an sonstigen ÖPNV-erschlossenen Standorten sollten eine stark verminderte Zulage (33 %) erhalten. Die Förderung von flächenaufwändigen Bauvorhaben (freistehendes Einfamilienhaus) und Bauvorhaben mit unterdurchschnittlicher ÖPNV-Anbindung sollte entfallen.

Eine solche Fokussierung und Differenzierung der Wohneigentumsförderung wurde von verschiedenen Seiten befürwortet. Vorgeschlagen wurde z.B. eine Konzentration der Eigenheimzulage auf Schwellenhaushalte in Hochpreisregionen (GdW) oder eine Bindung der Förderung an die Erfüllung ökologischer und städtebaulicher Kriterien (BDA). Auch der Deutsche Städtetag sprach sich für eine regionale Differenzierung nach dem Vorbild von Nordrhein-Westfalen (Teil II, Kap. 6.1.1) aus. Um die Stadt-Umland-Wanderung einzudämmen, sollte die Eigenheimzulage die unterschiedlichen Bau- und Bodenpreise angemessen berücksichtigen. In Städten mit entspanntem Wohnungsmarkt oder Leerstandsproblemen sollte sie auf den Erwerb und die Sanierung bestehender Gebäude bzw. den Neubau auf innerstädtischen Brachflächen fokussiert werden (Kiepe 2002; TAB 2004, S. 48 f.).

Da größere Wohnungen, ob zur Miete oder als Eigentum, vor allem in Städten knapp und teuer sind, sollte nach Auffassung des DV in erster Linie das »Familienwohnen« in der Stadt gefördert werden. Ähnlich plädierte das Umweltbundesamt für eine Beschränkung der Förderung auf den Bestand, die gezielt auf Haushalte mit Kindern oder mit anderen wohnungsmarktrelevanten Wettbewerbsnachteilen ausgerichtet sein sollte (UBA 2003, S. 89). Auch das finanzwissenschaftliche Institut an der Universität Freiburg wollte die bisherige »Gießkannenförderung« abschaffen und durch ein explizit familienpolitisches Instrument ersetzen. Dazu sollte die Eigenheimzulage in eine »Generationenzulage« umgewandelt werden, die ausschließlich auf Familien mit Kindern beschränkt wäre. Eine systematische Unterscheidung zwischen Alt- und Neubau in der Förderung wurde dabei als nicht erforderlich angesehen (Raffelhüschen/Schoder 2004).

Andere plädierten dagegen für eine ersatzlose Streichung der Eigenheimzulage, da die hohe Subventionierung des Wohneigentumserwerbs mit Blick auf eine inzwischen mehr als gut zu bezeichnende Wohnungsversorgung in den meisten Regionen, auf wachsende Leerstände und eine insgesamt veränderte Situation auf den Immobilienmärkten nicht mehr zeitgemäß sei. Die Eigenheimzulage sei wohnungspolitisch stets damit begründet worden, dass die Begünstigung des Neubaus von Eigenheimen zu einer Ausweitung des Angebots und einer Entlastung des Mietwohnungsmarktes beitrage. Diese Begründung verliere jedoch mit nachlassendem Wohnungsbedarf an Relevanz. Vor dem Hintergrund der demografischen Entwicklung bestehe zudem langfristig die Gefahr von Fehlinvestitionen, da insbesondere in städtischen Randlagen mit einem Wertverfall der Immobilien zu rechnen sei. (Bartholmai 2002; Färber 2003; TAB 2004, S. 49 f.).

Dieser Argumentation hat sich die amtierende Bundesregierung weitgehend angeschlossen. Angesichts entspannter Wohnungsmärkte sowie deutlich gesunkener Finanzierungs- und Baukosten sei die Eigenheimzulage als flächendeckendes Instrument nunmehr entbehrlich. Mit ihrer Streichung werde der Abbau steuerlich nicht mehr gerechtfertigter Subventionen umgesetzt. Die verschiedenen Vorschläge einer Fokussierung oder räumlichen Differenzierung der Förderung (s.o.) wurden nicht aufgegriffen. Das Gesetz zur Abschaffung der Eigenheimzulage wurde am 15. Dezember 2005 beschlossen und am 21. Dezember 2005 vom Bundesrat gebilligt.

WOHNEIGENTUM ALS ALTERSVORSORGE: »BAU-RIESTER«

Der individuelle Rechtsanspruch auf Wohneigentumsförderung wurde von den Verbänden der Bau-, Immobilien- und Wohnungswirtschaft stets verteidigt und eine Beibehaltung der Eigenheimzulage gefordert (»Aktion pro Eigenheim« 2006; Initiative Wohneigentum 2002; TAB 2004, S. 48). Begründet wurde diese Position mit der im europäischen Vergleich niedrigen Eigentumsquote in Deutschland sowie mit der Bedeutung der Wohneigentumsbildung für die Altersvorsorge und den Arbeitsplatzerhalt in der Bauwirtschaft.

Dementsprechend wurde die Abschaffung der Eigenheimzulage von den betreffenden Verbänden bedauert und die Ankündigung der Bundesregierung, selbst genutztes Wohneigentum entsprechend der Koalitionsvereinbarung ab dem 01. Januar 2007 gleichberechtigt in die geförderte Altersvorsorge zu integrieren, begrüßt. Nach Auffassung der Bundesregierung bietet die effiziente Verknüpfung von Immobilienerwerb und Altersvorsorge die Möglichkeit, die Förderung von Wohneigentum angesichts knapper öffentlicher Mittel kostengünstiger zu erreichen. Die staatliche Wohnungsförderung im Rahmen der Riester-Rente soll in einem weiteren Gesetzgebungsverfahren geregelt werden.

23 Verbände sowie die Gewerkschaft der Bau- und Immobilienwirtschaft haben einen Vorschlag zur Einbeziehung des selbst genutzten Wohneigentums in die Riester-Förderung erarbeitet, das auch genossenschaftliches Wohnen, Wohnrechte und vermietetes Wohneigentum umfassen kann. Der Vorschlag knüpft an das bestehende Förderinstrumentarium an, will aber die Schwachstellen des sogenannten Zwischenentnahmemodells, nach dem ein Betrag von bis zu 50.000 Euro entnommen werden kann, der bis zum 60. Lebensjahr wieder zurückgeführt werden muss, vermeiden. Das

vorgestellte »Bau-Riester«-Konzept basiert auf einem Zweikontenmodell: Nicht das Wohneigentum selbst, sondern der Sparprozess wird gefördert. Getrennt wird dabei zwischen Altersvorsorgesparen und der übrigen Wohneigentumsfinanzierung. Die Ansparung der geförderten Beträge wird einem »Altersvorsorgekonto« gutgeschrieben und wie bei anderen »Riester-Produkten« verzinst. Beim Erwerb von Wohneigentum wird zusätzlich ein Darlehenskonto eröffnet und die gesamte Bausumme (Riester-Guthaben und Baudarlehen) ausgezahlt. Danach wird das Altersvorsorgekonto mit fiktiven Altersvorsorgesparleistungen fortgeführt, die jedoch tatsächlich zur Tilgung des Darlehens verwendet werden.

Der Gesetzgeber fordert, dass Riester-Vermögen nach Eintritt in den Ruhestand versteuert werden müssen (nachgelagerte Besteuerung). Beim Bau-Riester-Modell entstehen jedoch keine mit einer Rentenversicherung vergleichbaren, in einem Jahresbeitrag erfassbaren, regelmäßigen Auszahlungen. Bemessungsgrundlage der nachgelagerten Besteuerung soll daher das im Wohneigentum gebundene (fiktive) Altersvorsorgekapital sein, das sich aus den geförderten Eigenbeiträgen, den geflossenen Förderbeiträgen und den darauf entfallenden Zinserträgen zusammensetzt. Dieses fiktive Altersvorsorgekapital ist als Bemessungsgrundlage auf einen festzulegenden Zeitraum von z.B. zehn Jahren zu verteilen. Die Besteuerung erfolgt mit dem individuellen Steuersatz nach § 32a Einkommensteuergesetz. Die Steuerschuld ist über den festgelegten Zeitraum jährlich zu entrichten (Aktion pro Eigenheim 2006).

Das vorgestellte Bau-Riester-Modell vergrößert die Wahlfreiheit zwischen verschiedenen Altersvorsorgeformen und überlässt dem Förderberechtigten auch die Entscheidung zwischen Neubau und Erwerb von Bestandsimmobilien. Eine Bindung der Förderung an städtebauliche und ökologische Kriterien, wie sie im Rahmen der Debatte um die Eigenheimzulage angeregt wurde, sieht das Modell nicht vor.

WEITERE WOHNUNGSPOLITISCHE FÖRDERUNGSINSTRUMENTE 6.1.5

Neben der Eigenheimzulage und der direkten Förderung im Rahmen der »Sozialen Wohnraumförderung« (Teil II, Kap. 6.1.1) gibt es noch weitere staatliche Programme zur Unterstützung der Wohneigentumsbildung wie die Bausparförderung mit Wohnungsbauprämie und Arbeitnehmersparzulage sowie das Wohneigentumsprogramm der Kreditanstalt für Wiederaufbau (dazu ausf. Hutter et al. 2004). Schließlich haben Städte und Gemeinden zum Teil eigene Programme zur Förderung von Wohneigentum, die aus kommunalen Mitteln finanziert werden. Zielgruppe der Förderung sind in erster Linie junge Familien mit Kindern und geringem bis mittlerem Einkommen. Bei den Fördermaßnahmen überwiegt die Vorhaltung und Bereitstellung von preisgünstigem, d.h. kommunal subventioniertem Bauland (Echter/Brühl 2004, S. 111 ff.).

Allen diesen Programmen gemeinsam ist, dass der Flächenschutz in den Förderbestimmungen keine nennenswerte Rolle spielt. Durch die Dominanz der neubauorientierten Eigenheimförderung wird nach Ansicht des SRU der Konflikt zwischen Bauen und Flächenschutz verschärft und die Attraktivität flächensparender Alternativen wie Altbau oder Mehrfamilienhaus auch als Vermögensanlage geschmälert (SRU 2002, Tz. 157).

Als positiv im Hinblick auf das Flächensparziel wird lediglich das Wohnraummodernisierungsprogramm II der Kreditanstalt für Wiederaufbau eingeschätzt, das die Modernisierung und Instandsetzung bestehenden Wohnraums in den neuen Ländern subventioniert. Die Förderung, die über zinsverbilligte und langfristige Kredite erfolgt, ist auf Gebiete konzentriert, in denen besonderer Investitionsbedarf besteht. Gleichzeitig muss eine Bestätigung der betreffenden Kommune vorgelegt werden, dass die bauliche Maßnahme mit ihren städtebaulichen und wohnungspolitischen Zielsetzungen in Einklang steht. Ein Rechtsanspruch auf Förderung besteht hier nicht. Die Kosten der Zinsverbilligung, die von Bund und Ländern gemeinsam getragen werden, beliefen sich im Jahr 2000 auf je 1,35 Mrd. DM (Hutter et al. 2004, S. 251).

STÄDTEBAUFÖRDERUNG 6.2

Im Rahmen der Städtebauförderung gewährt der Bund den Ländern Finanzhilfen, die diese den Gemeinden und Gemeindeverbänden für investive Zwecke zur Verfügung stellen. Grundlage der Finanzzuweisungen ist eine Verwaltungsvereinbarung zwischen der Bundesregierung und den Ländern nach Art 104a Abs. 4 GG (BMVBW 2001). Die Hauptaufgaben der Städtebauförderung sind danach die Stärkung von Innenstädten und Ortsteilzentren, die Wiedernutzung von Brachflächen unter Berücksichtigung kosten- und flächensparender Bauweisen sowie die Behebung sozialer Missstände. Zu den geförderten Programmbereichen gehören Sanierungs- und Entwicklungsmaßnahmen in allen Bundesländern sowie, speziell in den neuen Ländern, der städtebauliche Denkmalschutz und die städtebauliche Weiterentwicklung großer Neubaugebiete (Hutter et al. 2004, S. 254).

Die Finanzierung der Städtebauförderung erfolgt zu einem Drittel durch den Bund, der dafür im Jahre 2001 insgesamt 850 Mio. DM zur Verfügung stellte. Die weitere Aufteilung der Finanzierungsverpflichtungen regeln die Länder in eigener Zuständigkeit. De jure haben Länder und Gemeinden die Finanzmittel des Bundes jeweils um ein weiteres Drittel aufzustocken, de facto setzen die Länder jedoch noch zusätzliche eigene Finanzmittel in erheblichem Umfang ein, welche die Bundesförderung bei weitem übersteigen (Hutter et al. 2004, S. 255).

DAS PROGRAMM »SOZIALE STADT« 6.2.1

Um dem Problem der sich verschärfenden sozialräumlichen Polarisierung entgegenzuwirken, wurde im Jahre 1999 ergänzend zu der traditionellen Städtebauförderung das Bund-Länder-Programm »Stadtteile mit besonderem Entwicklungsbedarf – die Soziale Stadt« aufgelegt. Gegenstand der Förderung sind in erster Linie hochverdichtete einwohnerstarke Stadtteile in städtischen Räumen, die im Hinblick auf ihre Sozialstruktur, den baulichen Bestand, das Arbeitsplatzangebot, das Ausbildungsniveau, die Ausstattung mit sozialer Infrastruktur sowie die Qualität der Wohnungen, des Wohnumfeldes und der Umwelt erhebliche Defizite aufweisen. Die mit dem Programm verfolgten Ziele lassen sich drei übergeordneten Funktionsbereichen zuordnen:

- Verbesserung der physischen Wohn- und Lebensbedingungen in den Stadtteilen, überwiegend durch baulich-investive, auf Gebäude, Wohnumfeld und öffentliche Räume bezogene Maßnahmen und Projekte;
- Verbesserung der individuellen Lebenschancen durch Vermittlung von Fähigkeiten, Fertigkeiten und Wissen, Eröffnung von Zugangsmöglichkeiten zum Arbeits- und Wohnungsmarkt, Qualifizierung und Beschäftigungsmaßnahmen sowie Hilfe zur Selbsthilfe;
- Stärkung der sozialen Ressourcen durch Maßnahmen zur Revitalisierung der Stadtteilöffentlichkeit und des Stadtteillebens, zur Wiederherstellung des sozialen Verbunds, zur Verbesserung des Quartiersimage und der Identifikation der Bewohner mit dem Quartier und zur Förderung der lokalen Ökonomie (Difu 2003, S. 99).

Die Zielsetzung macht deutlich, dass das Programm über die klassische Städtebauförderung mit ihrem primär baulichen Ansatz weit hinausgeht. Mithilfe »integrierter Stadtteilentwicklungskonzepte«, ressortübergreifender Kooperation, Bündelung öffentlicher und privater Ressourcen und Mobilisierung endogener Selbsthilfepotenziale soll die »Abwärtsspirale« in benachteiligten Quartieren gebrochen und die Lebenssituation der Bewohner dauerhaft verbessert werden (Difu 2002).

Die Finanzhilfen des Bundes für das Programm »Soziale Stadt«, die sich in den Jahren 1999 und 2000 auf 51 Mio. Euro/Jahr beliefen, wurden in den beiden folgenden Jahren auf 76,7 Mio. Euro erhöht. Bis Ende 2003 wurden nach Angaben des Bundesministeriums für Verkehr, Bau- und Wohnungswesen 331 Stadteile in 229 Kommunen aus allen sechzehn Bundesländern gefördert, wofür der Bund 335 Mio. Euro zur Verfügung stellte. Zusammen mit den komplementären Finanzmitteln der Länder und Gemeinden, die wie bei der traditionellen Städtebauförderung wiederum jeweils ein Drittel betrug, wurden in den ersten vier Jahren des Förderprogramms über 1 Mrd. Euro eingesetzt (Georgakis 2004, S. 113). Aufgrund der positiven

Evaluation (Difu 2003) wurde die Laufzeit des ursprünglich bis 2003 befristeten Programms verlängert. Eine zusätzliche Aufwertung erfuhr die Programmatik der »Sozialen Stadt« durch die Verankerung im Baugesetzbuch (Teil II, Kap. 1.2.3).

DAS PROGRAMM »STADTUMBAU OST« 6.2.2

Um den Auswirkungen des Strukturwandels und der Problematik schrumpfender Städte in den neuen Ländern zu begegnen, wurde 2001 das Programm »Stadtumbau Ost – für lebenswerte Städte und attraktives Wohnen« beschlossen. Das Programm soll zur Stabilisierung von Stadtteilen beitragen, die durch physischen Verfall und soziale Erosion bedroht sind. Ziel ist die Wiederherstellung intakter Stadtstrukturen, indem Stadtquartiere durch bauliche Maßnahmen aufgewertet und Wohnungsleerstände abgebaut werden. Finanziell unterstützt werden Sanierung und Erhalt städtebaulich wertvoller Altbaubestände sowie der Rückbau dauerhaft nicht mehr benötigten Wohnraums. Übergeordnetes Anliegen des Programms ist es, die Attraktivität der Städte als Wohn- und Wirtschaftsstandorte zu stärken, die Schaffung von Arbeitsplätzen zu fördern, die Zukunftsperspektiven der Bevölkerung in den neuen Ländern insgesamt zu verbessern und dadurch die Abwanderung zu stoppen (Georgakis 2004, S. 109 u. 119 ff.).

Neben dem Rückbau und der Aufwertung von Stadtquartieren werden im Kontext des Stadtumbaus auch Finanzmittel für den Erwerb von Wohneigentum in innerstädtischen Altbauquartieren zur Verfügung gestellt. Die Förderung wird als Zuschuss über acht Jahre in Ergänzung zur geltenden Eigenheimzulage gewährt und beträgt jährlich 2,5 % der berücksichtigten Investitionskosten. Voraussetzung ist, dass der Eigentümer die Wohnung selbst nutzt und für diese nicht bereits Abzugsbeträge nach § 10f Einkommensteuergesetz in Anspruch genommen hat. Anspruchsberechtigt ist der Erwerber einer Wohnung, wenn er diese nach dem 31. Dezember 2002 erworben hat, sein Einkommen nicht die Grenzen des Eigenheimzulagegesetzes übersteigt und er Instandsetzungs- und Modernisierungsinvestitionen von mindestens 500 Euro/m^2 vornimmt. Außerdem müssen die Instandsetzungs- und Modernisierungsmaßnahmen in Einklang mit dem Stadtentwicklungskonzept der Kommune stehen und an einem Gebäude vorgenommen werden, das entweder vor 1949 oder in den Jahren 1949 bis 1959 errichtet wurde und ganz oder teilweise unter Denkmalschutz steht (Verwaltungsvereinbarung Städtebauförderung 2003). Durch diese Förderung soll der Wunsch zur Eigentumsbildung vom Neubau in städtebaulich wertvolle Bestände gelenkt werden (Echter/Brühl 2004, S. 16).

Für das Programm »Stadtumbau Ost« wollen Bund und Länder bis zum Jahr 2009 insgesamt 2,7 Mrd. Euro zur Verfügung stellen. Das bei der Gewährung von Finanzhilfen des Bundes sonst in der Städtebauförderung praktizierte Drittelprinzip findet hier allerdings nicht durchgehend Anwendung. Bei Aufwertungsmaßnahmen von Stadtquartieren beteiligt sich der Bund wie üblich mit einem Drittel an der Finanzierung der Gesamtkosten, während Länder und Kommunen die übrigen zwei Drittel übernehmen. Beim Rückbau hingegen, an dessen Kosten die Gemeinden nicht beteiligt sind, beträgt der Bundesanteil bis zu 50 % des Förderaufwands. Die jeweilige Höhe der Finanzverpflichtungen des Bundes muss durch eine jährlich neu abzuschließende Verwaltungsvereinbarung zwischen Bund und Ländern konkret festgelegt werden. Bei der Verteilung der Fördermittel durch die Länder sollen vorrangig Gemeinden berücksichtigt werden, die sich entweder mit den Wohnungseigentümern auf ein Stadtentwicklungskonzept geeinigt haben oder bereit sind, sich mit eigenen Mitteln an den Aufwertungsmaßnahmen zu beteiligen oder einen im Landesvergleich überdurchschnittlichen Wohnungsleerstand aufweisen (dazu ausf. Georgakis 2004, S. 122).

Das Programm strebt einen ausgewogenen Stadtumbau an, bei dem die beiden Programmziele Abriss dauerhaft nicht mehr benötigter Wohnungsbestände einerseits und Aufwertung erhaltungswürdiger Bausubstanz andererseits gleichgewichtig nebeneinander stehen. Nach den Vorstellungen des Bundesministeriums für Verkehr, Bau- und Wohnungswesen sollten die Städte so wie sie von innen nach außen gewachsen sind, nun von außen nach innen schrumpfen (Brenner 2003). Mit anderen Worten auch der Schrumpfungsprozess soll sich am Leitbild der »kompakten Stadt« orientieren. Die Fähigkeit des Programms, ein Gleichgewicht zwischen Rückbau und Aufwertung herzustellen, wird jedoch aufgrund seiner Regelungsstrukturen in Zweifel gezogen. Da die Kommunen bei Aufwertungsmaßnahmen selbst ein Drittel der Kosten tragen, während sie beim Rückbau keine Kofinanzierung aufbringen müssen, ist die Verlockung groß, auch im Bereich der städtebaulich wertvollen Altbausubstanz Bestände abzubauen. Hinzu kommt, dass viele kommunale Wohnungsunternehmen über ein großes Kontingent leerstehender Altbauwohnungen verfügen, während sie für die in den 1990er Jahren modernisierten Plattenbauten noch Darlehen tilgen müssen (Georgakis 2004, S. 129).

DAS PROGRAMM »STADTUMBAU WEST« 6.2.3

Da sich in einigen Regionen der alten Bundesländer vergleichbare demografische und wirtschaftsstrukturelle Entwicklungen abzuzeichnen begannen wie in den neuen Ländern, wurden schon bald Finanzhilfen des Bundes für einen »Stadtumbau West« gefordert. Die Ursachen von Schrumpfungsprozessen wie ungleichmäßige Bevölkerungsentwicklung durch Sterbeüberschüsse und Wanderungsverluste, Überalterung der Bevölkerung und die sich daraus ergebenden städtebaulichen, wohnungswirtschaftlichen und sozialen Konsequenzen wie wachsende Leerstände, Unterauslastung der bestehenden Infrastruktur, Verfall der Immobilienpreise und zunehmende sozialräumliche Polarisierung sollten im Osten wie im Westen gleich behandelt werden. Während jedoch die neuen Länder fast flächendeckend mit den Folgen des demografischen Wandels konfrontiert sind, treten die Probleme in den alten Ländern regional differenziert auf. Betroffen sind vor allem altindustrialisierte Gebiete wie das Saarland, das Ruhrgebiet, aber auch das Siegerland und das Bergische Städtedreieck. Die Förderung sollte sich deshalb auf Standorte konzentrieren, die strukturell ähnliche Merkmale aufweisen wie die Kommunen im Osten.

Die Bundesregierung reagierte auf dieses Anliegen zunächst mit Modellvorhaben im Rahmen des Experimentellen Wohnungs- und Städtebaus (ExWost). Die Modellphase, an der 16 westdeutsche Städte beteiligt sind, läuft noch bis zum Jahr 2007. Aufgrund der Erfahrungen mit den Pilotprojekten wurde 2004 ein neues dauerhaftes Programm »Stadtumbau West« aufgelegt, für das der Bund Finanzhilfen in Höhe von insgesamt 40 Mio. Euro bereitstellte. Gefördert werden u.a. die Aufwertung des vorhandenen Gebäudebestandes, vor allem der Erhalt von Gebäuden mit baukultureller Bedeutung, die Verbesserung des Wohnumfelds, die Anpassung der städtischen Infrastruktur, der Rückbau von dauerhaft nicht mehr benötigten Wohngebäuden oder wohnungsnaher Infrastruktur sowie die Wieder- und Zwischennutzung von Industrie-, Verkehrs- und Militärbrachen.

BEWERTUNG DER STÄDTEBAUFÖRDERUNG IM HINBLICK AUF DAS FLÄCHENSPARZIEL 6.2.4

Nach übereinstimmender Auffassung hat sich die Städtebauförderung in den letzten Jahren als ein wichtiges Instrument zur Pflege der vorhandenen Bausubstanz, zur Sanierung und Umnutzung städtischer Brachen, zur Umsetzung einer funktionalen Nutzungsmischung und zur Revitalisierung der Kernstädte erwiesen (Troge et al. 2003). Trotz ihres im Vergleich zu anderen Förderprogrammen relativ begrenzten Finanzvolumens konnten infolge hoher Multiplikatoreffekte mit den eingesetzten Mittel positive Flächenwirkungen in größerem Umfang erzielt werden (SRU 2002, Tz. 159). Die Städtebauförderung ist auf eine geordnete Innenentwicklung angelegt und steht somit schon aufgrund ihres konzeptionellen Ansatzes mit dem Flächensparziel in Einklang. Indem sie dazu beiträgt, die Attraktivität des Wohnens in der Stadt zu erhöhen und durch Flächenrecycling neue Flächenpotenziale zu erschließen, verhindert sie tendenziell die Inanspruchnahme von Freiflächen an anderer Stelle (SRU 2002, Tz. 162).

Wie die Verbändebefragung des TAB zeigt, wird diese positive Einschätzung von der Mehrheit der befragten Verbände geteilt und eine finanzielle Aufstockung, vor allem der Stadterneuerungsprogramme »Soziale Stadt«, »Stadtumbau Ost« und »Stadtumbau West« gefordert (zum Folgenden s. TAB 2004, S. 51 ff.).

Vonseiten der Verbände der Bau- und Wohnungswirtschaft wird dabei insbesondere die Notwendigkeit betont, mithilfe öffentlicher Mittel vorhandene Flächenreserven zu mobilisieren und an innerstädtischen Standorten preiswertes Bauland für Private und Wohnungsunternehmen zur Verfügung zu stellen. Nur wenn es den Kommunen gelingt, auch für Schwellenhaushalte die Möglichkeit zur Bildung von Wohneigentum in der Stadt zu schaffen, könne eine hinreichende Attraktivität urbanen Wohnens gewährleistet und der Trend zur Suburbanisierung gestoppt werden (GdW, LBS, DSB). Nach Auffassung des DV müssten in erster Linie zusätzliche Fördermittel für die Aufbereitung von Brachflächen aller Art bereitgestellt werden, wenn die Städte wieder als Wohn- und Lebensorte attraktiv werden sollen. Dazu gehört aus seiner Sicht auch eine Veränderung des Systems der Wertermittlung für solche Flächen (Buchwerte), um sie mit Außenbereichsgrundstücken konkurrenzfähig zu machen.

Auch der Deutsche Städtetag plädiert dafür, die Anreize zur Wiedernutzung brachgefallener Verkehrs- und Bauflächen zu verstärken. Insbesondere in Städten mit geringer Baulandnachfrage und niedrigen Wertsteigerungspotenzialen werde sich eine verstärkte Innenentwicklung ohne deutliche Verbesserung der Förderbedingungen und Finanzleistungen nicht im angestrebten Umfang realisieren lassen. Um den verbleibenden Neubaubedarf, speziell in Stadtregionen mit Wohnungsüberschüssen, gezielt auf innerstädtische Recyclingflächen zu lenken, müssten seiner Auffassung nach außerdem standortscharf einsetzbare Investitionszulagen an die Stelle einer räumlich undifferenzierten Eigentumsförderung treten (Teil II, Kap. 6.1.4).

Der DStGB hält eine Aufstockung der Fördermittel für die Städtebauförderung ebenfalls für dringend erforderlich. Um sowohl für die Kommunen als auch für private Investoren langfristige Planungssicherheit bei kostenintensiven Projekten wie beispielsweise dem Brachflächenrecycling zu gewährleisten, fordert er zudem *mehrjährige* Verwaltungsvereinbarungen. Ferner sollte das Verwaltungsverfahren bei der Nutzung der Fördermittel vereinfacht und eine bessere Kombinationsmöglichkeit der einzelnen Fördermittel (EU, Bund und Länder) geschaffen werden.

Aus der Sicht des BDA geht es weniger um eine Aufstockung der Mittel als vielmehr darum, ihre zielgerichtete Verwendung zu verbessern. Wie die Erfahrung mit dem Programm »Stadtumbau Ost« zeige, würden die eigentlichen Zielsetzungen in Anbetracht der Vielschichtigkeit der Rahmenbedingungen nur bedingt erreicht. Auch der BUND fordert, die Städtebauförderung zielgenauer auszugestalten. Vorrangig sollten seiner Auffassung nach die Infrastrukturausstattung sowie gemeinschaftliche und soziale Einrichtungen gefördert werden. Für die Subventionierung privater Investoren sollten dagegen strengere Maßstäbe angelegt werden, die sich an den positiven externen Wirkungen der durchgeführten Maßnahmen orientieren. Aus seiner Sicht sollten nur Investitionen bezuschusst werden, die dazu beitragen, die städtebauliche Qualität des betreffenden Stadtviertels insgesamt zu erhöhen (z.B. Fassadenerneuerungen, Hofbegrünungen etc.).

SONSTIGE FÖRDERINSTRUMENTE MIT FLÄCHENRELEVANZ 6.3

Neben den bisher dargestellten Förderinstrumenten, die unmittelbar Einfluss auf die Nachfrage nach Bauland haben, gibt es noch andere staatliche Subventionen, wie insbesondere die Entfernungspauschale, die sich indirekt auf die Flächeninanspruchnahme auswirken.

ENTFERNUNGSPAUSCHALE

Die Entfernungspauschale zur Abgeltung von Aufwendungen für Fahrten zwischen Wohnung und Arbeitsstätte ist im Laufe der Zeit mehrfach verändert worden. Ein Entwurf der Fraktionen der CDU/CSU und SPD für ein Steueränderungsgesetz 2007 vom 18. Mai 2006 sieht jetzt eine Beschränkung der Entfernungspauschale auf Fernpendler vor (CDU/CSU und SPD 2006). Bisher können Erwerbstätige ihre Aufwendungen für Fahrten zwischen Wohnung und Arbeitsstätte als Werbungskosten (Erwerbsaufwendungen) bei der Lohn- und Einkommensteuer geltend machen. 2001 hat die rot-grüne Bundesregierung die bis dahin praktizierte sog. Kilometerpauschale für die Benutzung des Privat-Pkw auf alle Verkehrsmittel ausgedehnt und gleichzeitig die Sätze für Entfernungen über zehn Kilometer erhöht. Unabhängig von der Art des gewählten Verkehrsmittels galt eine Pauschale von 0,36 Euro für die ersten 10 km Wegstrecke und von 0,40 Euro für jeden weiteren Entfernungskilometer. Bei Benutzung von öffentlichen Verkehrsmitteln konnten auf Nachweis auch höhere Kosten abgesetzt werden. Durch die Umwandlung der früheren »Kilometerpauschale« in eine verkehrsmittelunabhängige »Entfernungspauschale« wurde zwar die einseitige finanzielle Förderung des motorisierten Individualverkehrs beseitigt. Aufgrund ihrer progressiven Ausgestaltung begünstigte sie jedoch in erster Linie die Fernpendler und verstärkte dadurch den Anreiz zur Abwanderung in periphere Räume mit günstigen Bodenpreisen, da die damit verbundenen höheren Fahrkosten zur Arbeitsstätte subventioniert wurden (Hutter et al. 2004, S. 263). Dieses Defizit wurde durch die Modifikation der Entfernungspauschale zu Beginn des Jahres 2004 zumindest abgeschwächt. Einheitlich gilt nunmehr ein Satz von 0,30 Euro/Entfernungskilometer. Von verschiedenen Seiten, wie etwa dem Deutschen Institut für Urbanistik, dem Deutsche Städtetag und den Naturschutzverbänden, wird aber nach wie vor eine ersatzlose Streichung dieser »Zersiedelungsprämie« gefordert (TAB 2004, S. 50).

Die jetzt ab 2007 vorgesehene Regelung begünstigt wieder die Fernpendler, da die Absetzbarkeit einer Entfernungspauschale von 0,30 Euro erst ab dem 21. Entfernungskilometer vorgesehen ist. Gegenüber der bisherigen Regelung stellen sich aber auch Fernpendler schlechter, da für die ersten 20 km keine Pauschale angesetzt werden kann. Die Entfernungspauschale ist laut Gesetzentwurf *wie* Werbungskosten zu behandeln. Der Höchstbetrag soll wie bisher 4.500 Euro im Kalenderjahr betragen; ein höherer Betrag ist möglich, soweit der Arbeitnehmer einen eigenen oder zur Nutzung überlassenen Kraftwagen benutzt. Hervorzuheben ist, dass die Entfernungspauschale wie Werbungskosten absetzbar sein soll, aber keine Werbungskosten im eigentlichen Sinne darstellt. Mit dieser Regelung soll laut Gesetzentwurf bei Fahrtkosten grundsätzlich dem sogenannten Werkstorprinzip Geltung verschafft werden, das ausschließlich die Arbeitsstätte der Berufssphäre, die Wohnung dagegen dem Privatbereich zuordnet. Die Aufwendungen für Fahrten zwischen Wohnung und Arbeitsstätte werden im Gesetzentwurf als gemischte Aufwendungen betrachtet, die auch die private Lebensführung betreffen. Bei solchem sei es dem Gesetzgeber möglich über dem Umfang der Abziehbarkeit und die Nichtabziehbarkeit prinzipiell zu entscheiden. Wegen der notwendigen Haushaltskonsolidierung sei es erforderlich, diese Aufwendungen als nicht abzugsfähig zu qualifizieren und damit ausschließlich der Privatsphäre zuzuordnen. Die Entfernungspauschale für Fernpendler beinhaltet deshalb eine Härtefallregelung; sie wird nur steuertechnisch wie Werbungskosten behandelt.

Ob Fahrkosten zwischen Wohnung und Arbeitsstätte als Werbungskosten bzw. Erwerbsaufwendungen bei der Einkommensteuer berücksichtigt werden sollten, war in Deutschland seit jeher umstritten (Bach 2003). Von den Befürwortern der Abzugsfähigkeit wird argumentiert, dass die Fahrtkosten durch die Erwerbsarbeit veranlasst seien. Erst das Nettoeinkommen nach Abzug aller erwerbsbedingten Kosten repräsentiere die steuerliche Leistungsfähigkeit. Deshalb müssten Fahrtkosten, wie andere Werbungskosten auch, im Prinzip in tatsächlicher Höhe anerkannt werden. Sofern aus Gründen der Verwaltungsvereinfachung Kilometerpauschalen zur Anwendung kämen, müssten diese im Durchschnitt den tatsächlichen Kosten entsprechen. Als Vertreter dieser Position haben der Bund der Steuerzahler und der Bundesverband der Lohnsteuerhilfevereine bereits angekündigt, in Musterklagen die Verfassungsmäßigkeit der geplanten Regelung prüfen zu lassen.

Von den Gegnern der Abzugsfähigkeit wird dagegen eingewandt, dass die Wohnstandortwahl eine individuelle Entscheidung sei. Die Fahrkosten wären somit privat veranlasst und ein steuerlicher Abzug nicht gerechtfertigt, so z.B. der »Karlsruher Kreis« um den ehemaligen Verfassungsrichter und Staatsrechtler Paul Kirchhof (Kirchhof 2001). Ergebnisse einer von infas und DIW im Auftrag des Ministeriums für Verkehr, Bau- und Wohnungswesen durchgeführten Erhebung zum Verkehrsverhalten in Deutschland »Mobilität in Deutschland 2002« belegen auch, dass die Kosten für die Fahrten zwischen Arbeitsort und Wohnung gemischte Aufwendungen darstellen (Bach 2003). Bei 30 % der Berufsfahrten werden neben dem Arbeitsplatz noch weitere Ziele angesteuert. Die vorliegenden Daten zeigen übereinstimmend, dass die Entfernung zwischen Wohnung und Arbeitsplatz in den vergangenen Jahren größer geworden ist. Bei der Wohnstandortwahl ist eine Vielfalt überwiegend privater Motive ausschlaggebend, während die Verringerung der Entfernung zum Arbeitsort als Entscheidungskriterium kaum eine Rolle spielt.

In den Genuss der jetzt vorgesehenen Fernpendlerpauschale werden nur relativ wenige Arbeitnehmer kommen; nach dem Mikrozensus 2004 haben rund 83 % der Pendler einen Anfahrtsweg von weniger als 26 km zur Arbeitsstätte; nur bei rund 17 % beträgt die Entfernung mehr als 25 km. Andererseits werden im Ergebnis – so der Gesetzentwurf – viele Arbeitsnehmer durch die Änderung auch nicht steuerlich belastet werden, da unverändert bei der Einkunftsermittlung der Arbeitnehmer- bzw. Werbungskostenpauschbetrag von 920 Euro absetzbar ist. Bei bis zu ca. 13 km Entfernung zum Arbeitsplatz wären die Aufwendungen für die Fahrten zwischen Wohnung und Arbeitsstätte durch diese Werbungskostenpauschale bereits abgedeckt. Diese Rechnung geht aber nur auf, wenn der Arbeitnehmer keine weiteren Werbungskosten hat (z.B. Beiträge zu Berufsverbänden und Gewerkschaften, Aufwendungen für Arbeitsmittel, Fortbildung etc.).

SIMULATIONSANALYSEN ZU DEN AUSWIRKUNGEN VON MAẞNAHMEN ZUR REDUZIERUNG DER FLÄCHENINANSPRUCHNAHME FÜR SIEDLUNGS- UND VERKEHRSZWECKE 7.

Wie würde sich der Flächenverbrauch künftig bei unveränderten Rahmenbedingungen entwickeln und wie könnten sich eine Modifizierung der existierenden fiskalischen Rahmenbedingungen oder die Einführung neuer ökonomischer Anreizinstrumente auf die im vorliegenden Zusammenhang relevanten Indikatoren auswirken? Zur Beantwortung dieser Fragen wurde im TAB-Projekt im Rahmen eines Auftrages an die Gesellschaft für wirtschaftliche Strukturforschung (GWS) das umweltökonomische Simulationsmodell PANTA RHEI eingesetzt (GWS 2004).

PANTA RHEI ist ein zur Analyse umweltökonomischer Fragestellungen entwickeltes Simulations- und Prognosemodell für die Bundesrepublik Deutschland. Es basiert auf den volkswirtschaftlichen und umweltökonomischen Gesamtrechnungen des Statistischen Bundesamtes und erfasst den langfristigen Strukturwandel in der wirtschaftlichen Entwicklung sowie in den umweltökonomischen Interdependenzen. Die Verhaltensparameter werden durch ökonometrische Schätzung derart bestimmt, dass die Vergangenheitsentwicklung vom Modell sehr gut nachgezeichnet wird. Kern des ökonomischen Modellteils ist die Unterteilung des Unternehmenssektors der Volkswirtschaft in 59 Produktionsbereiche der Input-Output-Tabellen des Statistischen

Bundesamtes. Damit sind ein Energieemissionsmodul, ein Materialmodul, ein Verkehrsmodul, ein Flächen- und ein Wohnungsmodul verknüpft.

PANTA RHEI ist durch die Konstruktionsprinzipien bottom-up und *vollständige Integration* gekennzeichnet. Das Konstruktionsprinzip bottom-up besagt, dass jeder Sektor der Volkswirtschaft sehr detailliert modelliert ist – PANTA RHEI enthält etwa 600 Variablen für jeden der 59 Sektoren – und die gesamtwirtschaftlichen Variablen durch explizite Aggregation im Modellzusammenhang gebildet werden. Das Konstruktionsprinzip *vollständige Integration* beinhaltet eine komplexe und simultane Modellierung, die die interindustrielle Verflechtung ebenso beschreibt wie die Entstehung und die Verteilung der Einkommen, den Energieverbrauch und die Schadstoffemissionen, die Umverteilungstätigkeit des Staates sowie die Einkommensverwendung der privaten Haushalte für die verschiedenen Güter und Dienstleistungen.

PANTA RHEI ist in den vergangenen Jahren vielfältig eingesetzt worden. Wichtige Studien befassen sich mit den Auswirkungen der ökologischen Steuerreform (Bach et al. 2002) und der Entwicklung von nachhaltigen Zukunftsszenarien (Coenen/Grunwald 2003; Keimel et al. 2004; Spangenberg 2003). Frohn et al. (1998) und Frohn et al. (2003) bestätigen in ihrer Evaluation ökonometrischer Modelle die Eignung des Systems vor allem für umweltökonomische Prognose- und Simulationsrechnungen.

Das Modell erlaubt es, die Auswirkungen bestimmter politischer Maßnahmen in einem konsistenten Gesamtzusammenhang zu analysieren. Üblicherweise wird bei solchen modellbasierten Analysen die Szenariotechnik eingesetzt, bei der Szenarien quantitativ beschrieben und verglichen werden: ein Referenzszenario, das eine zukünftige Entwicklung ohne neue politische Eingriffe, d.h. unter Fortschreibung der Status-quo-Bedingungen, beschreibt, und Alternativszenarien, die sich vom Referenzszenario durch Veränderungen bei einer oder mehreren Variablen unterscheiden, welche die Einführung bestimmter politischer Maßnahmen abbilden. Unterschiedliche Ergebnisse für diese Alternativszenarien im Vergleich zum Referenzszenario können dann auf die jeweiligen politischen Eingriffe zurückgeführt werden. Das Referenzszenario stellt dabei eine Basisprognose dar, die auf Grundlage der Verhaltensparameter der Vergangenheit die wahrscheinliche Entwicklung unter der Annahme beschreibt, dass über bereits beschlossene Maßnahmen hinaus im Betrachtungszeitraum keine weiteren Maßnahmen ergriffen werden. Diese Basisprognose dient dazu, die Lücke zwischen dem politischen Ziel – in diesem Fall dem 30-ha-Ziel – und der wahrscheinlichen Entwicklung unter Status-quo-Bedingungen aufzuzeigen. Dieser Basisprognose werden Alternativszenarien bzw. Simulationsrechnungen gegenübergestellt, in denen analysiert wird, wie sich ausgewählte in den vorangehenden Kapiteln diskutierte ökonomische Instrumente auf den Flächenverbrauch auswirken könnten und wie stark die Eingriffstiefe solcher Instrumente sein müsste, um die Lücke zum 30-ha-Ziel zu schließen.[43]

Als Maßnahmen analysiert wurden zunächst Einzelinstrumente, wie z.B. die Reform der Grundsteuer, die Reform oder Abschaffung der Grunderwerbsteuer, die Einführung einer Neuerschließungsabgabe sowie die Modifizierung oder Abschaffung der Eigenheimzulage und der Entfernungspauschale als für den Flächenverbrauch kontraproduktive Subventionen. In einem weiteren Schritt wurden dann die Auswirkungen von Instrumentenbündeln untersucht. Der Betrachtungszeitraum der Simulationsrechnungen reicht bis 2030. Er wurde deshalb so gewählt, um den demografischen Wandel besser in seinen Wirkungen zu erfassen, der sich nach 2020 auf jeden Fall auch in einem Bevölkerungsrückgang niederschlagen dürfte (Teil I, Kap. 3). Einschränkend ist anzumerken, dass längst nicht alle flächenpolitischen Instrumente, die in den vorangehenden Kapiteln diskutiert wurden, in ihren Wirkungen auf den Flächenverbrauch mit dem Modell PANTA RHEI analysiert werden können. Dies trifft insbesondere auf planungsrechtliche, kooperative und informatorische Instrumente zu, die sich wegen ihres »qualitativen« Charakters einer Simulation entziehen, aber auch auf einige ökonomische Anreizinstrumente.

DER ZUKÜNFTIGE FLÄCHENVERBRAUCH UNTER DER ANNAHME UNVERÄNDERTER RAHMENBEDINGUNGEN – DIE BASISPROGNOSE 7.1

Nach der Basisprognose der GWS wird die tägliche Zunahme der Siedlungs- und Verkehrsfläche im Jahr 2020 noch bei 81 ha liegen und dann bis 2030 weiter auf 74,5 ha zurückgehen. Das Ziel der deutschen Nachhaltigkeitsstrategie von 30 ha/Tag wird damit weit verfehlt und selbst 2030 noch nicht erreicht. Der zu verzeichnende Rückgang ist im Wesentlichen demografisch zu erklären; die demografische Entwicklung, die in der Basisprognose der mittleren Variante der 10. Koordinierten Bevölkerungsvorausberechnung des Statistischen Bundesamtes folgt (StaBa 2003b, im Einzelnen Teil I, Kap. 3), führt nämlich zu einem drastischen Rückgang des Neubaus. Nach den Modellrechnungen der GWS wird die Zahl der jährlich neu erstellten Wohnungen von 365.000 Wohnungen im Jahr 2000 über ca. 270.000 im Jahr 2010 und ca. 203.000 im Jahr 2020 auf ca. 115.000 im Jahr 2030 zurückgehen. Die Fertigstellungen im Jahr 2030 machen damit noch nicht einmal ein Drittel der

43 Die Simulationsrechnungen mit dem Modell PANTA RHEI wurden bereits 2004 durch die GWS durchgeführt; sie berücksichtigen deshalb nicht die Abschaffung der Eigenheimzulage zum 01. Januar 2006 und die für 2007 beabsichtigte Beschränkung der Entfernungspauschale auf Fernpendler durch die neue Bundesregierung. Sie geben aber Hinweise über die Auswirkungen dieser Maßnahmen für Flächenverbrauch und Fiskus.

Fertigstellungen im Jahr 2000 aus. Die Bedeutung der privaten Haushalte als Verursacher der zusätzlichen Flächeninanspruchnahme für Siedlungs- und Verkehrszwecke wird damit deutlich abnehmen, obwohl die Wohnfläche pro Kopf noch weiter von gegenwärtig ca. 40 m² auf über 48 m² bis 2030 ansteigen wird.

Wie Tabelle 8 zeigt, haben in der Periode 1997 bis 2001 Industrie und Haushalte etwa zu gleichen Teilen (jeweils zu ca. 44 %) zur zusätzlichen Flächennutzung für Siedlungs- und Verkehrszwecke beigetragen. Bei der Verkehrsfläche hat das Statistische Bundesamt das öffentliche Gut Straße entsprechend der Verkehrsleistungen den einzelnen Bereichen der Industrie und den privaten Haushalten zugerechnet. Das hat bereits im Zeitraum 1997 bis 2001 dazu geführt, dass nach dieser Zurechnung fast ausschließlich die Industrie für das Wachstum der Verkehrsfläche verantwortlich ist.

TAB. 8 DURCHSCHNITTLICHE ZUNAHME DER FLÄCHENINANSPRUCHNAHME IN HA/TAG IN DEN JAHREN 1997–2001

	Siedlungsfläche	Verkehrsfläche	gesamt
Industrie	34,8	21,8	56,6
Haushalte	54,7	0,9	55,7
ungenutzte Siedlungsfläche	17,0	0	17,0
gesamt	106,5	22,7	129,2

Quelle: StaBa 2003c

Bereits 2010 verschieben sich diese Anteile sehr stark; der Beitrag der Haushalte zum gesamten Flächenverbrauch von 93,4 ha/Tag beläuft sich nach den Berechnungen der GWS dann auf 23 %, der der Industrie auf 66 %. Dahinter stehen drei Entwicklungen: Erstens wird das Verkehrswachstum auch unter Einberechnung der Lkw-Maut in den kommenden Jahren vollständig der Industrie zugerechnet, während die Fahrleistungen der privaten Haushalte in etwa stagnieren. Zweitens ist der Neubau an Ein- und Zweifamilienhäusern gegenüber der Vergangenheit leicht rückläufig. Drittens verläuft die Dynamik des Flächenwachstums bei den Unternehmen weiter ungebrochen. Zur zusätzlichen Inanspruchnahme von Siedlungsflächen werden Haushalte und Industrie in Zukunft in etwa gleichem Umfang beitragen.

2020 wird der entsprechende Anteil der Haushalte wieder etwas höher bei ca. 27 % liegen, bezogen auf einen Gesamtflächenverbrauch von 81,5 ha/Tag, während der Anteil der Industrie bei ca. 61 % liegen wird. Bis 2030 verändern sich die Relationen dann wieder stärker; die entsprechenden Werte werden nach den Berechnungen der GWS nur noch bei 13 % für die Haushalte, aber bei 78 % für die Industrie bei einem Gesamtflächenverbrauch von 74,5 ha/Tag liegen (GWS 2004, S. 4 ff.). Der besonders starke Rückgang des Beitrags der Haushalte zum Flächenverbrauch für Siedlungs- und Verkehrszwecke bis 2010 wird laut GWS auch auf Sonderentwicklungen in Ostdeutschland zurückzuführen sein, die bis 2010 auslaufen dürften. Die Entwicklung nach 2010 dürfte dann primär durch den demografischen Wandel geprägt sein.

Ein wesentlicher Teil der weiterhin hohen zusätzlichen Flächennutzung der Industrie wird nach den Berechnungen der GWS durch die Produktionsbereiche Einzelhandel, Landwirtschaft, Verkehrsdienstleistungen sowie den Bereich Kultur, Sport und Unterhaltung verursacht; sie tragen im Jahr 2030 mit etwa 30 % zur Zunahme der »industriellen« Flächennutzung bei (GWS 2004, S. 5 ff.). Die sich in der Basisprognose abzeichnende Entwicklung eines starken Rückgangs des Beitrags der Haushalte zur zusätzlichen Flächennutzung und einer weiterhin auf hohem Niveau verharrenden zusätzlichen Flächennutzung durch die Industrie legt den Schluss nahe, die gewerblich verursachte Flächennachfrage stärker ins Visier politischer Maßnahmen zu nehmen.

Der oben dargestellte starke Rückgang des Verbrauchs hat auch Auswirkungen auf die Beschäftigungslage in der Bauwirtschaft nach VGR-Abgrenzung. Nach den Modellrechnungen der GWS wird von 2,531 Mio. Beschäftigten im Jahr 2000 auf 1,685 Mio. im Jahr 2020 und 1,306 Mio. im Jahr 2030 zurückgehen.

DIE MÖGLICHEN AUSWIRKUNGEN EINZELNER FLÄCHENPOLITISCHER INSTRUMENTE ODER MAẞNAHMEN 7.2

In diesem Unterkapitel werden die Ergebnisse von Simulationsläufen über die Auswirkungen einzelner Maßnahmen auf die Entwicklung des Flächenverbrauchs dargestellt. Die Simulationsläufe betreffen einerseits Maßnahmen, die am *Bestand* von Siedlungs- und Verkehrsflächen ansetzen (Reformmodelle für die Grundsteuer), sowie andererseits Instrumente, die am *Zugang* zur Siedlungs- und Verkehrsfläche ansetzen (Einführung einer Neuerschließungsabgabe, Abschaffung der Grunderwerbsteuer für den Bestand und Beibehaltung für den Neubau). Schließlich werden noch die Ergebnisse von Simulationsläufen zur Eigenheimzulage (völlige Abschaffung, Abschaffung nur für den Neubau) und zur allmählichen Abschaffung der Entfernungspauschale dargestellt (s. FN 44).

MÖGLICHE AUSWIRKUNGEN EINER REFORM DER GRUNDSTEUER 7.2.1

Hier wurden Analysen zu einer reinen Flächensteuer, einer reinen Bodenwertsteuer sowie zu einer kombinierten Bodenwert- und Bodenflächensteuer als jeweiligem Ersatz für die derzeitige Grundsteuer durchgeführt.[44] Wesentliche Annahme für die Simulationsläufe für diese Grundsteuerreformvarianten ist, dass sich das Steueraufkommen gegenüber der derzeitigen Grundsteuer nicht wesentlich verändert. Bei einer reinen Flächensteuer wären dann unter der Prämisse der Aufkommensneutralität 0,32 Euro/m^2 zu bezahlen, was im Jahr 2005 zu einem Aufkommen von fast 9 Mrd. Euro führen würde. Für die Bodenwertsteuer wurde ein Steuersatz von 0,4 % auf den tatsächlichen Bodenwert angesetzt und bei der kombinierten Bodenwert- und Bodenflächensteuer wurde mit folgenden Werten gerechnet: 0,2 % des Bodenwertes, 0,16 Euro/m^2.[45]

Die Simulationsläufe mit dem Modell PANTA RHEI bestätigen die Ergebnisse früherer quantitativer Analysen insofern, als sie zeigen, dass aufkommensneutrale Modifikationen der Grundsteuer unabhängig vom Reformmodell fast zu vernachlässigende Auswirkungen auf die tägliche Flächeninanspruchnahme hätten (Tab. 9).

TAB. 9 FLÄCHENEFFEKTE BEIM ERSATZ DER BISHERIGEN GRUNDSTEUER DURCH VERSCHIEDENE REFORMMODELLE IN HA/TAG UND ALS PROZENTUALE ABWEICHUNG VON DER BASISPROGNOSE

	2010 ha/Tag	Abweichung in %	2020 ha/Tag	Abweichung in %	2030 ha/Tag	Abweichung in %
Basisprognose	93,44		81,46		74,54	
reine Flächensteuer	92,30	-1,22	80,32	-1,41	73,54	-1,35
reine Bodenwertsteuer	92,34	-1,18	80,40	-1,30	73,65	-1,19
kombinierte Bodenwert- und Bodenflächensteuer	92,43	-1,08	80,46	-1,23	73,68	-1,15

Quelle: GWS 2004

44 Simulationsläufe zu komplexeren Grundsteuerreformmodellen wie die Flächennutzungsteuer oder Grundsteuermodelle, die auch eine Besteuerung der Gebäude vorsehen, konnten aus modell- und datentechnischen Gründen nicht durchgeführt werden.

45 Im Gegensatz zum Vorschlag des Difu (Apel et al. 2001) wurden keine Differenzierungen der Steuermesszahlen nach Wohn- und Gewerbegrundstücken vorgenommen.

Für das Jahr 2020 ergeben sich Rückgänge bei allen Reformmodellen von ca. 1 ha/Tag; auch für 2030 sind Rückgänge von höchstens 1 ha/Tag gegenüber dem Wert der Basisprognose zu konstatieren. Obwohl die Unterschiede zwischen den Reformvarianten minimal sind, fällt der Flächeneffekt bei der reinen Flächensteuer etwas höher aus. Obwohl die Unterschiede eigentlich zu gering sind, um sie zu interpretieren, könnte dies darauf zurückzuführen sein, dass die Nutzung peripherer preisgünstiger Grundstücke, die insbesondere zum Flächenwachstum beiträgt, bei der Flächensteuer relativ stärker belastet wird als bei den anderen Reformmodellen. Nach Abschätzungen der GWS, die allerdings nicht auf den Modellrechnungen basieren, würden bei der reinen Flächensteuer die Baulandkosten (der Baulandpreis, inkl. Flächensteuern und Erschließungsaufwand) in ländlichen und Stadtumlandgebieten prozentual gesehen einen deutlich höheren Anstieg aufweisen als in den Kernstädten (dazu ausf. GWS 2004, S. 13 ff.).[46]

Für alle gerechneten Varianten lässt sich feststellen, dass sehr viel höhere Steuersätze notwendig wären, um deutliche Flächeneffekte zu erzielen. Zudem kann der Schluss gezogen werden, dass wegen der geringen Unterschiede bei den insgesamt geringfügigen Flächeneffekten im Falle einer aufkommensneutralen Reform andere Kriterien als flächenpolitische bei der Entscheidung für eine Variante herangezogen werden müssten.

MÖGLICHE AUSWIRKUNGEN EINER MODIFIZIERUNG DER GRUNDERWERBSTEUER ODER IHRES ERSATZES DURCH EINE NEUERSCHLIEßUNGSABGABE 7.2.2

In Teil II, Kap. 4 ist dargestellt worden, dass vonseiten der Wissenschaft und der betroffenen und interessierten Verbände großer Reformbedarf bei der Grunderwerbsteuer konstatiert wird. Die meisten Vorschläge gehen in die Richtung einer Verringerung oder Abschaffung der Grunderwerbsteuer für den Bestandserwerb oder eines Ersatzes der Steuer durch eine neue Abgabe auf Erschließungen im Außenbereich. Im Rahmen der Modellrechnungen der GWS wurde deshalb einerseits die Abschaffung der Grunderwerbsteuer für den Bestandserwerb und andererseits die ersatzweise Einführung einer Neuerschließungsabgabe simuliert. In der Simulation ist unterstellt worden, dass die Grunderwerbsteuer für Neubauten in der jetzigen Form erhalten bleibt. Je nach Art des Kaufvertrages muss die Steuer auf den Grundstückspreis

46 Der Einfluss der Grundsteuer auf die Flächennachfrage ist unklar. Rational handelnde Erwerber von Grundstücken mögen den Gegenwartswert der jährlich zu entrichtenden Grundsteuer bestimmen und ihn auf den Kaufpreis aufschlagen. Andere Erwerber mögen ihn bei der Kaufentscheidung gar nicht berücksichtigen. Bei der Modellierung wurde eine mittlere Position vertreten, bei der die Grundsteuer für fünf Jahre akkumuliert wird und der sich ergebende Betrag zum Quadratmeterpreis addiert wird.

oder bei Komplettkauf, z.B. über einen Bauträger, auf Grundstücks- und Haus- bzw. Wohnungspreis bezahlt werden.

Die Abschaffung der Grunderwerbsteuer für den Bestandserwerb verringert die Flächenzunahme langfristig um etwas über 1 %. Die Bauinvestitionen in den Neubau von Ein- und Zweifamilienhäusern gehen deutlich zurück, während im Bestand und in den Bau von Mehrfamilienhäusern verstärkt investiert wird. Um einen deutlicheren Flächeneffekt zu erzielen, müsste demnach der Steuersatz für den Erwerb von Neubauten wesentlich höher sein. Analysiert wurde deshalb die Frage, wie hoch diese Grunderwerbsteuer für Neubauten sein müsste, um das 30-ha-Ziel zu erreichen. Hierzu wäre eine lineare Erhöhung des Steuersatzes auf 60 % des Kaufpreises im Jahr 2020 und auf 80 % im Jahr 2030 notwendig, um bis dahin einen weiteren Rückgang auf 20 ha/Tag zu erreichen.

Eine entsprechende Simulation wurde auch für eine Neuerschließungsabgabe durchgeführt, bei der allerdings eine breitere Bemessungsgrundlage unterstellt wurde, die auch neu zu erschließende Verkehrsflächen einbezieht. Das heißt, auch die Gemeinden müssten für verkehrliche Neuerschließungsmaßnahmen die Abgabe entrichten. Für eine derart gestaltete Neuerschließungsabgabe, die zur Zielerreichung führt, wäre ein linear ansteigender Abgabesatz auf nominal 40 Euro/m^2 im Jahr 2020 und auf 60 Euro/m^2 im Jahr 2030 notwendig, um einen weiteren Rückgang auf 20 ha/Tag zu erreichen. Die Belastung bezogen auf die Bodenpreise wäre aber deutlich geringer als bei einer zum Ziel führenden Erhöhung der Grunderwerbsteuersätze. Bei Letzterer wäre der Aufschlag auf die Bodenpreise bei gleicher Zielerreichung wegen der schmäleren Bemessungsgrundlage etwa 1,5-mal so hoch als bei der Neuerschließungsabgabe. Bei der Neuerschließungsabgabe würde der Erwerb von Wohn- und Grundstücken deutlich geringer belastet, den Kommunen entständen dagegen abgabebedingte Mehrkosten für Verkehrserschließungsmaßnahmen.

Die Neuerschließungsabgabe würde bisher billige Grundstücke überdurchschnittlich verteuern, da sie nicht am Bodenwert orientiert ist. Nach nicht modellbasierten Berechnungen der GWS würden die Baulandkosten (Baulandpreise einschließlich Flächenabgabe und Erschließungskosten) in den ländlichen Gebieten sehr deutlich gegenüber den Kernstädten ansteigen und auch noch deutlich gegenüber verstädterten Regionen. Die Neuerschließungsabgabe würde also gerade dort wirken, wo gegenwärtig die Flächenzunahme hauptsächlich stattfindet, während sie in Gebieten mit hohen Grundstückspreisen weniger stark zu Buche schlagen würde.

Vermutet wird häufig, dass die Verteuerung von Grundstücken im Außenbereich dank einer starken Erhöhung der Grunderwerbsteuer oder einer hohen Neuerschließungsabgabe auch zur Verteuerung der Flächen im Bestand führen könnte. Zweifellos nähmen mit den hohen Steuer- und Abgabesätzen auch die für Neuerschließungsflächen zu zahlenden Preise deutlich zu. Allerdings dürfte sich ein Teil des Preisanstiegs nicht auf die Käufer überwälzen lassen, sodass der Preis für baureifes Land, also der Teil, der dem Verkäufer zufließt, zurückgehen würde, wenn von unveränderten Erschließungskosten ausgegangen wird. Welchen Einfluss dies auf den Preis für Bestandsflächen hat, die nicht der Steuer unterliegen, ist in PANTA RHEI ohne umfangreiche Auswertungen von Kauffällen nicht direkt zu beantworten und nicht weiter untersucht worden.

Allerdings lassen sich die möglichen Preiswirkungen gut gedanklich fassen: Einerseits ist denkbar, dass die wenigen gehandelten Bestandsflächen und -gebäude durch den Preisaufschlag bei Neubaugrundstücken bzw. Neubauten attraktiver und durch die höhere Nachfrage nach Bestandsflächen teurer werden. Andererseits ist zu bedenken, dass die Siedlungsfläche in Deutschland selbst in der Basisprognose jährlich nur in einer Größenordnung von etwa 1 % zunimmt. Die neu bebauten Flächen machen demnach selbst heute nur einen Bruchteil der Bestandsflächen aus. Deutliche Preissteigerungen im Bestand würden aber große Vermögenswerte schaffen bzw. die Illusion dieser Vermögenswerte bei den Grundstücksbesitzern inklusive Unternehmen wecken, was über ein verstärktes Angebot bebauter Flächen sofort den Bodenpreis wieder reduzieren würde. Aus diesem Grund sind deutliche Preissteigerungen im Bestand und damit große Preisdifferenzen zwischen Neubau- und Bestandsflächen nicht zu erwarten, selbst wenn nicht auszuschließen ist, dass bebaute und unbebaute Flächen nicht voll substituierbar sind. In der Simulation in PANTA RHEI geht der Preis für baureifes Land, der nach Neubau und Bestand nicht differenziert, wegen der reduzierten Flächennachfrage bei zum Ziel führenden Grunderwerbsteuererhöhungen bis zum Jahr 2030 immerhin um 8,5 % gegenüber der Basisprognose zurück und bei der entsprechenden Simulation für eine zielführende Neuerschließungsabgabe um 11 %.

AUSWIRKUNGEN DER ABSCHAFFUNG BZW. MODIFIZIERUNG DER EIGENHEIMZULAGE 7.2.3

Die Eigenheimzulage sowie die Entfernungspauschale werden von Vielen als flächenpolitisch kontraproduktive Subventionen betrachtet (im Einzelnen Teil II, Kap. 6.1.4 u. Kap. 6.3).[47] Aus diesem Grund wurden von der GWS Simulationsanalysen zur Eigenheimzulage durchgeführt, die einerseits von der völligen Abschaffung und andererseits von der Abschaffung nur für den Neubau ausgehen.

47 Wie einleitend zu diesem Kapitel in einer Fußnote angemerkt, wurde die Eigenheimzulage zum 01. Januar 2006 durch die neue Bundesregierung abgeschafft; die folgenden Ausführungen geben aber Hinweise über die Auswirkungen dieser Entscheidung.

Die Eigenheimzulage, die gegenwärtig unter bestimmten Förderbedingungen acht Jahre lang gewährt wird, stellt für Bauherren bzw. für Erwerber im Bestand einen wesentlichen Bestandteil der Finanzierung dar. Die Banken akzeptieren die Eigenheimzulage als Eigenkapitalersatz und binden sie häufig unmittelbar in die langfristige Baufinanzierung ein. Im Szenario wird unterstellt, dass im Jahr 2005 die Eigenheimzulage gestrichen wird.

Bei einem Wegfall würden die Finanzierungskosten je nach Familienstand und Investitionsvolumen gegenüber der Basisprognose um durchschnittlich 9 % steigen. Der Wegfall würde sich in erster Linie auf den Neubau von Einfamilienhäusern und in zweiter Linie auf den Bau von Zweifamilienhäusern stark dämpfend auswirken; Mehrfamilienhäuser dürften weniger betroffen sein.

Die Zunahme der Siedlungs- und Verkehrsfläche geht bezogen auf das Jahr 2020 durch den Wegfall der Eigenheimzulage um rund 1 % oder knapp 1 ha/Tag gegenüber der Basisprognose zurück. Der Effekt auf die Zunahme der Flächeninanspruchnahme ist im Jahr der Streichung der Eigenheimzulage besonders groß, weil das Niveau der Neubautätigkeit dauerhaft reduziert wird und so der Effekt auf die Veränderung der Siedlungs- und Verkehrsfläche im Vergleich zur Basisprognose vor allem im ersten Jahr der Aufhebung eintritt. Die ersatzlose Streichung der Eigenheimzulage verringert demnach auf Dauer das Niveau der Flächeninanspruchnahme, kann aber die langfristige Dynamik zunehmender Flächeninanspruchnahme durch den Anstieg des verfügbaren Einkommens und dem Wunsch nach größeren Wohnflächen allenfalls geringfügig verringern.

In der langfristigen Perspektive verringert sich der Effekt und weicht 2030 nur noch um 0,73 % von der Basisprognose ab. Während der flächenpolitische Effekt fast zu vernachlässigen ist, wäre der fiskalische Effekt beträchtlich. Bis zum Jahr 2030 würde sich die Staatsverschuldung unter der Annahme, dass die eingesparten Mittel keiner anderen Verwendung zugeführt würden, um 180 Mrd. Euro reduzieren. Dabei ist berücksichtigt, dass sich auch die Zinszahlungen für die Staatsschulden reduzieren, was wiederum weitere Beträge zur Tilgung der Staatsschuld freisetzt. Andere gesamtwirtschaftliche Effekte, z.B. auf das Bruttoinlandsprodukt oder die Beschäftigung, wären im Vergleich zur Basisprognose gering.

Würde die Eigenheimzulage nur für den Neubau abgeschafft, würden Investitionen vom Neubau in den Bestand verlagert. Durch diesen Substitutionseffekt wären Wirkungen auf die Flächeninanspruchnahme etwas größer als bei einer ersatzlosen Streichung. Allerdings fiele der Rückgang mit etwa 1 ha/Tag gegenüber der Basisprognose weiterhin gering aus.

AUSWIRKUNGEN DER ABSCHAFFUNG DER ENTFERNUNGSPAUSCHALE 7.2.4

Für Fahrten zwischen der Wohnung und dem Arbeitsplatz mit dem eigenen Pkw kann ein Berufstätiger zurzeit einen Pauschalsatz von 0,30 Euro/Entfernungskilometer bei der Ermittlung seines zu versteuernden Einkommens geltend machen.[48] Dies ergibt für das Jahr 2004 ein Volumen von ca. 4,3 Mrd. Euro im Jahr. Im Szenario wird unterstellt, dass die Pauschale von 0,30 Euro im Jahr 2004 linear bis auf Null im Jahr 2015 reduziert wird.

Kurzfristig können sich Änderungen der Entfernungspauschale kaum auf das Fahrverhalten der privaten Haushalte auswirken, weil Wohnort und Arbeitsort gegeben sind. Langfristig sind dagegen Wohnort und Arbeitsort veränderlich. Es ist davon auszugehen, dass vor allem die neu in den Arbeitsmarkt eintretenden Personen die Entfernungspauschale in ihre Wohnortentscheidung einbeziehen werden.

Bei der Simulation einer allmählichen Reduzierung der Pauschale wurde unterstellt, dass die Haushalte diese langfristig als eine Subventionierung ihrer variablen Verkehrskosten auffassen. Die Aufteilung der Entfernungspauschale auf die Nutzung des eigenen Pkw sowie die Nachfrage nach öffentlichen Straßen- und Schienenverkehr wurde gemäß dem jeweiligen Anteil des Bereichs am Berufsverkehr insgesamt vorgenommen. Der Wegfall der Pauschale wirkt dann wie eine Preiserhöhung, die die mit dem eigenen Pkw gefahrenen Kilometer sowie die Nachfrage nach öffentlichem Straßen- und Schienenverkehr reduziert.

Die Abschaffung der Entfernungspauschale reduziert zunächst die Zunahme der Siedlungs- und Verkehrsfläche um etwa 1 ha/Tag. Nach völliger Abschaffung der Pauschale ab 2015 wird allerdings wieder der alte Wachstumspfad auf etwas niedrigerem Niveau erreicht. Die flächenpolitischen Effekte sind also langfristig sehr gering, während die fiskalischen Effekte recht erheblich sind. Würden die eingesparten Mittel keiner anderen Verwendung zugeführt, würden die Staatsschulden bis 2030 inklusive der Zinseffekte um ca. 120 Mrd. Euro sinken. Andere gesamtwirtschaftliche Effekte, z.B. auf das Bruttoinlandsprodukt und die Beschäftigung, wären im Vergleich zur Basisprognose gering.

48 Wie einleitend zu diesem Kapitel bereits in einer Fußnote angemerkt ist beabsichtigt, die Entfernungspauschale ab 2007 auf Fernpendler zu beschränken.

EINGRIFFSINTENSITÄTEN UND AUSWIRKUNGEN VON MAẞNAHMENBÜNDELN 7.3

Nach gängiger Auffassung ist ein so anspruchsvolles Ziel, wie das 30-ha-Ziel der Bundesregierung, nicht mit einem einzelnen Instrument zu erreichen, sondern nur durch eine geeignete Kombination verschiedener Instrumente. Weitgehender Konsens herrscht auch darüber, dass der Einsatz des planungsrechtlichen Instrumentariums allein nicht zum Erfolg führen wird, obwohl dieses erst vor kurzem verschärft wurde und vielleicht in Zukunft größere quantitative Flächeneffekte zu erwarten sind als bisher (Teil II, Kap. 1). Um verstärkte Anreize zum Flächensparen zu schaffen, wird daher von verschiedenen Seiten eine Modifikation der bestehenden fiskalischen und ökonomischen Rahmenbedingungen gefordert. Die dafür in Betracht kommenden Instrumente wurden in den drei vorangehenden Kapiteln diskutiert. Da, wie bereits erwähnt, nicht alle angeführten Instrumente mit dem Modell PANTA RHEI auf ihre quantitativen Auswirkungen hin untersucht werden können, kombinieren die im Folgenden analysierten Instrumentenbündel nur die in Teil II, Kap. 7.2 isoliert betrachteten Instrumente.

Dabei wurden zunächst Bündel von ökonomischen Instrumenten und Maßnahmen geschnürt, die in ihrer Eingriffstiefe so konzipiert wurden, dass mit ihrer Hilfe das Ziel einer Begrenzung der zusätzlichen Flächeninanspruchnahme auf 30 ha/Tag im Jahre 2020 erreicht würde. Auf der anderen Seite kann man den Standpunkt vertreten, dass ökonomische Instrumente nur zum Teil zur Erreichung des Flächenziels beitragen müssen und sollten, da von den inzwischen erfolgten Verschärfungen des Planungsrechts ebenfalls Flächenverbrauchsreduktionen zu erwarten sind. Ausgehend von dieser Überlegung wurden auch Varianten gerechnet, die die Zunahme der Flächeninanspruchnahme auf etwa 50 ha/Tag begrenzen, unter der Annahme, dass die noch verbleibende Lücke zum 30-ha-Ziel durch die Wirkung des planungsrechtlichen Instrumentariums geschlossen wird. Die Eingriffstiefe ist bei diesen Varianten entsprechend geringer.

Die Bündel wurden prinzipiell so konzipiert, dass sie jeweils ein Instrument umfassen, das am *Bestand* der Siedlungs- und Verkehrsfläche als Bemessungsgrundlage ansetzt, und ein Instrument, das am *Zugang* zur Siedlungs- und Verkehrsfläche als Bemessungsgrundlage anknüpft. Gemeinsam ist zunächst allen Bündeln, dass sie die Abschaffung der Eigenheimzulage und der Entfernungspauschale vorsehen. Wegen der politischen Umstrittenheit dieser Maßnahme wurden allerdings auch Varianten mit einer Beibehaltung der Eigenheimzulage gerechnet.

Für die Verknüpfung bestands- und zugangsbezogener Instrumente in einem Instrumentenbündel sprechen verschiedene Gründe. Erstens könnte mit einem bestandsbezogenem Instrument, wie der Grundsteuer, zwar auch allein das Ziel erreicht werden. Die erforderlichen Steuersätze müssten jedoch so hoch sein, dass die Verfassungsmäßigkeit derartiger Vermögenssteuern – als eine solche ist die Grundsteuer zu betrachten – bezweifelt werden kann. Zudem käme dies wegen des dann zu erwartenden hohen Steueraufkommens einer weitgehenden Umgestaltung des Steuersystems gleich. Modellrechnungen für eine Verfünffachung der Steuersätze der kombinierten Bodenwert- und Bodenflächensteuer gegenüber aufkommensneutralen Steuersätzen lassen außerdem erhebliche negative volkswirtschaftliche Nebenwirkungen erwarten. Andererseits können durch eine »Bestandsbesteuerung« mit mäßigen, verfassungsrechtlich unbedenklichen Steuersatzerhöhungen Flächeneffekte in der bestehenden Siedlungsfläche ausgelöst werden, z.B. durch Nachverdichtung, Nutzung von Brachen und Mobilisierung unbebauter Grundstücke. Zugunsten einer verfassungsmäßig vertretbaren, nicht aufkommensneutralen Erhöhung des Grundsteueraufkommens kann auch angeführt werden, dass im Rahmen einer kommunalen Finanzreform der Grundsteuer eine größere fiskalische Rolle zugewiesen werden sollte (Teil II, Kap. 4.3).

Da das Ziel durch eine alleinige Bestandsbesteuerung nur unter kaum vertretbaren Nebeneffekten erreicht werden kann, ist ein zugangsbezogenes Instrument, das unmittelbar an der zusätzlichen Flächeninanspruchnahme ansetzt, in einem erfolgversprechenden Instrumentenbündel unerlässlich. Hier kommen eine Erhöhung der Grunderwerbsteuer auf den Neubau bzw. auf bebaubare Grundstücke und eine Neuerschließungsabgabe, wie sie in Teil II, Kap. 7.2.2 diskutiert wurden, ebenso infrage wie handelbare Flächenkontingente und die Baulandausweisungsumlage, die in den Modellrechnungen mit PANTA RHEI aber nicht direkt simuliert werden konnten. Bei den beiden letzteren Instrumenten würden sich allerdings unter der Annahme einer weitgehenden Überwälzung der zusätzlichen Belastungen auf die Endnutzer durch die Kommunen im Großen und Ganzen ähnliche Effekte wie bei der hier analysierten Neuerschließungsabgabe ergeben, die neben der Erschließung neuer Siedlungsflächen auch die von Verkehrsflächen erfasst.[49]

Vor diesem Hintergrund wurden folgende Instrumentenbündel im Modellzusammenhang analysiert:

Bündel I sieht den Wegfall der Eigenheimzulage im Jahre 2005 und die allmähliche Abschaffung der Entfernungspauschale über einen Zeitraum von zehn Jahren, die aufkommensneutrale Umwandlung der Grundsteuer in eine kombinierte Bodenwert- und Bodenflächensteuer sowie die Einführung einer Jahr für Jahr linear ansteigenden Neuerschließungsabgabe vor, die im Jahre 2020 die Höhe von 40 Euro/m^2 erreicht und im Jahre 2030 dann 60 Euro/m^2 beträgt und zur Zielerreichung führt.

49 Die Höhe der zur Zielerreichung erforderlichen Neuerschließungsabgabe liefert damit Hinweise auch zur Bemessung der Baulandausweisungsumlage bzw. auf den zu erwartenden Zertifikatpreis.

Bündel II unterscheidet sich nur dadurch von Bündel I, dass zur Zielerreichung anstelle der Neuerschließungsabgabe eine Grunderwerbsteuer für Neubau und zu bebauende Grundstücke eingeführt wird, die bis 2020 linear auf 60 Euro/m² und bis 2030 auf 80 Euro/m² ansteigt.

Bei Bündel III fallen – wie in den Bündeln I und II – die Eigenheimzulage und die Entfernungspauschale weg. Um flächenpolitische Anreize im Siedlungsbestand zu setzen und das fiskalische Aufkommen für eine Gemeindefinanzreform zu erhöhen, wird die Grundsteuer in eine nicht aufkommensneutrale kombinierte Bodenwert- und Bodenflächensteuer umgewandelt, die in der Summe zu einer Belastung von insgesamt 1 % des Bodenwertes führt, die jeweils hälftig aus der Bodenwert- und Bodenflächenkomponente resultiert, d.h. es wird eine Bodenwertsteuerkomponente von 0,5 % und eine Bodenflächensteuerkomponente angesetzt, deren Höhe so festgelegt ist, dass die Einnahmen denen aus der Bodenwertkomponente entsprechen. Das Bündel wird ergänzt durch eine zur Zielerreichung führende Neuerschließungsabgabe, die bis 2020 linear auf 40 Euro/m² und bis 2030 auf 60 Euro/m² ansteigt. Die resultierenden Steuereinnahmen sowie die Einsparungen durch die Abschaffung der Eigenheimzulage und der Entfernungspauschale werden im Sinne einer gesamtaufkommensneutralen Reform zur Senkung der Einkommensteuer verwendet.

Vergleicht man die Bündel mit Blick auf ihren Zielerreichungsgrad bezüglich des 30-ha-Ziels, so wird dies 2020 beim Bündel I knapp verfehlt, von den anderen Bündeln aber erfüllt; die Bündel II und III führen dabei zu Rückgängen der täglichen Flächeninanspruchnahme, die noch um 2 bis 3 ha/Tag unter dem Zielwert von 30 ha liegen (Tab. 10). In Bezug auf andere Indikatoren wie die Zahl der Beschäftigten, das Bruttoinlandsprodukt oder den Anteil der Mietkosten am privaten Konsum sind bei allen Bündeln keine dramatischen Auswirkungen bzw. Abweichungen gegenüber der Basisprognose zu erwarten; beim Bündel III ergeben sich bezüglich dieser Indikatoren leicht bessere Werte als bei den Bündeln I und II. Bruttoinlandsprodukt und Beschäftigung würden sich sogar leicht positiv entwickeln. Die Vorteile des Bündels III verstärken sich noch in der längerfristigen Perspektive bis 2030. Allerdings ist zu beachten, dass bei den Bündeln I und II die Verschuldung des Staates niedriger ist, während beim Bündel III höhere Einnahmen des Staates direkt an die privaten Haushalte zurückgegeben werden. Es bleibt aber festzuhalten, dass die Abweichungen von der Basisprognose (Tab. 10) bei allen untersuchten Bündeln so gering sind, dass sich daraus keine eindeutige Präferenz für eines der Bündel ableiten lässt.

Betrachtet man die Bündel unter der Perspektive, dass sie nur eine Senkung der täglichen Neuinanspruchnahme von Flächen auf ca. 50 ha herbeiführen sollen und der Rest bis zur Schließung der Lücke zum Ziel durch das Planungsrecht und andere Maßnahmen bewirkt werden könnte, so schneidet auch hier das Bündel III in Bezug auf die Reduzierung der Flächeninanspruchnahme und die anderen oben genannten Indikatoren am besten ab. Die erforderliche Reduzierung auf ca. 50 ha würde bei allen Bündeln mit nur halb so hohen Steuer- bzw. Abgabesätzen bei der Grunderwerbsteuer bzw. der Neuerschließungsabgabe erreicht.

TAB. 10 VERGLEICH DER INSTRUMENTENBÜNDEL IN BEZUG AUF VERSCHIEDENE INDIKATOREN

Indikatoren	Ziel ha/Tag	Bündel I 2020	Bündel I 2030	Bündel II 2020	Bündel II 2030	Bündel III 2020	Bündel III 2030
SuV/T	30	30,37	19,74	26,87	19,06	28,10	17,69
	50	52,50	42,47	50,93	41,25	50,10	40,33
Besch.	30	0,38	0,55	-0,47	0,04	0,49	0,68
	50	0,24	0,33	-0,22	0,06	0,35	0,46
BIP %	30	-0,42	-0,45	-0,43	-0,31	0,01	0,04
	50	-0,27	-0,28	-0,29	-0,21	0,16	0,22
Miet. %	30	0,96	1,42	1,9	1,64	0,29	0,72
	50	0,61	0,81	0,96	0,95	-0,05	0,13

SuV/T = Zunahme der Siedlungs- und Verkehrsfläche in ha/Tag
Besch. = Beschäftigung; prozentuale Abweichung gegenüber Basisprognose
BIP = Bruttoinlandsprodukt; prozentuale Abweichung gegenüber Basisprognose
Miet. = Anteil der Mietzahlungen am privaten Konsum; prozentuale Abweichung gegenüber Basisprognose

Quelle: GWS 2004

Die Simulation der Bündel unter der Annahme der Beibehaltung der Eigenheimzulage ergibt das nach den Ergebnissen zur isolierten Betrachtung dieses Instruments (Teil II, Kap. 7.2.3) zu erwartende Resultat, dass der Rückgang nur um etwa 0,5 ha/Tag geringer ausfallen würde, als bei den Vergleichsrechnungen, bei denen eine Abschaffung der Eigenheimzulage angenommen wird.

Insgesamt lässt sich feststellen, dass beim Bündel III die Erreichung des flächenpolitischen Ziels von 30 ha mit Eingriffsintensitäten möglich ist, die nicht von vornherein als unvertretbar betrachtet werden müssen. Etwas mehr als eine Verdopplung des realen Aufkommens (eine 2,25-Verfachung) bei der unterstellten Einführung einer Bodenwert- und Bodenflächensteuer sowie ein nominal auf 40 Euro/m^2 bis 2020 linear ansteigender Abgabesatz bei einer Neuerschließungsabgabe können als relativ moderate Eingriffsintensitäten betrachtet werden. Wenn man unterstellt, dass auch planungsrechtliche, kooperative und informatorische Instrumente in Zukunft einen signifikanten Beitrag zur Senkung des Flächenverbrauchs leisten würden, könnten die notwendigen Eingriffsintensitäten noch geringer ausfallen.

KERNAUSSAGEN UND SCHLUSSFOLGERUNGEN 8.

EINE TRENDWENDE IM FLÄCHENVERBRAUCH ZEICHNET SICH AB UND LÄSST SICH PLAUSIBEL BEGRÜNDEN

Der Verlauf der Neuinanspruchnahme von Flächen für Siedlungs- und Verkehrszwecke zeigt im Vergleich der drei bisher vorliegenden gesamtdeutschen Erhebungszyklen (1993–2004) einen stetigen Rückgang des Zuwachses bei der Gebäude- und Freifläche.

Als Ursachen für diese Entwicklung lassen sich anführen

› die konjunkturelle Entwicklung und der Einbruch der Bauinvestitionen,
› demografische Faktoren sowie
› der durch mehrere empirische Studien belegter Reurbanisierungstrend.

Entgegen der landläufigen Meinung, dass der Erwerb von Wohneigentum gleichzusetzen sei mit dem Bau eines Einfamilienhauses »auf der grünen Wiese«, hat der Erwerb im Bestand mittlerweile den Neubau überflügelt. Nach den Ergebnissen der aktuellen Wohneigentumsstudie von TNS Infratest hat gut die Hälfte (52 %) der neuen Eigentümer in Westdeutschland zwischen 2001 und 2003 »gebrauchte« Immobilien erworben. Im Hinblick auf die räumliche Verteilung der Nachfrage ist eine zunehmende Verlagerung in die Ballungsräume festzustellen. Der sich für Westdeutschland abzeichnende Trend zum urbanen Wohnen wird laut TNS Infratest zeitverzögert auch im Osten erkennbar. Aufgrund des Nachholbedarfs an Einfamilienhäusern konzentriert sich zwar hier noch immer mehr als die Hälfte die Nachfrage (56 %) auf den Neubau, sie ist jedoch im Vergleich zu dem Zeitraum 1998 bis 2000 (damals lag der Neubauanteil bei fast 70 %) bereits deutlich gesunken. Auch hier nimmt die Bedeutung der Ballungsräume als Wohnstandort zu (LBS Research 2004).

Aufgrund des demografischen Wandels sowie der lebensstilbedingten Änderungen in der Wohnflächennachfrage ist davon auszugehen, dass die Flächeninanspruchnahme auf lange Sicht abnehmen wird. Dieser langfristige Trend wird gegenwärtig durch eine konjunkturelle Entwicklung verstärkt, die aktuell zu einer Überzeichnung des Rückgangs führt. Bei einer wirtschaftlichen Erholung ist daher damit zu rechnen, dass auch der Flächenverbrauch wieder ansteigt, ohne jedoch je wieder die hohen Zuwachsraten der Periode 1993–1996 zu erreichen.

MITTEL- BIS LANGFRISTIG WIRD SICH DER DEMOGRAFISCHE WANDEL AUF JEDEN FALL MINDERND AUF DIE FLÄCHENNACHFRAGE AUSWIRKEN

Obwohl in den nächsten 20 bis 30 Jahren aufgrund der weiteren Zunahme der Anzahl der Haushalte bei gleichzeitig rückläufigen Haushaltsgrößen und wachsendem Wohnflächenkonsum pro Kopf noch mit einem weiteren Anstieg der Wohnflächennachfrage zu rechnen ist, wird sich die demografische Entwicklung bereits auf die Neuinanspruchnahme von Flächen für Siedlungs- und Verkehrszwecke auswirken. Dies vor allem, weil die Generationen der 20- bis 35-Jährigen und der 35- bis 50-Jährigen, die in erster Linie als Nachfrager von Einfamilienhäusern in Betracht kommen, zahlenmäßig bereits ab 2001 zurückgehen werden. Anzunehmen ist außerdem, dass sich diese potentiellen Nachfrager zu einem beträchtlichen Teil aus dem Bestand bedienen werden, zumal es sich um Generationen handelt, die in einem nicht gekannten Ausmaß Eigenheime und Wohnungen von ihren Eltern und Großeltern erben werden.

Die Wohnflächennachfrage wird sich aber regional sehr unterschiedlich entwickeln. In wirtschaftlich schwachen Regionen, bei denen weiterhin mit Abwanderung zu rechnen ist, wird es schon bis 2020 ein unterdurchschnittliches Wachstum oder sogar einen Rückgang geben, während in wirtschaftlich prosperierenden Regionen die Nachfrage noch deutlich steigen wird. In diesen Gebieten wird der Wohnungsmarkt weiterhin angespannt bleiben, während in den anderen Gebieten Leerstände durch Rückbau reduziert werden müssen. Der Neubaubedarf an Wohnungen wird zunächst bis 2010 allmählich und danach stark abnehmen. Bei der Nachfrage nach Büroflächen dürfte sich der demografische Wandel schon eher bemerkbar machen.

Die im Rahmen des TAB-Projekts durchgeführten Simulationsrechnungen zur Flächeninanspruchnahme zeigen in einer Status-quo-Prognose einen vornehmlich demografisch bedingten Rückgang des Flächenverbrauchs auf 81,5 ha/Tag im Jahr 2020 und auf 74,5 ha/Tag im Jahr 2030. Die in den letzten Jahren zu beobachtende Verlangsamung des Flächenwachstums dürfte bereits demografisch mit verursacht sein.

TROTZ RÜCKLÄUFIGER FLÄCHENINANSPRUCHNAHME BESTEHT DRINGENDER HANDLUNGSBEDARF

Die Tatsache, dass sich der Zuwachs der Siedlungs- und Verkehrsfläche in den letzten vier Jahren deutlich verlangsamt hat, könnte die Schlussfolgerung nahe legen, dass sich das Problem des Flächenverbrauchs von selber löst und keiner steuernden Eingriffe mehr bedarf. Diese Konsequenz wäre jedoch schon insofern voreilig, als bei einer wirtschaftlichen Erholung auch der Flächenverbrauch konjunkturbedingt wieder ansteigen wird. Außerdem werden derzeit trotz nahezu konstanter Bevölkerungszahlen täglich noch 115 ha Siedlungs- und Verkehrsfläche neu erschlossen.

Unter der Randbedingung einer langfristig schrumpfenden Bevölkerung besteht die Gefahr, dass jede zusätzliche Flächeninanspruchnahme zu großen, nicht rückholbaren Fehlinvestitionen führt. Um dem Entstehen weiterer Leerstände im Wohn- und Gewerbebau und der Ausweitung siedlungsstruktureller Brachen in der Zukunft entgegenzuwirken, erscheint es daher umso wichtiger, möglichst rasch ein effizientes Instrumentarium zur Umsetzung einer »Flächenkreislaufwirtschaft« zu entwickeln und in der Praxis anzuwenden.

Aufgrund der Entwicklung der Wohnungsnachfrage in den letzten Jahren lässt sich zum jetzigen Zeitpunkt eine Parallelität von Suburbanisierung und Reurbanisierung konstatieren. Welcher der beiden Trends in Zukunft die Oberhand gewinnen wird, hängt auch davon ab, inwieweit es Bund, Ländern und Kommunen gelingt, die Rahmenbedingungen für das Bauen und Wohnen in der Stadt zu verbessern.

Eine konsequente Flächenschutz- und Flächensparpolitik verliert also auch in Anbetracht einer rückläufigen Flächeninanspruchnahme nicht an Bedeutung. Da eine zukunftsfähige Siedlungsentwicklung nicht nur verschiedene, teils quantitative, teils qualitative Zielkomponenten umfasst, sondern zudem unterschiedliche Akteure zu einem zielkonformen Verhalten angeregt werden sollen, dürfte dies nur mit einem *Bündel von Maßnahmen* erreichbar sein. Dabei sind das Steuerrecht, das Bauplanungs- und Raumordnungsrecht, die Wohnungs- und Städtebauförderung sowie die Verkehrspolitik einzubeziehen. Die Kombination der Instrumente und auch die Eingriffsintensität der Instrumente müssen so angelegt sein, dass insgesamt eine gerechte Nutzen- und Lastenverteilung entsteht sowie negative wirtschaftliche und soziale Auswirkungen möglichst vermieden werden.

DAS BESTEHENDE PLANUNGSRECHTLICHE INSTRUMENTARIUM ERSCHEINT AUSREICHEND

Zur Steuerung der Flächennutzung steht ein breit gefächertes planerisches Instrumentarium zur Verfügung, das durch die in den letzten Jahren erfolgten grundlegenden Novellierungen des Raumordnungsgesetzes (ROG) und des Baugesetzbuches (BauGB) erheblich erweitert und verbessert wurde.

Viele der in die Debatte um die Reduktion des Flächenverbrauchs für Siedlungs- und Verkehrszwecke eingebrachten Reformvorschläge, wie die seit langem geforderte Revisionspflicht für Flächennutzungspläne, die Flexibilisierung der planerischen Festsetzungen (»Baurecht auf Zeit«), die inhaltliche Konkretisierung der Bodenschutzklausel und die erweiterten Möglichkeiten der Gemeinden, sich gegen die Ansiedlung großflächiger Einzelhandelsbetriebe zu wehren, sind durch das EAG Bau in geltendes Recht umgesetzt worden. Große Bedeutung im Hinblick auf die angestrebte Innenentwicklung und die Aufwertung der Innenstädte als Wohn- und Lebensorte ist auch den neu eingeführten Regelungen zum Stadtumbau und zur »Sozialen Stadt« zuzuschreiben. Es bleibt nun zunächst abzuwarten, wie sich diese Ergänzungen und Verschärfungen in der Praxis auswirken.

Nach verbreiteter Auffassung ist die bisher unzureichende Umsetzung der flächenpolitischen Ziele nicht auf das Fehlen effizienter planerische Instrumente zurückzuführen, sondern in erster Linie auf den mangelnden politischen Willen der Planungsträger, diese anzuwenden. Als notwendig wird daher von Vielen eine Korrektur der ökonomischen und fiskalischen Rahmenbedingungen angesehen, welche die Motivationslage der Akteure in Richtung auf einen haushälterischen Umgang mit der Ressource Boden verändern würde.

EINE INTENSIVIERUNG DER INTERKOMMUNALEN ZUSAMMENARBEIT IM BEREICH DER BAULANDAUSWEISUNG IST NOTWENDIG

Die negativen Folgen des Standortwettbewerbs der Gemeinden, aber auch die Einsicht, dass viele kommunale Aufgaben (wie Verkehr, Wohnungsbau, Gewerbeansiedlung, Wasser- und Abfallwirtschaft, Freiraumschutz etc.) nur noch in einem regionalen Kontext sinnvoll bewältigt werden können, lassen die Notwendigkeit interkommunaler Kooperation deutlich hervortreten.

Den Kommunen steht ein breites Spektrum unterschiedlicher Formen der Zusammenarbeit zur Verfügung, die seit Beginn der 1990er Jahre auch in verstärktem Umfang genutzt werden. Dennoch ist das Kooperationspotenzial in der Raumplanung nach Ansicht vieler Experten bei weitem noch nicht ausgeschöpft. Aufgrund der engen funktionalen Verflechtungen, der Flächenknappheit in den Kernstädten und des Bodenpreisgefälles zum Umland scheint eine Intensivierung interkommunaler Zusammenarbeit vor allem in Stadtregionen geboten. Wie die Praxis zeigt, gestaltet sich jedoch gerade dort ein regional abgestimmtes Flächenmanagement als schwierig, da die prosperierenden Umlandgemeinden, die ihre finanzielle Situation in der Vergangenheit durch die Ausweisung von Bauland erheblich (und zulasten der Kernstädte) verbessern konnten, häufig keinen Kooperationsbedarf sehen.

Als gravierende Hemmnisse für die Intensivierung der interkommunalen Zusammenarbeit werden neben lokalen Egoismen und der Befürchtung der Gemeinden, im Rahmen einer Kooperation Einschränkungen der kommunalen Selbstverwaltungshoheit hinnehmen zu müssen, vor allem fiskalische Zwänge, Unklarheiten über finanzielle Regelungen sowie der zusätzliche Aufwand der Koordinierungsprozesse genannt.

Um diese Hemmnisse zu beseitigen, wird häufig eine grundlegende kommunale Finanzreform für notwendig gehalten, die eine solide kommunale Finanzausstattung gewährleisten und die Konkurrenzsituation mildern würde. Im Hinblick auf einen gerechten Ausgleich zwischen Kernstadt und Umlandgemeinden wird vorgeschlagen, die Umlandgemeinden durch Einführung einer »*Regionalen Infrastrukturpauschale*« an den Kosten für die Bereitstellung übergeordneter Infrastruktureinrichtungen (Kliniken, Theater, Museen, Bibliotheken, weiterführende Schulen etc.) zu beteiligen. Zur Förderung der Kooperationsbereitschaft werden außerdem gezielte finanzielle Anreizsysteme auf Landesebene für zweckdienlich gehalten, insbesondere in Bereichen, in denen sich bisher kaum Win-Win-Situationen für die beteiligten Kommunen ergeben und erfolgreiche Kooperationsbeziehungen daher selten sind, wie etwa in der Wohnbaulandentwicklung.

FÜR DIE UMSETZUNG EINER NACHHALTIGEN FLÄCHENNUTZUNG KOMMT INFORMATORISCHEN INSTRUMENTEN GROSSE BEDEUTUNG ZU

Da das Wissen über die Folgen der Flächeninanspruchnahme und die Bodendegradierung in breiten Kreisen der Bevölkerung, aber auch bei wichtigen staatlichen und gesellschaftlichen Akteuren unzureichend ist, besteht in dieser Hinsicht kein ausgeprägtes Problembewusstsein. Eine flächensparende und -schonende Politik findet daher bisher kaum Unterstützung. Vor diesem Hintergrund erscheint es dringend erforderlich, durch verstärkte Öffentlichkeitsarbeit das Thema Flächenverbrauch aus den Expertenzirkeln in den breiten öffentlichen Dialog zu transportieren.

Mithilfe einer verstärkten Aufklärung aller Beteiligten könnte auch das beklagte Vollzugsdefizit im Planungsrechts wirksam bekämpft und die Bereitschaft zur interkommunalen Kooperation erhöht werden. Weiterbildungsmaßnahmen für die beteiligten Akteure, die breite Nutzung von vorliegenden Leitfäden zum Flächenmanagement, die Dokumentation von Best-Practice-Beispielen sowie die Erarbeitung regionaler Standortinformationssysteme kommen dabei als bewährte Instrumente in Betracht. Erwägenswert ist auch der Vorschlag zur Initiierung eines ständigen Akteursdialogs, z.B. über das Internet. Die Erstellung von Baulandkatastern, die Aufschluss geben über ausgewiesene Baugrundstücke, bestehende Brachflächen, überbaubare, aber untergenutzte Flächen, einschließlich der Eigentumsverhältnisse, ist als ein wichtiges flankierendes Instrument einer Flächenhaushaltspolitik zu betrachten.

UM GEGENLÄUFIG WIRKENDE ANREIZE ZU BESEITIGEN, ERSCHEINT EINE REFORM DER FISKALISCHEN RAHMENBEDINGUNGEN NOTWENDIG

In Ergänzung zu planungsrechtlichen, kooperativen und informatorischen Instrumenten ist zu erwägen, bestimmte fiskalische Rahmenbedingungen, die gegenwärtig eher falsche Anreize in Bezug auf den Flächenverbrauch setzen und auch aus anderen Gründen reformbedürftig erscheinen, zu modifizieren. Eine solche Strategie könnte Win-Win-Potenziale bieten. In Betracht kommen hier vor allem die Grundsteuer und die Grunderwerbsteuer.

BEI EINER REFORM DER GRUNDSTEUER SOLLTEN AUCH FLÄCHENPOLITISCHE BELANGE BERÜCKSICHTIGT WERDEN

Bei der Grundsteuer ergibt sich die Reformnotwendigkeit in erster Linie durch eine völlig veraltete Bemessungsgrundlage, die mit den Prinzipien einer gleichmäßigen Besteuerung nicht zu vereinbaren ist. Aus flächenpolitischer Sicht negativ zu beurteilen ist, dass flächenkonsumierende Ein- und Zweifamilienhäuser bei der Bestimmung der Bemessungsgrundlage sowie durch niedrige Steuermesszahlen begünstigt werden. Zudem setzt die jetzige Grundsteuer wegen ihrer geringen Höhe Anreize zum spekulativen Horten von unbebauten Grundstücken im Siedlungsbestand.

Allen bisherigen Erkenntnissen zufolge würde eine aufkommensneutrale Grundsteuerreform allerdings keine nennenswerten flächenverbrauchsreduzierenden Effekte haben. Um den bodenpolitischen Lenkungseffekt zu intensivieren, aber auch in Anbetracht der gegenwärtigen Erosion der kommunalen Einnahmen und im Hinblick auf eine Stärkung der kommunalen Finanzautonomie ist bei einer Reform zu erwägen, auf Aufkommensneutralität zu verzichten und die Grundsteuer zu einer stärkeren Säule des kommunalen Finanzsystems auszubauen. Dies erscheint auch insofern berechtigt, als Grund und Boden in Deutschland im Vergleich zu vielen anderen OECD-Ländern vergleichsweise moderat besteuert werden.

Bei einer Modifikation der Grundsteuer, die zu einem höheren Aufkommen führt, wäre eine Entlastung bei der Gewerbesteuer – als der anderen wichtigen kommunalen Steuer – möglich, bei der nach wie vor Reformbedarf gesehen wird. Bei einer simultanen Reform beider Gemeindesteuern könnte eine Gesamtaufkommensneutralität mit eine Neugewichtung der Aufkommensanteile zugunsten einer reformierten Grundsteuer angestrebt werden. Bei einem solchen Gesamtreformpaket dürften die potenziellen flächenpolitischen Lenkungseffekte stärker sein als bei einer auf die einzelne Steuer bezogenen Aufkommensneutralität, insbesondere weil eine steuerliche Entlastung bei der Gewerbesteuer eine Abschwächung des interkommunalen Wettbewerbs um die Ansiedlung von Unternehmen erwarten lässt.

Sollte eine Grundsteuerreform erwogen werden, böte es sich an, hier neben anderen schon länger diskutierten Reformmodellen auch die von Rodi (2002) vorgeschlagenen multiplikativ verknüpften Bodenwert- und Flächennutzungsteuer in die Reformüberlegungen einzubeziehen, da sie sowohl Vorteile bezüglich der fiskalischen Ergiebigkeit als auch hinsichtlich der flächenpolitischen Lenkungswirkung verspricht.

BEI DER GRUNDERWERBSTEUER BESTEHT NICHT NUR AUS FLÄCHENPOLITISCHER, SONDERN AUCH AUS ARBEITSMARKTPOLITISCHER UND SOZIALER SICHT REFORMBEDARF

In ihrer jetzigen Ausgestaltung erzeugt die Grunderwerbsteuer ein Preisgefälle zwischen bebauten und unbebauten Grundstücken. Sie begünstigt damit den Neubau und verteuert den Erwerb von Bestandsimmobilien. Zudem behindert sie die geforderte berufliche Mobilität der Arbeitnehmer ebenso wie die Wohneigentumsbildung von Schwellenhaushalten. Reformenüberlegungen sollten darauf abzielen, den Bodenerwerb in Neuerschließungsgebieten zu verteuern und den Erwerb im Bestand durch geringere oder keine Besteuerung zu begünstigen. Durch eine solche Modifikation würde die Innenentwicklung gefördert. Als in diese Richtung wirkende Reformoptionen bieten sich an:

> eine Spreizung der Steuersätze nach Lage des Grundstücks,
> die Befreiung von der Steuer bei Erwerben im Bestand sowie
> der Ersatz der bisherigen Grunderwerbsteuer durch eine Neuerschließungsabgabe (s.u.).

DIE MÖGLICHKEITEN EINER »ÖKOLOGISIERUNG« DES KOMMUNALEN FINANZAUSGLEICHS SIND AUS SYSTEMIMMANENTEN GRÜNDEN BEGRENZT

Durch zusätzliche Landeszuweisungen an die Kommunen sollen nach den Vorstellungen der Befürworter einer Ökologisierung des kommunalen Finanzausgleichs die Vorhaltung von Freiflächen für ökologische Funktionen- und Erholungszwecke honoriert und damit Einnahmenverluste, die den Gemeinden durch den Verzicht auf die Ausweisung neuer Wohn- und Gewerbegebiete entstehen, kompensiert werden. Diese Einnahmenverluste stellen sog. Opportunitätskosten dar, die zu keinem ausgabenwirksamen Finanzbedarf führen. Konstituierend für Zuweisungen aus dem kommunalen Finanzausgleich ist jedoch das Finanzbedarfsprinzip, d.h. das Vorliegen eines finanziellen Bedarfs der Kommunen. Die Kompensation von Opportunitätskosten ist deshalb im Rahmen des kommunalen Finanzausgleichs als systemfremd zu betrachten, sofern man das Prinzip der Bedarfsorientierung nicht aufgeben möchte. Begrenzte Möglichkeiten zur Ökologisierung des kommunalen Finanzausgleichs bestehen allenfalls in der Einführung von Zweckzuweisungen für besondere bzw. zusätzliche Ausgaben verursachende flächenschonende Maßnahmen der Gemeinden, wie z.B. Flächenrecycling- und -entsiegelungsprojekte.

ZUR ERREICHUNG DES 30-HA-ZIELS WÄRE DER EINSATZ REIN FLÄCHENPOLITISCH BEGRÜNDETER ANREIZINSTRUMENTE ZU ERWÄGEN

Obwohl sich eine Verlangsamung des Flächenverbrauchs abzeichnet, ist der trendmäßige Rückgang auf lange Sicht zu gering, um das von der Bundesregierung formulierte Ziel einer Rückführung der zusätzlichen Flächeninanspruchnahme für Siedlungs- und Verkehrszwecke auf 30 ha/Tag bis 2020 zu erreichen. Um die quantitative Reduktion zu beschleunigen, ist deshalb die Einführung rein flächenpolitisch begründeter ökonomischer Anreizinstrumente mit einer moderaten Eingriffsintensität zu erwägen. Als Optionen kommen dafür drei Instrumente in Betracht:

- Handelbare Flächenausweisungskontingente
- Baulandausweisungsumlage
- Neuerschließungsabgabe

Mit den beiden erstgenannten Instrumenten soll das Ausweisungsverhalten der Kommunen unmittelbar im Sinne des Flächensparens beeinflusst werden. Der Neuerschließungsabgabe würden dagegen Bauherren und Investoren beim Bau von Wohn- und Gewerbegebäuden in neu erschlossenen Gebieten unterliegen sowie, je nach Konzeption des Instruments, auch Kommunen für verkehrliche Erschließungsmaßnahmen. Bei einer Abwägung zwischen diesen drei Instrumenten, würde sich nach den Analysen des TAB am ehesten die Neuerschließungsabgabe anbieten.

Gegen handelbare Flächenausweisungskontingente spricht, dass aufgrund der Komplexität dieses Konzepts mit einem langwierigen und konfliktträchtigen Einführungsprozess, vor allem im Hinblick auf die Verteilung der Kontingente, zu rechnen ist, bevor das Instrument seine flächenpolitische Wirkung entfalten könnte. Mit der Einführung eines Zertifikathandels wären außerdem ein erheblicher bürokratischer Aufwand, hohe Transaktionskosten sowie der Aufbau neuer Institutionen (Bodenbörse, Monitoringeinrichtungen etc.) verbunden, was vor dem Hintergrund eines bereits trendmäßigen Rückgangs des Flächenverbrauchs kaum zu vertreten wäre.

Gegen die Baulandausweisungsumlage spricht, dass bei ihr im Gegensatz zur Neuerschließungsabgabe die Kompatibilität mit dem Verursacherprinzip nicht unbedingt gewährleistet ist. Bei der Baulandausweisungsumlage wäre dies nur bei völliger Überwälzung gegeben. Allerdings kann auch bei der Neuerschließungsabgabe das Verursacherprinzip unterlaufen werden, wenn Gemeinden im Besitz von Grundstücken sind und diese, um gewerbliche Investoren anzulocken, unter Wert verkaufen. Insgesamt stellt die Neuerschließungsabgabe aber das einfachere Instrument dar, das auch nicht grundsätzlich neu wäre, sofern die Abgabe anstelle der aus verschiedenen Gründen reformbedürftigen Grunderwerbsteuer (s.o.) eingeführt würde.

DIE BUNDESWEITE EINFÜHRUNG EINER VERSIEGELUNGSABHÄNGIGEN ABWASSERGEBÜHR WÄRE EINER BODENVERSIEGELUNGSABGABE VORZUZIEHEN

Zur Förderung einer bodenschonenden Flächennutzung wird verschiedentlich die Erhebung von Bodenversiegelungsabgaben vorgeschlagen, die, je nach Konzeption, einerseits Anreize zur Verringerung der Neuversiegelung und andererseits zur Entsiegelung von Flächen setzen sollen. Bei den neuesten Vorschlägen geht es um einmalige Abgaben, die bei Neuversiegelungen fällig würden. Daneben gibt es Vorschläge für eine gespaltene Abgabe, bei der Neuversiegelungen mit einer einmal zu zahlenden Abgabe belegt und bereits versiegelte Grundstücke einer jährlich vom Versiegelungsgrad abhängigen Abgabe unterworfen werden.

Sofern die Erhebung einer *Neuerschließungsabgabe* erwogen wird, würde sich die zusätzliche Einführung einer *Neuversiegelungsabgabe* erübrigen, schon um eine unnötige Instrumentenvielfalt zu vermeiden. Im Hinblick auf die Implementation einer jährlichen Versiegelungsabgabe wäre zu überlegen, ob nicht die flächendeckende Einführung kostendeckender versiegelungsabhängiger Abwassergebühren, wie sie bereits von vielen Gemeinden bzw. Wasserver- und -entsorgungsunternehmen praktiziert werden, nicht geeigneter wären, um Anreize zur Entsiegelung zu schaffen. Bemessungsgrundlage dieser sogenannten »Regenwassergebühr« ist nicht nur das Volumen des Frischwasserbezugs, sondern auch die Regenwassermengen, die von einem Grundstück in die öffentliche Kanalisation abgeführt werden und die umso größer sind, je höher der Versiegelungsgrad ist. Allerdings setzt das dem Gebührenrecht zugrunde liegende Äquivalenzprinzip einer über die Kosten der Regenwasserbehandlung hinausgehenden flächenpolitisch motivierten Bemessung enge Grenzen.

UM DEN NOTWENDIGEN STADTUM- UND -RÜCKBAU ZU GESTALTEN, ERSCHEINT EINE AUFSTOCKUNG DER STÄDTEBAUFÖRDERUNG UNVERZICHTBAR.

Nach übereinstimmender Auffassung hat sich die Städtebauförderung in den letzten Jahren als ein wichtiges Instrument zur Realisierung der Innenentwicklung, zur Aufwertung der vorhandenen Bausubstanz, zur Sanierung und Wiedernutzung städtischer Brachen, zur Umsetzung einer funktionalen Nutzungsmischung und zur Revitalisierung der Kernstädte erwiesen. Trotz ihres im Vergleich zu anderen Förderprogrammen relativ begrenzten Finanzvolumens konnten infolge hoher Multiplikatoreffekte mit den eingesetzten Mittel positive Flächenwirkungen in größerem Umfang erzielt werden. Indem sie dazu beiträgt, die Attraktivität des Wohnens in der Stadt zu erhöhen und durch Flächenrecycling neue Flächenpotenziale zu erschließen, verhindert sie tendenziell die Inanspruchnahme von Freiflächen an anderer Stelle.

Im Hinblick auf eine sinnvolle Gestaltung des anstehenden Stadtum- und -rückbaus wird von verschiedenen Seiten eine finanzielle Aufstockung der Stadterneuerungsprogramme »Soziale Stadt«, »Stadtumbau Ost« und »Stadtumbau West« gefordert. Um vorhandene Flächenreserven zu mobilisieren, müssten in erster Linie zusätzliche Mittel für die Aufbereitung von Brachflächen aller Art bereit gestellt werden, da das Flächenrecycling von den Kommunen allein nicht bewältigt werden kann.

DIE ERREICHUNG DES 30-HA-ZIELS WÄRE MIT INSTRUMENTENBÜNDELN VON MODERATER EINGRIFFSINTENSITÄT MÖGLICH, GRÖẞERE AUSWIRKUNGEN AUF BRUTTOINLANDSPRODUKT, BESCHÄFTIGUNG UND MIETKOSTEN SIND NICHT ZU ERWARTEN

Zur Realisierung eines so anspruchsvollen Ziels wie des 30-ha-Ziels der Bundesregierung sind Kombinationen verschiedener Instrumente der geeignete Weg. Dadurch kann die Eingriffsintensität einzelner Instrumente geringer gehalten und die Reduktionslasten können auf mehrere Schultern verteilt werden.

Wie die Simulationsrechnungen im Rahmen des TAB-Projekts zeigen, könnte das 30-ha-Ziel z.B. mithilfe eines Instrumentenbündels erreicht werden, das vorsieht:

› eine Abschaffung der Eigenheimzulage und der Entfernungspauschale,
› eine nicht aufkommensneutrale Bodenwert- und Bodenflächensteuer, die in der Summe zu einer 1%igen Belastung des Bodenwertes und zu etwas mehr als einer Verdopplung des realen Grundsteueraufkommens (2,25-fache) führt,
› sowie eine bis zum Jahr 2020 linear auf 40 Euro/m^2 nominal ansteigende Neuerschließungsabgabe.

Negative gesamtwirtschaftliche Auswirkungen, z.B. auf das Bruttoinlandsprodukt, die Beschäftigung oder die Kosten des Wohnens, sind nicht zu erwarten, wenn man die Mehreinnahmen aus der Grundsteuer und die eingesparten Mittel durch Subventionsstreichung im Sinne einer gesamtaufkommensneutralen Ausgestaltung des Bündels zur Senkung der Einkommensteuer verwendet. Der Abgabesatz der Neuerschließungsabgabe könnte 2020 nur halb so hoch sein, wenn man von der Perspektive ausgeht, dass mit dem Bündel nur eine Senkung der täglichen Neuinanspruchnahme von Flächen auf 50 ha/Tag herbeigeführt werden soll und eine weitere Senkung bis zur Schließung der Lücke zum Ziel durch planungsrechtliche, kooperative und informatorische Instrumente bewirkt werden könnte. Insgesamt lässt sich feststellen, dass es sich hierbei um Maßnahmen mit relativ moderaten und nicht von vornherein unvertretbaren Eingriffsintensitäten handelt.

LITERATUR

IN AUFTRAG GEGEBENE GUTACHTEN 1.

FiFo (Finanzwissenschaftliches Forschungsinstitut an der Universität zu Köln) (2004): Gemeindefinanzreform – Hintergründe, Defizite, Alternativen (Autoren: Fuest, C., Thöne, M.). Köln

GWS (Gesellschaft für Wirtschaftliche Strukturforschung mbH) (2004): Abschätzung der Auswirkungen alternativer Bündel ökonomischer Anreizinstrumente zur Reduzierung der Flächeninanspruchnahme – Ziele, Maßnahmen, Wirkungen (Autoren: Ahlert, G., Klann, U., Lutz, C., Meyer, B., Wolter, M.I.).Osnabrück

IBoMa (Institut für Bodenmanagement) (2004): Möglichkeiten zur Verbesserung der interkommunalen Kooperation: – Beispiele aus der Praxis, Erfahrungen, Handlungsbedarf (Autoren: Dransfeld, E., Boele-Keimer, G., Pfeiffer, P.). Dortmund

IÖW (Institut für ökologische Wirtschaftsforschung GmbH) (2004): Instrumente zur Förderung der Wiedernutzung von Industrie-, Gewerbe- und Verkehrsbrachen (Flächenrecycling) (Autoren: Haum, R., Petschow, U. unter Mitarbeit von Buchholz, F., Schmitt, T., Seeger, B.). Berlin

IRS (Institut für Regionalentwicklung und Strukturplanung) (2004): Der demografische Wandel und seine Konsequenzen für Wohnungsnachfrage, Städtebau und Flächennutzung (Autoren: Bürkner, H.-J., Berger, O., Luchmann, C., Tenz, E.). Erkner

UFZ (Umweltforschungszentrum Leipzig-Halle GmbH) (2004): Möglichkeiten zur Verbesserung der interkommunalen Kooperation: Beispiele aus der Praxis, Erfahrungen, Handlungsbedarf (Autor: Gawron, T.). Leipzig

WEITERE LITERATUR 2.

Akademie für Technikfolgenabschätzung Baden-Württemberg (Hg.) (2002): Landschaftszerschneidungen in Baden-Württemberg. Arbeitsbericht Nr. 214

Aktion pro Eigenheim (2006): Positionspapier der Verbände sowie der Gewerkschaft der Bau- und Wohnungswirtschaft: Für mehr Wahlfreiheit in der geförderten Altersvorsorge »Bau-Riester«. Berlin

Apel, D., Henckel, D., Bunzel, A., Floeting, H., Henkel, M.J., Kühn, G., Lehmbrock, M., Sander, R. (1995): Flächen sparen. Verkehr reduzieren. Möglichkeiten zur Steuerung der Siedlungs- und Verkehrsentwicklung, Difu-Beiträge zur Stadtforschung 16, Berlin

Apel, D., Böhme, Ch., Meyer, U., Preisler-Holl, L. (2001): Szenarien und Potenziale einer nachhaltig flächensparenden und landschaftsschonenden Siedlungsentwicklung. Berichte Umweltbundesamt 1/00, Berlin

ARL (Akademie für Raumforschung und Landesplanung) (1999): Flächenhaushaltspolitik: Empfehlungen für eine zukunftsfähige Raum- und Siedlungsentwicklung. Forschungs- und Sitzungsberichte 208, Hannover

ARL (Akademie für Raumforschung und Landesplanung) (2000): Regionaler Flächennutzungsplan: Rechtlicher Rahmen und Empfehlungen zur Umsetzung. Forschungs- und Sitzungsberichte 213, Hannover

ARL (Akademie für Raumforschung und Landesplanung) (2004): Positionspapier Nr. 58: Flächenhaushaltspolitik. Ein Beitrag zur nachhaltigen Raumentwicklung, Hannover

Bach, S. (2003): Entfernungspauschale: Kürzung gerechtfertigt. In: Wochenberichte des DIW 40

Bach, S., Gornig, M., Kohlhaas, M. (1999): Anforderungen an und Anknüpfungspunkte für eine Reform des Steuersystems unter ökologischen Aspekten. Umweltbundesamt (Hg.) Berichte 3/99, Berlin

Bach, S., Kohlhaas, M., Meyer, B., Praetorius, B., Welsch, H. (2002): The effects of environmental fiscal reform in Germany: a simulation study. In: Energy Policy 30(9), S. 803–811

Bartholmai, B. (2002): Wohnungsbau und Eigentumsbildung: Für eine einfache und effizientere Wohneigentumsbildung. In: Wochenberichte des DIW 22

Bayerisches Staatsministerium für Landesentwicklung und Umweltfragen/Oberste Baubehörde im Bayerischen Staatsministerium des Innern (2003): Arbeitshilfe »Kommunales Flächenressourcen-Management«. München

Bayern/Rheinland-Pfalz (Bericht des Bayerischen Staatsministers der Finanzen und des Ministers der Finanzen des Landes Rheinland-Pfalz an die Finanzministerkonferenz) (2004): Reform der Grundsteuer.

BBR (Bundesamt für Bauwesen und Raumordnung) (1999): Werkstatt: Praxis 3

BBR (Bundesamt für Bauwesen und Raumordnung) (2001a): Bauland- und Immobilienmärkte. Ausgabe 2001, Bonn

BBR (Bundesamt für Bauwesen und Raumordnung) (2001b): Wohnungsprognose 2015. Berichte Band 10, Bonn

BBR (Bundesamt für Bauwesen und Raumordnung) (Hg.) (2003): Szenarien zur Raumentwicklung. Raum- und Siedlungsstrukturen Deutschlands 2015/2040, Forschungen 112, Bonn

BBR (Bundesamt für Bauwesen und Raumordnung) (2004b): Innovative Projekte zur Regionalentwicklung. Modellvorhaben der Raumordnung 2003–2006, 3. Sachstandsbericht, September 2004

BBR (Bundesamt für Bauwesen und Raumordnung) (2006): Flächenerhebung 2001–2004. http://www.bbr.bund.de

BDA (Bund Deutscher Architekten) (2004): Schriftliche Stellungnahme zum Fragenkatalog des TAB

Bertelsmann Stiftung (2003): Reform der Gemeindefinanzen – ein Vorschlag der Bertelsmann Stiftung. Gütersloh

Bertelsmann Stiftung (2006): Von der Gewerbesteuer zur kommunalen Wirtschaftssteuer – ein Reformkonzept der Bertelsmann Stiftung. Gütersloh

Berth, F. (2005): Kommentar zum Zitat von Petra Roth, Präsidentin des Deutschen Städtetages und Oberbürgermeisterin von Frankfurt: »Der Anstieg der kommunalen Kassenkredite ist ein Alarmzeichen.« Süddeutsche Zeitung vom 22.03.2005

Bizer, K. (1995): Von der Grundsteuer zur Flächensteuer. In: D. Ewringmann (Hg.): Ökologische Steuerreform: Steuern in der Flächennutzung. Finanzwissenschaftliche Forschungsarbeiten 63, Berlin, S. 137–179

Bizer, K., Ewringmann, D., Bergmann, E., Dosch, F., Einig, K., Hutter, G. (1998) (Hg.): Mögliche Maßnahmen, Instrumente und Wirkungen einer Steuerung der Verkehrs- und Siedlungsflächennutzung. Studie im Auftrag der Enquete-Kommission »Schutz des Menschen und der Umwelt – Ziele und Rahmenbedingungen einer nachhaltig zukunftsverträglichen Entwicklung«, Berlin/Heidelberg

Bizer, K., Lang, J. (1997): Ansätze für ökonomische Anreize zum sparsamen und schonenden Umgang mit Bodenflächen. Vorläufiger Endbericht des Finanzwissenschaftlichen Forschungsinstituts an der Universität zu Köln in Zusammenarbeit mit dem Institut für Steuerrecht der Universität zu Köln für das Umweltbundesamt (UFOPLAN 101 03 196)

Bizer, K., Lang, J. (2000): Ansätze für ökonomische Anreize zum sparsamen und schonenden Umgang mit Bodenflächen. UBA-Texte 21-00, Berlin

Bizer, K., Linscheidt, B. (1998): Umweltabgaben in Nordrhein-Westfalen. In: Zeitschrift für Umweltpolitik und Umweltrecht 22, S. 215–241

Bizer, K., Truger, A. (1996): Die Steuerung der Bodenversiegelung durch Abgaben: In: Zeitschrift für Angewandte Umweltforschung (ZAU) 3, S. 379–389

BLAK (Bund/Länder-Arbeitskreis Steuerliche und Wirtschaftliche Fragen des Umweltschutzes) (2003): Instrumente zur Reduktion der Flächeninanspruchnahme. Bericht für die 60. Umweltministerkonferenz, o.O.

BMF (Bundesministerium der Finanzen) (2001): 18. Subventionsbericht. Berlin

BMF (Bundesministerium der Finanzen) (2002): Bundespolitik und Kommunalfinanzen. Berlin

BMU (Bundesministerium für Umwelt, Naturschutz und Reaktorsicherheit) (1998): Nachhaltige Entwicklung in Deutschland: Entwurf eines umweltpolitischen Schwerpunktprogramms. Bonn

BMVBW (Bundesministerium für Verkehr, Bau- und Wohnungswesen) (2001): Verwaltungsvereinbarung Städtebauförderung 2001 vom 27.04./01.08.2000

BMVBW (Bundesministerium für Verkehr, Bau- und Wohnungswesen) (2000): Bericht der Kommission »Wohnungswirtschaftlicher Strukturwandel in den neuen Bundesländern. Berlin

BMVBW (Bundesministerium für Verkehr, Bau- und Wohnungswesen) (2002): Bericht der Unabhängigen Expertenkommission zur Novellierung des Baugesetzbuches. Berlin

Böhm, E., Nierling, L., Walz, R., Küpfer, Ch. (2002):Vorstudie zur Ausgestaltung eines Systems handelbarer Flächenausweisungskontingente – Ansätze für Baden-Württemberg am Beispiel des Nachbarschaftsverbandes Karlsruhe. Abschlussbericht, Karlsruhe

Böhme, C., Bunzel, A. (2003): Beitrag von Flächen- und Maßnahmenpools zu einer flächensparenden nachhaltigen Siedlungsentwicklung. In: Deutsches Institut für Urbanistik (Hg.): Statusbericht Flächen und Maßnahmenpools. Berlin, S. 21–26

Brandt, E., Sanden, J. (2003) Verfassungsrechtliche Zuständigkeit neuer übergreifender Rechtsinstrumente zur Begrenzung des Flächenverbrauchs. Forschungsbericht 363 01 153. UBA-FB 000515, Berlin

Brenner, J. (2003): Stadtumbau Ost: Rückblick und Ausblick. Zwischenbilanz aus der Sicht des Bundesbauministeriums. In: Die Wohnungswirtschaft 8/2003, S. 20–21

Brühl, H., Echter, C., Frölich von Bodelschwingh, F., Jekel, G. (2005). Wohnen in der Innenstadt – eine Renaissance? Difu-Beiträge zur Stadtforschung 41, Berlin

Bucher, H., Schlömer, C. (2003a): Der Demografische Wandel und seine Wohnungsmarktrelevanz. In: vhw Forum Wohneigentum Juni/Juli 2003(3), S. 121–126

Bucher, H., Schlömer, C. (2003b): Die regionalisierte Bevölkerungsprognose des Bundesamtes für Bauwesen und Raumordnung: aktueller, mit erweitertem Prognosehorizont, in feinerer räumlicher Differenzierung. In: Bundesamt für Bauwesen und Raumordnung (Hg.): INKAR Prognose 2020. CD-ROM, Bonn

BUND (Bund für Umwelt und Naturschutz Deutschland e.V.) (2004): Zukunftsfähige Raumnutzung. Boden gut machen! Vom Flächenverbrauch zum Flächenkreislauf, Positionen 40, Berlin

Bundesregierung (1985): Unterrichtung durch die Bundesregierung – Bodenschutzkonzepte der Bundesregierung. Deutscher Bundestag, Drucksache 10/2977, Bonn

Bundesregierung (2002a): Bodenschutzbericht für die 14. Legislaturperiode. Verabschiedet vom Bundeskabinett am 19. Juni 2002

Bundesregierung (2002b): Perspektiven für Deutschland. Unsere Strategie für eine nachhaltige Entwicklung, Berlin

Bundesregierung (2003): Gesetzentwurf der Bundesregierung: Entwurf eines Gesetzes zur Anpassung des Baugesetzbuches an EU-Richtlinien (Europarechtsanpassungsgesetz Bau – EAG Bau). Deutscher Bundestag, Drucksache 15/2250, Berlin

Bundesregierung (2004a): Perspektiven für Deutschland. Unsere Strategie für eine nachhaltige Entwicklung, Fortschrittsbericht 2004, Berlin

Bundesregierung (2004b): Antwort der Bundesregierung auf die Große Anfrage der Abgeordneten Peter Götz, Klaus Minkel, Dirk Fischer (Hamburg), weiterer Abgeordneter und der Fraktion der CDU/CSU – Drucksache 15/3362 – Reduzierung der zusätzlichen Flächennutzung für Verkehrs- und Siedlungszwecke. Deutscher Bundestag, Drucksache 15/4472, Berlin

Bunzel, A., Reitzig, F., Sander, R. (2002): Interkommunale Kooperation im Städtebau. Difu-Beiträge zur Stadtforschung 34

BVB (Bundesverband Boden e.V.) (2001): Bodenschutz in der Bauleitplanung: Vorsorgeorientierte Bewertung. BVB-Materialien 6, Berlin

CDU/CSU und SPD (2006): Gesetzentwurf der Fraktionen der CDU/CSU und SPD: Entwurf eines Steueränderungsgesetzes 2007. Deutscher Bundestag, Drucksache 16/1545, Berlin

Coenen, R., Grunwald, A. (2003): Nachhaltigkeitsprobleme in Deutschland. Berlin

Dangschat, J.S. (1997): Wohlstands- und Armutsentwicklung in deutschen Städten. In: Krämer-Badoni, Th., Petrowsky, W. (Hg.): Das Verschwinden der Städte. Bremen, S. 168–206

Danielzyk, R. (2000): Kooperation der Gebietskörperschaften auf regionaler Ebene in Verdichtungsräumen und ihre Bedeutung für die Koordination der Baulandausweisung. In: Einig, K. (Hg.): Regionale Koordination der Baulandausweisung. Akademische Abhandlungen zur Raum- und Umweltforschung, Berlin, S. 148–162

Danielzyk, R. (2001): Regionale Entwicklungskonzepte – Erfahrungen im Rahmen der Gemeinsamen Landesplanung Bremen/Niedersachsen. In: Jähnke/Gawron 2001, S. 105–121

DB Immobilien (2006): Der Markt spreizt sich – Trend Research 2006. Heidelberg

DB Research (Deutsche Bank Research) (2003): Demografie lässt Immobilien wackeln. Aktuelle Themen 283, Frankfurt a.M.

DB Research (Deutsche Bank Research) (2004): Demografische Entwicklung verschont öffentliche Infrastruktur nicht. Themen international 294

Deggau, M. (2006): Nutzung der Bodenfläche. Flächenerhebung 2004 nach Art der tatsächlichen Nutzung. In: Wirtschaft und Statistik 3, S. 212–219

Dehne, P. (2002): Regionale Entwicklungskonzepte – Begriffsbestimmung und Funktionen. In: Regionale Entwicklungskonzepte Strategien und Steuerungswirkungen. Arbeitsmaterial 287 der Akademie für Raumforschung und Landesplanung (ARL), Hannover, S. 24–33

Difu (Deutsches Institut für Urbanistik) (2002): Drei Jahre Programm Soziale Stadt – eine ermutigende Zwischenbilanz. Berlin

Difu (Deutsches Institut für Urbanistik) (2003): Strategien für die Soziale Stadt. Erfahrungen und Perspektiven – Umsetzung des Bund-Länder-Programms »Stadtteile mit besonderem Entwicklungsbedarf – die soziale Stadt«, Berlin

DIW (Deutsches Institut für Wirtschaftsforschung) (2002): Finanz- und Investitionskrise der Gemeinden erzwingt grundlegende Reform der Kommunalfinanzen. In: Wochenberichte des DIW 31, Berlin

Dolde, K.P. (2003): Umweltprüfung in der Bauleitplanung – Novellierung des Baugesetzbuchs, Bericht der Unabhängigen Expertenkommission. In: Neue Zeitschrift für Verwaltungsrecht (NVwZ) 3, S. 297–304

Dosch, F. (2005): Trends der Siedlungsflächenentwicklung und ihre Steuerung in der Schweiz und Deutschland. In: DISP 160, S. 5–15

Dosch, F., Beckmann, G. (2003): Stand und Perspektiven der Siedlungsflächenentwicklung. In: BBR (Hg.): Bauland und Immobilienmärkte. Ausgabe 2003, Bonn, S. 71–98

Dosch, F., Einig, K. (2005): Mengensteuerung der Siedlungsflächenentwicklung durch Plan und Zertifikat. Einführung. In: Informationen zur Raumentwicklung 4/5, S. I-VIII

Droß, M. (2004): Konzepte und Instrumente zur Steuerung der Wohnsiedlungsentwicklung. Dortmund

DST (Deutscher Städtetag) (2002): Strategisches Flächenmanagement und Bodenwirtschaft. Aktuelle Herausforderungen und Handlungsempfehlungen, Positionspapier des Deutschen Städtetages. Köln/Berlin

DST (Deutscher Städtetag) (2003): Gemeindefinanzbericht: Gemeindefinanzreform vor dem Scheitern. In: der städtetag 9, S. 4–9

DST/DStGB (Deutscher Städtetag und Deutscher Städte- und Gemeindebund) (2003): Reformen statt Kahlschlag. Berliner Appell der deutschen Städte und Gemeinden, 24. September 2003

DV (Deutscher Verband für Wohnungswesen, Städtebau und Raumordnung e.V.) (1999): Instrumente zur Verbesserung des Baulandangebots und zur Finanzierung der Folgeinvestitionen. Bericht der Kommission zur »Verbesserung des Baulandangebots«, Bonn

Echter, C.P., Brühl, H. (2004): Förderung von Wohneigentum in deutschen Städten. Difu-Materialien 1, Berlin

Einig, K. (1999): Die Bedeutung der Raumplanung für den vorsorgenden Schutz des Bodens vor Versiegelung. In: BBR (Hg.): Steuerung der Flächennutzung. Informationen zur Raumentwicklung 8, S. 535–554

Einig, K. (2003): Baulandpolitik und Siedlungsflächenentwicklung durch regionales Flächenmanagement. In: BBR (Hg.): Bauland und Immobilienmärkte. Ausgabe 2003, Bonn, S. 105–125

Einig, K., Spiecker, M. (2002): Die rechtliche Zulässigkeit regionalplanerischer Mengenziele zur Begrenzung des Siedlungs- und Verkehrsflächenwachstums. In: Zeitschrift für Umweltrecht (ZUR), Sonderheft, S. 150–157

Enquete-Kommission (1998): Abschlussbericht der Enquete-Kommission »Schutz des Menschen und der Umwelt – Ziele und Rahmenbedingungen einer nachhaltig zukunftsverträglichen Entwicklung«. Konzept Nachhaltigkeit – vom Leitbild zur Umsetzung. Deutscher Bundestag, Drucksache 13/11200, Bonn

Euronatur (Stiftung Europäisches Naturerbe) (2006): Aktiv für Landschaft und Gemeinde. Leitfaden für eine nachhaltige Siedlungsentwicklung, Rheinbach/Bonn

Färber, G. (2003): Wirkungen der Eigenheimzulage. In: Wohnungswirtschaft und Mietrecht 4, S. 196–2000

Feldtkeller, A. (2001): Strategien zur städtebaulichen Neuorientierung. In: Feldtkeller, A. (Hg.): Städtebau: Vielfalt und Integration. Neue Konzepte für den Umgang mit Stadtbrachen, München

Freistaat Bayern (2000): Entwurf eines Gesetzes zur Regelung der Grundsteuer. Bayerisches Staatsministerium der Finanzen, Referat 34

Frohn, J., Chen, P., Hillebrand, B., Lemke, W., Lutz, C., Meyer, B., Pullen, M. (2003): Wirkungen umweltpolitischer Maßnahmen. Abschätzungen mit zwei ökonometrischen Modellen, Heidelberg

Frohn, J., Leuchtmann, R., Kräussl, R. (1998): Fünf makroökonomische Modelle zur Erfassung der Wirkungen umweltpolitischer Maßnahmen – eine vergleichende Betrachtung. Abschlussbericht im Projekt »Modellvergleich des Wissenschaftlichen Beirates zur Umweltökonomischen Gesamtrechnung«. Schriftenreihe »Beiträge zu den Umweltökonomische Gesamtrechnungen« Bd. 7, Statistisches Bundesamt, Wiesbaden

Fuest, C., Thöne, M. (2002): Substitution der Gewerbesteuer: Eine Kombination aus Zuschlägen zur Einkommen- und Körperschaftsteuer und reformierter Grundsteuer. Referat auf dem Symposium »Kommunale Steuer- und Finanzreform« des Finanzwissenschaftlichen Forschungsinstituts an der Universität zu Köln am 6.12.2002, Köln; http://www.fifo-koeln.de

Fuest, C., Thöne, M. (2003): Ein modifiziertes Zuschlagsmodell zur Reform der Gemeindesteuern. In: Wirtschaftsdienst III, S. 164–169

Gawron, T., Jähnke, P. (2001): Kooperation in der Region: Einführung in die Problemstellung. In: Jähnke/Gawron 2001, S. 11–34

GdW (Bundesverband deutscher Wohnungsunternehmen e.V.) (2004): Interview der Süddeutschen Zeitung mit dem Präsidenten des GdW Lutz Freitag, SZ 05. März 2004

GdW (Bundesverband deutscher Wohnungsunternehmen e.V.) (Hg.) (2003): Wohnungswirtschaftliche Daten und Trends 2003/2004. Hamburg

Gemeindetag BaWü (Baden-Württemberg) (2002): Abschlussbericht der Arbeitsgruppe beim Gemeindetag Baden-Württemberg: Auswirkungen der demographischen Entwicklung auf die Städte und Gemeinden. In: Die Gemeinde (BWGZ) Heft 6, S. 192–211

Georgakis (2004): In: Egner, B., Georgakis, N., Heinelt, H., Bartholomäi, R.: Wohnungspolitik in Deutschland. Positionen, Akteure, Instrumente. Schader-Stiftung (Hg.), Darmstadt, Kap. 3.2–3.5

Goldschmidt, J. (2005): Stadtumbau und Soziale Stadt. In: Deutsches Verwaltungsblatt (DVBL) 2005, S. 81–89

Groth, K.-M., von Feldmann, P., Streck, C. (2000): Möglichkeiten der Baulandmobilisierung durch Einführung einer bodenwertorientierten Grundsteuer. Unveröffentlichtes Gutachten im Auftrag des Bundesministeriums für Verkehr, Bau- und Wohnungswesen, Kanzlei Gaßner, Groth, Siederer & Collegen, Berlin [zit. nach: Lehmbrock/Coulmas (2001)]

Haak, W. (2003): Die Mär vom Betonland. Der ländliche Raum auf dem Wege zur baufreien Zone? In: Stadt und Gemeinde 07-08, S. 306–308

Hammerschmidt, R. (2004): Imagewandel der City. Studie: Kaufkräftige Menschen werden in Zukunft häufiger in die Stadtzentren ziehen. In: Berliner Zeitung vom 6./7.11.2004, S. W1

Häußermann, H. (2000): Unsere Städte brauchen Zuwanderer. In: Jahrbuch Arbeit und Technik 1999/2000, S. 325–339

Häußermann, H., Kronauer, M., Siebel, W. (2004): Stadt am Rand: Armut und Ausgrenzung. In: Häußermann, H., Kronauer, M., Siebel, W. (Hg.): An den Rändern der Städte. Frankfurt a.M., S. 7–40

Haustein, T. (2004): Wohngeld in Deutschland 2002: Ergebnisse der Wohngeldstatistik. In: Wirtschaft und Statistik 7, S. 762–769

Heinz, W. (2000): Interkommunale Kooperation in Stadtregionen: Das Beispiel der Bundesrepublik Deutschland. In: Heinz, W. (Hg.): Stadt & Region – Kooperation oder Koordination? Ein internationaler Vergleich. Schriften des Difu 93, Stuttgart u.a.O., S. 169–274

Hendler, R., Heimlich, J. (2000): Raumplanung und Umweltschutz. In: Jahrbuch des Umwelt- und Technikrechts 2000, UTR Band 54, Berlin, S. 7–39

Hennings, G. (2001): Thesen zur Gewerbeflächenpolitik in Nordrhein-Westfalen. http://www.nrw.de/landesplanung/gewerbeflaechen/thesen.pdf

Herfert, G. (2004): Die ostdeutsche Schrumpfungslandschaft. In: Geographische Rundschau 56, S. 57–62

Hinrichs, W. (2001a): Wohnen in Deutschland – wie reaktionsfähig ist der Sozialstaat? In: Gegenwartskunde 4, S. 521–546

Hinrichs, W. (2001b): Sozialstaatliche Sicherung der Wohnungsversorgung in Deutschland. In: Röller, L.H., Hey, Ch. (Hg.): Die soziale Marktwirtschaft in der Neuen Weltwirtschaft. WZB-Jahrbuch 2001, Berlin, S. 133–166

Holtel, U., Wuschansky, B. (2002): Interkommunale Gewerbegebiete, Public Private Partnership. Schriftenreihe des ILS 182, Dortmund

Hoppe, W. (2004): Stehen die »Ziele der Raumordnung« in der Form von Soll-Zielen vor dem Aus? In: Deutsches Verwaltungsblatt (DVBL) 8, S. 478–481

Hoppe, W., Otting, O. (2004): Zur Erweiterung der Planungshoheit und der gemeindenachbarlichen Klagebefugnisse in § 2 Abs. 2 Satz 2 BauGB 2004 um raumordnungsrechtliche Belange. In: Deutsches Verwaltungsblatt (DVBL) 18, S. 1125–1132

Hutter, G., Westphal, Ch., Siedentop, S., Janssen, G., Müller, B., Vormann, M., Ewringmann, D. (2004): Handlungsansätze zur Berücksichtigung der Umwelt-, Aufenthalts- und Lebensqualität im Rahmen der Innenentwicklung von Städten und Gemeinden. Fallstudien, UBA-Forschungsbericht UBA-FB 000618, Berlin

IfS (Institut für Städtebau, Wohnungswirtschaft und Bausparwesen e.V.) (2003): Pro-Kopf-Wohnfläche in Deutschland jetzt bei 40 Quadratmetern – Ostdeutschland holt erneut auf. In: HausbauInformationen Folge 2/2003. Berlin; http://ifs-staedtebauinstitut.de/Hi2003/hi02.htm

Initiative Wohneigentum (2002): Argumentationspapier zur Wohneigentumsförderung. Berlin

Institut für Städtebau Berlin (2004): Ergebnisprotokolle der vier Dialogveranstaltungen des Rates für Nachhaltige Entwicklung zur »Verminderung der Flächeninanspruchnahme«. Berlin

Jaeger, J. (2001): Beschränkung der Landschaftszerschneidung durch die Einführung von Grenz- oder Richtwerten. In: Natur und Landschaft 76(1), S. 26–34

Jähnke, P., Gawron, T. (Hg.) (2001): Regionale Kooperation – Notwendigkeit und Herausforderung kommunaler Politik. Institut für Regionalentwicklung und Strukturplanung (IRS), Graue Reihe 21, Berlin

Jedicke, E. (2002): Naturschutz in Stadt und Dorf – Grenzen der Innenentwicklung. In: NABU: Flächen intelligent nutzen. Strategien für eine nachhaltige Siedlungsentwicklung, Dokumentation der NABU-Fachtagung am 8./9. November 2001 in Erfurt, Bonn, S. 49–58

Jokl, S. (1998): Bauland (k)ein Engpassfaktor?! In: Immobilien und Finanzierung – Der langfristige Kredit 18, S. 611–615

Josten, R. (2000): Die Bodensteuer – eine praxisorientierte Untersuchung zur Reform der Grundsteuer. Dortmund

Keimel, H., Berghof, R., Borken, J., Klann, U.: (2004): Nachhaltige Mobilität, integrativ betrachtet. Berlin

Kiepe, F. (1998): Thesen zu aktuellen Fragen der Stadtentwicklung. In: der städtetag 11, S. 732–735

Kiepe, F. (2002): Wohneigentum unter stadtentwicklungspolitischen Gesichtspunkten: Die Sicht der Städte. In: IfS (Hg.): Der Stellenwert des Wohneigentums im neuen Jahrzehnt. Schriftenreihe des IfS 64, Berlin

Kirchhof, P. (2001): Karlsruher Entwurf zur Reform des Einkommensteuergesetzes. Heidelberg

Koch, R. (2000): Der regionale Flächennutzungsplan: Einschätzung eines neuen Plantyps aus Sicht von Stadt- und Regionalplanung. In: Einig, K. (Hg.): Regionale Koordination der Baulandausweisung. Akademische Abhandlungen zur Raum- und Umweltforschung, Berlin, S. 202–215

Koziol, M. (2004): Folgen des demographischen Wandels für die kommunale Infrastruktur. In: Deutsche Zeitschrift für Kommunalwissenschaften 43(1), S. 69–83

Krause, U. (2004): Die neuen Regelungen zur Eigenheimzulage. In: Zeitschrift für die notarielle Beratungs- und Beurkundungspraxis (NotBZ) 2, S. 53–58

Krautzberger, M. (2002a): Die Bodenschutzklausel des § 1a Abs. 1 BauGB: Regelungsgehalt und Wirkungen. In: Zeitschrift für Umweltrecht (ZUR), Sonderheft, S. 135–138

Krautzberger, M. (2002b): Aktuelle Aufgaben der Städtebaugesetzgebung in der Bundesrepublik Deutschland. In: DISP 149, S. 30–37

Krautzberger, M., Söfker, W. (2001): Baugesetzbuch mit Baunutzungsverordnung. Handbuch mit Synopse, München

Krautzberger, M., Stüer, B. (2003): Städtebaurecht 2004 – zur Novellierung des BauGB: In: BauR 9, S. 1301–1307

Krautzberger, M., Stüer, B. (2004a): Städtebaurecht 2004: Was hat sich geändert? In: Deutsches Verwaltungsblatt (DVBL) 13, S. 781–791

Krautzberger, M., Stüer, B. (2004b): Städtebaurecht 2004: Umweltprüfung und Abwägung – Vom schlichten Wegwägen zum Grundsatz der nachhaltigen Trauerarbeit. In: Deutsches Verwaltungsblatt (DVBL) 15, S. 914–924

Krips, R., Thöne, M. (2002): Reform der Grundsteuer – Konkurrierende Einzelvorschläge und umweltgerechtes Mischkonzept. Unveröffentliches Gutachten im Auftrag des Bundesumweltministeriums, Finanzwissenschaftliches Forschungsinstitut an der Universität zu Köln, Köln

Krumm, R. (2002): Die Baulandausweisungsumlage als ökonomisches Steuerungsinstrument einer nachhaltigkeitsorientierten Flächenpolitik. IAW-Diskussionspapier 7, Tübingen

Krumm, R. (2003): Das fiskalische BLAU-Konzept zur Begrenzung des Siedlungsflächenwachstums. IAW-Diskussionspapier 14, Tübingen

Krumm, R. (2004): Nachhaltigkeitskonforme Flächennutzungspolitik – Ökonomische Steuerungsinstrumente und deren gesellschaftliche Akzeptanz (unter Mitarbeit von Heinbach W.D.). Forschungsbericht FZKA-BWPLUS, Tübingen

Kuban, M. (2003): Die Kommunen dürfen nicht auf der Strecke bleiben. In: der städtetag 9, S. 1

Kuban, M. (2005: Keine steuerpolitischen Blindflüge, bitte! (Editorial). In: der städtetag 5, S. 1

Langosch, R. (2001): Städtenetze – Stärkung der Region durch Kooperation? In: Jähnke/Gawron 2001, S. 139–145

LBS Research (2004): Städtische Wohnungsbestände werden von Neueigentümern bevorzugt. http://www.presseportal.de/print.htx?nr=619639

Lehmbrock, M., Coulmas, D. (2001): Grundsteuerreform im Praxistest: Verwaltungsvereinfachung, Belastungsänderung, Baulandmobilisierung. Difu-Beiträge zur Stadtforschung 33, Berlin

Mäding, H. (2003): Demografischer Wandel: Herausforderung an eine künftige Stadtpolitik. In: Stadtforschung und Statistik 1, S. 63–72

Mäding, H. (2004): Demografischer Wandel und Kommunalfinanzen – Einige Trends und Erwartungen. In: Deutsche Zeitschrift für Kommunalwissenschaften 43(1)

Metzmacher, M., Waltersbacher, M. (2001): Entwicklung des Wohnungsangebots und zukünftiger Neubaubedarf bis 2015. In: BBR (Hg.): Wohnungsprognose 2015, Berichte Band 10, S. 41–62

Michaelis, P. (2002): Ökonomische Instrumente zur Steuerung des Flächenverbrauchs. In: Zeitschrift für Umweltrecht (ZUR), Sonderheft, S. 129–135

Ministerium für Landwirtschaft, Umweltschutz und Raumordnung des Landes Brandenburg (Hg.) (1999): Flächenpools zum Landschaftsaufbau. Potsdam, Dezember 1999

Ministerium für Umwelt und Verkehr Baden-Württemberg (Hg.) (2001): Umweltplan Baden-Württemberg. Stuttgart

MSWKS (Ministerium für Städtebau und Wohnen, Kultur und Sport des Landes Nordrhein-Westfalen) (2001): Wohnungsbauförderungsbestimmungen. Runderlasse vom 21.01.1998, zuletzt geändert am 17.01.2001

Müller, B (1999): Krise der Raumplanung – Chance für neue Steuerungsansätze. In: Bergmann, A, Einig, K., Hutter, G., Siedentop, S. (Hg.): Siedlungspolitik auf neuen Wegen. Berlin, S. 65–80

Müller, B. (2004): Demographischer Wandel und die Folgen für die Städte – Einführung und Übersicht. In: Deutsche Zeitschrift für Kommunalwissenschaften 43(1), S. 5–13

Münz, R. (2003): Bevölkerungsentwicklung in Deutschland – Konsequenzen für Wohnbau und Wohneigentum. In: vhw Forum Wohneigentum Aug./Sep. 2003/4, S. 174–178

NABU (Naturschutzbund Deutschland e.V.) (2002): Positionspapier: Bauen in Deutschland. Das NABU-Programm für eine nachhaltige Stadtentwicklung, Bonn

NABU (Naturschutzbund Deutschland e.V.) (2004a): Innenentwicklung versus Grün in der Stadt? Landschaftsverlust durch Siedlungs- und Verkehrsflächen. Themen-Navigation: Nachbar Natur; http://www.nabu.de/mo1/m01_01/02288.html

NABU (Naturschutzbund Deutschland e.V.) (2004b): Mit handelbaren Flächenkontingenten zum Ziel. http://www.nabu.de

Nakelski, S. (2000): Förderung des Wohnungsbaus am schienengebundenen Nahverkehr: Erfahrungen aus Nordrhein-Westfalen. In: Einig, K. (Hg.): Regionale Baulandausweisung. Akademische Abhandlungen zur Raum- und Umweltforschung, Berlin, S. 274–281

NBBW (Der Nachhaltigkeitsbeirat der Landesregierung Baden-Württemberg) (2004): Neue Wege zu einem nachhaltigen Flächenmanagement in Baden-Württemberg. Sondergutachten, Stuttgart

Pfeifer, U. (2002): Wohnungsmärkte als Seismographen der wirtschaftlichen Entwicklung. In: Wüstenrotstiftung (Hg.): Wohnbauen in Deutschland. Stuttgart/Zürich, S. 90–101

Rach, D., Müller-Kleißler, R. (2003): Struktur und Entwicklung der Grundstücksmärkte für Bauland und bebaute Grundstücke. In: BBR (Hg.): Bauland und Immobilienmärkte. Ausgabe 2003, Bonn, S. 9–45

Raffelhüschen, B., Schoder, J. (2004): Die Freiburger Zwei-Flanken-Strategie zur Wohneigentumsförderung. In: ifo Schnelldienst 57(4), S. 3–6

RNE (Rat für Nachhaltige Entwicklung) (2001): Ziele zur Nachhaltigen Entwicklung in Deutschland – Schwerpunktthemen. Dialogpapier des Nachhaltigkeitsrates, Berlin

RNE (Rat für Nachhaltige Entwicklung) (2004): Mehr Wert für die Fläche: Das »Ziel-30-ha« für die Nachhaltigkeit bei der Entwicklung von Stadt und Land. Empfehlungen des Rates für Nachhaltige Entwicklung an die Bundesregierung, texte Nr. 11, Berlin

Rodi, M. (2002): Die Grundsteuer als Instrument einer Flächenhaushaltspolitik. In: Zeitschrift für Umweltrecht, Sonderheft, S. 164–169

Roth, P. (2003a): Städte fordern Reformen statt Kahlschlag. Rede der Präsidentin des Deutschen Städtetages anlässlich der außerordentlichen Hauptversammlung des Deutschen Städtetages am 24. Sept. 2003 in Berlin

Roth, P. (2003b): Keine Trendwende bei den Stadtfinanzen in 2004. Neue Einschnitte bei kommunalen Leistungen zu erwarten, Presseerklärung des Deutschen Städtetages, Köln/Berlin 30.12.2003

Schenkel, W. (2002): Nachhaltige Bodennutzung in Deutschland – Herausforderungen und Perspektiven. In: Blum, W.E.H., Kaemmerer, A., Stock, R. (Hg.): Neue Wege zu nachhaltiger Bodennutzung: Eine Veranstaltung der Deutschen Bundesstiftung Umwelt zur Expo 2000. Berlin, S. 7–15

Schliepkorte, J., Tünnemann, M. (2004): Änderungen im allgemeinen Städtebaurecht durch das Europarechtsanpassungsgesetz Bau (EAG Bau). In: Zeitschrift für deutsches und internationales Bau- und Vergaberecht (ZfBR) 7, S. 645–652

Schmalholz, M. (2002): Zur rechtlichen Zulässigkeit handelbarer Flächenausweisungsrechte. In: Zeitschrift für Umweltrecht (ZUR), Sonderheft, S. 158–163

Schmalholz, M. (2005): Steuerung der Flächeninanspruchnahme: Defizite des Umwelt- und Planungsrechts sowie alternative Ansätze zur Reduzierung des Flächenverbrauchs durch Siedlung und Verkehr. Norderstedt, im Druck

Schmidt-Eichstaedt, G. (2000): Das Baulandkataster: Handlungsanleitung für die Praxis. Bonn

Schmidt-Eichstaedt, G. (2004): Sind die Vorschriften des BauGB zu den städtebaulichen Geboten zum Zwecke der Bewältigung des Stadtumbaus novellierungsbedürftig? In: Deutsches Verwaltungsblatt (DVBL) 5, S. 265–272

Schmidt-Eichstaedt, G., Reitzig, F. (1999): Rechtliche Voraussetzungen zur Umsetzung des § 9 Abs. 6 ROG – Regionaler Flächennutzungsplan. Expertise im Auftrag des Bundesministeriums für Verkehr, Bau und Wohnungswesen, Berlin

Schrödter, W. (2004): Das Europarechtsanpassungsgesetz Bau – EAG Bau, Übersicht über die wesentlichen Änderungen des BauGB. In: Niedersächsischer Städtetag – Nachrichten (NST-N) 9, S. 197–216

Seemüller, M. (2000): Der Einfluss unterschiedlicher Landbewirtschaftungssysteme auf die Ernährungssituation in Deutschland in Abhängigkeit des Konsumverhaltens der Verbraucher. Diplomarbeit an der TU München Weihenstephan. Öko-Institut Freiburg (Hg.)

Siedentop, St. (2002): Innenentwicklung als Leitbild einer nachhaltigen Siedlungsentwicklung? In: NABU: Flächen intelligent nutzen: Strategien für eine nachhaltige Siedlungsentwicklung. Dokumentation der NABU-Fachtagung am 8./9. November 2002 in Erfurt, S. 37–48

Siedentop, St., Kausch, St. (2003): Der Übergang in die »schrumpfende Gesellschaft«. Räumliche Ausprägung von Wachstums- und Schrumpfungsprozessen in deutschen Agglomerationsräumen – ein Überblick. In: Hutter, G., Iwanow, I., Müller, B. (Hg.): Demografischer Wandel und Strategien der Bestandsentwicklung in Städten und Regionen, IÖR-Schriften 41, Dresden, S. 13–30

Söfker, W. (2004): Baugesetzbuch 36. Auflage, Einführung. Nördlingen

Spangenberg, J. (Hg.) (2003): Arbeit, Umwelt, Gerechtigkeit – Strategien für ein zukunftsfähiges Deutschland. München

Spannowsky, W. (2001): Raumordnerische Verträge als Instrument des interkommunalen Interessenausgleichs. In: Jähnke/Gawron 2001, S. 35–46

SRU (Der Rat von Sachverständigen für Umweltfragen) (2000): Umweltgutachten 2000: Schritte ins nächste Jahrtausend. Berlin

SRU (Der Rat von Sachverständigen für Umweltfragen) (2002): Für eine Stärkung und Neuorientierung des Naturschutzes. Sondergutachten, Stuttgart

SRU (Der Rat von Sachverständigen für Umweltfragen) (2004): Umweltgutachten 2004: Umweltpolitische Handlungsfähigkeit sichern. Berlin

StaBa (Statistisches Bundesamt) (2000): Bevölkerungsentwicklung Deutschlands bis zum Jahr 2050. Ergebnisse der 9. Koordinierten Bevölkerungsvorausberechnung, Wiesbaden

StaBa (Statistisches Bundesamt) (2002): Jahrbuch 2002. Wiesbaden

StaBa (Statistisches Bundesamt) (2003a): Bevölkerung Deutschlands bis 2050. 10. Koordinierte Bevölkerungsvorausberechnung, Wiesbaden

StaBa (Statistisches Bundesamt) (2003b): Im Jahr 2050 wird jeder Dritte in Deutschland 60 Jahre oder älter sein. Pressemitteilung vom 06.06.2003

StaBa (Statistisches Bundesamt) (2003c): Umweltnutzung und Wirtschaft. Tabellen zu den Umweltökonomischen Gesamtrechnungen, Wiesbaden

StaBa (Statistisches Bundesamt) (2004a): Umweltökonomische Gesamtrechnung 2004. Kapitel 5: Bodennutzung, Wiesbaden

StaBa (Statistisches Bundesamt) (2004b): Datenreport 2004. Zahlen und Fakten über die Bundesrepublik Deutschland. Bundeszentrale für politische Bildung, Bonn

StaBa (Statistisches Bundesamt) (2004c): Leben und Arbeit in Deutschland – Ergebnisse des Mikrozensus 2003. Presseexemplar

StaBa (Statistisches Bundesamt) (2004d): Statistisches Jahrbuch 2003, Wiesbaden

StaBa (Statistisches Bundesamt) (2004e): Öffentliche Finanzen im Jahr 2003. In: Wirtschaft und Statistik 4, S. 474–482

StaBa (Statistisches Bundesamt) (2004f): Kommunalfinanzen 2004. In: Wirtschaft und Statistik 5, S. 560–562

StaBa (Statistisches Bundesamt) (2005a): Land- und Forstwirtschaft, Fischerei. Bodenfläche nach Art der tatsächlichen Nutzung. Fachserie 3/Reihe 5.1, Wiesbaden

StaBa (Statistisches Bundesamt) (2005b): Bodenflächen nach Art der tatsächlichen Nutzung in Deutschland. http://www.destatis.de/daten1/stba/html/basis/d/umw/ugrtab7.php

StaBa (Statistisches Bundesamt) (2005c): Land- und Forstwirtschaft, Fischerei: Siedlungs- und Verkehrsfläche nach Art der tatsächlichen Nutzung. Wiesbaden

StaBa (Statistisches Bundesamt) (2005d): Öffentliche Finanzen im Jahr 2004. In: Wirtschaft und Statistik 4, S. 388–392

StaBa (Statistischen Bundesamt) (2006): Öffentliche Finanzen im Jahr 2005. In: Wirtschaft und Statistik 4, S. 395–404

Stiftung Marktwirtschaft (2005): Kommission »Steuergesetzbuch«: Vier Säulen für die Kommunalfinanzen. Tagungsbericht Berlin, Berlin

Stiftung Marktwirtschaft (2006): Kommission »Steuergesetzbuch« – Steuerpolitisches Programm: Einfacher, gerechter, sozialer. Eine umfassende Ertragssteuerreform für mehr Wachstum und Beschäftigung, Berlin

Strohmeier, K.P. (2001): Die zukünftige Gesellschaft in der Stadt. In: Deutsche Akademie für Städtebau und Landesplanung, Landesgruppe Hamburg, Schleswig-Holstein, Mecklenburg-Vorpommern (Hg.): Konsequenzen des demografischen Wandels für die Stadtentwicklung im 21. Jahrhundert, Lübeck, S. 32–45

TAB (Büro für Technikfolgen-Abschätzung beim Deutschen Bundestag) (2004): Instrumente zur Steuerung der Flächennutzung – Auswertung einer Befragung der interessierten und betroffenen Akteure. TAB-Hintergrundpapier Nr. 10, Berlin

Thiel, F. (2004): Städtebaurechtliche Instrumente zur Reduzierung des Flächenverbrauchs unter besonderer Berücksichtigung der Problematik des Stadtumbaus. UFZ-Berichte 14, Leipzig

Töpfer, K. (2002): Nachhaltige Bodennutzung in Deutschland: Herausforderungen und Perspektiven. In: Blum, W.E.H., Kaemmerer, A., Stock, R. (Hg.): Neue Wege zu nachhaltiger Bodennutzung: Eine Veranstaltung der Deutschen Bundesstiftung Umwelt zur Expo 2000. Berlin, S. 1–6

Troge, A., Hülsmann, W., Burger, A. (2003): Ziel und Handlungsansätze einer flächensparenden Siedlungsentwicklung. In: Deutsches Verwaltungsblatt (DVBL) 2, S. 85–93

UBA (Umweltbundesamt) (2002): Nachhaltige Entwicklung in Deutschland. Die Zukunft dauerhaft umweltgerecht gestalten, Berlin

UBA (Umweltbundesamt) (2003): Reduzierung der Flächeninanspruchnahme durch Siedlung und Verkehr. Materialienband, UBA-Texte 90/03, Berlin

UBA (Umweltbundesamt) (2004): Reduzierung der Flächeninanspruchnahme durch Siedlungen und Verkehr. Strategiepapier des Umweltbundesamtes, Berlin

Uechtritz, M. (2004): Neuregelungen im EAG Bau zur »standortgerechten Steuerung des Einzelhandels«. In: Neue Zeitschrift für Verwaltungsrecht (NVwZ) 9, S. 1025–1040

Ulrich, R. (1998): Wohnungsversorgung. In: Häußermann, H. (Hg.): Großstadt, Soziologische Stichworte. Opladen, S. 288–310

Upmeier, H.-D. (2004): Einführung zu den Neuerungen durch das Europarechtsanpassungsgesetz Bau (EAG Bau). In: BauR 9, S. 1382–1392

Vorndran, I.(2003): Wohnsituation in Deutschland im April 2002. Ergebnisse der Mikrozensus-Zusatzerhebung. In: Wirtschaft und Statistik 12, S. 1121–1129

Wagner, K., Engel, T. (2005): Neuerungen im Städtebaurecht durch das Europarechtsanpassungsgesetz Bau (EAG Bau). In: Bayerische Verwaltungsblätter (BayVBI) 2, S. 33–46

Waltersbacher, M. (2003): Auswirkungen des demographischen Wandels auf den Wohnungsmarkt – Gastbeitrag für den Arbeitskreis »Raumstrukturelle Auswirkungen des demographischen Wandels« der Akademie für Raumforschung und Landeskunde am 08.10.2003 (unveröffentlichtes Manuskript)

Walz, R., Toussaint, D., Küpfer, C., Sanden, J. (2004): Gestaltung eines Modells handelbarer Flächenausweisungsrechte unter Berücksichtigung ökologischer, ökonomischer, rechtlicher und sozialer Aspekte. Arbeitspapier für den Workshop am 29.11.2004, UBA-Forschungsvorhaben 293 16 123/03, Karlsruhe

Wissenschaftlicher Beirat Bodenschutz beim BMU (2000): Wege zum vorsorgenden Bodenschutz: Fachliche Grundlagen und konzeptionelle Schritte für eine erweiterte Boden-Vorsorge. Bodenschutz und Altlasten 8, Berlin

Wohltmann, M. (2002): Rechtsfragen der Ökologisierung des kommunalen Finanzausgleichs. In: Zeitschrift für Umweltrecht (ZUR), Sonderheft, S. 169–179

ANHANG

TABELLENVERZEICHNIS 1.

ABBILDUNGSVERZEICHNIS 2.

ABKÜRZUNGSVERZEICHNIS 3.

ARL	Akademie für Raumforschung und Landesplanung
BauGB	Baugesetzbuch
BauNVO	Baunutzungsverordnung
BauROG	Gesetz zur Änderung des Baugesetzbuches und zur Neuregelung des Rechts der Raumordnung
BaWü	Baden-Württemberg
BBR	Bundesamt für Bauwesen und Raumordnung
BDA	Bund Deutscher Architekten
BDF	Bundesverband Deutscher Fertigbau e.V.
BDI	Bundesverband der Deutschen Industrie e.V.
BGBl	Bundesgesetzblatt
BIP	Bruttoinlandsprodukt
BLAK	Bund/Länder-Arbeitskreis Steuerliche und Wirtschaftliche Fragen des Umweltschutzes
BMBF	Bundesministerium für Bildung und Forschung
BMF	Bundesministerium der Finanzen
BMU	Bundesministerium für Umwelt, Naturschutz und Reaktorsicherheit
BMVBW	Bundesministerium für Verkehr, Bau- und Wohnungswesen

BNatschG	Gesetz über Naturschutz und Landschaftspflege
BUND	Bund für Umwelt und Naturschutz Deutschland
BVB	Bundesverband Boden
DB Research	Deutsche Bank Research
Difu	Deutsches Institut für Urbanistik
DIW	Deutsches Institut für Wirtschaftsforschung
DNR	Deutscher Naturschutzring
DSB	Deutscher Siedlerbund
DST	Deutscher Städtetag
DStGB	Deutscher Städte- und Gemeindebund
DUX	Deutscher Umweltindex
DV	Deutscher Verband für Wohnungswesen, Städtebau und Raumordnung e.V.
EAG Bau	Europarechtsanpassungsgesetz Bau
ECOLUP	Ecological Land Use Planning
EU	Europäische Union
ExWoSt	Experimenteller Wohnungs- und Städtebau
FFH-Richtlinie	Fauna-Flora-Habitat-Richtlinie
FiFo	Finanzwissenschaftliches Forschungsinstitut an der Universität zu Köln
FMK	Finanzministerkonferenz
GdW	Bundesverband Deutscher Wohnungs- und Immobilienunternehmen
GG	Grundgesetz
GIS	Geographisches Informationssystem
GmbH	Gesellschaft mit beschränkter Haftung
GWS	Gesellschaft für wirtschaftliche Strukturforschung
IBoMa	Institut für Bodenmanagement
IfS	Institut für Städtebau, Wohnungswirtschaft und Bausparwesen e.V.
IKZ	Interkulturelle Zusammenarbeit
ILS	Institut für Landes- und Stadtentwicklungsforschung des Landes Nordrhein-Westfalen
infas	Institut für angewandte Sozialwissenschaften GmbH
IÖW	Institut für ökologische Wirtschaftsforschung GmbH
IRS	Institut für Regionalentwicklung und Strukturplanung
ISI	Fraunhofer-Institut für System- und Innovationsforschung
IVU	Integrierte Vermeidung und Verminderung der Umweltverschmutzung
KFA	Kommunaler Finanzausgleich
KVR	Kommunalverband Ruhrgebiet
LBS	Landesbausparkasse

MIV	Motorisierter Individualverkehr
MORO	Modellvorhaben der Raumordnung
MSWKS	Ministerium für Städtebau und Wohnen, Kultur und Sport des Landes Nordrhein-Westfalen
NABU	Naturschutzbund
NBBW	Nachhaltigkeitsbeirat Baden-Württemberg
NRW	Nordrhein-Westfalen
NVerbG	Nachbarschaftsverbandgesetz
OECD	Organisation for Economic Co-operation and Development
OHG	Offene Handelsgesellschaften
ÖPNV	Öffentlicher Personennahverkehr
RDM	Ring Deutscher Makler
REK	Regionale Entwicklungskonzepte
RNE	Rat für Nachhaltige Entwicklung
ROG	Raumordnungsgesetz
RWI	Rheinisch-Westfälisches Institut für Wirtschaftsforschung e.V.
SRU	Der Rat von Sachverständigen für Umweltfragen
StaBa	Statistisches Bundesamt
SVR	Siedlungsverband Ruhrkohlenbezirk
TA	Technikfolgen-Abschätzung
TAB	Büro für Technikfolgen-Abschätzung beim Deutschen Bundestag
TNS Infratest	Taylor Nelson Sofres Infratest
UBA	Umweltbundesamt
UFZ	Umweltforschungszentrum Leipzig-Halle GmbH
UP	Umweltprüfung
UVP	Umweltverträglichkeitsprüfung
UVPG	Umweltverträglichkeitsprüfungsgesetz
VCI	Verband der Chemischen Industrie e.V.
VDH	Verband Deutscher Hypothekenbank
VGR	Volkswirtschaftliche Gesamtrechnung
WoBauG	Wohnungsbaugesetz
WoFG	Wohnraumförderungsgesetz